CB052170

Utilize este código QR para se cadastrar de forma mais rápida:

Ou, se preferir, entre em:
https://www.moderna.com.br/ac/livro
e siga as instruções para ter acesso aos conteúdos exclusivos do

Livro Digital

CÓDIGO DE ACESSO:

A 00053 HIESDEM1E 9 09269

Faça apenas um cadastro. Ele será válido para:

    SANTILLANA ESPAÑOL

12116552 HISTORIA ESCOLA E DEMOCRACIA 9

Da semente ao livro,
sustentabilidade por todo o caminho

Plantar florestas
A madeira que serve de matéria-prima para nosso papel vem de plantio renovável, ou seja, não é fruto de desmatamento. Essa prática gera milhares de empregos para agricultores e ajuda a recuperar áreas ambientais degradadas.

Fabricar papel e imprimir livros
Toda a cadeia produtiva do papel, desde a produção de celulose até a encadernação do livro, é certificada, cumprindo padrões internacionais de processamento sustentável e boas práticas ambientais.

Criar conteúdos
Os profissionais envolvidos na elaboração de nossas soluções educacionais buscam uma educação para a vida pautada por curadoria editorial, diversidade de olhares e responsabilidade socioambiental.

Construir projetos de vida
Oferecer uma solução educacional Moderna é um ato de comprometimento com o futuro das novas gerações, possibilitando uma relação de parceria entre escolas e famílias na missão de educar!

Fotografe o Código QR e conheça melhor esse caminho.
Saiba mais em *moderna.com.br/sustentavel*

Flavio de Campos

Bacharel e licenciado em História pela Pontifícia Universidade Católica de São Paulo (PUC-SP). Mestre e doutor em História Social pela Universidade de São Paulo (USP). Professor Doutor do Departamento de História da Universidade de São Paulo (USP). Coordenador científico do Núcleo Interdisciplinar de Pesquisas sobre Futebol e Modalidades Lúdicas (Ludens-USP). Autor de livros didáticos e paradidáticos.

Regina Claro

Bacharel em História pela Universidade de São Paulo (USP). Mestre em História Social pela Universidade de São Paulo (USP). Desenvolve projetos de capacitação para professores da rede pública na temática História e Cultura Africana e Afro-americana, em atendimento à Lei nº 10.639/03. Autora de livros didáticos e paradidáticos.

Miriam Dolhnikoff

Bacharel e licenciada em História pela Pontifícia Universidade Católica de São Paulo (PUC-SP). Mestre em História Social e Doutora em História Econômica pela Universidade de São Paulo (USP). Professora Doutora do Departamento de História e do curso de Relações Internacionais da Universidade de São Paulo (USP). Pesquisadora do Centro Brasileiro de Análise e Planejamento (Cebrap). Autora de livros didáticos e paradidáticos.

HISTÓRIA
ESCOLA E DEMOCRACIA

1ª edição

© Flávio de Campos, Regina Claro, Miriam Dolhnikoff, 2018

Coordenação editorial: Leon Torres
Edição de texto: Angela Duarte
Gerência de *design* e produção gráfica: Cia. de Ética
Coordenação de produção: Patricia Costa
Suporte administrativo editorial: Maria de Lourdes Rodrigues
Coordenação de *design* e projetos visuais: Didier Moraes, Marcello Araújo
Projeto gráfico: Didier Moraes, Marcello Araújo
Capa: Didier Moraes, Marcello Araújo
  Foto: DigitalVision/Image Source/Getty Images
Coordenação de arte: Didier Moraes e Marcello Araújo
Edição de arte: Didier Moraes e Marcello Araújo
Editoração eletrônica: Cia. de Ética/Cláudia Carminati, Márcia Romero, Mônica Hamada, Ruddi Carneiro
Edição de infografia: A+com
Ilustrações de vinhetas: Didier Moraes, Marcello Araújo
Ilustrações: Lucas C. Martinez
Revisão: Cia. de Ética/Ana Paula Piccoli, Denise Pessoa Ribas, Fabio Giorgio, Luciana Baraldi, Sandra Garcia Cortés
Coordenação de pesquisa iconográfica: Cia. de Ética/Paulinha Dias
Pesquisa iconográfica: Cia. de Ética/Angelita Cardoso
Coordenação de *bureau*: Rubens M. Rodrigues
Tratamento de imagens: Pix Arte Imagens
Pré-impressão: Alexandre Petreca, Everton L. de Oliveira, Marcio H. Kamoto, Vitória Sousa
Coordenação de produção industrial: Wendell Monteiro
Impressão e Acabamento: Coan Indústria Gráfica Ltda.
Lote: 285475

Dados Internacionais de Catalogação na Publicação (CIP)
(Câmara Brasileira do Livro, SP, Brasil)

Campos, Flavio de
 História : escola e democracia / Flavio de Campos,
Regina Claro, Miriam Dolhnikoff. – 1. ed. – São
Paulo : Moderna, 2018. – (História : escola e
democracia)

 Obra em 4 v. para alunos do 6º ao 9º ano.
 Bibliografia.

 1. História (Ensino fundamental) I. Claro, Regina.
II. Dolhnikoff, Miriam. III. Título. IV. Série.

18-20773   CDD-372.89

Índices para catálogo sistemático:

1. História : Ensino fundamental 372.89

Maria Paula C. Riyuzo - Bibliotecária - CRB-8/7639

ISBN 978-85-16-11655-2 (LA)
ISBN 978-85-16-11656-9 (LP)

Reprodução proibida. Art. 184 do Código Penal e Lei 9.610 de 19 de fevereiro de 1998.
Todos os direitos reservados
EDITORA MODERNA LTDA.
Rua Padre Adelino, 758 – Belenzinho
São Paulo – SP – Brasil – CEP 03303-904
Vendas e Atendimento: Tel. (0_ _11) 2602-5510
Fax (0_ _11) 2790-1501
www.moderna.com.br
2019
Impresso no Brasil

1 3 5 7 9 10 8 6 4 2

Apresentação

Há muitas definições para a história. Uma das mais difundidas e aceitas a considera o estudo dos seres humanos no tempo. Assim, nossos olhares e interesses não devem se dirigir apenas para o passado, mas também para o presente, articulando tempos diversos, procurando significações, nexos e relações.

Se a história é uma ferramenta para o manuseio do tempo, a escola é uma instituição de fronteira entre o ambiente familiar e o conjunto da sociedade. Ambas são marcadas pela transição. A primeira pela multiplicidade de tempos. A segunda pela ampliação dos horizontes e pela compreensão científica e sistematizada das dinâmicas sociais.

É na interface dessas transições que situamos a proposta desta coleção. Além dos elementos econômicos, sociais, políticos, religiosos e culturais, procuramos considerar aspectos muito próximos do repertório dos estudantes, visando a uma aprendizagem significativa.

Por essa razão, resgatamos elementos lúdicos desenvolvidos nos períodos e nas sociedades analisados. Os jogos são dados culturais, desenvolvidos ao longo da história para divertir e tornar a existência humana mais agradável. São permanências que devemos entender e analisar como temas privilegiados para a compreensão das diversas formações sociais ao longo do tempo.

Os jogos podem nos oferecer parâmetros para o entendimento de regras, mecanismos e, sobretudo, valores de respeito, diversidade e tolerância, elementos fundamentais para o convívio coletivo em uma sociedade democrática.

Os autores

Seleção brasileira comemora o pentacampeonato de futebol. Estádio de Yokohama, Japão, 30 jun. 2002.

Por dentro do livro

É importante que você compreenda como organizamos este livro. Cada capítulo oferece algumas ferramentas para facilitar seu estudo. Cada uma das seções dos capítulos tem o propósito de ajudá-lo(a) a desenvolver um tipo de conhecimento e habilidade.

PORTAS ABERTAS

Cada capítulo tem uma abertura com imagens e questões. Sua função é iniciar os trabalhos. Você vai perceber que é capaz de lembrar de alguns dados, informações e até mesmo de chegar a algumas conclusões iniciais, ou seja, muitas vezes você já tem conhecimentos sobre os assuntos que vão ser tratados. Imagens e atividades servirão de estímulo. As portas estão abertas para que você inicie suas reflexões.

TEXTO BÁSICO

Cada capítulo tem um texto geral que trata de um ou mais temas. Sua função é oferecer informações, explicações, análises e interpretações do estudo de História. É o momento de atenção e de leitura cuidadosa. Ao longo desta seção, há outros quadros, como se fossem janelas, com imagens e informações complementares.

TÁ LIGADO?

Como um roteiro de leitura, há questões e propostas de atividades para auxiliar a compreensão do texto básico.

EM DESTAQUE

São quadros com atividades, localizados ao longo do texto básico. É um jogo rápido, um treinamento com atividades inserido no decorrer do capítulo. Há sempre uma imagem ou um pequeno texto seguido de algumas questões. Sua função é aprofundar e complementar conteúdos, levantar algum tipo de polêmica ou estabelecer alguma relação com o presente.

TÁ NA REDE!

GREVES DE TRABALHADORES NO INÍCIO DO SÉCULO XX

Digite o endereço abaixo na barra do navegador de internet: <https://bit.ly/2QoWJcb>. Você pode também tirar uma foto com um aplicativo de QrCode para saber mais sobre o assunto. Acesso em: 2 out. 2018. Em francês.

O *site* apresenta uma série de cartões postais de greves entre 1901 e 1914.

TÁ NA REDE!

Em alguns capítulos, dicas de *sites* para aprofundar seus conhecimentos. Também pode ser acessado por um aplicativo QrCode.

Este ícone indica os objetos educacionais digitais disponíveis na versão digital do livro.

No final do **livro digital** você encontra o *Caderno de Questões para Análise de Aprendizagem*.

ÍCONES DA COLEÇÃO DE HISTÓRIA

 ÁFRICA

RELAÇÕES ÁFRICA-AMÉRICA ANGLO-SAXÃ

RELAÇÕES ÁFRICA-AMÉRICA LATINA

JOGOS

POVOS INDÍGENAS

DIREITOS HUMANOS

 RELAÇÃO DE GÊNERO

 RELAÇÃO DE GÊNERO E DIVERSIDADES

 CIDADANIA

 ORALIDADE

 OLHARES DIVERSOS

 PATRIMÔNIO

QUADROS COMPLEMENTARES

Janelas em que estão presentes textos variados, imagens, mapas ou gráficos complementares. Sua função é inserir novas informações e relações com os conteúdos do capítulo.

PONTO DE VISTA

Apresenta uma imagem ou conjunto de imagens. Sua função é ajudar você a desenvolver habilidades em interpretar e analisar documentos visuais. Algumas vezes, a partir de textos ou de questões apresentadas no capítulo, pediremos a você que elabore um desenho e dê asas à sua criatividade.

LEITURA COMPLEMENTAR

Textos de diversos tipos (artigos de jornais e revistas, depoimentos, literatura, trechos de livros etc.) de outros autores, seguidos de questões. A intenção aqui é desenvolver ainda mais sua capacidade de leitura e ampliar seus conhecimentos.

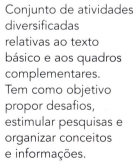

QUEBRA-CABEÇA

Conjunto de atividades diversificadas relativas ao texto básico e aos quadros complementares. Tem como objetivo propor desafios, estimular pesquisas e organizar conceitos e informações.

PERMANÊNCIAS E RUPTURAS

Atividades que procuram relacionar algum assunto desenvolvido no capítulo com questões da atualidade. O objetivo aqui é utilizar a História como uma ferramenta capaz de analisar também o presente.

TRÉPLICA

Indicações de filmes, livros e *sites* para aprofundar temas desenvolvidos nos capítulos e ampliar sua capacidade de pesquisa. Como na modalidade atlética, três impulsos complementares para auxiliar sua aprendizagem.

5

Passo a passo

Para a análise de imagens e textos, elaboramos alguns roteiros que vão ajudar nesse trabalho. É bom dizer que os roteiros propostos não são a única maneira de analisar esses materiais, eles servem apenas como dicas e guias de orientação para seu estudo.

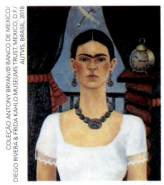

Autorretrato: o tempo voa, Frida Kahlo. Óleo sobre placa de fibra, 1929.

ANÁLISE DE DOCUMENTOS VISUAIS

Para a análise de imagens, precisamos estar atentos a diversos detalhes. É como assistir a um espetáculo teatral ou a uma partida de futebol. Temos que identificar o palco em que se desenrola a ação e as personagens em cena, o campo de jogo, os uniformes dos atletas, o juiz, as jogadas, os esquemas táticos, a torcida.

1. Identifique o autor, a data e o tipo de imagem, ou seja, o seu suporte material: pintura, baixo-relevo, fotografia, escultura, gravura, cartaz etc.
2. Faça um passeio pelo interior da imagem antes de começar a analisá-la. Observe-a atentamente.
3. Uma pintura, por exemplo, cria espaços. Alguns estão mais perto, outros mais distantes. Alguns são mais fechados, outros abertos. Algumas cenas estão no centro da imagem, outras estão nas laterais. Identifique esses espaços.
4. Identifique os elementos da imagem: pessoas, animais, construções, a paisagem. Anote no seu caderno.
5. Observe qual é o lugar, a posição e o tamanho de cada um desses elementos. Veja o que está em destaque, no centro, nas laterais, no alto e embaixo. Anote no seu caderno.
6. Observe as ações retratadas. Identifique as principais e as secundárias.
7. Qual é o tema ou assunto da imagem?
8. Faça um novo passeio pela imagem.
9. Depois, responda às questões propostas.

LEITURA DE TEXTOS

Lembre-se: no momento da leitura, temos que estar concentrados. Conversas e brincadeiras atrapalham. Imagine um jogador de futebol ao cobrar um pênalti. Para não chutar de bico ou mandar a bola por cima do gol, ele fica atento a todos os detalhes.

1. Em uma primeira leitura, identifique o autor, a data, o título e o gênero de texto (artigo de jornal, poesia, literatura, trecho de livro, discurso etc.).
2. Faça uma lista com as palavras que você não entendeu.
3. Organize suas dúvidas. Faça no seu caderno três listas. A primeira com palavras cujo significado você poderia arriscar. A segunda com palavras que você entendeu pelo texto. E a terceira com aquelas que realmente você não tem ideia do que signifiquem.
4. Consulte o dicionário. Escreva o significado das palavras que você não conhecia. Confira as outras palavras e corrija.
5. Faça uma nova leitura do texto e identifique as ideias mais importantes de cada parágrafo e o assunto central do texto. Para essas tarefas você pode fazer um levantamento das palavras-chaves.
6. Investigue alguns elementos do texto, como título, subtítulo e imagens. Esse tipo de estratégia ajuda na previsão daquilo que vai ser discutido no texto e a levantar hipóteses sobre ele.
7. Depois resolva as questões propostas nas seções.

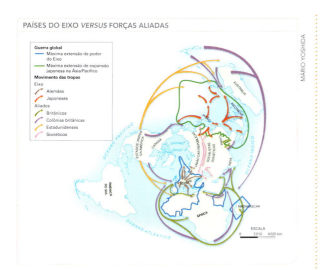

PAÍSES DO EIXO *VERSUS* FORÇAS ALIADAS

MÁRIO YOSHIDA

O MANIFESTO CRESPO

<http://www.manifestocrespo.org>

LEITURA DE MAPAS

O mapa é a representação de um determinado espaço geográfico. Deve ser lido como uma composição de texto e imagem. Com essa finalidade, vamos destacar alguns procedimentos necessários para a sua leitura.

1. Leia o título do mapa. Nele está contido o tema representado.
2. Identifique as partes do mundo retratadas (continentes, países, regiões, localidades etc.).
3. Identifique os oceanos, rios e mares.
4. Verifique se há representação de relevo ou vegetação.
5. Verifique se há representação de cidades, reinos, impérios ou outra divisão política no mapa.
6. Perceba quais são as partes destacadas.
7. Leia com atenção as legendas e identifique no mapa os símbolos e as cores correspondentes. São informações muito importantes.
8. Faça agora uma leitura global do mapa. Procure identificar as informações oferecidas.
9. Relacione o assunto e as informações trazidas pelo mapa ao tema desenvolvido no capítulo.

PESQUISANDO NA INTERNET

Navegar é preciso! As pesquisas na internet podem ser mais eficientes e seguras se tivermos palavras-chave estabelecidas com critérios e atenção. Com essas ferramentas, a navegação pela internet também será mais precisa e eficaz.

Na linguagem da internet, costuma-se utilizar *tag* como sinônimo para palavra-chave. Na verdade, *tag* em português significa etiqueta. É uma forma de classificar e orientar a pesquisa. Assim, ao utilizar um *tag* estamos aplicando uma espécie de bússola que nos orienta em nossas pesquisas pela internet. Você pode criar esses *tags* ou apenas utilizar as sugestões fornecidas na seção "Quebra-cabeça" presente em cada capítulo do seu livro. De posse desses *tags*:

1. Elabore uma definição resumida para cada *tag* a ser pesquisado.
2. Escolha um *site* de busca confiável para aplicar seus *tags*.
3. No menu do *site* de busca escolha o suporte desejado (*web*, imagens, vídeos).
4. Para textos, aplique seus *tags* em pesquisas para *web*.
5. Para fotos, desenhos, pinturas, gráficos e mapas, aplique seus *tags* em pesquisas para imagens.
6. Para vídeos e *trailers* de filmes, aplique seus *tags* em pesquisas de vídeos.
7. Para cada pesquisa realizada, selecione pelo menos cinco fontes que você considera mais interessantes. Adote como critério de seleção a definição resumida conforme o item 1.
8. Verifique se há contradição entre a definição inicial e as informações encontradas durante a pesquisa.
9. Selecione as informações de cada fonte que você considerou relevante para melhorar a sua definição inicial.
10. Reelabore a sua definição inicial com base nos dados selecionados.

Sumário

1º Bimestre

 1 A Primeira Guerra Mundial e a Revolução Russa

Portas abertas, 14

A *Belle Époque* europeia, 16
    Os Jogos Olímpicos da era moderna, 16
    O amadorismo e as elites, 17
    Olimpíadas, alianças e rivalidades políticas, 17
    O fascínio pela tecnologia, 18
    O imperialismo e a disputa por mercados, 18
As políticas de alianças, 19
Os bálcãs e o início da guerra, 19
    O internacionalismo operário e a guerra, 20
    A guerra de trincheiras, 21
    A entrada dos Estados Unidos e a saída da Rússia, 23
    Os 14 pontos de Wilson, 25
    O Tratado de Versalhes, 25
Rússia: um país de camponeses, 26
    Bolcheviques *versus* mencheviques, 26
    A Revolução de 1905, 27
A Revolução de Fevereiro de 1917, 28
    Os sovietes, 28
A Revolução Bolchevique, 28
    A Terceira Internacional, 29
    A União Soviética, 29
    O planejamento econômico, 30
    A política bolchevique, 30
    A Nova Política Econômica, 31
    Os planos quinquenais, 32
        Camponeses, 32
    O realismo socialista, 33
    A perseguição às oposições, 33
Em destaque: Trotsky e a revolução desfigurada, 34
Quebra-cabeça, 35
Leitura complementar: [Testemunho de um combatente de guerra], 35
Ponto de vista: Tropas alemãs em Bruxelas, 36
Tréplica, 36
Permanências e rupturas: Guerra e ciência, 37

> **Quadro do capítulo**
> Fatos interessantes sobre a guerra de trincheiras, 22 • Futebol de Natal nas trincheiras, 23 • Mulheres e a guerra, 24 • Ideologia, 31

 2 O período entreguerras

Portas abertas, 38

Os Estados Unidos no pós-guerra, 40
    A Quebra da Bolsa de Nova York, 40
    A Grande Depressão, 41
    O *New Deal*, 41
    A crise se espalha pelo mundo, 42
Mussolini e o fascismo, 42
    Os fascistas no poder, 42
    A Marcha sobre Roma, 43
A República de Weimar, 44
Hitler e o nazismo, 44
    O Partido Nazista, 45
    O crescimento eleitoral dos nazistas, 46
    A ditadura nazista, 46
        Desfiles militares, 47
Em destaque: Cinema de propaganda, 49
    Perseguições: professores, judeus e artistas, 50
Quebra-cabeça, 50
Leitura complementar: [A prisão de Antonio Gramsci], 51
Ponto de vista: Conduzidos pelo nazismo, 52
Tréplica, 52
Permanências e rupturas: Neonazistas, 53

> **Quadros do capítulo**
> As bases sociais do fascismo, 43 • A Escola Bauhaus, 45 • Esportes no período entreguerras, 48

 3 A Primeira República

Portas abertas, 54

A modernização das cidades, 56
    Miséria e criminalidade nas cidades, 56
    Miséria no campo, 57
    As oligarquias e a Primeira República, 57
Os governos militares, 58
    O Encilhamento, 58
    Reação oligárquica, 59

A eleição de Deodoro, 59
A Revolta Federalista, 60
A Revolta da Armada, 61
O fim dos governos militares, 61
A República das Oligarquias, 62
O coronelismo: exclusão da maioria, 62
A Política dos Governadores, 63
Conflitos entre as oligarquias, 64
A política de valorização do café, 64
O café e a industrialização, 64
Aliança com os Estados Unidos, 65
Em destaque: O futebol e os setores populares, 66
O cangaço, 68
Cangaceiros, 68
Milagreiros e beatos, 69
Padre Cícero e a Revolta do Juazeiro, 69
A Guerra do Caldeirão, 69
A Guerra de Canudos, 70
Campanhas contra Canudos, 71
A Guerra do Contestado, 72
A reurbanização do Rio de Janeiro, 76
As favelas, 76
A Revolta da Vacina, 77
Governo suspeito, 78
A Revolta da Chibata, 78
A crise do regime oligárquico, 80
O movimento operário, 80
A greve geral de 1917, 81
A fundação do Partido Comunista Brasileiro, 81
O Modernismo brasileiro, 82
A Semana de 22, 83
O tenentismo, 85
A Coluna Prestes-Miguel Costa, 85
A crise de 1929, 86
A Revolução de 1930, 87
Direitos trabalhistas, 87
A revolta armada, 88
Quebra-cabeça, 89
Leitura complementar: [A Aliança Liberal], 90
Ponto de vista: Literatura de cordel, 90
Permanências e rupturas: Partidos operários, 91
Tréplica, 91

Quadros do capítulo

As eleições presidenciais na Primeira República, 63 • A América para os americanos... do Norte, 65 • Mulheres rebeldes: Maria, Marias, 73 • A arte de saia: o carnaval e o samba, 74 • Mestre-sala dos mares, 79 • Mulheres potiguares: pioneirismo no voto feminino, 80 • O jogo do bicho, 89

4 A Segunda Guerra Mundial

2º Bimestre

Portas abertas, 92

Os Jogos Olímpicos em Berlim, 94
Derrotas nazistas, 95
A Guerra Civil Espanhola, 96
A política expansionista alemã, 97
O início da guerra, 97
Blitzkrieg, 98
A Batalha da Inglaterra, 98
A invasão da URSS, 99
A Resistência, 99
Os Estados Unidos na guerra, 100
A vitória dos Aliados, 100
Repercussões da guerra, 101
Em destaque: República de Vichy, 103
Quebra-cabeça, 104
Leitura complementar: No fundo, 104
Ponto de vista: Hitler em Liliput, 105
Permanências e rupturas: Pearl Harbor e as torres gêmeas, 105
Tréplica, 105

Quadros do capítulo

Os atletas negros desmentem a superioridade ariana, 95 • Os campos de concentração, 99 • Para ler o Zé Carioca, 102

5 O Brasil sob Vargas

Portas abertas, 106

A industrialização em larga escala, 108
Substituição de importações, 108

Sumário (cont.)

A Companhia Siderúrgica Nacional (CSN), 109
Ainda o café, 109
Um novo arranjo institucional, 110
   A Revolta Constitucionalista de 1932, 110
   A Assembleia Constituinte, 111
   Aliança Nacional Libertadora, 112
   A Revolta Comunista, 113
   Movimento Integralista, 115
Em destaque: Fascismo e integralismo, 115
O Estado Novo, 116
   Censura e repressão, 117
Uma nova política, 118
   A migração, 118
   Controle sobre os trabalhadores, 119
   A Consolidação das Leis do Trabalho (CLT), 120
   Sindicalismo oficial, 121
Futebol, capoeira e Carnaval, 122
   A seleção brasileira de futebol, 123
   A capoeira, 123
   O Carnaval, 124
Quebra-cabeça, 125
Leitura complementar: [Discurso de Getúlio Vargas], 125
Ponto de vista: Retratos do Brasil, 126
Permanências e rupturas: Qual é a música?, 127
Tréplica, 127

> *Quadros do capítulo*
> Mulheres na Constituinte, 111 • O fim da III Internacional, 113 • A deportação de Olga Benário Prestes, 114 • Nas ondas do rádio, 118

6 A Guerra Fria

Portas abertas, 128

A Guerra Fria e os blocos antagônicos, 130
Os acordos de paz do pós-guerra, 131
   A Conferência de Yalta, 131
   A Conferência de Potsdam, 132
Bipolarização, 133
   A reconstrução da Europa, 133
   O Bloqueio de Berlim, 134
   A Guerra da Coreia, 136

A corrida armamentista: o planeta em perigo, 137
   Alianças militares, 137
Espionagem: CIA *versus* KGB, 138
A guerra das imagens: o impacto cultural, 139
A coexistência pacífica, 140
Em destaque: A Organização das Nações Unidas, 142
   Os Jogos Olímpicos durante a Guerra Fria, 144
Quebra-cabeça, 145
Leitura complementar: A nova classe, 146
Ponto de vista: Emblemas socialistas, 147
Permanências e rupturas: Consumismo, 147
Tréplica, 147

> *Quadros do capítulo*
> A Revolução Chinesa, 135 • O cinema e a Guerra Fria, 138 • A guerra esquenta nos tabuleiros de xadrez, 141

7 A democracia populista

Portas abertas, 148

O fim do Estado Novo, 150
   A oposição a Vargas, 151
   Golpe militar, 151
   Reorganização partidária, 152
   Trabalhadores e comunistas, 152
   Instabilidade política, 153
A volta de Vargas, 154
   Nacionalismo, 155
   Capital estrangeiro, 155
   A oposição a Vargas, 156
      O suicídio de Vargas, 156
O governo de Juscelino Kubitschek, 157
   Desenvolvimento industrial, 158
   O Plano de Metas, 158
   Capital externo e déficits orçamentários, 159
   Indústria e integração nacional, 159
Em destaque: Bossa nova, 160
   A construção de Brasília, 162
   A inflação, 162
A eleição de Jânio Quadros, 164
   João Goulart: vice de novo, 164
   O governo Jânio Quadros, 164

O rápido desgaste político, 165
A renúncia de Jânio Quadros, 165
A experiência parlamentarista, 166
O governo de João Goulart, 167
As Ligas Camponesas, 167
A radicalização política, 168
O golpe civil-militar, 168
Quebra-cabeça, 170
Leitura complementar: [O golpe militar de 1964, o PTB e os trabalhadores], 171
Ponto de vista: A Avenida Rio Branco e a história da República, 172
Permanências e rupturas: A carta de Goiânia, 174
Tréplica, 175

Quadros do capítulo
Futebol: nacionalismo e contestação política, 150 • A Copa de 1950: o Brasil chorou, 154 • A seleção do Brasil na Copa do Mundo de 1954, 157 • Garrincha: a alegria do povo, 163

8 A América Latina

Portas abertas, 176

A Revolução Mexicana, 178
Descontentamentos sociais, 179
A luta armada, 179
O governo de Francisco Madero, 180
A radicalização, 180
Garantias sociais, 181
A questão agrária, 182
A arte muralista, 182
Em destaque: Mártires revolucionários, 184
A Argentina e o peronismo, 185
Tensões com os Estados Unidos, 185
Segundo mandato de Perón, 186
O retorno de Perón, 186
A ditadura militar, 187
A democracia, 187
Néstor e Cristina Kirchner, 188
A Revolução Cubana, 190
A guerrilha de Fidel Castro, 190
O confronto com os Estados Unidos, 190
Che Guevara, o mito *pop* e revolucionário, 191

Ditaduras latino-americanas, 192
Nicarágua: da ditadura à revolução, 192
Quebra-cabeça, 193
Leitura complementar: [Evita], 194
Ponto de vista: Madres de la Plaza de Mayo, 194
Permanências e rupturas: As relações entre Cuba e Estados Unidos durante governo de Obama, 195
Tréplica, 195

Quadros do capítulo
O Exército Zapatista de Libertação Nacional, 181 • Frida Kahlo, 182 • Evo Morales e as tradições indígenas, 184 • Eva Perón, 186 • Campanha militar, 189

9 A descolonização e o Terceiro Mundo

Portas abertas, 196

Guerra Fria e descolonização, 198
Índia, 199
Indochina, 200
África, 201
Congo, 202
As colônias portuguesas, 203
Os movimentos de libertação, 203
A África austral, 204
O *Apartheid*, 205
Contestações ao *Apartheid*, 207
Oriente Médio: conflitos entre árabes e israelenses, 208
A criação do Estado de Israel, 208
Os conflitos entre palestinos e israelenses, 209
Em destaque: Terra Santa, 211
O Terceiro Mundo, 212
Quebra-cabeça, 213
Leitura complementar: O testemunho de uma jovem senegalesa, Sow Ndeye, 214
Ponto de vista: A segregação sinalizada, 215
Permanências e rupturas: Os BRICS, 215
Tréplica, 215

Quadros do capítulo
Desobediência civil, 200 • *Apartheid*, 206 • Atentado terrorista em Munique, 210

Sumário (cont.)

10 A era da contestação

Portas abertas, 216

Uma década de mudanças profundas, 218
Corrida espacial: o céu é o limite, 218
A Guerra do Vietnã, 219
    Uma guerra desigual, 220
A contracultura *hippie*, 220
    A estética *hippie* e o mercado capitalista, 221
A arte na década de 1960, 222
    A *pop art*, 222
Relações de gênero, 222
    O direito de ser mulher, 223
    O feminismo, 224
Em destaque: O que o amor tem a ver com isso?, 226
O direito de ser negro, 227
    Martin Luther King, 227
    Racismo na terra do *blues*, 228
    Malcolm X, 228
    O Poder Negro, 229
    Os Panteras Negras, 230
    Protestos na África, 230
    O movimento negro no Brasil, 231
1968: Ano da contestação, 232
    A Primavera de Praga, 233
    Protesto nos Jogos Olímpicos do México, 234
Quebra-cabeça, 235
Leitura complementar: [Televisão, alienação e consciência], 235
Ponto de vista: Arte e reprodução técnica, 236
Tréplica, 236
Permanências e rupturas: Solte o seu cabelo e prenda o preconceito!, 237

> **Quadros do capítulo**
>
> Protesto sutil, 220 • *Stonewall* e o direito à diversidade sexual, 225 • Muhammad Ali, 229 • Eu sou Angela Davis, 230 • O Movimento de Consciência Negra, 231 • A revolução nos muros, 232

11 A ditadura militar no Brasil

4º Bimestre

Portas abertas, 238

A ditadura militar, 240
    Prisões e cassações, 240
    Ditadura duradoura, 242
    Novos Atos Institucionais, 242
    A Constituição de 1967, 243
A cultura de contestação, 243
    A música, 244
    As artes plásticas, 245
Os confrontos de 1968, 245
    A luta armada contra a ditadura, 246
Os anos de chumbo, 246
    Os grupos guerrilheiros, 247
        A Guerrilha do Araguaia, 248
O "milagre econômico", 248
    Obras militares, 250
    Propaganda: a alma do negócio, 252
    A Copa do México de 1970, 252
Em destaque: A devastação da Amazônia, 253
Quebra-cabeça, 254
Leitura complementar: Pra não dizer que não falei das flores, 254
Ponto de vista: Fotografia e crítica política, 255
Permanências e rupturas: Propaganda política, 255
Tréplica, 255

> **Quadros do capítulo**
>
> Estado de direito, 241 • Caindo no ridículo, 249 • Tortura, 250 • A questão indígena: do general Rondon ao general Médici, 251

12 A democratização do Brasil

Portas abertas, 256

A crise do "milagre", 258
Abertura lenta e gradual, 258
    A repressão se intensifica, 259
    O pacote de abril, 260
    Um novo movimento operário, 260
    O pluripartidarismo, 261
    A campanha pelas eleições diretas, 261
O período democrático, 263
    O Plano Cruzado, 263
    Uma nova Constituição, 264
    As eleições de 1989, 264
O breve governo de Fernando Collor, 265
    Corrupção e o *impeachment*, 266
O governo de Itamar Franco, 266
O governo de Fernando Henrique, 267
    A reeleição de FHC, 267
O governo Lula, 268
    Programas sociais e o Mensalão, 269
O governo de Dilma, 270
    As jornadas de junho, 271
    As eleições de 2014, 271
    O *impeachment* de Dilma, 273
O governo de Temer, 273
Em destaque: Torcidas: política, violência e intervenção social, 274
Quebra-cabeça, 276
Leitura complementar: [Diretas Já!], 276
Ponto de vista: [Censura], 277
Permanências e rupturas: Carta aberta à presidência, 277
Tréplica, 277

> *Quadros do capítulo*
>
> A Copa do Mundo de 1982, 262 • Futebol exportação, 268 • 2014 e 2016: Copa do Mundo e Jogos Olímpicos, 272

13 A nova ordem mundial

Portas abertas, 278

O fim da Guerra Fria, 280
    Manifestações na China, 280
    A queda do muro de Berlim, 280
    A desintegração do bloco soviético, 281
A nova ordem mundial, 282
    A nova oposição Ocidente *versus* Oriente, 283
    A Guerra do Golfo na TV, 283
    Os ataques de 11 de setembro, 284
    A doutrina Bush, 284
    O "eixo do mal", 285
O neoliberalismo, 285
    A globalização, 286
    O poder das megaempresas, 287
    Opositores da globalização, 289
A África e os senhores da guerra, 290
    A presença imperialista chinesa na África, 291
    A indústria farmacêutica, 292
Barack Obama e a crise de 2008, 293
    A reeleição de Obama, 294
    A crise mundial, 294
        Indignados ocupam *Wall Street*, 294
    Grécia e Espanha: giro à esquerda, 295
    A eleição de Donald Trump, 295
Em destaque: Modernidade, 296
Quebra-cabeça, 296
Leitura complementar: [O entusiasmo dos jovens na Praça Porta do Sol], 297
Ponto de vista: A crítica de Banksy, 298
Permanências e rupturas: Ideologia, 299
Tréplica, 299

> *Quadros do capítulo*
>
> A Copa do Mundo de 1990: regionalismo e nacionalismo, 281 • Sanitário *high tech*, 286 • Megaeventos olímpicos, 288 • A Copa da África do Sul em 2010, 292

Índice remissivo, 300

Referências bibliográficas, 303

1º Bimestre

CAPÍTULO 1

A Primeira Guerra Mundial e a Revolução Russa

PORTAS ABERTAS

OBSERVE AS IMAGENS

1. No seu caderno, identifique: o suporte, a data e os elementos presentes em cada uma das imagens referentes à Primeira Guerra Mundial.

2. As imagens apresentam uma mesma visão da guerra? Justifique sua resposta utilizando os elementos identificados.

3. Essas imagens podem ser consideradas documentos históricos? Justifique sua resposta.

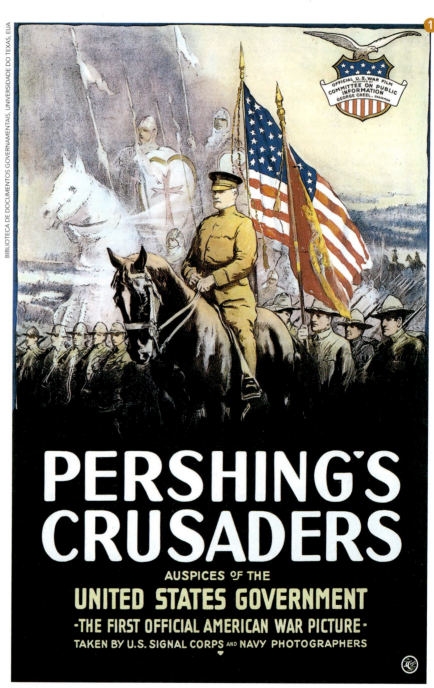

Os cruzados de Pershing, Signal Corps/UN Army. Cartaz de propaganda do primeiro filme de guerra oficial dos Estados Unidos, litografia colorida, 1918.

14 | CAPÍTULO 1 | A Primeira Guerra Mundial e a Revolução Russa

Guarnição militar une-se aos trabalhadores, anônimo. Petrogrado (Rússia), 27 fev. 1917.

Pela liberdade e civilidade do mundo, Marcello Dudovich. Cartaz de propaganda, Atelier Butteri, Torino, 1917.

Mulheres britânicas dizem – "Vão!", E. V. Kealley. Cartaz de propaganda, Hill, Siffken & Co., 1915.

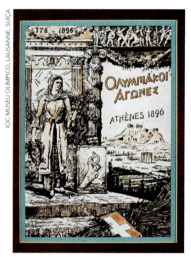

Cartaz dos Jogos Olímpicos de Atenas. Litografia colorida, 1896.

Santos Dumont e a Belle Époque
Multimídia

A *BELLE ÉPOQUE* EUROPEIA

Os países da Europa ocidental experimentaram um período de relativa tranquilidade a partir de 1871, com o encerramento da Guerra Franco-Prussiana e a repressão à Comuna de Paris.

O desenvolvimento tecnológico provocou uma profunda alteração nos comportamentos sociais. A incorporação da fotografia, do cinema, do automóvel, da bicicleta, da eletricidade e do telefone ao cotidiano dos habitantes das grandes cidades interferiu na cultura da época, criando uma atmosfera de bem-estar e divertimento. Por todas essas razões, o período que se estende de 1871 até 1914 é denominado *Belle Époque* (Época Bela).

Tal situação ocorria simultaneamente ao avanço das potências capitalistas europeias sobre a África e a Ásia. O controle imperialista das áreas fornecedoras de matérias-primas e consumidoras de produtos industrializados sustentava o bem-estar da burguesia e das classes médias da Europa.

OS JOGOS OLÍMPICOS DA ERA MODERNA

As realizações científicas e tecnológicas do século XIX estimularam também um novo olhar sobre o corpo humano. A partir de então, afirmava-se a necessidade da educação física e do desenvolvimento de atividades esportivas para o aperfeiçoamento do ser humano. A modernização dos corpos acompanhava a modernidade que se instaurava. Corpos sadios e atléticos deveriam ser a expressão da civilização tecnológica.

Em um primeiro momento, as atividades esportivas foram praticadas por integrantes das elites europeias, como uma forma de se diferenciarem da classe operária. Os esportes tornaram-se um dos principais veículos do padrão especificamente burguês de lazer e de estilo de vida.

Com essa motivação foram organizados os Jogos Olímpicos de Atenas, em 1896, por Pierre de Freddy, o barão de Coubertin, que propunha resgatar o espírito dos antigos jogos gregos por meio de uma competição amadora, desprovida de interesses econômicos.

Para o barão, "o profissionalismo se constituiu no pior inimigo dos esportes". Ou seja, as modalidades deveriam ser praticadas sem remuneração, evidentemente por aqueles que não precisassem trabalhar e dispusessem de tempo livre para se dedicar aos esportes. Como entre os cidadãos gregos da Antiguidade, que podiam participar dos Jogos – e também das atividades políticas, militares e culturais – graças a um sistema escravista que lhes oferecia a devida retaguarda econômica.

Foi apenas no contexto da Revolução Industrial que se criaram as condições para o resgate dos ideais olímpicos. Na Inglaterra, as práticas esportivas foram introduzidas na programação curricular. Coesão de classe, disciplina e força física seriam também elementos fundamentais na formação da elite que comandava o Império Britânico.

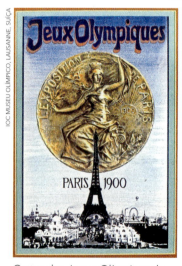

Cartaz dos Jogos Olímpicos de Paris. Litografia colorida, 1900.

O AMADORISMO E AS ELITES

Por tais motivos, os esportes amadores representavam a linha social divisória entre as classes sociais. As intensas discordâncias em torno do amadorismo *versus* profissionalismo, ao final do século XIX e nas primeiras décadas do século XX, significavam impedir ou permitir que a classe operária tivesse acesso às modalidades esportivas que se organizavam em escala mundial.

A edição dos Jogos de Atenas de 1896 reuniu 311 atletas, de onze países. As modalidades foram divididas em nove categorias: atletismo, ciclismo, esgrima, ginástica, tênis, tiro, natação, levantamento de peso e luta greco-romana. As provas de corrida continuaram a ser as mais prestigiadas, mas as extensões percorridas foram modificadas: 100, 400, 800, 1 500 metros e 100 metros com barreiras. Além disso, em homenagem ao herói grego Feidípedes, que em 490 a.C. teria percorrido 42 195 km para levar a Atenas a notícia da vitória dos gregos sobre os persas, foi introduzida a prova da maratona. Entre velhas e novas modalidades, uma característica a destacar: a valorização das competições individuais em prejuízo das competições em equipes. Ecos de um individualismo que procurava triunfar.

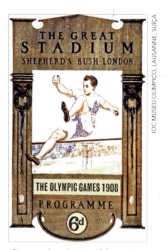

Cartaz dos Jogos Olímpicos de Londres. Litografia colorida, 1908.

OLIMPÍADAS, ALIANÇAS E RIVALIDADES POLÍTICAS

A organização das Olimpíadas de 1900, em Paris, enfrentou diversas dificuldades geradas pelo sentimento nacionalista. As lembranças da Guerra Franco-Prussiana, da década de 1870, mantiveram tensas as relações entre a Alemanha e a França. O clima de hostilidade acompanhava atletas e torcedores em Paris. Uma partida de rúgbi entre franceses e alemães exigiu a intervenção enérgica da polícia para controlar a torcida.

No contexto militarista, o pentatlo moderno fez sua estreia olímpica em Estocolmo, na Suécia, em 1912. As cinco modalidades que passaram a fazer parte da prova foram escolhidas com base nas peripécias de um soldado encarregado de levar uma mensagem: ele inicia a viagem a cavalo (equitação), é obrigado a desmontar e enfrentar adversários em um duelo de espadas (esgrima), consegue escapar mas tem de abrir caminho no campo inimigo a tiros (tiro ao alvo), cruza um rio a nado (natação), atravessa um bosque correndo (corrida de *cross-country*) e chega ao destino.

Era o clima de guerra se alastrando, apesar de muitos acharem possível evitá-la. "Que a próxima Olimpíada possa contribuir, como esta, para o bem-estar geral e o engrandecimento da humanidade. Possa ela ser preparada com um trabalho eficiente e em tempos de paz", discursou Coubertin no banquete de encerramento da Olimpíada de Estocolmo, oferecido pelo rei Gustavo V, da Suécia.

A cidade escolhida para sediar a próxima Olimpíada foi Berlim. Coubertin e o comitê olímpico acreditavam que a indicação da Alemanha para sede da Olimpíada de 1916 poderia contribuir para a paz. Erraram. Os Jogos Olímpicos não puderam se realizar em Berlim por causa da guerra.

TÁ LIGADO?

1. Explique as características da *Belle Époque* europeia.

2. Explique o que estimulava o bem-estar na burguesia e nas classes médias europeias.

3. Explique por que os esportes amadores representavam a linha social divisória entre as elites e as classes subalternas.

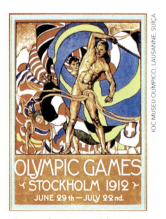

Cartaz dos Jogos Olímpicos de Estocolmo. Litografia colorida, 1912.

O FASCÍNIO PELA TECNOLOGIA

Nos anos que antecederam a Primeira Guerra Mundial, predominara o fascínio pela tecnologia. Seus maiores defensores sustentavam que os seres humanos eram conduzidos ao progresso e que, pela luz da ciência, se produziam pessoas cada vez melhores e mais sábias.

O desenvolvimento da indústria cultural de massa, com cinemas, parques de diversão e exposições internacionais, criava uma verdadeira celebração à tecnologia. Uma ilusão acerca do poder do desenvolvimento tecnológico que seria desfeita a partir de 1914, com o início da Primeira Guerra Mundial.

A racionalidade tecnocientífica produziu a mais devastadora guerra da história da humanidade até então. O progresso técnico capacitou os combatentes a se exterminarem com uma eficiência impressionante, equipando-os com armas químicas, aviões, bombardeiros e submarinos.

A Europa se converteu em um mar de sangue: cerca de 17 milhões de mortos e 20 milhões de feridos. O desenvolvimento dos transportes e das comunicações também foi decisivo para a ampliação do conflito em escala mundial.

O IMPERIALISMO E A DISPUTA POR MERCADOS

No início do século XX a tensão internacional era cada vez maior. A necessidade de matérias-primas para as indústrias europeias e de mercados consumidores para os produtos das grandes potências desencadeou uma intensa rivalidade. Operou-se uma política expansionista, denominada **imperialismo**, que significava dominação territorial, econômica e cultural de países industrializados sobre regiões na América Latina, África e Ásia.

Consequentemente, desde a segunda metade do século XIX, ocorreu a ocupação de áreas territoriais na África e Ásia, denominada **neocolonialismo**.

Os governos da Inglaterra e da França temiam a crescente industrialização da Alemanha. "O perigo para nós não é o engrandecimento da Alemanha, é a estagnação de nossa riqueza, de nossa população, de nosso comércio. A política colonial, apesar de tudo, representa nossa fonte de juventude", escreveu o barão de Coubertin, refletindo a situação europeia no início do século XX.

O crescimento econômico ocorrido durante a *Belle Époque* acirrou as tensões entre as potências capitalistas. As rivalidades econômicas, o nacionalismo e a ampliação da capacidade destrutiva, possibilitada pelo desenvolvimento tecnológico, constituíram o combustível que incendiaria o mundo.

Nos Estados Unidos, desenvolviam-se os setores químico e automobilístico. Na Alemanha, estabelecia-se uma forte produção de armamentos. A produção de ferro e aço dos dois países superava a inglesa. Nesse contexto, o governo alemão exigia uma nova partilha dos territórios coloniais, para suprir suas necessidades de mercados e de matérias-primas.

A Inglaterra, por sua vez, detentora do maior império colonial e do maior volume de exportações, para se defender e ampliar seus domínios, também se militarizava rapidamente. Era uma corrida para produzir cada vez mais armas e, dessa forma, amedrontar o inimigo. Estabelecia-se a **paz armada**.

Estagnação
Situação daquilo que está parado, sem progresso ou desenvolvimento.

Capa da obra *Zang Tumb Tumb: Adrianópolis – Outubro de 1912. Palavras em liberdade*, Filippo Tommaso Marinetti. Milano: Edizioni Futuriste di Poesia, 1912.

Nas artes, o futurista ítalo-francês Marinetti (1876-1944) exaltava a beleza da tecnologia, a rapidez aterrorizante do fogo da metralhadora e profetizava guerras químicas, elétricas e robóticas.

Capa da obra *As palavras em liberdade futuristas*, Filippo Tommaso Marinetti. Milano: Edizioni Futuriste di Poesia, 1919.

AS POLÍTICAS DE ALIANÇAS

A unificação da Alemanha, em 1870-1871, converteu o novo Estado em uma potência internacional que perturbava o equilíbrio de poder na Europa. Acreditando que a Alemanha precisava crescer para não morrer, correntes nacionalistas pressionaram o governo no rumo da militarização, visando garantir mais mercados para o país.

Otto von Bismarck (1815-1898), o líder da unificação alemã, arquitetara uma política exterior cautelosa. Um de seus principais objetivos era manter a França isolada, sem aliados.

Com a derrota na Guerra Franco-Prussiana (1870-1871), a França perdera parte de seu território, a Alsácia e a Lorena, para a Alemanha. Os nacionalistas franceses ansiavam por uma desforra contra os alemães, mas o governo da França, ciente de sua inferioridade bélica naquele momento, não estava disposto a iniciar um novo conflito. A fim de manter a paz e as fronteiras alemãs, Bismarck forjou alianças complicadas. Na década de 1880, costurou a **Tríplice Aliança** com a Áustria-Hungria e a Itália.

Com o objetivo de estabelecer uma política de aproximação com a Rússia, os governantes franceses pressionaram seus banqueiros para que investissem naquele país, ao mesmo tempo que forneciam armas ao czar. Em 1894, França e Rússia estabeleceram uma aliança.

O isolamento imposto à França por Bismarck terminara. O governo inglês também estava inquieto com o crescente poderio militar e industrial da Alemanha. O temor levou a Inglaterra a aproximar-se primeiro da França e depois da Rússia, formando a **Tríplice Entente**.

A Europa se dividiu em dois grupos hostis: a Tríplice Entente (França, Rússia e Inglaterra) e a Tríplice Aliança (Alemanha, Áustria-Hungria e Itália). Fomentando o medo e a desconfiança mútua, estava a corrida armamentista.

OS BÁLCÃS E O INÍCIO DA GUERRA

No início do século XX, os Bálcãs (sudeste da Europa) eram a zona crítica da Europa. Os interesses das potências imperialistas pela região geravam um forte clima de tensão. A disputa pelo domínio da Península Balcânica, após o desmembramento do Império Turco-Otomano, serviria de estopim para a guerra.

Os governos austríaco, russo e alemão buscavam ampliar sua influência naquela região e acabaram dando início a uma guerra que se estendeu para quase toda a Europa, em virtude das alianças militares.

Em junho de 1914, o arquiduque Francisco Ferdinando, herdeiro do trono austríaco, viajou até Sarajevo, capital da Bósnia, para fortalecer a aliança entre os dois governos. Lá, foi assassinado por um jovem terrorista, apoiado por uma sociedade secreta nacionalista sérvia, a Mão Negra.

TÁ LIGADO?

4. Explique as rivalidades econômicas entre as grandes potências no início do século XX.
5. Explique o que era paz armada.
6. Aponte os países que participavam da Tríplice Aliança e da Tríplice Entente.
7. Relacione as disputas econômicas entre as potências europeias no início do século XX ao nacionalismo e ao militarismo.

A ilustração de capa do *Le Petit Journal* ironiza a disputa pela região balcânica. À esquerda, Francisco José I, imperador da Áustria, anexa a Bósnia e a Herzegovina. No centro, Ferdinand I proclama a independência da Bulgária. A direita, Abdul Hamaid II, sultão do Império Turco-Otomano, aborrecido, enquanto lhe são arrancados "pedaços" de seu império.

O despertar da questão do Oriente. *Le Petit Journal: Supplément Illustré*. Paris, nº 935, 18 out. 1908.

Fonte: Elaborado com base em BLACK, J. (Dir.). World History Atlas. Londres: DK Book, 2008; PARKER, G. Atlas Verbo de História Universal. Lisboa/São Paulo: Verbo, 1996.

Sentindo-se ameaçado, o governo da Áustria decidiu usar o assassinato de Francisco Ferdinando como pretexto para atacar a Sérvia. Com a aprovação do governo da Alemanha, sua aliada, a Áustria intimou a Sérvia a investigar e resolver o assassinato em 48 horas. Os dirigentes russos, temendo que uma invasão austríaca fosse apenas o primeiro passo de um plano austro-alemão para dominar os Bálcãs, resolveram apoiar os sérvios.

Em 28 de julho de 1914, o governo austro-húngaro declarou guerra à Sérvia. Dois dias depois, com a certeza do apoio francês, o governo russo proclamou a mobilização geral de suas forças. Em seguida, a Alemanha declarou guerra à Rússia e à França. Quando as tropas alemãs marchavam pelo território da Bélgica rumo ao francês, a Inglaterra declarou guerra à Alemanha.

Um século antes, tropas inglesas haviam combatido o Exército de Napoleão para impedir que a França se apoderasse da Europa. Agora, lutaria contra os alemães pela mesma razão.

O INTERNACIONALISMO OPERÁRIO E A GUERRA

Àquela altura, o apelo nacionalista suplantava o internacionalismo dos líderes socialistas. Desde meados do século XIX, setores expressivos do movimento operário haviam se posicionado por uma articulação mundial dos trabalhadores em defesa de seus interesses comuns.

Em 1864 foi fundada a Associação Internacional dos Trabalhadores, conhecida como **Primeira Internacional**. A divisão entre anarquistas e socialistas resultou na formação da **Segunda Internacional**, em 1889, sob a liderança socialista.

Os integrantes da nova organização internacional de trabalhadores dividiram-se com relação à participação na guerra que se iniciava em 1914. Uma parte de seus líderes era contrária a apoiá-la, pois considerava um conflito entre Estados capitalistas. Outros, no entanto, optaram por seguir as decisões de seus governos burgueses.

Como resultado, operários de todo o mundo lutaram uns contra os outros. Situação muito diferente daquela que Karl Marx havia sugerido com a palavra de ordem: "Operários de todo o mundo, uni-vos!".

TÁ NA REDE!

GREVES DE TRABALHADORES NO INÍCIO DO SÉCULO XX

Digite o endereço abaixo na barra do navegador de internet: <https://bit.ly/2QoWJcb>. Você pode também tirar uma foto com um aplicativo de QrCode para saber mais sobre o assunto. Acesso em: 2 out. 2018. Em francês.

O site apresenta uma série de cartões-postais de greves entre 1901 e 1914.

A GUERRA DE TRINCHEIRAS

Muitos soldados partiam para a guerra embalados por canções patrióticas, esperando um conflito de curta duração.

No início dos combates, políticos, líderes militares e os jornais nacionalistas dos mais diversos países prometiam que os soldados já estariam em casa nas festas de fim de ano. Poucos poderiam imaginar que seriam cerca de quatro anos de derramamento de sangue.

Os militares alemães puseram em prática o Plano Schlieffen, que previa atravessar a Bélgica, país neutro em relação ao conflito. Assim evitariam as defesas francesas da fronteira e poderiam ocupar Paris rapidamente.

Dois meses era o prazo previsto pelo plano. Depois as tropas seriam conduzidas pelas ferrovias alemãs em direção à frente oriental para enfrentar os russos. Tudo dependeria da rapidez das manobras. Paris deveria ser tomada antes que a Rússia pudesse invadir a Alemanha.

Apesar da vitória inicial sobre os franceses, o sucesso da Alemanha não foi completo. Os russos invadiram a Prússia oriental, obrigando os generais alemães a transferir suas tropas do *front* francês, dificultando o avanço por aquele território.

A 64 quilômetros de Paris, o Exército francês, reagrupado e apoiado pelos ingleses, resistiu ao avanço alemão. Para tentar garantir posições e impedir o avanço das tropas inimigas, foram construídas trincheiras: espaços defensivos escavados na terra, formando corredores onde os soldados se abrigavam. Iniciava-se uma nova fase do conflito: a **guerra de trincheiras**.

"Não sei o que fazer, isto não é guerra", declararia um militar inglês diante da lentidão da guerra de trincheiras, na qual não havia o combate corpo a corpo nem os confrontos de cavalaria, elementos fundamentais da guerra até então. Era um conflito estático em que, para milhões de homens, a ação consistia em ficar posicionado por meses ou até mesmo anos. Em uma extensão de 640 quilômetros, os lados em confronto construíram uma rede de trincheiras com abrigos subterrâneos e cercas de arame farpado à frente delas.

Ganhos e perdas de posições eram medidos em metros. Em 1915, por exemplo, após lançar numerosos ataques, a França havia conquistado cerca de cinco quilômetros. Mas esse pequeno avanço lhe custara mais de um milhão de vidas.

Os soldados não conseguiam resistir ao desgaste de uma guerra com essas características. Aconteciam revoltas espontâneas, nascidas do desespero e do fracasso militar. Em várias partes eles detinham trens a fim de alcançar Paris e incitar a população contra a guerra.

A Itália, integrante da Tríplice Aliança, manteve-se neutra até que, em 1915, atraída pela promessa de receber territórios austríacos, entrou na guerra ao lado dos franceses e ingleses. Os austríacos, após evitar diversos ataques ao longo da fronteira, assumiram a ofensiva contra a Itália. Em 1917, em Caporetto, os italianos retiraram-se desordenadamente, deixando para trás enormes quantidades de armas.

TÁ LIGADO

8. Explique a divisão ocorrida no interior da Segunda Internacional a respeito da participação na guerra.

9. Explique como se travava a guerra de trincheiras.

Fatos interessantes sobre a guerra de trincheiras

- Estima-se que, se todas as trincheiras construídas ao longo da frente ocidental fossem medidas de ponta a ponta, somariam cerca de 40 mil quilômetros de comprimento.
- Devido às chuvas e bombas inimigas, era necessária uma manutenção constante.
- Eram precisos 450 homens e 6 horas para construir cerca de 250 metros de um sistema de trincheira.
- O termo "terra de ninguém" (*no man's land*) indicava o espaço entre as trincheiras das duas forças em combate. Esse território não pertencia a nenhum dos lados.
- A "terra de ninguém" era uma área muito perigosa porque não fornecia a cobertura que as trincheiras proporcionavam.

Soldados britânicos alinhados na trincheira, 28 out. 1914.

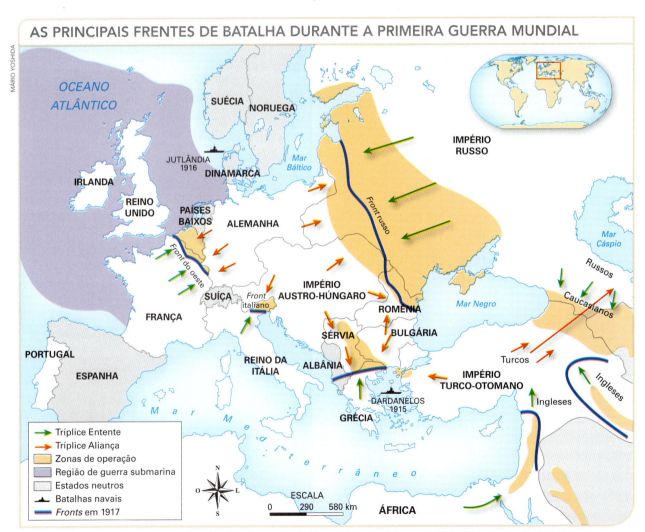

Fonte: Elaborado com base em CHALIAND, G. et RAGEAU, J. P. *Atlas Politique du XXᵉ siècle*. Paris: Du Seuil, 1998.

Futebol de Natal nas trincheiras

No Natal de 1914, soldados alemães, baseados na Bélgica, colocaram pequenas árvores, decoradas com velas, no parapeito de suas trincheiras e começaram a cantar canções natalinas. Do outro lado ouviam-se em resposta canções entoadas por ingleses e franceses.

Como alguns soldados alemães haviam trabalhado na Inglaterra antes da guerra e falavam inglês, resolveram propor uma trégua de Natal, que foi aceita pela maior parte dos soldados ingleses e franceses.

Vencidos os receios de parte a parte, aconteceu em seguida algo totalmente surpreendente: os soldados abandonaram as trincheiras para cumprimentar-se no meio do campo de batalha, usualmente chamada de "terra de ninguém", e trocaram presentes: pedaços de bolo, cartões-postais, cigarros, cerveja e conhaque.

Nos dias 25 e 26 de dezembro, travaram-se partidas de futebol entre os soldados franceses, ingleses e alemães. Bolas e traves improvisadas não impediram que a alegria do futebol promovesse uma confraternização entre os combatentes.

Terminada a trégua, os generais ordenaram aos seus comandados que recomeçassem a atirar. Afinal, estavam em uma guerra. Muitos obedeceram, mas erravam os alvos de propósito, mirando dois ou três metros acima das cabeças dos inimigos. Finalmente, os comandantes perceberam que soldados que haviam se abraçado para comemorar o Natal e jogado partidas de futebol não conseguiriam mais se ver como inimigos em guerra. As tropas foram então substituídas.

O guardião da meta. Ilustração extraída da revista esportiva *La Vie au Grand Air*, Paris, ano 19, n. 831, 15 dez. 1916.

Na imagem, uma relação entre o futebol e a guerra. O goleiro com as cores nacionais francesas defende uma bola à frente de sua meta, composta de fuzis.

TÁ NA REDE!

ESPORTES E GUERRA

Digite o endereço abaixo na barra do navegador de internet: <http://goo.gl/IP5gfV>. Você pode também tirar uma foto com um aplicativo de *QrCode* para saber mais sobre o assunto. Acesso em: 20 set. 2018. Em francês.

No *site* há um exemplar da revista digitalizado com fotos, desenhos e mapas do período.

A ENTRADA DOS ESTADOS UNIDOS E A SAÍDA DA RÚSSIA

Em janeiro de 1917, o governo da Alemanha decidiu desfechar uma ofensiva que privasse a Inglaterra de suprimentos e a forçasse à rendição. Submarinos alemães torpedeavam todos os navios, tanto inimigos como neutros, que se aproximavam da Inglaterra. Como os Estados Unidos eram o principal fornecedor dos ingleses, seus navios tornaram-se alvo dos alemães. Tal atitude precipitou a entrada dos estadunidenses na guerra, os quais temiam também perder o mercado europeu, caso os alemães passassem a dominar o continente.

A nova amazona, François Xavier Sager. Cartão-postal, litografia colorida, 1916. (detalhe)

Em outubro, a Rússia abandonava o conflito, após viver um processo revolucionário (tema do capítulo 2). Lênin, líder da chamada Revolução Bolchevique de 1917, argumentava que a Primeira Guerra era um conflito imperialista entre potências capitalistas. Quando as tropas russas depuseram as armas, ocorreram negociações entre o novo governo e a Alemanha, que levaram à assinatura do Tratado de Brest-Litovsk (1918). A Rússia abria mão do controle sobre a Polônia, Finlândia, Estônia, Letônia, Lituânia, Bielorrússia e Ucrânia. Enquanto a revolução socialista assustava as elites das nações capitalistas, o conflito caminhava para o seu final.

A artilharia e as trincheiras travavam o avanço dos soldados no campo de batalha. O impasse foi resolvido por uma invenção britânica: o tanque blindado. Essa nova arma foi utilizada pela primeira vez em 15 de setembro de 1916 na Batalha do Somme. A situação alemã na guerra se deteriorara, pois, com as derrotas da Turquia e da Bulgária, o abastecimento de suas tropas na Europa central estava seriamente prejudicado. Em 8 de agosto de 1918, os ingleses, auxiliados pelos franceses e usando tanques com grande eficácia, romperam as defesas alemãs. Ciente da derrota, o Exército alemão tratou de conseguir um armistício imediato, com receio de que a Entente invadisse sua pátria e arruinasse sua reputação militar. Em 11 de novembro de 1918, o governo alemão assinou a rendição, encerrando o conflito.

Mulheres e a guerra

Em 1917, foi criado na Inglaterra um corpo feminino auxiliar do Exército (Women's Army Auxiliary Corps: WAAC), com cerca de 40 mil mulheres. A pressão sobre elas foi enorme. Malvistas por alguns, eram acusadas de desonrar o uniforme das forças armadas. O cartão-postal acima visava convencer os mais conservadores a aceitar a presença feminina.

Corpo Feminino Auxiliar (WAAC) em fila para receber a visita da rainha Elizabeth (rainha-mãe) em Wimereaux, Ernest Brooks. França, 6 jun. 1917.

Desfile do Corpo Feminino Auxiliar (WAAC) ao final da Primeira Grande Guerra, Thomas Frederick. Londres (Inglaterra), 1918.

24 | CAPÍTULO 1 | A Primeira Guerra Mundial e a Revolução Russa

OS 14 PONTOS DE WILSON

Em janeiro de 1919, representantes dos Aliados reuniram-se em Paris para definir os termos da paz. Cerca de dois milhões de pessoas foram às ruas para receber e saudar Woodrow Wilson (1856-1924), presidente estadunidense de 1913 a 1921, e atirar-lhe buquês de flores. Wilson propôs os **14 pontos para a paz mundial**.

Ciente de que os alemães, se tratados com dureza, poderiam revidar, Wilson insistiu que deveria haver uma "paz sem vencidos nem vencedores", mas o militarismo alemão, considerado por ele a principal causa da guerra, deveria ser eliminado. Para preservar a paz, defendia a formação de uma **Liga das Nações**, um Parlamento internacional para solucionar futuras disputas.

Diante dos 14 pontos propostos, coube a Clemenceau, primeiro-ministro francês, resumir a reação dos estadistas europeus: "Até o bom Deus, que é todo-poderoso, se contentou com dez mandamentos, e os americanos nos vêm agora com 14!". Predominou o que o dirigente italiano Vittorio Emmanuelle Orlando chamava de *il sacro egoismo* (o sagrado egoísmo). Um orgulho que ajudaria a causar uma nova guerra.

O TRATADO DE VERSALHES

Em 28 de junho de 1919, a Alemanha assinou o **Tratado de Versalhes**, apelidado pelos alemães de "Ultimato" de Versalhes. A Alemanha teve de devolver a Alsácia e a Lorena aos franceses e ficou proibida de erguer fortificações na Renânia, região fronteiriça com a França. Além disso, foi criado e dado à Polônia um corredor que atravessava a Prússia ocidental e terminava no porto báltico de Dantzig.

A Alemanha perdeu suas colônias na África e o recrutamento militar foi proibido, para impedir um ressurgimento do militarismo; teve seu Exército limitado a 100 mil voluntários; e sua Marinha ficou restrita a uma força simbólica, que não incluía submarinos.

O tratado estabeleceu, ainda, que fosse paga uma pesada indenização aos países invadidos. Considerada a culpada pela guerra, a Alemanha foi duramente punida.

Os alemães repudiaram o tratado. Classificaram seus termos como humilhantes e vingativos, destinados a manter o país enfraquecido economicamente. "Que justiça é essa – indagavam – que condena unicamente a Alemanha por uma guerra que envolveu tantos países?" A recusa ao "Ultimato" de Versalhes iria tornar-se, para os nazistas, um formidável instrumento de propaganda nacionalista.

TÁ LIGADO?

10. Em que consistia a proposta do presidente Wilson para o acordo de paz em 1919?

11. Explique o que era a Liga das Nações.

12. Aponte os termos do Tratado de Versalhes.

A gravura ironiza os 14 pontos de Woodrow Wilson, presidente dos Estados Unidos. A pomba da paz abre o bico para receber de Wilson um ramo de oliveira onde se lê: "Liga das Nações". Porém, o ramo é pesado demais para a pomba transportar.

Excesso de peso, L. Raven-Hill. Charge extraída da Revista *Punch*, Londres, v. 156, 26 mar. 1919.

RÚSSIA: UM PAÍS DE CAMPONESES

Em 1881, Karl Marx recebeu uma carta de uma jovem russa que perguntava se seria possível fazer a revolução socialista em um país de camponeses. A resposta de Marx foi curta e cautelosa. Dava a entender que camponeses sem instrução talvez pudessem se rebelar e fazer a revolução. No entanto, não tinha muita certeza...

O fato de o próprio Marx ter hesitado na sua resposta dá bem uma ideia do desafio que seria fazer uma revolução socialista em um país ainda agrário. Essa revolução, porém, acabou por se tornar realidade na segunda década do século XX, em um caminho que foi pavimentado externamente pela Primeira Guerra Mundial.

No início do século XX, a Rússia ainda era um país predominantemente rural. A imensa maioria de sua população (80%) era formada por camponeses pobres. No governo havia uma autoridade absoluta, o **czar**. Ele se apoiava nos grandes proprietários de terra, nos funcionários públicos de elite e no Exército, que tinha como uma das tarefas principais a manutenção da ordem interna. Não havia uma Constituição ou um parlamento que pudessem pressionar o czar.

A imagem representa as péssimas condições de vida a que eram submetidos os trabalhadores na Rússia.

Os puxadores de barcaça do rio Volga, Ilya Yefimovich Repin. Óleo sobre tela. Museu Estatal, São Petersburgo, Rússia. 1872.

Um país muito distante das condições que Karl Marx previra para a revolução que substituiria o sistema capitalista. Para Marx, essa revolução seria liderada pelo proletariado das fábricas. Na Rússia, porém, o operariado estava restrito basicamente às cidades de Moscou e Petrogrado, e o capitalismo industrial ainda engatinhava.

BOLCHEVIQUES *VERSUS* MENCHEVIQUES

Vladimir Ilitch Ulianov (1870-1924), conhecido como Lênin, passou, em 1887, pela dor de ter seu irmão mais velho preso e executado por ter participado de uma conspiração para assassinar o czar Alexandre III.

A partir dali, envolveu-se com atividades revolucionárias radicais que lhe renderam a deportação para a Sibéria, onde permaneceu por cinco anos (1895-1900).

Depois disso circulou por várias cidades europeias, travando discussões com outros líderes socialistas e elaborando seu projeto de revolução. Para Lênin, o proletariado jamais chegaria ao socialismo sem ajuda. Uma vanguarda formada por intelectuais e organizada sob a forma de um partido disciplinado guiaria o proletariado e o conduziria a uma vitória sobre o czarismo.

No segundo congresso do Partido Operário Social-Democrata Russo (POSDR), realizado em 1903, a insistência de Lênin na importância do profissionalismo dos dirigentes do partido dividiu os membros. Os seguidores de Lênin, que formavam a maioria, passaram a chamar-se **bolcheviques** (em russo, *bolscinstvó*, "maioria"), enquanto a oposição era conhecida como **menchevique** (em russo, *menscinstvó*, "minoria"), cujos membros viriam a ser expulsos do partido em 1912.

Os mencheviques consideravam que, diante do atraso da Rússia e da ausência de um proletariado urbano organizado, no país só seria possível uma revolução democrática e burguesa. Portanto, o proletariado deveria unir-se à burguesia liberal e promover a derrubada do regime czarista. Uma vez no poder, a burguesia garantiria o desenvolvimento do capitalismo e, a partir daí, a formação de um proletariado organizado.

Para os bolcheviques, seria possível uma revolução que pusesse fim ao **czarismo** a partir de uma aliança entre proletários e camponeses. Ou seja, sem necessariamente estabelecer uma composição política com a burguesia.

Camarada Lênin limpa o lixo da Terra, Viktor N. Deni. Litografia colorida, 1920.

Lênin é representado com uma vassoura na mão varrendo do planeta um padre, um capitalista e dois reis.

A REVOLUÇÃO DE 1905

Distante dessas discussões, em 1905, o czar Nicolau II envolveu a Rússia em uma catastrófica guerra contra o Japão, pelo domínio da Coreia e da Manchúria. Enquanto a guerra transcorria no *front* externo, uma manifestação de pacifistas pediu a retirada russa do conflito. Durante a manifestação, apesar de os pacifistas gritarem a palavra de ordem "Deus salve o czar!", ele ordenou o massacre dos manifestantes, em um episódio que ficou conhecido como **Domingo Sangrento**.

Em protesto contra o massacre explodiram greves, assassinatos de autoridades, revoltas em nações submetidas pelo Império Russo, rebeliões camponesas e estudantis, que se multiplicavam em toda parte. Estava em curso a **Revolução de 1905**. A insatisfação com as condições precárias levou à rebelião também os marinheiros do encouraçado Potemkin, igualmente massacrados por Nicolau II. As greves paralisaram a economia do país.

Ao final da guerra, derrotado, o czar assinou a paz nos termos estabelecidos pelo Japão. Desmoralizado, e com o governo reduzido à mais completa desorganização, prometeu criar uma monarquia constitucional, com um parlamento submetido ao seu poder, a **Duma**. Porém, quando esta começou a criticar sua atuação, Nicolau II a dissolveu, voltando a adotar sua antiga política autoritária.

TÁ LIGADO?

13. Aponte a situação da Rússia às vésperas da Revolução de 1917.
14. Explique o que era o czarismo.
15. Aponte quem eram os bolcheviques.
16. Aponte quem eram os mencheviques.
17. Explique o que era a Duma.

A REVOLUÇÃO DE FEVEREIRO DE 1917

Quando eclodiu a Primeira Guerra Mundial, a Rússia, como os demais países, esperava um conflito breve, que lhe garantisse benefícios. No entanto, mal equipado, seu exército sofria sucessivas e esmagadoras derrotas para os alemães. Soldados russos desertavam em massa, enquanto os alemães avançavam sobre seu território. O povo russo havia aderido à guerra com demonstrações patrióticas, mas, em janeiro de 1917, os soldados, diante do número de mortos (mais de um milhão e meio), perderam as esperanças no czar.

O caos se instalara no país: a indústria estava despreparada, as estradas de ferro eram insuficientes e a administração encontrava-se desorganizada. No fim de fevereiro, uma greve, agitações nas filas para adquirir alimentos e manifestações de rua em Petrogrado, então capital do país, transformaram-se subitamente em um movimento: a **Revolução de Fevereiro**, que derrubou Nicolau II e estabeleceu a República. Era o fim do regime czarista e da dinastia Romanov, que governara o país durante trezentos anos (1613-1917).

Os mencheviques empenharam-se em dar uma Constituição ao país. Desejavam o avanço do capitalismo na Rússia e acreditavam na empresa privada como fonte do progresso econômico. Buscando o apoio político e financeiro das potências capitalistas, mantiveram a Rússia na guerra, frustrando boa parte da população. A essa altura, quase dois milhões de soldados haviam desertado e outros tantos teriam de ser desmobilizados por falta de alimentos.

OS SOVIETES

Diante das dificuldades encontradas pelos mencheviques, ganharam espaço os **sovietes** – conselhos formados por operários, soldados e camponeses –, que eram dominados pelos bolcheviques. Lênin publicou então suas *Teses de abril*, defendendo "todo poder aos sovietes", a nacionalização dos bancos e da terra e a retirada russa da guerra.

Em junho, uma gigantesca manifestação em Moscou, com mais de 300 mil pessoas, exigiu a entrega do poder aos sovietes, revelando o apoio popular conquistado pelos bolcheviques.

A REVOLUÇÃO BOLCHEVIQUE

Em outubro, Lênin chegou secretamente do exílio a Petrogrado (atual São Petersburgo) e traçou a estratégia a ser adotada pelas lideranças revolucionárias. A revolução obteve um sucesso fulminante: os bolcheviques tomaram o poder em apenas dez dias. O governo aprovou uma série de decretos revolucionários: controle pelos trabalhadores de empresas com mais de cinco empregados, confisco das grandes propriedades rurais e sua distribuição a camponeses.

Em maio de 1918, o governo de Lênin submeteu-se ao **Tratado de Brest-Litovsk** com a Alemanha, pelo qual a Rússia entregava aos alemães a Letônia, a Lituânia, a Estônia, a Finlândia, a Polônia e a Ucrânia, sua principal base industrial e produtora de trigo, e se retirava da guerra. Mas, no *front* interno, a luta prosseguia: uma guerra civil opunha o **Exército Vermelho**, comandado por Leon Trotsky, ao **Exército Branco**, composto de contrarrevolucionários apoiados pelas potências estrangeiras.

Para enfrentá-la, Lênin pôs em prática o **comunismo de guerra**. Inspirado no modelo utilizado pela Alemanha durante a Primeira Guerra, o líder bolchevique optou pela total centralização da produção e eliminação da economia de mercado. Toda a produção era confiscada pelo Estado em guerra.

A TERCEIRA INTERNACIONAL

Em 1919, em Petrogrado, lideranças comunistas de diversas partes do mundo, inspiradas pelo exemplo dos bolcheviques, fundavam a **Terceira Internacional**, organização que pretendia orientar as ações revolucionárias em diversas partes do mundo.

Cinco anos antes, diante do início da Primeira Guerra e do apoio de partidos socialistas à participação de trabalhadores no conflito, Lênin afirmara: "A Segunda Internacional está morta, vencida pelo oportunismo". Com o fim da guerra e a vitória bolchevique, uma nova organização socialista era criada, orientada pelo comunismo.

A partir de então, os integrantes da Segunda Internacional passaram a se identificar com partidos de esquerda moderados, de modo geral defensores da chegada ao socialismo pela via democrática, conhecidos como **sociais-democratas**.

A UNIÃO SOVIÉTICA

Em 1921 os revolucionários saíram vitoriosos da guerra civil e assumiram a tarefa de construir o socialismo no mundo a partir de sua pátria, denominada no ano seguinte **União das Repúblicas Socialistas Soviéticas (URSS)**. Na Alemanha, Itália, França, Inglaterra, Espanha e em diversas outras partes da Europa e da América, líderes operários tentariam também tomar o poder. Inaugurava-se uma época de intensa movimentação revolucionária.

Na URSS, os bolcheviques separaram a Igreja e o Estado de forma mais profunda do que se havia feito na Europa ocidental, durante séculos: simplificaram o alfabeto; adotaram o calendário gregoriano, predominante no Ocidente capitalista.

Levaram para toda a população o teatro e todas as artes, até então reservados à elite, e, acima de tudo, eliminaram – pela expropriação, discriminação, expulsão e execução – as elites de burocratas, latifundiários, profissionais liberais e industriais.

> **TÁ LIGADO?**
>
> 18. Defina soviete.
> 19. Aponte as medidas adotadas pelos bolcheviques após a sua chegada ao poder, em 1917.
> 20. Explique o que foi o comunismo de guerra.
> 21. Aponte as características da Terceira Internacional.

Cartaz de propaganda do comunismo de guerra convocando a população a entregar a produção para o Estado.

Lembrem-se da fome!, Ivan Simalov. Litografia colorida, 1921.

A URSS defende as liberdades do mundo. Ajudemo-la!, Alfredo Zalce Torres. Cartaz de propaganda, Cidade do México: Oficina Gráfica Popular, 1941.

A revolução bolchevique repercutiu intensamente no mundo. Para muitos ela simbolizaria a libertação dos povos, como se pode observar no cartaz mexicano.

Veemente
Intenso, eloquente, com ardor.

Parâmetro
Padrão, valores como referência.

TÁ LIGADO

22. Identifique a definição de ideologia para Marx presente no quadro da página 31.
23. Dê exemplos ligados às ideologias citadas: direita, esquerda, burguesa, comunista, fascista, nazista.
24. Explique o que é marxismo-leninismo.

O PLANEJAMENTO ECONÔMICO

Os bolcheviques destacaram a redistribuição de recursos como habitação, alimentos e roupas, tomando-os dos ricos e dando-os aos pobres. Eles não se opunham a todas as formas de propriedade privada; permitiam os artigos de uso pessoal, desde que estivessem de acordo com os padrões populares. Mas, ao nacionalizarem a indústria e as finanças, proibiram a propriedade privada produtora de rendimentos.

Com o desaparecimento da empresa privada, o Estado tornou-se aos poucos o único empregador, ganhando dessa forma um poder sem precedentes sobre os cidadãos.

A economia passaria a ser planejada, centralmente, com a adoção de uma meta ambiciosa: a superação das debilidades da Rússia, demonstradas de maneira tão veemente na guerra. As novas lideranças diziam que o país não estaria à altura dos tempos se não fosse reconstruído, com base nos parâmetros estabelecidos por uma elite revolucionária, em estreito contato com a população, que usava sua linguagem e trabalhava pela melhoria, em longo prazo, das condições de vida de todos.

A POLÍTICA BOLCHEVIQUE

Segundo seus estatutos, o Partido Comunista (Bolchevique) Russo elegia os delegados a congressos periódicos, que, por sua vez, elegiam o Comitê Central, que era sua liderança geral. Do Comitê Central, porém, o poder afunilou-se logo para um grupo interno cada vez menor, o **Politburo** (birô político). Ali, os principais líderes – Lênin, Trotsky, Stálin e alguns outros – determinavam as políticas a serem adotadas, distribuíam as tarefas e nomeavam os principais funcionários. O partido dominava todos os órgãos públicos e seus principais líderes ocupavam as posições importantes no governo.

A nova elite consistia em um partido de políticos profissionais, pequeno, coeso e excepcionalmente disciplinado. Desde o início, os que não se dedicavam totalmente eram expurgados. De acordo com as regras oficiais, seus membros tinham de observar rigorosa disciplina, participar ativamente da vida política do partido, dominar os princípios do marxismo-leninismo e dar o exemplo na observação do trabalho e da disciplina estatal.

O percurso da Revolução Russa de 1917 alimentava ao mesmo tempo o medo e a esperança de uma revolução internacional. A opinião mundial polarizou-se: o medo do comunismo tornou-se uma obsessão entre os liberais; já os marxistas que apoiavam a Rússia, por sua vez, temiam a reação capitalista.

Ideologia

O desenvolvimento do conceito de "ideologia" está ligado à história do marxismo e dos movimentos revolucionários. No século XIX, Karl Marx definiu ideologia como uma crença falsa, que serviria para encobrir as relações de dominação social. Assim, originalmente, a ideologia assumia uma definição negativa, como um pensamento ilusório que serviria ao domínio de uma classe sobre as demais.

No entanto, os embates políticos e sociais a partir do século XIX modificaram a definição original. Passou-se a utilizar o termo ideologia para diferenciar o conjunto de ideias e valores de determinada tendência política. Assim, ideologia de direita, ideologia de esquerda, ideologia burguesa, ideologia comunista, ideologia fascista, ideologia nazista e tantas outras acabaram se tornando expressões que procuravam dar conta de sistemas de ideias e de comportamentos políticos coletivos.

De certo modo, a história do século XX é a história dessas ideologias em conflitos.

URSS Amizade dos povos, Stephan M. Karpov. Óleo sobre tela, 1924.

O artista representou as diferentes nações soviéticas reunidas em torno da construção do socialismo.

A NOVA POLÍTICA ECONÔMICA

Após a guerra civil, a economia russa estava reduzida a um terço do que era antes da Primeira Guerra. Em 1921, Lênin estabeleceu um plano básico para recriar o poderio russo: a **Nova Política Econômica** (NEP), que durou até 1928. Ela conservava o governo no controle das finanças, indústrias e transportes, mas permitia que a agricultura e o comércio voltassem à propriedade privada. Os camponeses, depois de entregar parte de suas colheitas ao governo, tinham liberdade para vender o restante no mercado, e os comerciantes podiam exercer suas atividades sem restrições.

Lênin, no entanto, não conduziu a NEP até o final, pois morreu em 1924. Seu sucessor foi Stálin, que era secretário-geral do partido desde 1922. Homem da máquina partidária, Stálin foi desafiado pelo grupo de Trotsky na luta pela sucessão de Lênin, mas era tarde demais para derrubá-lo. Nenhum dos rivais de Stálin conseguia reunir as maiorias necessárias nos congressos do partido.

Derrotado, Trotsky inspiraria revolucionários em todo o mundo. Seu ideal era expandir a revolução imediatamente a outros povos, fazendo o que chamava de **revolução permanente**. Para Stálin, a necessidade mais urgente da Rússia era a construção, o mais rápido possível, do poderio soviético, por meio da industrialização. Seu lema, "Socialismo em um só país", significava que a Rússia soviética possuía, sozinha, todos os recursos necessários para "alcançar e superar" o capitalismo no mais curto prazo possível.

OS PLANOS QUINQUENAIS

Camponeses e trabalhadores teriam de fazer sacrifícios tremendos para superar as debilidades da nação. Stálin resolveu pôr fim à NEP e implementar uma série de **planos quinquenais**, dos quais o primeiro, e mais radical, teve início em 1928. O impulso de industrialização foi saudado como uma ampla revolução econômica e social, empreendida pelo Estado segundo um plano racional estabelecido com muita propaganda e uma brilhante demonstração de dados estatísticos.

A ênfase foi colocada na indústria pesada, na construção de ferrovias, usinas de energia, siderurgias e na fabricação de equipamentos militares, como tanques e aviões de guerra. A produção de bens de consumo foi reduzida ao mínimo essencial.

Na época, o desabastecimento corroía o comércio. A inexistência de bens de consumo padronizava a vida da população. Os soviéticos vestiam-se quase todos da mesma maneira. A indústria de calçados produzia apenas um par para cada habitante. Os apartamentos tinham a mesma decoração. Alguns ironizavam a falta de produtos: "Vocês, no Ocidente, têm um problema: ganhar dinheiro. Aqui, temos dois: ganhar e conseguir gastar".

Nos primeiros anos, particularmente os jovens foram levados a sacrifícios heroicos: orgulhavam-se de seu esforço para a construção de uma sociedade superior. Quando a Grande Depressão nos países capitalistas deixou milhões de desempregados, nenhum cidadão soviético sofreu pela falta de trabalho.

Camponeses

Os camponeses foram integrados na economia planejada pela **coletivização**, que significava a fusão de fazendas, rebanhos e equipamentos, para obter uma produção em larga escala, mais eficiente. Introduziram-se métodos ditos modernos que os camponeses tinham enormes dificuldades em compreender.

O processo de coletivização teve resistências. Muitos **kulaks**, camponeses ricos, em vez de entregarem seus animais ao governo, preferiram abatê-los, reduzindo os rebanhos à metade. Os cavalos, de grande importância para o transporte rural e o trabalho agrícola, foram reduzidos em um terço e as lavouras foram abandonadas. Para combater essas resistências, dirigentes do partido ordenaram a matança de milhões de camponeses, separando famílias, levando os homens para trabalhos forçados na construção industrial ou nos campos de trabalho. Em 1935, praticamente toda a agricultura russa estava coletivizada.

Os cidadãos soviéticos tiveram de trabalhar o máximo possível, sendo recompensados os que faziam contribuições especiais à realização do plano – engenheiros, cientistas, administradores – e os heróis do trabalho, aqueles que batiam recordes de produção.

Surgiu uma nova elite de administradores industriais treinados pelo partido, que buscava, pelo centralismo, compensar a escassez de administradores. Além disso, a disciplina familiar e os costumes sexuais tornaram-se mais rigorosos, dentro de uma ética orientada, por decreto, para o trabalho.

Qualquer fracasso era visto como uma traição, por mais leal ou até heroico que tivesse sido o desempenho dos camaradas em questão. Se uma fábrica não atingisse o nível de produtividade designado pelo partido, os gerentes eram considerados sabotadores ou vistos como preguiçosos ou corruptos.

Os planos quinquenais eram acompanhados de intensa propaganda. O cartaz anuncia a criação de uma rede de creches, escolas, lavanderias e refeitórios que permitiriam a participação da mulher na construção do socialismo.

Mulheres e o socialismo, Ekaterina Zernova. Cartaz de propaganda, Nalchik: Ogiz-Izogiz, 1924.

Nos países capitalistas, a propaganda anticomunista buscava apresentar os planos quinquenais como um retumbante fracasso. A caricatura francesa mostra um homem-caveira, pressionado pelas armas de um policial, com um cartaz onde se lê: "Somos muito felizes". Era uma crítica à escassez de alimentos.

Somos muito felizes, anônimo. Litografia colorida, 1938.

O REALISMO SOCIALISTA

A propaganda oficial procurou construir a imagem de Stálin como um homem enérgico, vestido com uma rústica túnica militar, sem pompa nem luxo. Uma figura paternal, bom presidente, calmo, bondoso, conciliador, promotor do consenso.

Todos os meios de comunicação – a literatura, as artes, a música, o teatro – foram direcionados para cultivar essa imagem de Stálin. Foi imposto às artes um estilo oficial, chamado de **realismo socialista**, que devia preencher, com detalhes humanos, as "realidades" da vida soviética, tal como Stálin determinava que fossem apresentadas ao povo.

O realismo socialista deu origem a romances com um novo tipo de enredo, que narravam, por exemplo, o namoro de tratoristas e ordenhadoras de leite, ou de torneiros mecânicos e secretárias de escritório. Por trás das histórias de amor, o sucesso da produção e a obtenção das metas dos planos quinquenais.

Compositores tiveram suas músicas examinadas em busca de resquícios do espírito burguês; as músicas deveriam ser simples, adequadas aos tempos heroicos.

Em toda parte, enormes cartazes, extremamente coloridos, mostravam homens e mulheres radiantes, empenhados em um trabalho árduo, chamando outros para que se juntassem a eles. Mostrava-se muitas vezes Stálin como pai e líder sábio, sendo saudado por esses trabalhadores. Nos bastidores, os artistas eram disciplinados para cumprir a vontade do partido, sob pena de serem esmagados.

A PERSEGUIÇÃO ÀS OPOSIÇÕES

Depois do início do Primeiro Plano Quinquenal, foram montados julgamentos forjados, denunciando como sabotadores os engenheiros que discordavam das diretrizes de Stálin. O Estado usou o terror também para aniquilar a oposição, tanto dentro do partido como em toda a sociedade soviética.

Devido às ações de Stálin e aos resultados da política soviética, seguidores de Trotsky reunidos na França, em 1938, criaram a **Quarta Internacional**. A partir de então, militantes trotskistas procuraram estruturar a entidade para organizar internacionalmente o combate tanto ao capitalismo quanto ao stalinismo.

TÁ LIGADO?

25. Explique o que foi a Nova Política Econômica e quais medidas foram implementadas por ela.
26. Compare as propostas de revolução permanente e socialismo em um só país.
27. Explique o que eram os planos quinquenais.
28. Explique o que foi a coletivização no campo.
29. Explique quem eram os *kulaks*.
30. Aponte as características da Quarta Internacional.
31. Esclareça as características do realismo socialista.

A arte do realismo socialista buscava mostrar aquilo que o regime stalinista dizia ser a realidade dos trabalhadores. A pintura representa um dia de festa em uma fazenda coletiva.

Festival da colheita em Kolkhoz, Sergej Vasilec Gerasimov. Óleo sobre tela, 1937.

EM DESTAQUE — OBSERVE AS IMAGENS

Trotsky e a revolução desfigurada

Lênin e Trotsky na comemoração do segundo aniversário da Revolução de Outubro (1917), L. Y. Leonidov. Praça Vermelha, Moscou, 7 nov. 1919.

Lênin e Trotsky na comemoração do segundo aniversário da Revolução de Outubro (1917), L. Y. Leonidov. Praça Vermelha, Moscou, 7 nov. 1919. (foto alterada)

1. No seu caderno, identifique a diferença entre as duas fotos.
2. A segunda imagem foi alterada por orientação de Stálin para remover Trotsky. Esclareça a intenção de Stálin ao ordenar essas alterações.

QUEBRA-CABEÇA

1. Releia o quadro complementar "Futebol de Natal nas trincheiras" (p. 23). Agora responda ao que se pede:
   a) Comente a surpreendente trégua estabelecida no Natal de 1914.
   b) Aponte as consequências para as tropas após essa trégua.

2. Defina cada um dos conceitos abaixo e organize um pequeno dicionário conceitual em seu caderno:
   - paz armada
   - Tríplice Entente
   - Tríplice Aliança
   - Primeira Internacional
   - Segunda Internacional
   - guerra de trincheiras
   - czarismo
   - bolcheviques
   - mencheviques
   - Duma
   - sovietes
   - comunismo de guerra
   - Terceira Internacional
   - marxismo-leninismo
   - social-democrata
   - Revolução permanente
   - Socialismo em um só país
   - Nova Política Econômica
   - Planos Quinquenais
   - *kulaks*
   - Quarta Internacional

3. Elabore um cartaz de propaganda contra a participação na Primeira Guerra Mundial. Para tanto:
   a) Retome os cartazes de propaganda pró-guerra das páginas 14 e 15.
   b) Elabore um *slogan* para o seu cartaz.
   c) Faça um desenho que critique a Guerra.
   d) Exponha os trabalhos na classe.

4. Elabore uma linha de tempo com os fatos: Revolução de 1905, Revolução de Fevereiro, Revolução de Outubro, Nova Política Econômica e Ascensão de Stálin.

5. Vamos construir nossos *tags*. Siga as instruções do *Pesquisando na internet*, na seção **Passo a passo** (p. 7), utilizando as palavras-chave abaixo:
   menchevique
   stalinismo
   bolchevique
   trotskismo

LEITURA COMPLEMENTAR

[TESTEMUNHO DE UM COMBATENTE DE GUERRA]

A declaração a seguir foi feita ao oficial-comandante pelo segundo-tenente L. Sassoon, do Terceiro Batalhão de Fuzileiros Reais Galeses, durante a Primeira Guerra.

Leia-a com atenção e depois faça as atividades sugeridas.

> Chega de guerra.
> Faço esta declaração como ato de desafio voluntário à autoridade militar, porque acredito que a guerra está sendo deliberadamente prolongada por aqueles que possuem o poder de terminá-la.
> Sou um soldado convencido de estar agindo pelos soldados. Acredito que esta guerra, na qual ingressei como se fora uma guerra de defesa e liberação, converteu-se, agora, numa guerra de agressão e de conquista. Acredito que os objetivos pelos quais eu e meus companheiros entramos nesta guerra deveriam ter sido tão claramente expostos, que seria impossível modificá-los; e que, se isso tivesse sido feito, os propósitos que nos estimularam estariam, agora, ao nosso alcance, através de negociações.
> Vi e suportei os sofrimentos das tropas e não posso mais contribuir para prolongar esses sofrimentos com vistas a objetivos que considero cruéis e injustos.
> Não estou protestando contra a direção da guerra, mas contra os erros políticos e as insinceridades pelos quais os combatentes estão sendo sacrificados.
> Em nome daqueles que estão sofrendo agora, protesto contra o engano de que estão sendo vítimas: acredito, também, poder contribuir para destruir a complacência indiferente com que a maioria dos que estão em casa contemplam o prosseguimento de agonias que não compartilham, e que não possuem imaginação suficiente para conceber.

Extraído do *Bradford Pioneer*, 27 jul. 1917. In: *História do século XX*. São Paulo: Abril, 1975. v. 23. p. 690.

1. Identifique o autor da declaração, a data em que ela foi feita e o país pelo qual lutava.

2. Que opinião o autor do depoimento tem a respeito da guerra? Você concorda com ele? Justifique sua resposta.

PONTO DE VISTA

Tropas alemãs em Bruxelas

Exército alemão entrando na Praça Rogiers, Henry Guttmann. Bruxelas (Bélgica), 20 ago. 1914.

A fotografia apresenta o momento em que as tropas alemãs invadiram a Bélgica, no início da Primeira Guerra. Observe-a e faça as atividades sugeridas abaixo.

1. No seu caderno, identifique os elementos que compõem a cena.
2. No primeiro plano, há dois belgas. Interprete o gesto do homem à esquerda. Seria de aprovação ou reprovação à presença alemã?
3. Tomando por base o enquadramento, identifique a posição em que o fotógrafo tirou essa foto. Ele está próximo ou distante das tropas?
4. O que isso pode significar sobre a opinião do fotógrafo com relação à invasão?

TRÉPLICA

Nada de novo no front
Estados Unidos, 1930.
Direção de Lewis Milestone.

Baseado no romance de Erich Maria Remarque, o filme foi lançado no período entreguerras e procurava oferecer uma visão crítica da guerra por meio dos questionamentos e desilusões de um jovem soldado.

Reds
EUA, 1981. Direção de Warren Beatty.

A vida do jornalista estadunidense John Reed, autor de *Os dez dias que abalaram o mundo*, destacando o contexto da Primeira Guerra Mundial e da Revolução Russa de 1917.

Coronel Redl
Alemanha Ocidental/Hungria/Áustria/Iugoslávia, 1985. Direção de István Szabó.

O longa-metragem oferece um painel da Europa às vésperas da Primeira Guerra Mundial.

PERMANÊNCIAS E RUPTURAS

Leia com atenção o texto a seguir e depois realize as atividades propostas.

Guerra e ciência

 OBSERVE A IMAGEM

Infelizmente, muitas das descobertas científicas foram motivadas pelos conflitos armados. Durante a Primeira Guerra Mundial a ciência foi convocada, promovendo uma série de avanços tecnológicos, sobretudo nos artefatos bélicos. Em suas batalhas, estrearam os submarinos, os tanques e os aviões de combate. Meios de transporte transformaram-se em instrumentos de destruição.

Em função do aperfeiçoamento dos equipamentos bélicos e dos seus efeitos nos feridos em combate, também as técnicas de cirurgia plástica tiveram um grande desenvolvimento a partir da Primeira Guerra Mundial.

1. Você conhece algum avanço tecnológico atual do seu cotidiano que tenha sido desenvolvido primeiramente para fins militares? No seu caderno, organize uma lista dos avanços lembrados.

2. Você acredita que é possível estabelecer tais avanços sem a sua vinculação com a guerra? Justifique.

A conquista do ar, Eugene Grasset. Litografia colorida extraída do jornal *Figaro Illustré*, 1º fev. 1909.

 Livros

A Primeira Guerra Mundial
BRENER, Jayme. São Paulo: Ática, 2001.

A Primeira Grande Guerra
JANOTTI, Maria de Lourdes. São Paulo: Atual, 2002.

Lênin e a Revolução Russa
SALOMONI, Antonieta. São Paulo: Ática, 1995.

A Revolução Russa (1917-1921)
REIS FILHO, Daniel Aarão. São Paulo: Brasiliense, 1999.

 Sites

(Acessos em: 3 outubro 2018)
<https://bit.ly/2BV66MO>

Depoimentos de judeus que sofreram os horrores do regime nazista. (Em inglês)

<https://bit.ly/2hcl8lK>

Fotos, jornais, documentos e textos organizados em uma linha do tempo da Revolução Russa.

1º Bimestre

CAPÍTULO 2

O período entreguerras

PORTAS ABERTAS

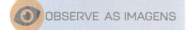
OBSERVE AS IMAGENS

1. O que a fotografia de Dorothea Lange representa?

2. Em relação ao quadro do mexicano Diego Rivera sobre Hitler e o nazismo, responda:
   a) Como o pintor representa o tema?
   b) O que você sabe sobre o nazismo? Que representações do nazismo você conhece?

3. Procure estabelecer relações entre as situações abordadas na foto de Lange e no quadro de Rivera.

Mãe imigrante, Dorothea Lange. Califórnia (EUA), mar. 1936.

Nesta imagem, a fotógrafa Dorothea Lange deu destaque a uma mulher e seus filhos, imigrantes que foram da Europa para os Estados Unidos no período chamado de entreguerras (1919-1939).

38 | CAPÍTULO 2 | O período entreguerras

Barbárie nazista (ou cultura nazista), Diego Rivera. Pintura mural, 1933. (detalhe)

OS ESTADOS UNIDOS NO PÓS-GUERRA

Na década de 1920, os Estados Unidos experimentavam um crescimento extraordinário. Maior devedor do planeta, antes da Primeira Guerra Mundial, o país tornou-se o maior credor após o seu término.

A família média americana comia melhor, vestia-se melhor e usufruía mais da sociedade de consumo do que qualquer família média de outra parte do mundo. Eufóricos, os estadunidenses adquiriam relógios de pulso, geladeiras, latas de ervilha, aparelhos de barbear, enceradeiras e tudo mais que o dinheiro e o crediário pudessem comprar. Enquanto na Europa a média era de um carro para 84 pessoas, nos Estados Unidos era de um para cada seis pessoas.

A QUEBRA DA BOLSA DE NOVA YORK

O entusiasmo gerado pela prosperidade contagiou a Bolsa de Valores, fazendo os preços das ações das empresas estadunidenses subirem em ritmo alucinante. Comprar ações significa, de certa forma, tornar-se sócio de uma empresa: se a empresa tem um bom desempenho, seus acionistas (proprietários de ações) recebem uma participação nos lucros. O bom desempenho atrai novos acionistas e o valor das ações da empresa sobe.

O preço das ações disparava. No início de 1928, uma ação da Radio Corporation of America (RCA) custava 85 dólares; em setembro de 1929, esse valor havia subido para 505 dólares. Muitos acreditavam ter encontrado a receita de ganhar dinheiro sem trabalhar: bastava aplicar seu dinheiro na Bolsa. Barbeiros, engraxates, banqueiros e homens de negócios em geral, todos investiam.

Em meio à euforia interna, os estadunidenses não percebiam as consequências do que ocorria com seus vizinhos e principais compradores: os europeus. A Europa destruída pela guerra enfrentava sérias dificuldades econômicas. Como era possível as ações subirem tanto se as vendas não estavam crescendo?

Durante os anos 1920, os noticiários asseguravam que a economia estava ótima. A euforia cegava as pessoas: no final da década o desemprego crescia, atingindo 4 milhões de pessoas. A produção de aço, importante indicador econômico, caía lentamente, enquanto as ações subiam vertiginosamente. Os investidores não percebiam que a febre do dinheiro fácil não tinha bases sólidas, que as fábricas e as fazendas decaíam e, apesar disso, suas ações se valorizavam.

A forte concentração de capitais nas mãos de poucos complicava ainda mais as coisas. O rendimento médio das famílias ricas era 630 vezes maior que o das famílias mais pobres. Para essas famílias o crediário era a fórmula para adquirir ações ou geladeiras, carros, relógios e outros bens de consumo.

Grande Depressão: mulheres servem sopa e pão a homens desempregados. Los Angeles (EUA), jan. 1930.

Em setembro de 1929, a compra de ações começou a diminuir lentamente. Espalhavam-se boatos de que o período de prosperidade estava prestes a terminar. Muitos se apressaram em vender suas ações antes que os preços caíssem demais. Na última semana de outubro, o mercado entrou em colapso. Os corretores estavam desesperados. De todas as partes do país chegavam ordens para vender ações. Imensas fortunas se dissolveram. Não havia compradores. Essa situação ficou conhecida pelo nome de **Crack da Bolsa**.

A GRANDE DEPRESSÃO

Piada da época: quando alguém chegava a um hotel e pedia um quarto, o recepcionista perguntava: "Para dormir ou para pular?". Os suicídios não foram tão numerosos como a piada sugere, mas a imagem de executivos pulando dos arranha-céus tornara-se o símbolo do desespero estadunidense com o *Crack* da Bolsa. O estrago no bolso dos investidores foi assustador. Preocupado com o desânimo generalizado, o prefeito de Nova York pediu aos proprietários de cinemas que só exibissem filmes otimistas.

Em 1932, fazia sucesso a música "Brother, can you spare a dime?" ("Irmão, você pode me emprestar um trocado?"). A música expressava o estado de ânimo de um país com 14 milhões de desempregados – ou seja, de cada quatro americanos, um estava desempregado. E, pior, tinha-se a nítida impressão de que a crise não iria ter fim, de que não existiria um ponto de mudança, um sinal sequer de uma possível melhora: era a **Grande Depressão**.

Ocorriam saques, famílias se aninhavam junto aos incineradores dos edifícios municipais em busca de calor, enquanto outras procuravam restos de comida em caminhões de lixo. Boa parte da população estadunidense responsabilizava o presidente Herbert Hoover, que governou entre 1929 e 1933, e o Partido Republicano pela crise. A política liberal do governo, de não interferir no mercado, era considerada por muitos a causadora da depressão.

Assim, em 1932, o democrata Franklin Delano Roosevelt (1882-1945) venceu facilmente as eleições presidenciais. A crise econômica e, logo depois, a Segunda Guerra Mundial permitiriam que Roosevelt se tornasse o presidente que governou os Estados Unidos por mais tempo, de 1933 a 1945.

O *NEW DEAL*

Durante a campanha eleitoral, Roosevelt havia se comprometido a estabelecer um "Novo Ajuste" (***New Deal***) para o povo americano. Em seu discurso de posse, declarou: "A única coisa a temer é o próprio medo". Contrariando teorias liberais que recomendavam o mínimo de intervenção estatal na economia, procurou empenhar o Estado na ajuda aos "de baixo". Para resolver o problema do desemprego e reaquecer a economia, deu início a um enorme programa de obras públicas.

Para criar novos empregos, o Estado construiu ou restaurou 400 mil quilômetros de estradas, colocou em funcionamento 40 mil escolas e contratou 50 mil professores, construiu mais de 500 pequenos aeroportos, instalou mais de 3,5 milhões de metros de canalização de água e esgoto, além da construção de praças e quadras esportivas em todo o país.

O Estado também financiou a apresentação de 2 700 peças teatrais. Contratou 2,7 milhões de jovens para trabalhar no controle da erosão do solo e no combate a incêndios florestais. Por trás de tudo isso, estava o seguinte raciocínio: o Estado gera empregos, as pessoas voltam lentamente a consumir, as fábricas e as fazendas aumentam a produção, contratam mais mão de obra, mais pessoas são reintegradas ao sistema e o capitalismo voltará a florescer.

O consumo aumentou em 50% depois de três anos de investimentos governamentais. No entanto, ainda havia 9 milhões de desempregados no país ao final da década de 1930. O problema do desemprego e do crescimento econômico só encontrou uma solução satisfatória durante a Segunda Guerra Mundial.

TÁ LIGADO?

1. Explique o que provocou o *Crack* da Bolsa de Nova York.
2. Explique o que foi o *New Deal*.

A WPA (Administração para o Progresso do Trabalho) foi um programa nacional, criado pelo presidente Franklin Roosevelt, que empregou milhões de trabalhadores não qualificados para a realização de obras públicas, além de financiar programas voltados para educação de adultos e artes em geral.

O trabalho paga a América! Prosperidade, Vera Bock. Cartaz de propaganda, WPA, Nova York, 1936-1941.

> **TÁ LIGADO?**
>
> **3.** Aponte os efeitos da Grande Depressão sobre os outros países.

A CRISE SE ESPALHA PELO MUNDO

A crise se espalhara pelo mundo. A Alemanha fora a primeira a sentir seus efeitos. Os banqueiros estadunidenses não só cortaram o fluxo de novos empréstimos como exigiram a devolução dos 2,38 bilhões de dólares que já haviam emprestado. Essa atitude praticamente paralisou a produção industrial alemã. Na América Latina, muito dependente da economia estadunidense, despencavam as importações e exportações, como as do café brasileiro.

Em toda parte a ideia de um Estado forte, capaz de enfrentar a crise, ganhava corpo. Preparava-se assim o terreno para a ascensão do fascismo e do nazismo.

MUSSOLINI E O FASCISMO

Para entendermos o nascimento do fascismo, é preciso considerar a participação italiana na Primeira Guerra Mundial.

A Itália entrou na guerra em 1915, ao lado de ingleses e franceses, animada pela perspectiva de conquistar territórios e tornar-se uma grande potência.

Porém, quando a guerra acabou, muitos italianos sentiram-se traídos. Os Estados Unidos, com o plano de paz do presidente Woodrow Wilson (1856-1924) – os famosos **14 pontos para a paz mundial** –, frustraram os interesses italianos, que haviam perdido 600 mil homens no conflito e não obtiveram nenhum novo território.

Benito Mussolini, político que gozava de grande popularidade, criticava fortemente o governo italiano por não defender os interesses do povo e a honra nacional. Ao mesmo tempo, os comunistas, inspirados na Revolução Russa, mobilizavam operários nas fábricas para se rebelarem contra o capitalismo. Foram criados inúmeros conselhos de operários nas fábricas. No interior do país, muitas prefeituras comandadas por socialistas e comunistas iniciaram a reforma agrária.

OS FASCISTAS NO PODER

Os empresários e grandes proprietários de terras assustavam-se cada vez mais com os comunistas. Acusavam os governantes liberais de serem fracos no combate aos movimentos de esquerda.

Os nacionalistas, por sua vez, organizavam-se em *fasci*, palavra que remonta à Roma Antiga: *fasci* eram feixes de varas carregados pelos juízes, com os quais aplicavam as penas criminais. Os fascistas (palavra derivada de *fasci*) combatiam comunistas, liberais e pacifistas. Com porretes e óleo de rícino, humilhavam, espancavam e assassinavam os seus oponentes.

Proprietários de terras e capitalistas começaram a enxergar nesses "fascistas" o partido da ordem. Em 1921, contando com 200 mil militantes armados organizados em esquadrões e apoiados por grandes empresários, o **Partido Fascista** tornara-se um movimento poderoso.

Cartaz publicitário defendendo a presença italiana na guerra. Para muitos nacionalistas, a guerra seria a oportunidade de a Itália firmar-se como potência.

Cartaz de propaganda, anônimo. Litografia colorida, 1915.

As bases sociais do fascismo

Os fascistas prometiam construir uma nova civilização. Uma civilização nacionalista, distante das "ruínas da democracia liberal" e do inimigo bolchevista (a Revolução Russa).

A propaganda fascista afirmava que reintegraria o proletariado à pátria, acabando com a luta de classes. Proletariado e burguesia caminhariam juntos para engrandecer a nação.

Glorificando a ação, os fascistas organizavam exércitos particulares compostos de veteranos de guerra que buscavam preservar a fidelidade, a camaradagem e a violência da frente de combate: os **camisas-negras**. O líder e o partido saberiam o que era melhor para a nação e aliviariam o indivíduo da necessidade de tomar decisões.

As classes médias forneceram as bases para o movimento fascista. Seus integrantes eram pessoas que escolhiam suas filiações políticas de acordo com seus temores. Pequenos comerciantes, artesãos, funcionários públicos, empregados de escritório, camponeses de alguns recursos, que tinham medo tanto do grande capitalismo como do socialismo, engrossaram rapidamente as fileiras fascistas. Esperavam que o fascismo os protegesse da competição das empresas e impedisse a odiada classe operária de estabelecer um Estado bolchevique para confiscar a sua propriedade. Seria uma maneira anticomunista de superar as crises econômicas e restabelecer o respeito à nação.

O apoio da imprensa burguesa, nas décadas de 1920 e 1930, era decorrente, entre outros fatores, da defesa da ordem e da disciplina. Em um mundo abalado pelas crises econômicas, pelas manifestações grevistas e pela ameaça de revolução proletária, o discurso fascista prometia a luta contra a desordem do mercado e das agitações políticas.

Os apelos fascistas não se limitaram à Itália e à Alemanha. Espanha, Portugal, França, Inglaterra e diversos outros países europeus e latino-americanos também presenciaram governos ou desfiles de grupos militarizados e uniformizados com semelhantes posições ideológicas.

A MARCHA SOBRE ROMA

Em 1922, Mussolini organizou a **Marcha sobre Roma**, com as tropas de camisas-negras. Milhares de militantes saídos de todo o país convergiram para a capital, sem nenhuma oposição da polícia ou do Exército. Nesse mesmo ano, o rei italiano nomeou Mussolini como seu primeiro-ministro.

Uma vez no poder, Mussolini prendeu, torturou e assassinou os adversários políticos do novo regime. Após as eleições fraudadas de 1924, o deputado socialista Giacomo Matteotti denunciou o Estado policial e a tortura. Logo em seguida apareceria morto.

Em 1926, Mussolini exigiu plenos poderes e promulgou as *leis fascistissimas*, que instituíram uma ditadura plena. Assumindo o título de *Duce* (líder), ele demitiu os ministros não fascistas, dissolveu os partidos de oposição, esmagou os sindicatos independentes, fechou os jornais oposicionistas, substituiu prefeitos eleitos por funcionários fascistas e criou uma polícia secreta para prender opositores.

Os meios de comunicação tornaram-se instrumentos de propagação do culto à sua personalidade. A propaganda fascista afirmava: "Mussolini tem sempre razão"; "Acredite! Obedeça! Lute!"; "Um minuto no campo de luta vale uma vida inteira de paz". A imprensa, o cinema e o rádio divulgavam que ele havia erradicado o crime, a pobreza e as tensões sociais. Os manuais das escolas primárias o retratavam como "o salvador da pátria". Milhões de jovens, usando uniformes fascistas, participavam de cerimônias cantando hinos nacionalistas.

> **TÁ LIGADO?**
>
> 4. Explique o que foi a Marcha sobre Roma de 1922.

A REPÚBLICA DE WEIMAR

Ao final da Primeira Guerra Mundial, a derrotada Alemanha encontrava-se destruída. O *kaiser* Guilherme II fugira para a Holanda. Em seu lugar, uma Assembleia Nacional, recém-eleita, reuniu-se em Weimar para preparar a Constituição do novo Estado. Nascia ali a **República de Weimar**, nome assumido pela Alemanha de 1918 a 1933.

A jovem República enfrentou fortes turbulências internas. Em janeiro de 1919, o Partido Comunista Alemão tomou as ruas de Berlim e declarou deposto o governo social-democrata. Brigadas voluntárias sufocaram essa rebelião e assassinaram Rosa Luxemburgo (1871-1919), importante líder marxista. Mas o medo de uma insurreição comunista continuava intenso entre as elites.

Além das pressões políticas, a República de Weimar enfrentava também uma grave crise econômica. O Estado endividado emitia mais dinheiro, fazendo que o valor do marco alemão caísse rapidamente. Em 1914, um dólar estava cotado a 4,2 marcos; em 1919, a 8,9 marcos; em princípios de 1923, a 18 mil marcos. Em agosto de 1923, um dólar podia ser trocado por 4,6 milhões de marcos e, em novembro, por 4 bilhões! Responsabilizando o governo pelo desastre, a população tornou-se mais receptiva aos movimentos que queriam derrubar a República.

De 1924 a 1929, as condições econômicas melhoraram. Capitalistas estrangeiros, particularmente estadunidenses, investiram na Alemanha. Em 1929, o ferro, o aço, o carvão e a indústria química ultrapassaram os níveis produzidos antes da Primeira Guerra. O valor das exportações também superou o de 1913. Aparentemente a Alemanha havia alcançado a estabilidade política, superando as ameaças de partidos extremistas da esquerda e da direita.

Mas com a Grande Depressão, iniciada em outubro de 1929, a crise econômica global fez os alemães perderem a pouca confiança que tinham na democracia. Ganharam força os partidos extremistas – à esquerda e à direita –, que visavam a derrubada da República.

HITLER E O NAZISMO

Adolf Hitler (1889-1945) nasceu na Áustria. Abandonou a escola secundária e viveu na ociosidade durante mais de dois anos. Em 1908, a Academia de Artes de Viena rejeitou seu pedido de ingresso, e Hitler passou a ganhar algum dinheiro pintando cartões-postais.

No início da Primeira Guerra Mundial, Hitler estava em Munique, na Alemanha, e saudou a guerra como algo que vinha salvá-lo de uma vida cotidiana sem emoções. Lutando como voluntário pelo Exército alemão, recebeu por duas vezes a Cruz de Ferro (condecoração militar).

A derrota da Alemanha intensificou sua dedicação ao nacionalismo racial. Como muitos soldados que voltavam da guerra, Hitler explicava a derrota alemã de forma simples: a vergonha da Alemanha devia-se aos governantes da República de Weimar. E por trás deles haveria uma conspiração mundial judaico-bolchevique.

Este quadro exalta a Marcha sobre Roma. Mussolini propagou a versão de que houve um levante das massas. Em verdade, a marcha não passou de uma desorganizada aglomeração.

Marcha sobre Roma, Guglielmo Sansono (Tato). Têmpera sobre cartolina, 1922.

O PARTIDO NAZISTA

Em 1919, Hitler ingressou no **Partido Nacional-Socialista dos Trabalhadores Alemães (Partido Nazista)**, um pequeno grupo de direita entre mais de setenta organizações extremistas que surgiram na Alemanha depois da guerra. Mostrando-se ótimo orador, tornou-se rapidamente líder do partido.

Como Mussolini, Hitler empregou atitudes e técnicas militares na política. Uniformes, saudações, emblemas, bandeiras e outros símbolos davam aos membros do partido uma sensação de unidade e solidariedade.

Nos comícios de massa, ele dava murros, sacudia o corpo, fazia gestos bruscos e denunciava furiosamente o "Ultimato" de Versalhes, o marxismo, a República e os judeus.

Em novembro de 1923, Hitler tentou tomar o poder (por meio de um golpe conhecido como *Putsch* de Munique, ou o "*Putsch* da Cervejaria") no estado da Baviera. Fracassou e foi preso. Submetido a julgamento, denunciou o Tratado de Versalhes e proclamou sua perspectiva nacionalista.

Seus discursos apaixonados, divulgados pela imprensa, deram-lhe reputação e uma sentença leve: cinco anos de prisão, período em que escreveu o livro *Mein Kampf* (*Minha luta*), contendo sua visão de mundo.

> ### A Escola Bauhaus
>
> Alguns artistas e intelectuais que participaram da Primeira Guerra Mundial passaram a definir a guerra como a manifestação do absurdo e da falência da sociedade burguesa. O movimento Dada e depois o Surrealismo são expressões dessa geração que procurava também romper com os valores estéticos tradicionais. A **Escola Estatal Bauhaus**, fundada pelo arquiteto Walter Gropius em Weimar (1919), desenvolvia estudos de arquitetura, artes plásticas e desenho. O seu estilo caracterizava-se pela funcionalidade, custo reduzido e orientação para a produção em massa. Artistas renomados, como Wassily Kandinsky, Paul Klee, Marcel Breuer, ministraram aulas na escola. A Bauhaus teve forte impacto no design e na tipografia do século XX.
>
>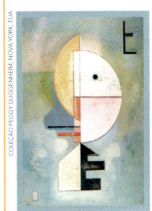
>
> *Para cima*, Vassily Kandinsky. Óleo sobre cartão, 1929.
>
> Pôster da exibição da Bauhaus, Joost Schmidt. Weimar, 1 jan. 1923.

No livro, Hitler rejeitava a tradição judaico-cristã e o Iluminismo, defendendo uma nova ordem mundial baseada no nacionalismo racial. A raça seria a chave para o entendimento da história do mundo e por meio dela o nacional-socialismo realizaria uma revolução mundial.

Uma Alemanha racialmente homogênea, liderada por um homem forte, criaria um vasto império, poria fim à decadente civilização liberal e acabaria com o comunismo.

Hitler dividia o mundo em raças superiores e inferiores em luta pela sobrevivência. Os alemães, descendentes dos arianos antigos, teriam características raciais superiores e o direito de conquistar e subjugar as demais raças.

A Alemanha devia conquistar um "**espaço vital**", expandindo-se para o leste, à custa dos eslavos, considerados racialmente inferiores.

O ódio aos judeus dominava seu pensamento. Hitler acreditava que, ao travar a guerra contra os judeus, estaria defendendo a Alemanha contra seu pior inimigo.

Tudo o que ele desprezava – liberalismo, intelectualismo, pacifismo, parlamentarismo, internacionalismo, comunismo, arte moderna, individualismo – era atribuído aos judeus.

TÁ LIGADO?

5. Como Hitler explicava a derrota alemã na Primeira Guerra Mundial?
6. Aponte os principais inimigos a serem combatidos na visão de Hitler.
7. Explique como o conceito de raça era utilizado por Hitler.
8. Defina espaço vital.
9. Defina *Reichstag*.
10. Defina totalitarismo.

O CRESCIMENTO ELEITORAL DOS NAZISTAS

Quando Hitler deixou a prisão, as condições econômicas haviam melhorado. Em 1928, os nazistas receberam apenas 2,6% dos votos. No entanto, a Grande Depressão, iniciada em fins de 1929, trouxe a crise de volta e com maior intensidade.

Com o agravamento da situação econômica alemã, os nazistas aumentaram a sua propaganda. Hitler dava explicações simples para problemas insistindo que só os nazistas poderiam salvar o país.

Os nazistas utilizaram técnicas teatrais e publicitárias para manipular as massas. Frases simples eram incessantemente repetidas, para "abrir os portões do coração do povo". E o meio mais eficiente de emocionar e manipular eram os comícios.

Cercado por milhares de pessoas, perde-se a noção de individualidade. Bombardeada pelos gritos da multidão, pelas bandeiras, pela oratória inflamada, as pessoas podem ser levadas por uma identidade coletiva, pretensamente forte.

Hitler era retratado como o salvador, que compreendia as necessidades do povo. Com esse apelo, o Partido Nazista elevou, em 1930, sua representação no **Reichstag** (Parlamento) de 12 para 107 deputados.

O nazismo atraía os desiludidos de todas as camadas: veteranos de guerra, intelectuais, industriais e grandes latifundiários temerosos do comunismo, desempregados e parte da juventude. Além disso, muitos alemães votaram em Hitler devido à forte oposição à República de Weimar.

Nas eleições de 31 de julho de 1932, os nazistas receberam 37,3% dos votos e conquistaram 230 cadeiras no Parlamento. Muito mais do que qualquer outro partido, mas não a maioria absoluta. Pressionado, o presidente Paul von Hindenburg (1847-1934) nomeou Hitler como chanceler.

Hitler jamais pretendera governar de acordo com a Constituição, e agiu rapidamente para conseguir poderes ditatoriais. Em fevereiro de 1933, ocorreu um incêndio no *Reichstag*. Alegando que o Estado estava ameaçado pela subversão interna, Hitler pressionou Hindenburg a assinar um decreto para prender, sem processo, os deputados comunistas e sociais-democratas. E forçou o Parlamento a aprovar, em março de 1933, uma lei que permitia ao chanceler legislar independentemente do Parlamento. A ditadura nazista estava começando.

Caixas de banco empilhando milhões de marcos alemães, anônimo. Colônia (Alemanha), 1923.

A DITADURA NAZISTA

Todas as instituições políticas, econômicas e culturais foram paulatinamente submetidas à vontade do Partido Nazista. Não podia haver separação entre a vida privada e a política; a ideologia devia estar presente em todos os momentos da vida cotidiana; todas as organizações deviam ficar sob o controle do partido. Instaurava-se o **totalitarismo**, ou seja, um sistema político no qual o Estado interferia em todos os aspectos da vida do cidadão e cujos direitos estariam submetidos totalmente aos interesses do poder constituído.

Hitler, o *Führer* (guia), representaria o povo alemão e expressaria sua vontade. Os cidadãos deveriam a ele fidelidade e submissão completos.

O Ministério do Esclarecimento Popular, dirigido por Joseph Goebbels (1897-1945), controlava os meios de comunicação e as artes.

Desfiles militares

As tropas SA (tropas de choque) e SS (elite militar e polícia) desfilavam constantemente pelas ruas; bandeiras nazistas decoravam os edifícios públicos; alto-falantes instalados em escritórios e fábricas gritavam mensagens nazistas; e periodicamente o trabalho era paralisado para que fossem ouvidas as transmissões importantes. Os cidadãos tinham de saudar-se com um "Heil Hitler!" (Viva Hitler!), prova de reverência e submissão.

ANÁLISE DE IMAGEM

Os alicerces da sociedade

Material: Óleo sobre tela

Dimensão: 2,00 m × 1,08 m

Datação: 1926

Autor: George Grosz

Georg Grosz (1893-1959) participou do movimento dadaísta em Berlim e, juntamente com Otto Dix, analisou com crítica mordaz a situação política e social da Alemanha durante a República de Weimar (1919-1933). A obra está atualmente exposta na Galeria Nacional, em Berlim (Alemanha).

1 **Primeiro olhar**:
Grosz utiliza sua habilidade de caricaturista para fazer uma representação sarcástica das elites alemãs que apoiavam o nazismo.

Através das janelas pode-se observar a cidade em chamas.

Enquanto trabalhadores com pás marcham para a esquerda, os soldados nazistas marcham para a direita.

Clérigo: simpatizante do nazismo abençoa as ações do Exército ao fundo.

Jornalista: com um penico na cabeça, simbolizando a sua falta de inteligência, apertando o jornal em uma mão e um ramo de palmeira sangrando na outra.

Nacionalista: em primeiro plano, um aristocrata segurando uma caneca de cerveja e uma espada. De sua cabeça cortada sai um soldado a cavalo. Ele porta uma suástica em sua gravata.

Líder político: um social-democrata segura uma bandeira alemã e um panfleto que diz o "socialismo deve trabalhar". De sua cabeça cortada saem excrementos fumegantes no lugar que deveria ser ocupado pelo cérebro.

Esportes no período entreguerras

Em 1924, os jogos da VIII Olimpíada foram realizados em Paris. As rivalidades nacionalistas ainda se mostravam acentuadas. Mesmo sem a presença de atletas alemães, a plateia francesa vaiava com insistência as demais delegações e seus hinos nas cerimônias de premiação.

Quatro anos depois, nos jogos de Amsterdã, a delegação francesa era hostilizada e recusou-se a participar do desfile de abertura. Parte da população holandesa nutria simpatia pelos alemães, inimigos de guerras dos franceses (Guerra Franco-Prussiana de 1871 e Primeira Guerra Mundial, 1914-1918).

Em 1932 os Jogos Olímpicos foram disputados nos Estados Unidos, em Los Angeles. Para evitar conflitos entre as delegações da França e da Alemanha, os atletas da Inglaterra desfilaram logo após os franceses e antes dos alemães. Com a crise econômica a estimular os sentimentos nacionalistas, o italiano Luigi Beccali comemorava a sua vitória nos 1500 metros com a saudação fascista. Desde 1922, Benito Mussolini governava a Itália e a essa altura já implementara a ditadura fascista.

O futebol estreara como modalidade olímpica em 1912, em Estocolmo. A medalha de ouro foi conquistada pela Inglaterra. Em 1920, a vitória foi obtida pelos anfitriões belgas. Em 1924 e 1928, a seleção do Uruguai arrebatava o bicampeonato olímpico.

A Fifa, fundada em 1904, só organizaria o seu primeiro campeonato mundial em 1930. Com as vitórias uruguaias nas olimpíadas, as crescentes rivalidades europeias e a crise econômica após a quebra da Bolsa em 1929, a solução encontrada foi sediar a copa no Uruguai. No entanto, as dificuldades econômicas acabaram por desestimular o envio de poderosas seleções, como as da Inglaterra, Itália, Alemanha e Áustria. Na final, a seleção uruguaia confirmava o seu favoritismo, derrotando a Argentina por 4 a 2. A Celeste Olímpica, como ficou conhecida pelos seus triunfos em 1924 e 1928, tornava-se a primeira seleção campeã mundial de futebol.

Nos Jogos Olímpicos de 1932, o futebol deixava de ser relacionado como uma das modalidades devido às críticas à presença de atletas profissionais. Mas o pior ainda estava por vir. Em 1934, a Itália sediava a segunda Copa do Mundo de futebol. Sem a presença da Inglaterra e do Uruguai, a seleção da Itália, contando com quatro jogadores nascidos na Argentina (descendentes de italianos), venceu o torneio, para alegria do governo fascista. Mussolini tinha elementos para mobilizar ainda mais a população italiana.

Juízes húngaros fazem saudação fascista na partida final entre Itália e Checoslováquia. Copa do Mundo de Futebol, Roma (Itália), 10 jun. 1934.

EM DESTAQUE

 OBSERVE AS IMAGENS

Cinema de propaganda

Tudo era meticulosamente planejado para virar filme.

A cineasta Leni Riefenstahl, com Adolf Hitler em segundo plano, dirige as filmagens sobre a celebração do Dia do Partido. Nuremberg (Alemanha),1936.

Congresso do Partido Nazista em Nuremberg. Cena extraída do filme *O triunfo da vontade*, dirigido por Leni Riefenstahl. Alemanha, 1934.

O cinema acabou servindo, no decorrer do século XX, como instrumento para as mais variadas ideologias. Do marxismo ao fascismo, passando pela democracia liberal estadunidense.

Artistas eram convocados a doutrinar o povo. O ministro Goebbels fazia experimentos em cinema e televisão, trabalhando com os efeitos das cores e formas sobre o cérebro e o corpo. No cinema hitlerista o grande destaque foi a diretora Leni Riefensthal, que ajudou a criar a imagem da superioridade ariana, em filmes como *O triunfo da vontade* (1934) e *Olimpíadas* (1936).

O triunfo da vontade registrou o congresso do Partido Nazista, em Nuremberg, em 1934. Os preparativos do congresso foram planejados em sintonia com o roteiro do filme, com o objetivo de torná-lo material de propaganda. Segundo a diretora, o desenrolar das cerimônias, as paradas, os desfiles, os movimentos de multidão, tudo isso foi determinado em função da câmera.

1. Aponte a importância do cinema e da televisão na propaganda de uma ideologia.
2. Escolha um filme ou cena em particular que faça propaganda direta ou indireta de alguma ideologia. Justifique sua escolha no caderno.

Perseguições: professores, judeus e artistas

Adolf Hitler durante a Mostra Internacional Arte Degenerada. Munique (Alemanha), 1937.

As escolas passaram a ensinar de acordo com a ideologia nazista. Os nazistas explicavam aos professores como desenvolver certas matérias e, para assegurar obediência, os membros da Juventude Hitlerista podiam denunciar os mestres que lhes parecessem suspeitos. Retratos de Hitler e bandeiras nazistas ornamentavam as salas de aula. Os currículos davam maior importância ao treinamento físico e aos esportes, e muitos cursos sobre a ciência racial foram introduzidos.

Paulatinamente os judeus foram marginalizados da sociedade. Casamentos ou relações sexuais entre alemães e judeus foram proibidos. Universidades, restaurantes, hospitais, teatros e campos de atletismo foram gradualmente proibidos aos judeus.

Tomando como pretexto o assassinato de um diplomata alemão por um jovem judeu, grupos de nazistas mataram dezenas de judeus e incendiaram milhares de residências e sinagogas, enquanto o *Reich* impunha uma multa de 1 bilhão de marcos à comunidade judaica.

Em 1937, foi montada em Munique uma mostra denominada Arte Degenerada. Organizada pelos nazistas, a mostra procurava associar determinadas correntes artísticas à cultura judaica e à ideologia comunista. Além disso, procurava-se ridicularizar determinadas expressões artísticas associando-as à loucura e a comportamentos imorais. Entre os diversos movimentos considerados degenerados pelos nazistas encontravam-se o Surrealismo, o Cubismo, a Escola Bauhaus e o Dadaísmo.

QUEBRA-CABEÇA

1. Releia o quadro complementar "As bases sociais do facismo" (p. 43). Agora responda ao que se pede:
   a) Identifique as propostas da campanha fascista.
   b) Identifique quem eram os camisas-negras.
   c) Aponte os temores de cada classe social italiana e como o fascismo procurava responder a isso.

2. Defina cada um dos conceitos abaixo e organize um pequeno dicionário conceitual em seu caderno:
   - *Crack* da Bolsa de Nova York
   - *New Deal*
   - fascismo
   - nazismo
   - espaço vital
   - *Reichstag*
   - totalitarismo

3. No seu caderno, organize uma tabela comparando as ideologias nazista e fascista. Utilize os seguintes critérios: motivos de surgimento, propostas e inimigos apontados.

4. Explique o processo pelo qual Hitler ascendeu ao poder.

5. Descreva os mecanismos de propaganda utilizados para a exaltação do nazismo.

6. Nazismo e fascismo são considerados regimes totalitários. O stalinismo implementado na União Soviética também pode ser considerado um regime totalitário? Justifique sua resposta.

7. Vamos construir nossos *tags*. Siga as instruções do *Pesquisando na internet*, na seção **Passo a passo** (p. 7), utilizando as palavras-chave abaixo:

   Surrealismo
   Cubismo
   Escola Bauhaus
   Dadaísmo

LEITURA COMPLEMENTAR

[A PRISÃO DE ANTONIO GRAMSCI]

O italiano Antonio Gramsci era filósofo marxista e político de esquerda. Foi um dos fundadores do Partido Comunista Italiano e era severo crítico do regime fascista. Em 1926 foi preso e condenado a mais de vinte anos de prisão. Leia o texto abaixo sobre sua prisão.

A 26 de agosto de 1935 [Gramsci] foi visitado pelo doutor Frugoni. Estava em condições desesperadoras: [...] tuberculose pulmonar, hipertensão, crise de angina e gota. E ainda assim lutou.

[...] Pensava em Giulia [sua esposa]. Voltou a lhe escrever. Pediu para que ela viesse à Itália, em carta datada de 14 de dezembro. O seu coração – o sabemos através de uma carta inédita de Tatiana, datada de 18 de abril de 1936 – está muito fraco, e embora sob alguns aspectos suas condições físicas pareçam em melhor estado, na realidade está bem longe de ser assim. "Ao contrário, temo que Nino tenha se tornado um inválido. Ele sofreu muito nestes anos e atualmente o seu organismo muito abalado não consegue, de modo nenhum, vencer o estado de esgotamento físico no qual caiu."

[...] Gramsci se dirigia apenas a Giulia, aos filhos distantes. Conhecia Giuliano apenas por fotografia. Delio tinha agora, em 1936, 12 anos. Estabeleceu-se entre eles, a distância, encontros de uma ternura infinita:

"Querido Delio, [...] agradeço por ter abraçado bem forte a mamãe por mim. Você deve fazer isso todo dia, toda manhã. Penso sempre em vocês; assim imaginarei toda manhã: os meus filhos e Giulia pensam em mim neste momento. Você é o irmão mais velho, mas deve falar também com Julik, assim todos os dias vocês terão os cinco minutos com o papai. O que você acha disso?" (dez. 1936).

As energias o abandonavam. O pouco que ainda o mantinha era a perspectiva de uma próxima volta à liberdade. A pena chegaria ao fim a 21 de abril de 1937. Pensava em retornar à Sardenha, para viver no mais completo isolamento. Escreveu para casa. Quando o pai soube deste projeto, ficou febril de emoção.

Francesco Gramsci estava velho, 77 anos, e doente. Não via Nino desde 1924. [...] E eis que chega, para reanimá-lo, a notícia do retorno de Nino.

É Mea Gramsci que se recorda daqueles momentos:

"Quando estava para expirar a pena – relembra – tio Nino nos escreveu. Queria que procurássemos para ele um quarto em Santu Lussurgiu. Esteve ali quando estudante, e o clima lhe agradava. Fomos eu, Teresina e uma amiga, Peppina Montaldo. Encontramos o quarto, um belo quarto. Assim, esperávamos, dia após dia, que tio Nino chegasse. Vovô estava muito mal naquele período. Tio Nino devia chegar no dia 27 de abril, o esperávamos hora após hora. O dia acabou e nada. Ficamos desiludidos. Vovô havia esperado tanto o dia da chegada do filho. Deve chegar amanhã, pensamos. E no dia seguinte, pela manhã, uma mulher irrompe casa adentro e pergunta: 'É verdade que Nino morreu?'. Ficamos petrificados. 'Deu no rádio, escutei no rádio', disse a mulher. Depois começou a chegar gente, todos vinham nos dar pêsames. Vovô estava mal e ninguém teve coragem de contar a ele e por isso era preciso que ficasse alguém no seu quarto, logo na porta, para evitar que alguém entrasse e lhe dissesse a verdade. Em geral, quem ficava no quarto era eu, mocinha de 17 anos. Em um dado momento, não sei como, me ausentei. Estava na cozinha quando ouvi gritos, corremos todos, era vovô que gritava: 'Assassinos, eles o mataram'. Isso eu me lembro com nitidez. Ele dizia: 'Eles o mataram'. E puxava os cabelos, puxava a barba, se beliscava... Foi uma cena impressionante..."

Nino morreu às 4h10 do dia 27 de abril. Tinha 46 anos. O funeral foi no dia seguinte, à tarde, embaixo de forte chuva. Apenas um carro seguia o féretro, com Tatiana e Carlo.

FIORI, Giuseppe. *A vida de Antonio Gramsci.* Rio de Janeiro: Paz e Terra, 1979. p. 357-360.

1. Como Gramsci se relacionava com a família?
2. Explique a reação do pai de Gramsci ante a morte do filho.
3. Imagine-se vivendo à época do fascismo italiano. Agora redija uma carta endereçada a Francesco, pai de Gramsci, dizendo o que achou da morte de seu filho.

PONTO DE VISTA

Conduzidos pelo nazismo

Tendo por base as informações deste capítulo, procure interpretar os elementos que compõem as imagens.

Só os bezerros mais estúpidos escolhem seu próprio açougueiro, anônimo. Gravura, 1932.

A Alemanha desperta!, F. Abrecht. Cartaz, 1932.

TRÉPLICA

Filmes

O grande ditador
EUA, 1940. Direção de Charles Chaplin.
Um barbeiro judeu (interpretado por Chaplin) disfarça-se para fugir das perseguições do regime totalitário e é confundido com o ditador do país.

A felicidade não se compra
EUA, 1946. Direção Frank Capra.
Em uma pequena cidade estadunidense, no Natal, George Bailey, que sempre ajudou a todos, pensa em se suicidar saltando de uma ponte, em razão das maquinações de Henry Potter, o homem mais rico da região. Mas tantas pessoas oram por ele que Clarence, um anjo que espera há 220 anos para ganhar asas, é mandado à Terra para tentar fazer George mudar de ideia, demonstrando sua importância por meio de flashbacks.

Arquitetura da destruição
Suécia, 1992. Direção de Peter Cohen.
A máquina de destruição arquitetada pelos nazistas a partir de

PERMANÊNCIAS E RUPTURAS

Neonazistas

O texto do psicanalista Wilhelm Reich foi escrito em 1945. Reich era um judeu militante comunista na Alemanha quando Hitler chegou ao poder. Usando a psicanálise e o marxismo, Reich tentou compreender o que fazia as pessoas aderirem ao nazismo.

> O grande homem é, pois, aquele que reconhece quando e em que é pequeno. O homem pequeno é aquele que não reconhece a sua pequenez e teme reconhecê-la; que procura mascarar a sua tacanhez e estreiteza de vistas com ilusões de força e grandeza, força e grandeza alheias. Que se orgulha dos seus grandes generais, mas não de si próprio. Que admira as ideias que *não teve*, mas nunca as que teve [...] E em vez de liberdade pessoal prometem-te liberdade *nacional*. Não te prometem dignidade pessoal, mas respeito pelo Estado.
>
> REICH, Wilhelm. *Escuta Zé Ninguém.* 11. ed. Lisboa: Publicações Dom Quixote, 1993. p. 25.

Membros do Partido Nacional-Socialista do Povo Branco durante comemoração do aniversário de Abraham Lincoln. Washington D.C. (Estados Unidos), 1972.

Bandeira do Partido Nazista, anônimo. Tóquio (Japão), 1961.

Membros do Partido Nacional Democrata (NPD), de extrema direita, realizam ato no bairro Schöneweide. Berlim (Alemanha), 2013.

As fotografias retratam neonazistas em diferentes momentos da história após a derrota da Alemanha na Segunda Guerra Mundial.

No seu caderno, analisando as imagens e a partir das reflexões de Reich, esclareça os motivos que levariam algumas pessoas a se sentirem atraídas pela ideologia nazifascista.

---

suas relações com as concepções de arte de Hitler e outros membros importantes do governo nazista.

 Livros

Nazismo: política, cultura e holocausto
D'ALÉSSIO, Márcia; CAPELATO, Maria Helena. São Paulo: Atual, 2004.

O nazismo: história de um sobrevivente
SZTERLING, Sílvia. São Paulo: Ática, 1999.

 Sites
(Acessos em 3 outubro 2018)
<https://bit.ly/2E6D5jI>
Explicação em vídeo sobre a que-
bra da Bolsa de Valores de Nova York em 1929. (Em inglês).

<https://bit.ly/2OCAsdO>
Artigo e galeria de imagens sobre como Hitler subiu ao poder na Alemanha.

CAPÍTULO 3
A Primeira República

PORTAS ABERTAS

OBSERVE AS IMAGENS

1. No seu caderno, identifique as semelhanças entre as duas mulheres que representam a República.

2. "Liberdade, Igualdade e Fraternidade" foi o lema da Revolução Francesa. Aponte os motivos de esse lema ser encontrado na imagem sobre a proclamação da República no Brasil em 1889.

3. Poderíamos afirmar que hoje esse lema guia o regime democrático brasileiro? Justifique sua resposta.

Alegoria da Proclamação da República, Angelo Agostini. Ilustração extraída da *Revista Illustrada*, Rio de Janeiro, 1890.

Calendário republicano, ano III, Philibert Louis Debucourt. Litografia em sépia, 1793-1794.

A figura de Marianne usando o barrete frígio tornou-se um dos principais símbolos da Revolução Francesa e da República.

A MODERNIZAÇÃO DAS CIDADES

Com a proclamação da República, em 15 de novembro de 1889, o marechal Deodoro da Fonseca foi nomeado presidente provisório, enquanto se esperava a organização de eleições para uma assembleia constituinte que deveria elaborar uma nova constituição e eleger o presidente.

A república herdava da monarquia uma sociedade marcada pelo alto grau de concentração de riqueza nas mãos de uma pequena elite. A grande massa da população lutava para sobreviver em meio à miséria. Despontava agora um novo cenário no Brasil: cidades maiores, beneficiadas por vários serviços que já caracterizavam as metrópoles europeias.

A partir da segunda metade do século XIX as principais cidades do país cresceram significativamente. Parte da população que morava na zona rural mudou-se para as cidades. Os proprietários rurais queriam usufruir as comodidades urbanas. Já a população mais pobre partia em busca de oportunidades de trabalho, fugindo das poucas possibilidades de sobrevivência em um país tomado pelo latifúndio.

No final do século XIX as principais cidades brasileiras tornaram-se objeto de investimento do capital inglês, responsável pela ampliação e modernização dos serviços urbanos. São Paulo e Rio de Janeiro foram as cidades que mais cresceram. A primeira graças ao café e a segunda por ser a capital da República.

Nas cidades aparecia um novo tipo social: o burguês endinheirado que enriquecia com negócios agrícolas e urbanos. Ganhar dinheiro era a nova palavra de ordem.

Os homens passaram a usar calças com bolsos, imitando as modas europeias. A modernização das cidades era também a modernização dos costumes. Novos hábitos alimentares, novas vestimentas, novos gostos na música transformavam rapidamente a sociedade do período.

Novidades científicas e tecnológicas trazidas da Europa mudavam o panorama das cidades. Na virada do século chegava a eletricidade, transformando radicalmente o cotidiano das pessoas.

MISÉRIA E CRIMINALIDADE NAS CIDADES

A modernidade não era remédio para a miséria. As novas metrópoles eram habitadas por uma população pobre, que não podia aproveitar as comodidades modernas. A maior parte vivia em cortiços, onde famílias numerosas espremiam-se em pequenos quartos.

Nas cidades havia ainda poucas opções de trabalho. Havia empregos em lojas ou no funcionalismo público. Em São Paulo e no Rio de Janeiro, o surgimento de algumas fábricas abriu um novo campo de trabalho. Imigrantes e brasileiros pobres tornaram-se operários nas fábricas. Mas a maior parte da população vivia do trabalho informal: ambulantes, carroceiros, lavadeiras, costureiras, carpinteiros ou sapateiros.

Hygéa: Elimine os objectos nojentos substituindo-os pelos hygienicos e modernos, Geral Orhof. Cartaz de propaganda, 1929.

Nesta propaganda de 1929, o consumidor é incentivado a trocar velhos hábitos por outros mais modernos, considerados mais higiênicos: trocar a lixeira manual por uma de pedal, a vasilha de água pela pia, o penico pela privada e a bacia de banho pela banheira.

MISÉRIA NO CAMPO

O mundo rural brasileiro entrava no século XX sem mudanças expressivas. Os camponeses pobres estavam submetidos ao domínio dos grandes fazendeiros. Produziam para sua sobrevivência e conseguir alguma sobra para realizar pequenas trocas. Viviam da agricultura, utilizando técnicas rudimentares. Moravam em vilas e pequenos bairros rurais. Dependiam dos favores dos grandes proprietários da região. Em troca de trabalho ou um pedaço de terra, engrossavam a clientela dos fazendeiros mais poderosos, votando no seu candidato nas eleições e prestando-lhe serviços diversos.

O ritmo de vida era diferente da agitação das cidades. Era determinado pelas necessidades e as possibilidades que a natureza oferecia. O trabalho intenso era alternado com fases de pouco trabalho.

Campo e cidade diferenciavam-se nos costumes e aproximavam-se na miséria dos camponeses e dos moradores de cortiço. Complementavam-se na medida em que os centros urbanos reuniam os importantes consumidores da produção agrícola. A República teve de se organizar de modo a impor-se sobre o campo e a cidade, acomodando suas contradições e diferenças.

TÁ LIGADO?

1. Compare a situação das grandes cidades à vida no campo no Brasil ao final do século XIX.
2. Defina oligarquia.
3. Defina parentela.

AS OLIGARQUIAS E A PRIMEIRA REPÚBLICA

Oligarquia é uma palavra de origem grega que significa "governo de poucos". Foi incorporada ao vocabulário político moderno para designar um grupo fechado de pessoas que exerce o poder, obtendo dele uma série de privilégios.

Os governos caracterizados pela dominação oligárquica contrapõem-se aos governos democráticos, que permitem o revezamento de forças políticas no exercício do poder. Nos governos oligárquicos o poder é exclusividade de um determinado grupo com alto grau de organização interna e fortes vínculos entre seus membros, geralmente laços de parentesco ou partidários.

Sob o regime republicano, o governo brasileiro assumiu formas bastante diversas. De 1889 a 1930 prevaleceu o chamado sistema oligárquico, devido ao controle que grupos políticos estaduais exercem sobre as novas instituições. Esse período ficou conhecido como **Primeira República**.

No Brasil, as oligarquias eram formadas por famílias de grandes proprietários de terras. No início, militares e oligarcas disputaram o poder. A disputa se desenrolou no decorrer dos dois primeiros governos da República, presididos por dois militares: marechal Deodoro da Fonseca, que governou de novembro de 1889 a novembro de 1891, e marechal Floriano Peixoto, que governou de novembro de 1891 a novembro de 1894.

Em cada estado do país os chefes políticos lideravam vasta **parentela**, por meio da qual controlavam a política local. Tinham controle sobre os cargos públicos, para os quais nomeavam apenas seus fiéis seguidores. Manipulavam as eleições e eternizavam-se no governo do estado.

Nesta imagem idealizada, o presidente da Assembleia Constituinte, Prudente de Morais, ocupa uma posição privilegiada, seguido pelo presidente provisório, marechal Deodoro da Fonseca, e seu vice, marechal Floriano Peixoto.

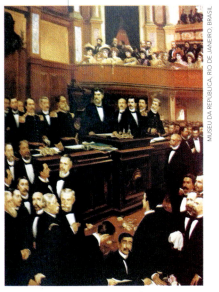

Compromisso constitucional, Francisco Aurélio de Figueiredo e Melo. Óleo sobre tela, 1896.

Um anno! – 15 de novembro de 1890, Angelo Agostini. Ilustração extraída da *Revista Illustrada*, Rio de Janeiro, 1890.

Na imagem, Deodoro segura uma menina, que representa a República, com um ano de idade, no dia da instalação da Constituinte.

A parentela abrangia não apenas parentes de sangue, mas também aqueles que se uniam à família por casamento e por laços de compadrio, que selavam alianças políticas.

Em cada estado a oligarquia controlava o partido, que lhe servia de porta-voz e de instrumento nas disputas eleitorais. Em alguns estados os partidos eram o elemento de união das oligarquias. Em outros, a disputa pelo poder levava à organização de dois ou mais partidos com setores diversos da elite.

Entre os partidos republicanos estaduais, os mais poderosos eram o de São Paulo e o de Minas Gerais – PRP (Partido Republicano Paulista) e PRM (Partido Republicano Mineiro). Eram os estados mais ricos e mais populosos, o que significava maior eleitorado e maior bancada na Câmara dos Deputados.

OS GOVERNOS MILITARES

Logo depois da proclamação da República, o novo governo dissolveu as instâncias políticas do Império, como as assembleias legislativas provinciais, as câmaras municipais, o parlamento e o Conselho de Estado.

Exército e oligarquias tinham projetos diferentes para o novo regime. De um lado, Deodoro, representando os interesses militares, relutava em convocar eleições para a Assembleia Constituinte, que deveria determinar as novas regras políticas. Queria impor um governo forte, centralizado, dirigido pelos militares.

Do outro lado, as oligarquias estaduais, lideradas pelos paulistas, insistiam na convocação da Constituinte. Pretendiam definir o novo arranjo político, garantindo autonomia para cada oligarquia governar seus estados.

Os militares não puderam resistir à pressão e convocaram eleições para a Assembleia Constituinte, que se reuniu em novembro de 1890 com o objetivo de escrever a nova Constituição e eleger o novo presidente da República.

O ENCILHAMENTO

Relutar
Resistir.

Fictício
Falso, fraudulento, inexistente.

O governo provisório optou por uma política econômica que refletia o pensamento militar e de parte do movimento republicano. O ministro da Fazenda, Rui Barbosa, implementou medidas para promover a industrialização e auxiliar a agricultura, em dificuldades devido ao fim da escravidão.

Para atingir esses objetivos adotou uma política de ampla emissão de dinheiro, com a criação de bancos em diversos estados com direito de emitir papel-moeda para fazer empréstimos a empresários e fazendeiros.

A reforma teve resultados desastrosos. O dinheiro foi empregado para especular na Bolsa de Valores, que prometia lucro rápido. Empresas fictícias foram criadas, movimentando títulos falsos na Bolsa. Ações eram compradas e vendidas, febrilmente, com altas cotações. A inflação subiu em ritmo acelerado. De 1,1% ao ano, em 1889, passou para 84,9%, em 1891. No lugar de incentivar a indústria, as medidas beneficiaram os banqueiros e especuladores. Em 1892, tal política econômica foi definitivamente abandonada.

A especulação descontrolada foi chamada de **Encilhamento**, nome do ato de arrear cavalos vinculado à prática do turfe, modalidade esportiva que permitia apostas em dinheiro e que se tornara uma das paixões das massas urbanas no Brasil.

TÁ LIGADO

4. Explique o que foi o Encilhamento.

REAÇÃO OLIGÁRQUICA

Os militares proclamaram a República em nome de um projeto de reformas e de modernização do país que envolveria o controle das decisões de governo.

Nesse projeto, o Exército deveria exercer a liderança que levaria a nação à ordem e ao desenvolvimento, por meio de um governo centralizado, com capacidade de intervenção em todos os setores da vida nacional e com alto grau de concentração de poder.

Eleição de Deodoro e Floriano, Angelo Agostini. Ilustração extraída da *Revista Illustrada*, Rio de Janeiro, 1890. (detalhe)

As oligarquias estaduais não aceitavam o governo dos militares e não queriam reformas. Desejavam uma república controlada por elas. Estava em curso uma disputa pelo comando do país. O primeiro embate entre militares e oligarquias se deu na Assembleia Constituinte.

Os trabalhos da Constituinte foram marcados por profundas divergências entre militares e oligarquias. Apesar das pressões militares, as oligarquias saíram vencedoras. A Constituição, promulgada em 1891, consagrou o **federalismo**. Isso significava que os governos estaduais teriam grande autonomia, de modo que as oligarquias poderiam governar seus estados sem interferência do governo central. Segundo a nova Carta Constitucional, a federação brasileira seria composta de vinte estados, com alto grau de autonomia econômica e administrativa, responsável cada um deles em prover suas próprias necessidades.

Representação da votação realizada na Constituinte em 1891. Em volta da mesa estão os constituintes, sobre a mesa, a Constituição e, em cima dela, duas urnas de onde saem Deodoro (direita) e Floriano (esquerda), eleitos presidente e vice-presidente.

Governados por um presidente eleito para um mandato de quatro anos, os estados passaram a ser regidos por constituições e leis elaboradas pelo Legislativo estadual, cuja única limitação era não ferir a Constituição nacional. Dispunham de corpos militares próprios e de liberdade para contrair empréstimos externos, sem interferência do governo federal. As oligarquias estaduais passaram a ter controle completo sobre seus estados. Dessa forma, fortaleciam-se ainda mais.

A ELEIÇÃO DE DEODORO

Elaborada a Constituição, procedeu-se à escolha do novo presidente da República. Ao invés de eleições gerais, o governo provisório impôs que o novo presidente fosse escolhido pela Constituinte. Já os presidentes seguintes seriam escolhidos por eleição geral. Os militares apresentaram a candidatura do marechal Deodoro da Fonseca e os paulistas, de Prudente de Morais.

Os oficiais que se alinhavam com Deodoro, entretanto, ameaçaram desferir um golpe, fechando o Congresso, caso ele não fosse eleito. Os deputados, intimidados, votaram no marechal. No entanto, a presença de uma maioria oposicionista garantiu a vice-presidência a Floriano Peixoto, candidato da chapa de Prudente de Morais.

As frequentes tensões e conflitos acabaram resultando na renúncia de Deodoro, em 23 de novembro de 1891. O vice-presidente Floriano Peixoto assumiu a presidência. Embora contasse com o apoio discreto dos cafeicultores, o governo de Floriano não foi menos turbulento que o anterior. Até 1894, quando terminou o seu mandato, o segundo presidente republicano teve de enfrentar duas grandes revoltas e a instabilidade de um regime que ainda não tinha estabelecido as regras do seu funcionamento.

> **TÁ LIGADO**
>
> **5.** Explique como a Constituição de 1891 consagrou o federalismo no Brasil.

TÁ LIGADO?

6. Explique quem eram os maragatos.
7. Explique os motivos da Revolta Federalista de 1893.
8. Explique as motivações dos integrantes da Marinha contra o governo de Floriano Peixoto e que desencadearam a Revolta da Armada em 1893.
9. Explique como as revoltas Federalista e da Armada favoreceram os cafeicultores paulistas.

A REVOLTA FEDERALISTA

Em 1893 iniciava-se no Rio Grande do Sul uma revolta decorrente da disputa pelo controle do estado entre duas correntes políticas: os republicanos, organizados em torno do Partido Republicano Rio-grandense (PRR) e liderados por Júlio de Castilhos, e ex-monarquistas que fundaram, em 1892, o Partido Federalista, chefiado por Gaspar Silveira Martins.

Desde o fim do regime monárquico, grande parte das lideranças monarquistas esteve exilada no Uruguai, em uma região com forte presença de espanhóis originários da cidade de Maragateria. Em razão disso, os federalistas foram apelidados de **maragatos**, uma forma de associá-los a estrangeiros.

Os federalistas estavam afastados do poder no estado desde a proclamação da República e, como não conseguiam vencer eleições, manipuladas pelo grupo de Castilhos, decidiram-se pela rebelião armada.

A revolta teve início em fevereiro de 1893. As forças federalistas eram compostas exclusivamente de tropas particulares de grandes proprietários. O presidente Floriano Peixoto decidiu-se pela aliança com Júlio de Castilhos. Os castilhistas tinham, além das tropas dos proprietários rurais que os apoiavam, o auxílio do Exército federal e o suporte, em forma de homens e armamentos, do governo paulista.

A guerra civil foi marcada por profunda violência: prisioneiros eram executados sumariamente, numerosos homens e mulheres foram degolados, propriedades foram destruídas.

Em novembro os rebeldes avançaram sobre Santa Catarina e, em janeiro de 1894, invadiram o Paraná, tomando a capital, Curitiba. Em março o governo federal iniciou a ofensiva contra eles no Paraná, a partir de São Paulo, reconquistando o estado em maio.

Santa Catarina foi retomada pela esquadra leal a Floriano. Sua capital, Desterro, passou a chamar-se Florianópolis, em homenagem ao presidente Floriano Peixoto, por ter expulsado os federalistas. A revolta só foi inteiramente esmagada durante o governo do presidente Prudente de Morais, em 1895. Os rebeldes, derrotados, fugiram para o Uruguai e a Argentina.

Por todo o país ocorriam conflitos semelhantes. Em cada estado grupos oligárquicos disputavam violentamente o poder.

Na representação, Prudente de Morais e a República comemoram o fim da Revolta Federalista.

Prudente de Morais e a República, Angelo Agostini. Ilustração extraída da *Revista Illustrada*, Rio de Janeiro, 1893.

A REVOLTA DA ARMADA

Em setembro de 1893, no Rio de Janeiro, oficiais da Marinha iniciaram uma revolta contra o governo de Floriano. Apesar de terem papel importante na queda de Deodoro, não gozavam de influência no governo.

As tensões entre o presidente e os oficiais chegaram a seu ponto culminante em abril de 1893, com a renúncia do ministro da Marinha, Custódio de Melo. Sua decisão era um sinal de repúdio à prisão do almirante Eduardo Wandenkolk, que apoiava as forças federalistas no Rio Grande do Sul.

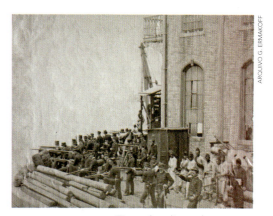

Tropas legalistas durante a Revolta da Armada, anônimo. Rio de Janeiro (Brasil), século XIX.

A rebelião da Marinha foi iniciada com um manifesto de Custódio de Melo em que ficava clara a intenção de derrubar Floriano. Deputados oposicionistas, articulados com os líderes rebeldes, lançaram também um manifesto anunciando sua disposição de resistir ao governo.

Diante da ameaça de bombardeio da cidade pelos navios rebeldes, Floriano reagiu imediatamente, contando com o apoio integral do Exército, da maioria dos parlamentares e dos governos estaduais. Os revoltosos assumiram o controle da Baía da Guanabara, enquanto o governo utilizava-se dos fortes do litoral para organizar a defesa em terra.

A população do Rio de Janeiro, sentindo-se ameaçada pelos navios que apontavam seus canhões em direção à cidade, manifestou seu apoio ao governo. Realizaram-se comícios populares, nos quais foram organizados os chamados batalhões patrióticos, formados por civis voluntários dispostos a participar da defesa da capital. Os rebeldes não chegaram a bombardear a cidade, mas trocaram tiros com a Fortaleza de Santa Cruz.

A reação do governo, entretanto, pôs fim à revolta. Os rebeldes não foram capazes de vencer as tropas governamentais, mais numerosas. A Revolta da Armada, ao colocar a Marinha contra o Exército, tornou este último mais vulnerável à ação das oligarquias, articuladas para assumir o poder.

O FIM DOS GOVERNOS MILITARES

Para combater a Revolta Federalista e a Revolta da Armada, Floriano Peixoto foi obrigado a recorrer aos cafeicultores paulistas, que dispunham de dinheiro e homens para enfrentar os rebeldes.

Essa aliança possibilitou uma transição pacífica para um governo controlado pela oligarquia paulista. Floriano devia sua presidência aos cafeicultores de São Paulo, já que fora eleito vice-presidente graças à articulação liderada por eles no interior da Assembleia Constituinte. Viu-se obrigado a recorrer a eles para enfrentar revoltas e contestações ao seu mandato.

Os cafeicultores exigiram indicar seu sucessor. Além disso, os militares estavam desgastados, devido à crise econômica que se seguiu ao Encilhamento, e profundamente divididos por suas disputas internas. Em 1894 Prudente de Morais, cafeicultor de São Paulo, era eleito presidente da República. Tinha início a **República das Oligarquias**.

A REPÚBLICA DAS OLIGARQUIAS

A Constituição de 1891 consagrava o direito de voto para todos os homens alfabetizados com mais de 21 anos. Presidente da República e presidentes de estado, além de deputados e senadores, seriam escolhidos pela vontade da maioria dos eleitores.

A partir do governo de Prudente de Morais, iniciado em 1894, as oligarquias estaduais passaram a dominar a República. Um projeto de democracia para o Brasil não estava em pauta.

O CORONELISMO: EXCLUSÃO DA MAIORIA

A República consagrou a profunda exclusão de todos que não eram grandes proprietários. Em primeiro lugar, pela proibição do voto aos analfabetos. Como a maioria da população não sabia ler nem escrever, ficava de fora das eleições. A seguir, com a exclusão das mulheres, a metade da população. Por fim, porque parte dos assalariados, do campo e das cidades, era composta de estrangeiros e, portanto, sem direito à participação eleitoral.

A dominação oligárquica estava assentada sobre um fenômeno típico da Primeira República: o **coronelismo**. Na verdade, tratava-se do poder exercido pelos fazendeiros que eram usualmente chamados de coronéis por terem ocupado esse posto na Guarda Nacional durante o Império.

As eleições eram controladas pelos fazendeiros, que impunham o **voto de cabresto**, pelo qual os eleitores eram obrigados a votar nos candidatos indicados pelos poderosos da sua região.

Esses fazendeiros controlavam a vida política nos municípios. Para conquistar a lealdade da população local, distribuíam empregos e privilégios. Para combater seus inimigos, usavam a força policial. Para nomear funcionários, usar a força policial e distribuir a renda municipal, os fazendeiros dependiam dos governadores.

Dessa maneira, acabou prevalecendo uma espécie de associação entre fazendeiros e governos estaduais. Em troca do apoio eleitoral, os coronéis recebiam do governo estadual total autonomia para o manejo das questões relativas ao município. Obtinham, assim, carta branca para nomear os funcionários públicos da localidade e para manipular os recursos públicos.

Os governos estaduais, por sua vez, eram controlados pelas oligarquias regionais, em geral, compostas por um pequeno núcleo de fazendeiros.

Por meio do coronelismo foi possível acomodar um regime pretensamente representativo a uma realidade na qual a maioria da população não tinha o direito de participar do jogo político. Essa era também a base de funcionamento do regime oligárquico que caracterizou a Primeira República.

TÁ LIGADO ?

10. Explique o que era o coronelismo.
11. Defina voto de cabresto.
12. Explique o que era a política café com leite.

A POLÍTICA DOS GOVERNADORES

Os primeiros anos da República foram marcados por uma grande instabilidade. Como todos os grupos oligárquicos eram igualmente capazes de manipular as eleições, a cada disputa eleitoral ocorriam confrontos armados que, muitas vezes, só eram resolvidos com a intervenção do governo federal.

A solução encontrada consistiu em estabelecer um pacto entre as diversas oligarquias. O presidente Campos Sales, em 1900, dirigiu-se às facções oligárquicas que controlavam os governos estaduais e propôs uma aliança em torno da composição do novo Congresso. Em troca da eleição de parlamentares que apoiariam o governo federal, este garantiria a manutenção da facção oligárquica que se encontrava, então, no poder no seu estado. Se uma facção oligárquica rival conseguisse ganhar eleições, o governo interviria para impedir que ela assumisse o poder no estado.

Assim, as oligarquias no poder garantiam a sua dominação nos estados e, além disso, estendiam-na ao Congresso, que seria composto apenas de seus representantes. Em troca, o presidente contaria com um Legislativo dócil, disposto a aprovar as medidas por ele propostas.

Esse arranjo ficou conhecido como a **política dos governadores**. Assim, assegurava-se o domínio da máquina administrativa por poucos grupos, evitava-se o confronto e, principalmente, impedia-se o revezamento de forças políticas no poder. A oposição em cada estado tinha dificuldade em chegar ao governo, barrada pelas forças da facção oligárquica dominante, apoiada pelo governo federal.

Restava ainda decidir como se ocuparia o Executivo federal. Isso foi estabelecido pela política denominada **do café com leite**. A presidência seria exercida alternadamente por representantes das oligarquias mais poderosas, a paulista e a mineira. São Paulo era o principal produtor de café do país. Minas, além da segunda maior produção cafeeira, contava com um importante setor pecuário. Participavam também das negociações para indicar o candidato à presidência as oligarquias poderosas do Rio Grande do Sul, Bahia, Pernambuco e Rio de Janeiro.

Pouco antes do fim do mandato presidencial, representantes dos partidos republicanos desses estados articulavam a definição do candidato oficial à sucessão. O nome escolhido obtinha a votação de praticamente todo o eleitorado nacional. Isso porque as oligarquias de cada estado acionavam seus mecanismos de manipulação das eleições para eleger o candidato oficial. Dos onze presidentes eleitos no período, seis eram paulistas, três mineiros e apenas dois provinham de outros estados. O funcionamento do regime republicano era baseado, portanto, nas oligarquias estaduais. Os partidos, inclusive, eram estaduais, e não nacionais.

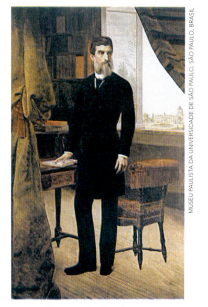

Retrato de Prudente de Morais, Almeida Júnior. Óleo sobre tela, 1890.

TÁ LIGADO

13. Explique o funcionamento da Política dos Governadores.

As eleições presidenciais na Primeira República

Presidente eleito	Ano	% de votos
● Prudente de Morais	1894	84,3
● Campos Sales	1898	90,9
● Rodrigues Alves	1902	91,7
● Afonso Pena	1906	97,9
● Hermes da Fonseca	1910	64,4
● Venceslau Brás	1914	91,6
● Rodrigues Alves	1918	99,1
● Epitácio Pessoa	1919	71,0
● Artur Bernardes	1922	56,0
● Washington Luís	1926	98,0
● Júlio Prestes	1930	57,7

Apoiado ou integrante
● Partido Republicano Paulista (PRP)
● Partido Republicano Mineiro (PRM)

Fonte: Elaborado com base em dados estatísticos do Tribunal Superior Eleitoral.

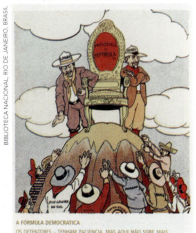

A fórmula democrática, Alfredo Storni. Charge extraída da Revista *Careta*, Rio de Janeiro, 1925.

Esta charge aborda com ironia a política do café com leite.

CONFLITOS ENTRE AS OLIGARQUIAS

Nem sempre as negociações para a eleição presidencial chegavam a uma decisão apoiada por todas as oligarquias envolvidas. Nas eleições de 1910, por exemplo, as divergências entre as oligarquias ameaçaram o arranjo político. Os paulistas apoiaram a candidatura de Rui Barbosa e os mineiros juntamente com os gaúchos apoiaram o marechal Hermes da Fonseca, que acabou sagrando-se vencedor. No poder, implementou-se a **política das salvações**, uma série de intervenções em estados dominados por oligarquias rivais com a alegação de eliminar a corrupção e as fraudes eleitorais.

O resultado foi a ampliação das divergências e graves conflitos entre o poder federal e poderes estaduais.

A POLÍTICA DE VALORIZAÇÃO DO CAFÉ

No início do século XX, o café continuava a ocupar o primeiro lugar na pauta de exportações brasileiras. A expansão da produção cafeeira se mantinha e, com isso, a quantidade de café oferecida no mercado internacional era cada vez maior. A produção chegou a superar a capacidade de consumo dos compradores. Em consequência disso, o preço do café começou a cair.

Em 1906, com a assinatura do **Convênio de Taubaté**, tinha início a política de valorização do café. Procurava-se diminuir a oferta de café no mercado internacional sem provocar prejuízos aos cafeicultores. Assim, pelo Convênio, os governos de São Paulo, Rio de Janeiro e Minas Gerais, os principais produtores de café, comprometiam-se a comprar o excedente a um preço fixo e estocá-lo.

Os cafeicultores conseguiam vender toda a sua produção sem correr o risco de desvalorizar o produto. Se o mercado internacional não absorvesse a produção, o governo pagaria por ela. Em vez de arcar com os riscos, enfrentando as oscilações de preços como qualquer produtor, os cafeicultores aproveitavam-se de sua influência sobre o governo para utilizar o dinheiro público e o aparelho de Estado para evitar perdas. A partir da década de 1920 esse tipo de intervenção passou a ser realizado pelo governo federal, que comprava e estocava o excedente para preservar os lucros dos cafeicultores.

O CAFÉ E A INDUSTRIALIZAÇÃO

Embora a exportação de café continuasse a ser a maior fonte de receitas do país e a agricultura ainda fosse a atividade predominante, estabeleciam-se em São Paulo e no Rio de Janeiro as primeiras indústrias.

Na década de 1880, uma parte dos fazendeiros passou a investir seus lucros na fundação de indústrias. E mesmo aqueles que não se envolveram diretamente nas atividades industriais alimentavam o sistema bancário com seu capital, o que permitiu o financiamento dessas atividades. A vinda de imigrantes ao país gerou um mercado amplo para diversos produtos, sobretudo alimentos, bebidas, tecidos, calçados e roupas.

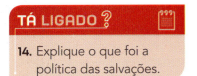

TÁ LIGADO?

14. Explique o que foi a política das salvações.

Em São Paulo, cerca de 90% dos trabalhadores da indústria eram estrangeiros, sendo que em torno de 80% eram italianos. Isso só mudaria no final da década de 1920, quando a intensificação da migração nordestina para São Paulo e Rio de Janeiro tornaria desnecessária a continuidade da imigração europeia.

Alguns empresários defendiam que o governo deveria adotar medidas para favorecer a indústria e não cuidar apenas dos interesses dos cafeicultores. Nas primeiras décadas do século XX, essa questão provocou constantes debates entre aqueles que defendiam o estímulo à indústria nacional e aqueles que pregavam o investimento governamental apenas na proteção da agricultura, por acreditarem que o país tinha vocação agrícola. Mas, depois do fracasso do Encilhamento, o governo não mais se empenhou na industrialização do país até o fim da Primeira República.

Café Excelsior. Cartão-postal, início do século XX.

ALIANÇA COM OS ESTADOS UNIDOS

Com o fim do regime monárquico, a diplomacia brasileira aproximou-se dos Estados Unidos, que se tornaram o principal aliado do país, no lugar da Inglaterra. A defesa da cafeicultura foi decisiva para que o governo republicano se aproximasse dos estadunidenses, os maiores consumidores do café brasileiro. Além disso, os Estados Unidos se tornaram nesse período a mais importante potência da América e praticavam agressiva política para afirmar sua liderança no continente.

A partir de então o governo brasileiro elegia os Estados Unidos como seu grande parceiro internacional e principal aliado. Passou a defender a política estadunidense de intervenção nos países do continente, fez com eles acordos comerciais e entrou na Primeira Guerra Mundial ao seu lado. O governo brasileiro procurava se apresentar como o porta-voz dos Estados Unidos na América do Sul.

> **TÁ LIGADO**
>
> **15.** Explique o que foi o Convênio de Taubaté e como ele estabeleceu regras para valorizar a produção do café.

A América para os americanos... do Norte

A charge ao lado satiriza a aproximação do Brasil com os Estados Unidos durante a Primeira Guerra Mundial. Os Estados Unidos aparecem como o professor, na figura do Tio Sam, e ao seu lado está o então presidente do Brasil, Venceslau Brás. Os alunos são os demais países da América do Sul, incluindo o Brasil, representado pelo Zé Povo.

A legenda da charge deixava clara a crítica contra uma aproximação que só beneficiava os Estados Unidos:

Tio Sam: "Vocês não tem nada que meter o nariz nas coisas da Europa! Vocês tratem somente de cultivar sua força e sua amizade e de fazer negócios... só comigo!"

Venceslau Brás: "Entenderam? São palavras de velho muito sabido. Mais ou menos isto: para evitar estragos, cada um em sua casa com sua mulher e seus filhos. E quanto aos negócios, a América para os americanos... do Norte!".

Zé Povo: "Confere! E agora só falta uma coisa: escolhermos o molho com que devemos ser comidos..."

Aula pan-americana, K. Lixto. Charge extraída da Revista *O Malho*, Rio de Janeiro, 1916.

EM DESTAQUE

O futebol e os setores populares

Equipe do Vasco da Gama, anônimo. Rio de Janeiro (Brasil), 1923.

Com um time composto de negros e brancos, o Vasco conquistou o Campeonato de Futebol do Rio de Janeiro em 1923. Em 1907, o regulamento do campeonato proibia a inscrição de jogadores negros. O Bangu, que contava com um jogador negro naquela ocasião (Francisco Carregal), retirou-se da competição para retornar apenas cinco anos depois. Nos primeiros anos, a prática do futebol era restrita às elites brasileiras, da mesma maneira que a política.

O texto abaixo trata do início da história do futebol brasileiro. Leia-o com atenção e, depois, faça as atividades sugeridas.

A proliferação de clubes e times de futebol pelo país [...] obedeceu basicamente a duas grandes tendências.

De um lado, a formação de equipes no interior dos grupos dominantes, orientada pelos valores do cavalheirismo [...]

[...] As fronteiras sociais do futebol começaram a ser transpostas desde cedo com a formação de times improvisados pelos setores populares [...] Sem os equipamentos adequados e jogando com bolas desgastadas e até mesmo improvisadas em terrenos ainda não ocupados pelo processo de urbanização, o futebol dos grupos subalternos tornava-se um modo de representação da existência negada em outros campos sociais. E alastrava-se incontrolavelmente pelos subúrbios proletários. Em pouco tempo, uma série de equipes e clubes foram constituídos por iniciativa de pequenos comerciantes, operários e artesãos das grandes cidades (Internacional, 1909; Corinthians, em 1910). Por outro lado, a criação de clubes vinculados a empresas que recrutavam operários para seus times também afrontava as barreiras sociais erguidas no futebol (Bangu, em 1904, Juventus, 1924) [...]

De certo modo, pode-se pensar que o futebol tornou-se um dos primeiros e mais significativos exemplos de incorporação desses setores [populares] numa sociedade caracterizada pela cidadania restritiva [...].

FRANCO JÚNIOR, Hilário. *Dança dos deuses. Futebol, sociedade, cultura*. São Paulo: Cia. das Letras, 2007. p. 62-66.

Partida Fluminense × Arsenal de Sarandi. Copa Libertadores da América. Estádio Mário Filho (Maracanã), Rio de Janeiro (Brasil), 24 mar. 2009.

Em 1914, o Fluminense contratou o atleta Carlos Alberto. Para disfarçar sua negritude, o jogador passou pó de arroz no rosto. Com o decorrer da partida, a maquiagem derreteu. A torcida adversária não perdoou: "É pó de arroz! É pó de arroz!" Na partida seguinte, a torcida do Fluminense tomou a iniciativa. Quando seu time entrou em campo, saudou-o com entusiasmo e com uma imensa nuvem de pó de arroz. O apelido acabou acompanhando o clube. E cada vez mais jogadores negros passaram a se apresentar nos principais gramados brasileiros, sem precisar esconder a cor da sua pele.

1. O autor afirma que o futebol tornou-se um dos primeiros exemplos de incorporação dos setores populares a uma sociedade caracterizada pela cidadania restritiva. Como você explica tal afirmação?

2. Há clubes brasileiros da atualidade que têm sua origem vinculada diretamente a grupos de imigrantes. Você saberia citar pelo menos dois exemplos?

3. Escolha um clube brasileiro. Pode ser o seu clube predileto ou qualquer outro. Faça uma pesquisa a respeito das origens desse clube: ano de fundação, origem, hino, significado das cores e símbolos.

4. Apresente sua pesquisa para a classe e procure responder a esta questão: esse clube mantém suas características originais, seja como clube de elite, clube popular ou como clube de imigrantes?

A Primeira República | CAPÍTULO 3

TÁ LIGADO

16. Defina cangaceiros.

O CANGAÇO

A população pobre nem sempre aceitou resignada sua exclusão das decisões políticas. Manipulada ou coagida nas eleições, participou de movimentos de contestação à ordem vigente.

Na passagem do século XIX para o século XX, o Nordeste enfrentava as consequências da queda na venda de açúcar para o exterior. A decadência da produção açucareira, a principal atividade da região, a ausência de terras disponíveis para a população pobre, concentradas nas mãos dos grandes latifundiários, e as constantes secas geraram uma massa de habitantes miseráveis.

CANGACEIROS

Muitos vagavam pelo sertão em busca de emprego ou comida. Alguns acabaram por tornar-se **cangaceiros**, pessoas que, em bandos, viviam do saque e do roubo de fazendas e vilas.

Os bandos de cangaceiros tinham em geral de três a dez homens e duração efêmera. Mas alguns deles permaneceram em atividade durante muitos anos. Foi o caso do bando chefiado por Virgulino Ferreira da Silva (1898-1938), o **Lampião**, que durante vinte anos, a partir de 1919, percorreu o sertão nordestino cometendo assassinatos, roubos e ataques a vilas, chegando a contar com cerca de cem homens.

O bando de **Antônio Silvino** (1875-1944), outro conhecido cangaceiro, também atuou durante muito tempo: dezoito anos (de 1896 a 1914). Embora formados majoritariamente por homens, era comum a presença de mulheres, como Maria Gomes de Oliveira (1911-1938), a famosa **Maria Bonita**, companheira de Lampião.

Nem sempre as relações entre fazendeiros e cangaceiros eram hostis. Muitas vezes os proprietários preferiam negociar para evitar ataques às fazendas e permitiam que os bandos utilizassem sua fazenda como abrigo temporário ou lhes forneciam armas e mantimentos. Havia ocasiões em que essa ajuda obedecia aos interesses dos proprietários.

Em geral, os bandos eram conhecidos pelos nomes ou apelidos de seus chefes. Os numerosos bandos de cangaceiros que atuavam em todos os estados do Nordeste começaram a desaparecer a partir de 1922, quando foi assinado um convênio entre os governos do Ceará, de Pernambuco, da Paraíba e do Rio Grande do Norte que previa ações conjugadas na luta contra o cangaço. Na década de 1930, perseguidos e vencidos pela polícia, os cangaceiros desapareceram do cenário nordestino.

O casal Virgulino Ferreira da Silva (Lampião) e Maria Gomes de Oliveira (Maria Bonita) no ano em que ela entrou para o grupo de Lampião, Benjamin Abraão, 1930.

MILAGREIROS E BEATOS

O descontentamento social dos mais pobres apresentou-se também sob o manto da religiosidade. Beatos e milagreiros percorriam o interior do Brasil, onde viviam 60% da população, e conseguiam prestígio junto aos mais pobres. Representavam alternativas para os que eram excluídos ou manipulados pelo jogo político.

PADRE CÍCERO E A REVOLTA DO JUAZEIRO

O Bandido Official, Alfredo Storni. Charge extraída da Revista *Careta*, Rio de Janeiro, 1926.

O BANDIDO OFFICIAL
JÉCA — POBRE SERTÃO CEARENSE! AINDA USA LAMPEÃO, E QUEM O ACCENDE E LHE DÁ KEROZENE É O PADRE CICERO.

A charge denuncia as ligações de padre Cícero com o cangaceiro Lampião, o governo e as oligarquias.

O mais famoso dos milagreiros do país foi o padre **Cícero Romão Batista**, nascido na cidade do Crato, interior do Ceará, em 1844. Em 1872, já ordenado padre, dirigiu-se a Juazeiro do Norte, no mesmo estado, para realizar serviços religiosos. Durante uma noite, teria tido um sonho em que Cristo lhe ordenava que cuidasse dos pobres sertanejos.

A fama e a grande quantidade de fiéis tornaram o padre Cícero um homem muito poderoso na região de Juazeiro. Aliando-se aos grandes coronéis, padre Cícero colocou a serviço deles a influência que exercia sobre a população pobre. Em troca, recebia apoio dos fazendeiros.

Em 1914, no contexto da **política das salvações**, o presidente Hermes da Fonseca interferiu na política do Ceará ao nomear um interventor. Com isso, padre Cícero e outras lideranças organizaram um exército local que enfrentou as tropas federais e depôs o governador indicado.

A reconciliação com o governo federal ocorreu com a realização de novas eleições no Ceará que levaram o padre Cícero ao cargo de vice-governador do estado.

Beato
Homem religioso que prega a doutrina cristã, realiza profecias e pratica caridades.

A GUERRA DO CALDEIRÃO

Em 1926, padre Cícero encarregou o beato José Lourenço de organizar uma povoação na área rural do Crato, denominada Caldeirão, devido à existência de um grande poço de água pura.

Até 1936, camponeses pobres estabeleceram-se em uma comunidade igualitária, onde não havia propriedade privada e cujos frutos do trabalho agrícola eram repartidos com todos os integrantes. O vilarejo teria abrigado 18 mil pessoas. Além da lavoura, açudes, pomares, engenho e oficinas modificaram a paisagem da região.

Lourenço foi acusado de fanatismo, de desrespeito à fé cristã, de ameaças à ordem pública e até mesmo de atividades comunistas. Em 1936, dois anos após a morte de padre Cícero, o governo do Ceará lançou um ataque à comunidade, com apoio da Igreja local, de grandes fazendeiros e do governo federal.

As casas do Caldeirão foram incendiadas e a população, dispersada. Alguns integrantes tentaram resistir utilizando táticas de guerrilha. Em 1937, centenas de soldados foram acionados para acabar com o que restara da comunidade. Até bombardeios de aviões foram utilizados. Calcula-se que cerca de 200 pessoas tenham morrido no conflito.

A GUERRA DE CANUDOS

> Guerra de Canudos
> Vídeo

Ao final do século XIX, um pequeno comerciante, conhecido como **Antônio Conselheiro**, atrairia uma legião de seguidores entre os nordestinos. Nascido em 1828 em Quixeramobim, interior do Ceará, tornou-se beato e pregador a partir de 1872.

Para muitos era um profeta, um homem de Deus. Após a proclamação da República, Conselheiro e alguns de seus seguidores reagiram à cobrança de impostos e organizaram uma ruidosa manifestação.

Em junho de 1893, o beato decidiu fundar uma povoação, deixando a vida de peregrino. Junto a seus seguidores se instalou em uma fazenda abandonada da Bahia, próxima a um rio temporário chamado Vaza-Barris, onde havia umas poucas e humildes casas habitadas por algumas famílias.

A região era árida, o solo pedregoso, e, durante as épocas de seca prolongada, a água só era obtida em pequenos poços perfurados no fundo do leito ressecado do rio. Antônio Conselheiro chamou a localidade de Belo Monte, mas, devido à abundância de um tipo de vegetação denominado canudo-de-pito, o lugar ficou conhecido como **Canudos**.

Entre 1888 e 1892 ocorreu uma das piores secas no Nordeste. Em pouco tempo, milhares de pessoas vieram para o novo povoado, oriundas de vários estados nordestinos. Sua população chegou a cerca de 35 mil habitantes, transformando Canudos na segunda maior cidade da Bahia, menor apenas que a capital, Salvador.

Por meio do trabalho comunitário, os habitantes de Canudos dedicavam-se à pecuária e à agricultura, atividades que garantiam a todos o necessário para a subsistência, e praticavam o comércio com as cidades vizinhas, vendendo o excedente de sua produção e comprando os gêneros que não produziam. Uma parte do que todos produziam era destinada a um fundo comum, cuja função era amparar os habitantes mais necessitados e realizar as "grandes" obras: a igreja e a escola.

Em Canudos não circulava dinheiro. Em um cofre, sob a responsabilidade de um dos líderes do povoado, era recolhido o lucro obtido com as transações comerciais. Eram emitidos vales para as trocas internas. Tempos depois, o vale de Canudos era aceito como moeda nas cidades próximas.

Conselheiro exercia a liderança religiosa e estabelecia as regras que organizavam a vida cotidiana. O rápido crescimento de Canudos e sua independência despertaram apreensão entre as autoridades religiosas e políticas. De início, sua relação com a Igreja era amistosa. Conselheiro não realizava atos religiosos oficiais como casamentos e batismos. Um padre ia regularmente a Canudos com esse fim. No entanto, em uma visita ao povoado, uma missão de frades enviada pelo bispo de Salvador foi rechaçada pelos habitantes depois que os frades criticaram Conselheiro.

A primeira ilustração do antigo arraial de Santo Antônio dos Canudos foi feita por Demétrio Urpia, então juiz de Tucano, vila sertaneja baiana. Para fazer o desenho, o magistrado baseou-se em informações de oficiais da expedição de Moreira César, derrotada pelos conselheiristas no início de março de 1897.

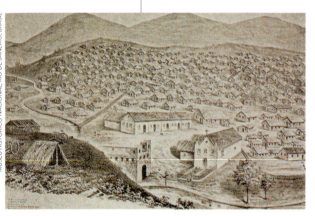

Arraial dos Canudos, visto pela estrada do Rosário, Demétrio Urpia. Litografia colorida em sépia, 1897.

Campanhas contra Canudos

A Igreja empenhou-se então em realizar uma verdadeira campanha contra Canudos. Além dos ataques de caráter religioso, acusava Conselheiro de ser inimigo da República e defensor da monarquia. Esse acabou se tornando o ponto principal da campanha do governo contra Canudos. As simpatias monárquicas de Conselheiro foram usadas para justificar o envio de tropas contra a comunidade sertaneja.

O ambiente hostil criado contra Canudos chegou a tal ponto que, em outubro de 1896, se espalhou o boato de que seus habitantes pretendiam invadir Juazeiro, porque não lhes havia sido entregue um carregamento de madeira comprado para a construção de uma nova igreja.

O governador da Bahia, Luís Viana, enviou um batalhão do Exército para defender a cidade. Como, após alguns dias, o ataque não aconteceu (era só um boato), os militares decidiram atacar Canudos. Em 19 de novembro as tropas acamparam a cerca de 114 quilômetros de Canudos. Para se proteger, os habitantes do arraial lançaram um ataque surpresa que derrotou as tropas acampadas. Tinha início a Guerra de Canudos.

O governo baiano enviou uma segunda expedição, maior e mais bem armada, que enfrentou os sertanejos, em janeiro de 1897, e também foi derrotada. Luís Viana solicitou então a ajuda do governo federal, que enviou a terceira expedição contra Canudos. Com 1 200 soldados fortemente armados e quatro canhões, atacaram o povoado em 3 de março e também foram derrotados.

O fracasso do Exército em combater um movimento religioso de sertanejos pobres, abandonados pelo Estado, teve grande repercussão nacional. O movimento era noticiado como monarquista, o que provocou fortes reações em São Paulo e no Rio de Janeiro. Na capital federal, sedes de jornais monarquistas foram depredadas.

As atenções voltaram-se para a quarta expedição. Jornais mandaram correspondentes à região para acompanhar a guerra. Entre eles, Euclides da Cunha, pelo jornal *O Estado de S. Paulo*, que transformaria suas reportagens em um livro, *Os sertões*. Nele, o autor aponta as razões das seguidas vitórias dos conselheiristas. Enquanto estes lutavam em uma região que conheciam bem, adotando técnicas, táticas e estratégias adequadas para uma guerra no sertão, o Exército insistia em seguir seus manuais militares, formulados por pessoas que desconheciam aquela realidade.

As sucessivas derrotas levaram o governo a enviar tropas ainda mais numerosas e bem armadas, em junho de 1897. Após quatro meses de combates, a comunidade de Canudos foi finalmente derrotada. Em 22 de setembro, em meio ao cerco militar, morria Antônio Conselheiro.

As casas foram queimadas, cerca de mil sobreviventes foram feitos prisioneiros e a maior parte foi assassinada com

Sobreviventes de Canudos feitos prisioneiros de guerra, Flávio de Barros. Canudos, Bahia (Brasil), 1897.

requintes de violência. A ferocidade dispensada aos prisioneiros ficou registrada no livro de Euclides da Cunha. Homens, mulheres e crianças foram torturados barbaramente.

A destruição de Canudos foi comemorada em grandes cidades do país. Mesmo assim, doze anos depois, alguns seguidores do Conselheiro voltavam a habitar a região. O nome do beato permanece até hoje, carregado de lendas milagrosas, no imaginário popular nordestino. E a questão da terra no Brasil ainda permanece sem solução.

A GUERRA DO CONTESTADO

Em 1912, tinha início um movimento religioso na região denominada Contestado, na fronteira entre Santa Catarina e Paraná. O nome desse território está relacionado ao fato de ser uma área disputada pelos governos dos dois estados.

A Guerra do Contestado foi mais um exemplo de reação popular à miséria existente no campo. Nesse caso, era o resultado de transformações decorrentes da entrada do capital internacional em larga escala no último terço do século XIX. O Brasil tornara-se um atraente polo de investimentos, no qual empresários da Inglaterra e Estados Unidos obtinham grandes lucros com prestação de serviços e organização de novas empresas.

Em 1910, uma companhia estadunidense concluiu a construção da estrada de ferro que ligava o Rio Grande do Sul a São Paulo. A empresa obteve do governo toda a terra que margeava a nova ferrovia, em uma extensão de 15 quilômetros. Tratava-se de uma área rica em pinheiros explorados economicamente pela população local. A companhia expulsou essa população, deixando-a sem trabalho.

Logo após a finalização da ferrovia, centenas de trabalhadores foram demitidos. Por fim, para tornar ainda mais drástica a situação, as terras à margem da ferrovia foram entregues à empresa estadunidense Lumber, que instalou nelas serrarias modernas, levando ao desemprego a população local, antes dedicada à extração de madeira.

Muitos dos descontentes acabaram por se ligar a um beato conhecido como monge **José Maria** e, em 1912, estabeleceram uma comunidade em Taquaruçu, em Santa Catarina, chamada Quadro Santo, onde viviam da pilhagem de gado das vizinhanças.

Devido aos saques e ao medo que uma comunidade de camponeses independentes despertava nas autoridades, em 1912 uma expedição do Exército foi enviada para destruir Quadro Santo. No entanto, antes que ela chegasse, José Maria e seus seguidores fugiram para a cidade de Faxinal do Irani, no Paraná. No mesmo ano nova ex-

Na fotografia, milicianos exibem as armas com as quais enfrentavam as forças governamentais: facas, espadas e armas de fogo.

Milicianos do Contestado, Claro Gustavo Jansson, c. 1912.

pedição foi enviada contra os sertanejos. Eram 400 homens do Regimento de Segurança do estado. Desta feita José Maria e os demais preferiram enfrentar as tropas. Surpreendentemente, os seguidores de José Maria venceram o confronto, embora seu líder tenha morrido em combate.

Vitoriosos, retornaram para Taquaruçu, onde não foram molestados até dezembro de 1913, quando nova expedição chegou para combatê-los. Mas logo se retirou, depois de perder os carregamentos de armas e munições no primeiro confronto. A quarta expedição encontrou a comunidade abandonada. Mais uma vez os camponeses preferiram a fuga.

Em março de 1914, os camponeses atacaram a cavalaria que compunha a quinta expedição. Novos combates, e mais uma vez os militares foram derrotados. A essa altura os rebeldes não obedeciam mais apenas a um chefe. Na verdade dividiram-se em diversos grupos – cada qual com um líder –, que se juntavam apenas para combater.

Novas expedições foram enviadas, mas apenas a oitava obteve vitória. De setembro de 1914 a dezembro de 1915, ocorreram diversos combates, até os sertanejos serem definitivamente derrotados. Calcula-se que nesse último ano de luta tenham morrido cerca de 2 mil rebeldes.

Contestado. O capitão João Gualberto, penúltimo da esquerda para a direita, com um destacamento do Regimento de Segurança do Paraná, parte para a região conflagrada, 1912.

Mulheres rebeldes: Maria, Marias

Maria, Mariquinha, Naninha, Dadá, Lídia, Sila, Enedina, Anésia, Dulce, Inacinha, Durvinha, Adília, Cristina, Catarina, Aristeia, Nenê e tantas outras Marias.

Maria Gomes de Oliveira, conhecida como Maria Bonita, foi a primeira mulher a entrar para o cangaço em meados de 1930, provocando modificações na estrutura dos grupos rebeldes e abrindo o caminho para entrada de mais de 30 mulheres. Maria Bonita se destacou entre as mulheres daquela época por ter rompido com os padrões estabelecidos. Vários foram os caminhos pelos quais as mulheres entraram no cangaço, que representava para as sertanejas pobres a oportunidade de se livrar dos trabalhos rurais, enxergando ali a possibilidade de uma ascensão social. Mas nem todas que optavam pelo cangaço eram de famílias pobres: muitas escolhiam esse estilo de vida com intuito de fugir dos padrões estabelecidos pela sociedade e uma alternativa de escolher o seu próprio marido. Outras, foram obrigadas, tendo sido doadas aos cangaceiros por suas famílias ou sequestradas, como foi o caso de Dadá.

Virgínio Fortunato, cunhado de Lampião, e seu grupo, 1936.

Porém, independentemente dos motivos que levaram essas mulheres a entrar para os grupos de rebeldes, todas acabaram sendo genericamente e tratadas como criminosas, contribuindo, dessa forma, para a construção do estereótipo masculino, violento, de mulher, já que grande parte dos registros foram deixados pelas autoridades policiais. As mulheres do cangaço se inspiravam nos modelos femininos da época, e não abriam mão do uso de joias e perfumes. Também inovaram bordando suas vestimentas com fitas coloridas, moedas, estrelas.

Dadá sabia ler, escrever e fazer contas. Anésia organizou seu próprio grupo de cangaceiros. Durvinha era excelente atiradora.

A arte de saia: o carnaval e o samba

Um dos símbolos do carnaval é a ala das baianas, presente nas escolas de samba. As baianas mais tradicionais giram solenes sobre o próprio corpo. Trazem tabuleiros representando os quitutes que há vários séculos eram vendidos nas ruas de Salvador. Algumas sopram pelos lábios a alma africana e encharcam a cidade com seus cantos e cores. São Marias, Margaretes, Danielas, Ivetes, Belôs e Claudias.

Outras estremecem a Mãe Terra com seus tambores que produzem sons, nem melhores, nem piores, apenas diferentes. São Meninas, são Filhas de Oxum, são Didás, são Bolachas Maria, são Batom Lilás, são Brincando de Eva, são Arte de Saia.

O Rio de Janeiro já possuía, desde o século XVIII, uma das maiores concentrações da população de afrodescendentes do Brasil. Após a abolição da escravatura, em 1888, sua população aumentou com a migração de recém-libertos vindos do campo e de outras regiões em busca de oportunidades. Esses trabalhadores livres agrupavam-se de acordo com sua origem regional. Eram pernambucanos, sergipanos, alagoanos, baianos. Sem muitos recursos, acabavam se amontoando em cômodos e porões de casas do centro, moravam em barracos nos morros ou partiam para a periferia da cidade. Cada grupo tinha sua própria música. E saíam juntos às ruas com seus grupos de afoxés, embaixadas, congadas, frevos e capoeiras. Os tradicionais grupos de baianas, com suas saias de rendas, formaram-se nesse período.

É nesse ambiente rico em diversidade que a voz dos tambores e a voz do corpo de mestres-salas, porta-bandeiras e passistas falavam de todas as Áfricas e de todos os Brasis. Sob a forma do samba e do carnaval.

Um pouco antes, em 1840, os jornais cariocas anunciavam o "primeiro baile de carnaval" da cidade. Realizado em um hotel do Rio de Janeiro, estabeleceu uma separação entre os festejos da elite branca e as brincadeiras populares. Em poucos anos surgiram diversos bailes carnavalescos nos clubes das principais cidades brasileiras. Eram festas fechadas, exclusivas aos sócios ou àqueles que pudessem pagar pelo ingresso. Eram festas "de família".

Parte da elite virava-se de costas para os festejos populares e voltava-se de frente para a cultura europeia. Nos bailes, podiam-se encontrar diversos Arlequins chorando pelo amor de Colombinas. Fantasias e máscaras do carnaval italiano incorporavam-se ao carnaval brasileiro.

Enquanto a elite se divertia nos ricos salões, nas ruas os festejos ganhavam mais cores e fantasias. No meio da multidão, além das personagens do teatro italiano e das brincadeiras, o rufar dos tambores se fazia sentir cada vez mais alto.

Baianas durante o carnaval, anônimo. Rio de Janeiro, Rio de Janeiro (Brasil), 1930.

Em 1852, um sapateiro português conhecido por "Zé Pereira" percorreu as ruas do centro do Rio de Janeiro com um grupo de foliões. Improvisavam uma espécie de desfile brincalhão, batendo tambores e bumbos. Nos anos seguintes, mais instrumentos de percussão foram acrescentados aos desfiles: pandeiros, tamborins e cuícas. Começavam a formar-se os cordões carnavalescos.

À frente, homens e mulheres fantasiados de indígenas ou idosos, seguidos pelos tocadores de tambores. Nas ruas das áreas centrais da cidade, em seus cortejos, muitos aproveitavam a ocasião para criticar a escravidão e os governantes do Brasil monárquico. E negros fantasiados de indígenas cantavam em línguas africanas.

O processo de abolição da escravidão tomava corpo nas ruas. E tornava a elite presa de seus medos e pesadelos. Para tentar dormir com esse barulho, as autoridades perseguiam os cordões formados por negros.

As novas avenidas do Rio de Janeiro, abertas no começo do século XX, deixaram a cidade mais agradável para sua elite e mais bonita para os visitantes estrangeiros. No carnaval, esses espaços eram tomados por desfiles de foliões em automóveis abertos. O corso, como era chamado, era saudado por batalhas de confetes, serpentinas e lança-perfume.

A polícia tentava, em vão, transformar negros e mestiços em espectadores ao longo das calçadas por onde passavam os corsos. No entanto, a população pobre, empurrada para longe das vistas elegantes, descia o morro em direção à Praça Onze em blocos, ranchos e outras agremiações. Lundus e marchinhas animavam os festejos.

Havia uma **batalha pelo espaço público**. E não era uma simples guerra de confete e serpentina, era uma luta social. A essa altura, o samba já se formava no morro. Em 1917 era composta a música "Pelo telefone", de Donga, o primeiro samba gravado. Em 1928, no bairro do Estácio, jovens sambistas fundavam a escola de samba "Deixa Falar". Nos anos seguintes, muitas outras agremiações de "professores de samba" iriam se formar.

A escola de samba era um rancho bem comportado, cujos integrantes participavam elegantemente trajados e organizados para tentar obter a confiança e o respeito das autoridades. Conseguiriam em breve.

Ala das Baianas da GRES Unidos do Viradouro. Rio de Janeiro, Rio de Janeiro (Brasil), 1999.

A Primeira República | CAPÍTULO 3

A REURBANIZAÇÃO DO RIO DE JANEIRO

Vista de casas condenadas pela prefeitura na Rua do Hospício (atual Buenos Aires), e, ao fundo, o portão do Campo de Santana, Augusto Malta, 1905.

Na fotografia, vemos um cortiço que escapou às reformas urbanas do período.

No Rio de Janeiro, a capital do país, havia uma vasta população que vivia longe dos cuidados das instituições da República. Sem moradias decentes, sem assistência médica, sem educação básica, sem participação política e sem direitos trabalhistas, eram poucas as perspectivas dessa população urbana. Mesmo nas cidades, a exclusão social era o padrão que regulava as relações sociais.

Até o maior centro cosmopolita do país à época, o Rio de Janeiro, não contava com uma estrutura urbana à altura de sua importância política e econômica.

Seu porto acanhado não comportava o intenso tráfego de navios que traziam mercadorias do exterior e suas ruas estreitas e mal calçadas dificultavam o transporte dessas mercadorias.

O medo das constantes epidemias e das frequentes agitações da população pobre, em sua maioria negros e mestiços, afastava os investidores europeus. Para solucionar esses problemas, a elite da República investiu pesadamente na remodelação da cidade, expulsando boa parte da população pobre.

Rodrigues Alves, presidente da República entre 1902 e 1906, incentivou então um projeto de reurbanização da capital. A ordem era limpar o Rio de Janeiro dos velhos hábitos e transformá-lo segundo os mais modernos e sofisticados padrões europeus.

Nomeado prefeito pelo presidente Rodrigues Alves, o engenheiro Francisco Pereira Passos realizou os anseios da elite carioca e do presidente da República. Para a população carioca, o prefeito ficou conhecido, ironicamente, como o "Bota abaixo". Não é difícil entender o porquê.

Os cortiços populares foram derrubados para dar lugar a largas avenidas, jardins e praças ou a vistosos palacetes. Para construir a Avenida Central (atual Avenida Rio Branco), por exemplo, foram demolidos 600 edifícios e casas, na sua maioria cortiços.

A elite republicana esforçava-se em imitar a França, considerada por ela o modelo de civilização. A reurbanização do Rio de Janeiro imitou o modelo adotado em Paris no século XIX, pelo barão Haussmann.

A Avenida Rio Branco é o principal símbolo das reformas feitas no Rio de Janeiro para modernizar a cidade.

AS FAVELAS

A reurbanização do Rio de Janeiro piorou as condições de vida da população pobre. Se ela já levava uma existência miserável, amontoada em cortiços, sua situação agravou-se quando suas habitações foram derrubadas para dar lugar a parques, palacetes e avenidas. Não lhes restou alternativa senão construir casebres nos morros que circundavam a capital. Nasciam assim as imensas favelas que até hoje marcam a paisagem carioca.

Avenida Rio Branco, Marc Ferrez. Rio de Janeiro, c. 1910.

A primeira favela apareceu no Rio Janeiro quando soldados que combateram na Guerra de Canudos receberam do governo terras sem valor, nas encostas do Morro da Previdência, próximo ao Ministério da Guerra, onde estavam acampados com suas famílias.

Favela era o nome de um morro perto da comunidade de Canudos, onde ficavam estacionadas as tropas durante a guerra. Nome, por sua vez, proveniente de um arbusto típico da caatinga nordestina, chamado faveleiro. Assim se explica a origem das favelas, que proliferaram com a reurbanização do Rio de Janeiro promovida por Rodrigues Alves.

Morro do Castelo e vista da Avenida Central. Rio de Janeiro, 1905.

Na fotografia, podem-se ver pedestres caminhando em meio às demolições das casas que deram lugar à Avenida Central, no Rio de Janeiro. Em sete meses foram derrubados mais de 600 prédios para dar lugar ao novo plano urbanístico.

A expulsão dessas pessoas ocasionou sua marginalização política. A República oligárquica empenhara-se desde o início em afastar do centro de decisões o que considerava ser um bando de agitadores e ignorantes. Com isso a população pobre, retirada do convívio urbano da região nobre da capital, tinha reduzida sua possibilidade de participação na vida política institucional.

Os tumultos e agitações nas ruas da capital marcariam toda a Primeira República, como sinal do inconformismo de uma população que lutava para sobreviver material e culturalmente aos interesses oligárquicos.

A REVOLTA DA VACINA

Como parte de seu projeto de reurbanização da capital, Rodrigues Alves encarregou o médico **Oswaldo Cruz** (1872-1917) de combater as constantes epidemias que se alastravam pela cidade. Em 1903 ele foi nomeado para a chefia da Diretoria Geral de Saúde Pública. Entre as várias doenças que haviam se tornado epidêmicas no Rio de Janeiro, o médico escolheu três para combater inicialmente: **peste bubônica**, **febre amarela** e **varíola**.

No entanto, o autoritarismo das medidas saneadoras gerou um profundo descontentamento. A reação mais violenta ocorreu em 1904, quando foi aprovado um decreto que estabelecia a vacinação obrigatória contra a varíola.

A vacina deveria ser aplicada em toda a população, incluindo crianças com mais de seis meses de idade. Os prédios considerados anti-higiênicos deveriam ser demolidos e não havia possibilidade de apelação para a justiça comum.

A violenta reação popular que se seguiu à publicação do decreto não era propriamente contra a vacinação, mas contra sua obrigatoriedade e como resistência à forma utilizada para fazê-la. Baseados na experiência do combate à febre amarela, seus opositores afirmavam que os responsáveis pela aplicação da vacina eram violentos e os soros, pouco confiáveis.

> **TÁ LIGADO**
>
> 17. Aponte o modelo para a urbanização do Rio de Janeiro.
>
> 18. Descreva as consequências da reurbanização para a população pobre do Rio de Janeiro.
>
> 19. Indique a origem da primeira favela no Rio de Janeiro.

Vaccina obrigatória, Leônidas. Charge extraída da Revista *O Malho*, Rio de Janeiro, 1904.

A charge representa a resistência da população contra os esforços dos agentes sanitários em aplicar a vacina obrigatória.

Governo suspeito

Não houve preocupação em preparar a população ou informá-la sobre a vacina e sua aplicação. Para os habitantes pobres do Rio, o governo não lhes prestava nenhum tipo de assistência e se apresentava, naquele momento, como um agressor a invadir seus lares e seus corpos.

A rebelião contra a vacina seguiu o modelo que caracterizou os movimentos populares do período: motim espontâneo, desorganizado, em que a principal ação era a depredação de bens públicos e particulares. Milhares de rebeldes depredaram veículos, arrancaram os calçamentos das ruas, destruíram a iluminação pública, construíram barricadas, invadiram repartições públicas e delegacias, de onde roubaram armamentos e até mesmo dinamite.

Os revoltosos só foram derrotados quando houve uma ação conjugada da polícia, Exército, Marinha e Guarda Nacional. No dia 16 de novembro o governo revogava a obrigatoriedade da vacina. Extinta a principal causa que motivou a rebelião e devido à brutal repressão, a revolta chegava ao fim com uma estimativa de 30 mortos e 110 feridos. As prisões, no entanto, continuaram ainda por vários dias, atingindo a marca de cerca de 900 detidos.

Não apenas os diretamente envolvidos no movimento foram alvo da polícia. A população pobre em geral foi perseguida, presa e expulsa da cidade. Cerca de 460 pessoas, que tinham contra si apenas o fato de serem negros, mestiços e pobres, foram embarcadas em navios e deportadas para o Acre, onde muitos prisioneiros chegaram mortos devido às péssimas condições da viagem.

A REVOLTA DA CHIBATA

Poucos anos depois da Revolta da Vacina, a capital do país mergulhava em novas agitações. Marinheiros de quatro navios da esquadra brasileira – Minas Gerais, São Paulo, Bahia e Deodoro – se rebelaram, em novembro de 1910.

TÁ LIGADO?

20. Cite os motivos que levaram à revolta contra a vacinação obrigatória.

Os marinheiros eram homens pobres, na maioria negros e mestiços, muitas vezes recrutados à força. Eram obrigados a trabalhar em troca de baixos soldos e submetidos a vários tipos de castigos físicos. Além da chibata, eram comuns outros tipos de torturas, entre as quais a palmatória. Mais branda, era também a mais humilhante, pois era aplicada nas nádegas nuas.

Frequentemente eram enviados ao Ministério da Marinha pedidos para o fim aos castigos corporais. No dia 16 de novembro, todos os tripulantes do encouraçado Minas Gerais, atracado na Baía da Guanabara, foram convocados para presenciar a punição de um marinheiro, condenado a 250 chibatadas por ter ferido um cabo. Naquela mesma noite, os marinheiros, indignados, iniciaram os preparativos para o motim. O marinheiro negro **João Cândido**, líder do movimento, deu início à revolta no dia 22.

Um oficial foi morto e os demais foram presos pelos rebeldes, vários ficaram feridos. Na mensagem enviada ao presidente, exigiam o fim dos castigos corporais, a redução do trabalho e o aumento dos soldos, sob a ameaça de bombardearem a cidade.

No Senado, os parlamentares mobilizaram-se pelo fim da chibata e a anistia dos revoltosos, pressionando o governo a negociar. Este exigiu, como condição, que os marinheiros depusessem suas armas, o que foi imediatamente aceito. Em 24 de novembro, os senadores, em votação unânime, aprovavam a anistia.

Embora não tenham sido oficialmente extintos, os castigos físicos foram abandonados. Quanto às outras reivindicações, o aumento do soldo foi concedido em lei aprovada no Senado e a melhoria nas condições de trabalho foi aos poucos sendo conquistada.

João Cândido, Augusto Malta, 1910.

Foto do líder da Revolta da Chibata, João Cândido, conhecido como Almirante Negro. Ele é o marinheiro da direita, que lê as reivindicações dos rebeldes.

Mestre-sala dos mares

A elegância do mestre-sala está na leveza de seu corpo. Grande passista, acompanhado de uma não menos elegante porta-estandarte, ele chama a atenção para seus movimentos. O olhar é soberano, de quem é mestre na ginga do samba. A postura é altiva, de quem tem dignidade para não se curvar, e samba livre pela passarela.

Ao apoderarem-se dos encouraçados *Minas Gerais* e *São Paulo*, em 1910, os marinheiros exibiam no rosto a revolta daqueles que não toleravam mais castigos corporais. No corpo, a pele negra da maioria dos marinheiros.

Mestre-sala e porta-bandeira da GRES Estação Primeira de Mangueira. Rio de Janeiro, 2007.

A rebelião durou cinco dias, pouco mais que um carnaval. Depois de encerrado o levante, com o atendimento das exigências e a anistia aos revoltosos, o governo brasileiro comandou uma dura repressão contra os envolvidos. Vários marinheiros foram presos ou mortos e centenas foram deportados para o Norte do país. João Cândido acabou preso, processado e expulso dos quadros da Marinha. Conhecido como o Almirante Negro durante a revolta, morreu pobre em 1969. No entanto, acabou celebrado em uma conhecida canção popular, "Mestre-sala dos mares":

Há muito tempo, nas águas da Guanabara,
O dragão do mar reapareceu
Na figura de um bravo feiticeiro
A quem a história não esqueceu
Conhecido como navegante negro

Tinha a dignidade de um mestre-sala
[...]

"Mestre-sala dos mares", J. Bosco e A. Blanc. *Caça à raposa*, RCA, 1975.

Mulheres potiguares: pioneirismo no voto feminino

As mulheres potiguares estiveram na vanguarda das conquistas políticas feministas no Brasil. O pioneirismo do direito de voto conferido às mulheres no Rio Grande do Norte foi decisivo na luta por cidadania e igualdade de direitos entre homens e mulheres no Brasil.

Dionísia Gonçalves Pinto (1810-1885), conhecida como Nísia Floresta Brasileira Augusta, foi a primeira mulher a publicar sobre a condição feminina, em 1832, com a tradução da obra da feminista inglesa Mary Wollstonecraft, *Direitos dos homens, injustiças para as mulheres.*

Auta de Souza (1876-1901) poetisa da segunda geração romântica, aos 20 anos escrevia para o renomado jornal *A República* e, aos 24, publicava o livro *Horto,* com prefácio de Olavo Bilac.

Celina Guimarães Vianna (1890-1972) foi a primeira eleitora do Brasil e da América Latina, em 1927. O Rio Grande do Norte transformou-se no primeiro estado a estabelecer que não haveria distinção de sexo para o exercício do sufrágio. Tal abertura política foi resultante das reivindicações por igualdade social lideradas pela bióloga paulista **Bertha Lutz** (1894-1976). Ela se tornaria, a partir de 1918, uma das mais expressivas lideranças feministas na campanha pelo voto feminino e pela igualdade de direitos entre homens e mulheres no Brasil.

Luíza Alzira Soriano (1897-1963) tornou-se a primeira prefeita eleita no Brasil e na América Latina. Alzira disputou em 1928, aos 32 anos, as eleições para a prefeitura de Lajes, pelo Partido Republicano, e venceu com 60% dos votos.

Joana Bessa (1898-1998) é reconhecida como a primeira vereadora do Brasil, eleita em 2 de setembro de 1928 com 725 votos.

Maria do Céu Fernandes (1910-2001) foi a primeira mulher a ocupar o cargo de deputada na Assembleia Legislativa do RN (1935) e, por extensão, também a primeira deputada estadual do Brasil. Teve seu mandato cassado, em 1937, por discordância das ideias getulistas durante o Estado Novo.

Nísia Floresta, Auta de Souza, Celina Guimarães, Alzira Soriano, Joana Bessa e Maria do Céu, século XX.

A CRISE DO REGIME OLIGÁRQUICO

Na década de 1920, o regime oligárquico entrava em crise. A insatisfação dos setores urbanos tornava-se cada vez mais intensa. O crescimento das metrópoles, a industrialização e o movimento operário davam novo perfil ao país, exigindo a adequação das instituições políticas à nova realidade.

Ampliavam-se os setores que desejavam eleições livres e a adoção do voto secreto. Até então, o voto era público. Assim, o eleitor ficava vulnerável ao controle e às interferências dos poderosos.

O MOVIMENTO OPERÁRIO

Italianos, espanhóis e portugueses. No início do século XX, 90% dos operários das indústrias de São Paulo e Rio de Janeiro eram estrangeiros. Milhares haviam sido trazidos para as fazendas de café, mas muitos acabaram por se instalar nas cidades e trabalhar nas indústrias em fase de expansão. Além deles, também as camadas urbanas mais pobres engrossavam as fileiras de trabalhadores urbanos.

Por serem estrangeiros (e, portanto, sem cidadania brasileira), ou brasileiros analfabetos, a imensa maioria dos operários não tinha direito a voto. Em um regime de exclusão, característico da Primeira República, os trabalhadores tampouco possuíam direitos trabalhistas.

As experiências políticas dos imigrantes na Europa contribuíram para a organização das lutas da classe trabalhadora que se formava no Brasil. Os operários organizaram vários sindicatos e publicaram diversos jornais. Em 1906, o Primeiro Congresso Operário Brasileiro declarava como principal reivindicação do movimento a jornada máxima de oito horas de trabalho por dia. Como não havia nenhum tipo de legislação trabalhista na época, os operários eram obrigados a jornadas estabelecidas por seus patrões. Em geral, de doze a quinze horas diárias.

Entre 1917 e 1920 ocorreram cerca de cem greves em São Paulo e mais de sessenta no Rio de Janeiro. Um ruidoso movimento operário, fortemente influenciado pelas ideias anarquistas, ocupava as ruas dessas grandes cidades com suas manifestações e greves.

A GREVE GERAL DE 1917

Em 1917, os operários de São Paulo organizaram uma greve que atingiu praticamente toda a cidade. Inicialmente, os trabalhadores de duas fábricas têxteis paralisaram suas atividades. Depois, a greve alastrou-se por outros estabelecimentos até alcançar a adesão de cerca de 50 mil pessoas. Recebeu também a adesão de trabalhadores de várias cidades do interior paulista.

Os grevistas assumiram o controle de bairros operários (Brás, Mooca e Ipiranga) em nome de uma extensa lista de reivindicações: aumento de salário, proibição do trabalho de menores de 14 anos, abolição do trabalho noturno de mulheres e menores de 18 anos, jornada de oito horas, pagamento de horas extras, fim do trabalho aos sábados à tarde e garantia de emprego.

As grandes mobilizações de rua, diante da repressão policial, se transformaram em confronto e quebra-quebra. Apesar da violenta repressão policial, os grevistas só voltaram ao trabalho depois de chegar a um acordo com os empresários e o governo, que resultou na concessão de aumento salarial de 20% e em promessas de se atenderem às demais reivindicações.

No entanto, os empresários logo esqueceram as promessas, e a inflação devorou rapidamente o aumento de salário. Apesar disso, a importância dessa greve está nas suas dimensões inéditas. Pela primeira vez na história do Brasil uma paralisação operária atingia um número tão grande de pessoas.

A FUNDAÇÃO DO PARTIDO COMUNISTA BRASILEIRO

Na década de 1920, as notícias sobre a vitória da Revolução Bolchevique na Rússia chegavam ao país. Impressionados com a conquista do poder pela classe operária liderada por um partido, sindicalistas brasileiros aderiram ao comunismo e fundaram o Partido Comunista do Brasil (PCB), em 1922.

O Partido Comunista do Brasil se tornaria, a partir de então, a principal organização do movimento operário brasileiro. Em 1927, por meio do Bloco Operário, depois chamado Bloco Operário e Camponês (BOC), os candidatos comunistas concorreram às eleições parlamentares pela primeira vez, elegendo o deputado federal Azeredo Lima. Em 1929, o BOC lançava Minervino de Oliveira como candidato à presidência da República.

Capa do jornal *A Plebe*, ano I, n. 6. São Paulo, 21 jul. 1917.

TÁ LIGADO?

21. Aponte as reivindicações do Primeiro Congresso Operário Brasileiro, de 1906.

22. Comente do impacto da Revolução Russa no movimento operário brasileiro.

Greve. Enterro do sapateiro Martinez, morto em choque com a polícia, 1917.

O MODERNISMO BRASILEIRO

As transformações que aconteciam nas cidades brasileiras, os novos hábitos e costumes refletiram-se no movimento artístico e literário do país, com o surgimento, na década de 1910, de escritores e artistas influenciados pelo Modernismo europeu. Em termos gerais, pode-se definir o Modernismo como um conjunto de manifestações artísticas que procurava afastar-se das referências tradicionais da arte do século XIX. No lugar da arte acabada e definida, da busca pelo belo, a arte moderna orientava-se pelo inacabado, por formas diversas e pela relativização do conceito de belo.

Em 1912, o escritor Oswald de Andrade regressava ao Brasil de uma viagem à Europa trazendo as ideias inovadoras do movimento futurista. No ano seguinte, o pintor Lasar Segall realizava em São Paulo uma exposição de obras inspiradas no expressionismo alemão. Formava-se aos poucos o grupo que daria forma a uma das mais importantes manifestações artísticas brasileiras.

Em 1917, ocorreram os fatos decisivos para a formação do grupo modernista. Vários poetas, entre eles Menotti del Picchia e Manuel Bandeira, publicaram trabalhos que inovavam a literatura brasileira e ocorreu a polêmica exposição da pintora Anita Malfatti. Regressando dos Estados Unidos, onde tomara contato com o cubismo, Anita apresentou pinturas que seguiam a estética mais moderna do período e que chocaram pela sua ousadia.

O escritor Monteiro Lobato criticou duramente o trabalho da pintora. Em sua defesa saíram jovens intelectuais e artistas sensíveis à necessidade de renovação. Formava-se assim o grupo paulista, que proporia uma renovação nos padrões estéticos. Dele também fariam parte o escritor Mário de Andrade, o crítico literário Sérgio Milliet, a pintora Tarsila do Amaral e o escultor Victor Brecheret.

Diversas tendências artísticas eram incorporadas à cultura brasileira. Parte da elite urbana empenhava-se em redescobrir o Brasil. Buscavam-se novas linguagens para expressar os elementos nacionais. Os temas urbanos, as questões sociais e o folclore do país seriam tratados em versos livres, distantes das rígidas métricas acadêmicas.

Músico, Antonio Gomide. Óleo sobre cartão, c.1922.

Mulher com leque, Pablo Picasso. Óleo sobre tela, 1908.

Patrícia Galvão (Pagu) **1**, Anita Malfatti **2**, Benjamin Péret **3**, Tarsila do Amaral **4**, Oswald de Andrade **5**, Elsie Houston **6**, Álvaro Moreyra **7**, Eugênia Álvaro Moreyra **8** e Maximilien Gauthier **9**.

Integrantes do grupo "Antropofágico" desembarcam no Rio de Janeiro, 1929.

82 CAPÍTULO 3 | A Primeira República

A língua portuguesa deveria se desligar das padronizações lusitanas e assumir sua feição mais genuína e, portanto, particular. A pintura e a escultura utilizariam formas geométricas, em sintonia com a tecnologia e o progresso científico.

Os modernistas valorizavam as peculiaridades da realidade brasileira, colocando em suas obras tipos sociais e étnicos até então considerados inferiores. Negros, indígenas, mestiços, homens comuns estariam presentes nas artes sem as idealizações comuns à produção artística anterior.

Uma das principais características do modernismo brasileiro foi essa tentativa de combinar elementos nacionais com as tendências artísticas mundiais. Antropofágicos, como muitos se autoclassificavam, procuravam devorar o que a cultura externa poderia apresentar sem perder as cores nacionais. Em um famoso trocadilho criado por Oswald de Andrade: *tupi or not tupi, thats the question!*

> **TÁ LIGADO?**
>
> **23.** Aponte a principal característica do modernismo brasileiro.

A SEMANA DE 22

O ponto alto do movimento recém-criado foi a **Semana de Arte Moderna**, realizada entre 11 e 18 de fevereiro de 1922, no Teatro Municipal de São Paulo. Dela participaram poetas, escritores, músicos e pintores comprometidos com a elaboração da nova estética. Houve conferências dos principais expoentes do movimento – Graça Aranha, Mário de Andrade, Menotti del Picchia, Ronald de Carvalho e Renato Almeida –, seguidas de espetáculos de música e dança.

Na segunda noite da Semana, Menotti del Picchia fez um discurso em que anunciava a nova perspectiva modernista: "Queremos luz, ar, ventiladores, aeroplanos, reivindicações obreiras, idealismos, motores, chaminés de fábricas, sangue, velocidade, sonho, na nossa arte".

A Semana, financiada por ricos fazendeiros, membros de tradicionais famílias paulistas, foi um sucesso. Mas chocou por suas inovações.

Apesar de contundentes, as armas da cultura não eram suficientes para pôr fim ao regime oligárquico. Em um país iletrado, a cultura erudita não mobilizava a população.

Mesmo assim, o movimento modernista representou uma profunda mudança de rumo na cultura brasileira, tornando-se referência obrigatória e influenciando decisivamente as correntes artísticas e literárias que a ele se seguiram.

Nesta obra, a pintora retrata um aspecto marcante de São Paulo nos anos de 1920: a industrialização. Ao fundo aparecem as indústrias e, em primeiro plano, rostos de operários de várias nacionalidades e origens.

Operários, Tarsila do Amaral. Óleo sobre tela, 1933.

ANÁLISE DE IMAGEM

São Paulo

Material: Óleo sobre tela

Dimensão: 67 cm × 90 cm

Datação: 1924

Autora: Tarsila do Amaral

A modernidade de São Paulo é representada com cores puras, linhas simples, geometria plana e formas reconhecíveis: fábricas, arranha-céus, trens, pontes metálicas. Entretanto, o asfalto que se transforma em rio é o ponto a revelar que a cidade moderna tem raízes no seu passado. A cidade cosmopolita já foi povoado e vila. Natureza tropical e modernidade industrial articulam-se nessa pintura. A fusão de informações estéticas (cubismo) com a magia da atmosfera brasileira está presente nos trabalhos de Tarsila, no período de 1924-1930, e constitui a fase denominada "Pau Brasil".

A obra pertence ao acervo da Pinacoteca do Estado de São Paulo, Brasil.

1 Primeiro olhar:
Nessa pintura, em que a figura humana está ausente, a metrópole é caracterizada por seus aspectos modernos. Em primeiro plano, destacam-se a bomba de gasolina (esq.) e o poste de luz (dir.). Em seguida, o bonde, o viaduto e o conjunto de edifícios. A profundidade é construída por uma sequência de planos que resulta em um achatamento do espaço pictórico.

Os números remetem à importância da quantidade para a cidade cosmopolita.

arranha-céus

Viaduto do Chá e Vale do Anhangabaú.

A palmeira solitária simboliza a tropicalidade.

edificações populares

Árvore, balão de composição cubista, enfatiza a bidimensionalidade da superfície plana da tela.

O asfalto que se transforma em rio é o ponto – revelar que a cidade moderna tem raízes no seu passado.

O negro como linha espessa ajuda a definir ritmos, acentua o horizontal *versus* vertical e a dirigir o olhar do observador para as linhas mestras de suas composições.

O TENENTISMO

Entre os militares a insatisfação era profunda. Embora os oficiais mais graduados estivessem afinados com o regime oligárquico, a baixa oficialidade ressentia-se do que considerava ser a deturpação da República.

Tenentes e capitães do Exército mobilizaram-se, a partir de 1922, contra o governo. Reivindicavam, para o Exército, o papel de árbitro dos problemas nacionais e defendiam a intervenção armada para sanear as instituições, livrando-as da corrupção e da ineficácia dos políticos civis. Tinha início o **tenentismo**, movimento de contestação dirigido por oficiais de baixa patente do Exército.

Em julho de 1922 eclodiu, no Rio de Janeiro, a primeira rebelião tenentista, conhecida como **Levante do Forte de Copacabana**, ou **Revolta dos 18 do Forte**. Os rebeldes eram soldados, liderados por tenentes e capitães dos fortes de Copacabana e do Leme, da Escola Militar do Realengo e da Vila Militar, além de algumas guarnições de Niterói e Mato Grosso. A revolta foi uma reação à prisão do marechal Hermes da Fonseca, que condenara publicamente as intervenções do governo federal nas eleições em Pernambuco.

A rebelião foi reprimida pelas tropas leais ao governo. No final, dezessete rebeldes saíram do forte para enfrentar sozinhos as tropas legalistas. Atravessaram a Praia de Copacabana, caminhando em direção aos 4 mil soldados que cercavam o forte, e receberam a adesão de um civil que por ali passava. Os dezoito foram recebidos a tiros pelos soldados e apenas dois sobreviveram, Siqueira Campos e Eduardo Gomes.

Em 1924, sob o comando do general da reserva Isidoro Dias Lopes e dos capitães Joaquim e Juarez Távora, os tenentes organizaram uma série de revoltas militares simultâneas em vários estados. Uma vez deflagrado o movimento em São Paulo (5/7/1924), levantes militares ocorreram em Mato Grosso (12/7/1924), Sergipe (13/7/1924), Amazonas (23/7/1924), Pará (26/7/1924) e Rio Grande do Sul (29/10/1924). O objetivo do movimento era a deposição do presidente Artur Bernardes e a reforma do regime, com a adoção do voto secreto, o fim da corrupção e das fraudes eleitorais e maior centralização do Estado.

Deserção
Abandono de posto militar.

A COLUNA PRESTES-MIGUEL COSTA

Embora os rebeldes tenham sido derrotados, o movimento tenentista prosseguiu com a chamada Coluna Prestes-Miguel Costa.

Derrotados em São Paulo e no Rio Grande do Sul, em 1924, os militares fugiram organizados em colunas, encontrando-se no Paraná. Os primeiros eram liderados pelo major Miguel Costa, enquanto os gaúchos tinham como líder o capitão Luís Carlos Prestes.

O encontro se deu em abril de 1925 em Santa Helena, Paraná, e lá os rebeldes iniciaram uma marcha que percorreu onze estados do Brasil. A Coluna era dividida em quatro destacamentos, que se revezavam nas funções de vanguarda, flancos e retaguarda.

A Coluna contava com cerca de mil combatentes, que se renovavam constantemente. Além das mortes em combate e das deserções, muitos dos seus integrantes foram expulsos por indisciplina e alguns,

TÁ LIGADO?

24. Defina o tenentismo.
25. Liste as propostas do movimento deflagrado em 1924.

A COLUNA PRESTES-MIGUEL COSTA

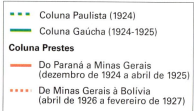

Fonte: Elaborado com base em PRESTES, Anita Leocádia. *Uma epopeia brasileira*: a Coluna Prestes. São Paulo: Moderna, 1995.

fuzilados. Em algumas localidades, a Coluna recebia a adesão de voluntários militares e civis.

Durante os dois anos que percorreu o interior do Brasil, a Coluna travou cerca de cinquenta combates de proporções variadas: alguns eram simples escaramuças, envolvendo poucos homens, outros eram batalhas que duravam dias, quase sempre com a vitória dos rebeldes.

Os adversários da Coluna eram normalmente as polícias militares estaduais e tropas do Exército, mas em várias regiões seus integrantes tiveram de enfrentar forças organizadas por fazendeiros poderosos, intituladas de batalhões patrióticos. Em 1926, o bando de Lampião recebeu armas de proprietários de Juazeiro, no Ceará, para enfrentar os rebeldes militares.

O comando geral da Coluna, embora dividido entre Miguel Costa e Prestes, ficou de fato nas mãos deste último, responsável pela idealização da estratégia da guerra de movimento.

A partir de fevereiro de 1926, quando chegou à Bahia com cerca de 1 200 homens, a Coluna começou a enfrentar sua pior fase. Combates duros, doenças e a hostilidade da população reduziram seu contingente e levaram seus líderes a optar pela fuga.

Em julho, a Coluna deixou a Bahia, voltando para Goiás e, depois, Mato Grosso, onde seus efetivos já estavam reduzidos a 600 combatentes, muitos dos quais feridos e doentes. No início de 1927, a maior parte desse contingente fugiu para a Bolívia, enquanto o destacamento comandado por Siqueira Campos dirigiu-se para o Paraguai.

Da mesma forma que as revoltas tenentistas anteriores, a Coluna recusou-se a fazer alianças com outros setores da sociedade. Seus líderes acreditavam que a revolução que poria fim ao regime oligárquico seria levada a cabo apenas pelo Exército, único capaz de sanear as instituições republicanas.

Fugindo do confronto direto com as tropas governamentais, a Coluna permaneceu invicta até o fim. Embora não tenha inspirado o surgimento de novas revoltas nem realizado alianças que poderiam permitir seu desdobramento para novas formas de ação, a sua simples existência foi suficiente para propagar os ideais revolucionários em boa parte do território do país.

A CRISE DE 1929

Com a quebra da Bolsa de Nova York, o consumo de café nos Estados Unidos e em diversos países europeus caiu drasticamente. Além disso, o governo brasileiro não conseguia mais fazer empréstimos junto aos banqueiros estrangeiros para manter a política de valorização do café.

Ao proteger os cafeicultores contra as constantes quedas de preço do café, o governo estimulou a expansão das fazendas dedicadas à cafeicultura. Com seus lucros garantidos, os produtores investiam cada vez mais, expandindo as áreas cultivadas. O resultado foi uma **superprodução** cuja oferta era imensamente superior à procura.

Ao longo de toda a década de 1920, a política de valorização do café havia acumulado insatisfações. Até mesmo alguns fazendeiros paulistas reclamavam de favorecimento dos grandes produtores e de corrupção. Apesar de aliados, cafeicultores de outros estados acusavam o maior apoio recebido pela produção de São Paulo. Outros setores oligárquicos questionavam a preponderância do café na economia nacional.

A crise do café e o crescimento da indústria colocavam novas necessidades para o país, e a Primeira República não conseguia dar respostas satisfatórias. Como vimos, com a indústria fortalecia-se também o movimento operário e a população urbana em geral, que se mobilizava cada vez mais para reivindicar seus direitos políticos.

Custo de vida, J. Carlos. Gravura colorida, publicada na Revista *Careta*, Rio de Janeiro, jul. 1916.

Na charge é apontado o contraste entre as riquezas produzidas no país e a pobreza da população.

A REVOLUÇÃO DE 1930

A sucessão de Washington Luís (1926-1930) caracterizou-se pela dissidência entre as grandes oligarquias. O PRP, na presidência, lançou a candidatura de Júlio Prestes. O PRM aliou-se ao Partido Republicano Rio-grandense, formando a Aliança Liberal, em 1929, que lançou como candidato a presidente o gaúcho Getúlio Vargas e a vice-presidente João Pessoa, da Paraíba. Integrantes do Partido Democrático de São Paulo, criado em 1926, também passaram a compor a chapa de oposição, defendendo o voto secreto, o direito de voto para as mulheres e, para isso, era preciso a garantia de alguns direitos trabalhistas, como férias e aposentadoria.

Dissidência
Desavença, separação ou divisão devido a divergências.

A Aliança Liberal prometia mudanças profundas no país. Apesar de pertencerem a poderosas oligarquias, seus membros reconheciam a necessidade de enfrentar a crise econômica e a mobilização dos trabalhadores e dos setores urbanos. A modernização do país exigia respostas eficientes. Entre elas, parecia essencial uma nova relação com os trabalhadores, diante do avanço do movimento operário.

Direitos trabalhistas

Em oposição a Washington Luís – que teria dito a famosa frase: "a questão social é uma questão de polícia" –, os aliancistas defendiam o reconhecimento de certos direitos trabalhistas. Em um manifesto assinado por Getúlio Vargas na época das eleições, um dos itens era justamente a questão social: "Ocorre-nos, também, o dever de acudir ao proletário [...] Urge uma coordenação de esforços [...] para o estudo e adoção de providências de conjunto que constituirão o nosso Código do Trabalho".

Travou-se a eleição mais concorrida do período. A situação contava com o Executivo federal, a maior parte dos governos estaduais e o

TÁ LIGADO

26. Identifique as forças políticas que compuseram a Aliança Liberal.

27. Aponte as propostas da Aliança Liberal.

controle sobre o Congresso Nacional. A oposição, que tinha o apoio das oligarquias de seus estados e de três ex-presidentes da República (Venceslau Brás, Epitácio Pessoa e Artur Bernardes), fez uma intensa campanha nas grandes cidades, procurando atrair a classe média e até mesmo os trabalhadores.

Aproveitando-se do descontentamento urbano, Getúlio Vargas conseguiu reunir milhares de operários em grandes comícios. Era um indício de mudanças no comportamento das oligarquias.

A quebra da Bolsa de Nova York ocorreu em meio à campanha eleitoral. A cafeicultura entrou em colapso. Grande parte dos produtores, arruinados, vendiam suas fazendas a imigrantes enriquecidos e já adaptados ao Brasil. Apesar disso e do desgaste do governo, Júlio Prestes foi eleito presidente com quase 60% dos votos. Os currais eleitorais ainda funcionavam.

A revolta armada

Diante da derrota, os integrantes gaúchos da Aliança Liberal passaram a defender a revolta armada. Para depor o governo, procuraram as lideranças dos tenentes, na sua maior parte no exílio. Nomes importantes do tenentismo, como Juarez Távora e Miguel Costa, aderiram ao projeto revolucionário, que contou ainda com apoio de velhas lideranças mineiras ansiosas por aumentar seu poder.

Luís Carlos Prestes, o mais famoso dos "tenentes", a quem foi oferecido o comando da operação, recusou-se a participar do movimento. Prestes acabaria ingressando no PCB em 1934.

Enquanto os rebeldes envolviam-se em longas negociações para deflagrar o movimento, João Pessoa foi assassinado. O assassinato do presidente do estado da Paraíba e candidato a vice-presidente na derrotada chapa da Aliança Liberal forneceu a motivação que faltava à mobilização contra o regime.

Os aliancistas aproveitaram o fato para criar um clima contrário ao governo, conseguindo a adesão de políticos e setores do Exército impressionados com a comoção popular que acompanhou os funerais de João Pessoa.

As ações militares começaram em 3 de outubro de 1930, sob a chefia do tenente-coronel Góes Monteiro e a liderança de Vargas. Seguindo o plano previamente traçado, a revolta eclodiu simultaneamente no Rio Grande do Sul, Minas Gerais e Nordeste (onde a Paraíba foi o núcleo do movimento).

Ante a divulgação de um manifesto de Vargas, conclamando a população a aderir ao movimento, cerca de 50 mil voluntários gaúchos apresentaram-se para lutar na insurreição.

Formaram-se então várias colunas que marcharam em direção a Santa Catarina, Paraná e São Paulo. Um grupo de oficiais do Rio de Janeiro, liderados pelo general Augusto Tasso Fragoso, enviou a Washington Luís um ultimato exigindo sua renúncia. Com a resposta negativa do presidente, os militares, a 24 de outubro, cercaram o Palácio da Guanabara e prenderam Washington Luís. Formou-se então uma junta provisória de governo, composta pelos generais Tasso Fragoso e João de Deus Mena Barreto e pelo almirante Isaías de Noronha.

Em 3 de novembro, com a chegada de Vargas ao Rio, a junta provisória lhe transmitiu o governo. A Primeira República chegava ao fim.

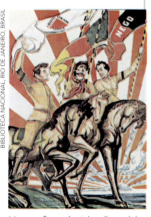

Representação dos estados líderes da Revolução de 1930: Rio Grande do Sul, Minas Gerais e Paraíba.

Litografia colorida, Oswaldo Teixeira. Publicada em suplemento especial da Revista *O Cruzeiro*, Rio de Janeiro, nov. 1930.

O jogo do bicho

Em 1892, o proprietário do zoológico do Rio de Janeiro, João Batista Drummond, encontrou uma maneira aumentar o número de seus visitantes. Os bilhetes de ingresso recebiam a figura de um dos 25 animais do zoológico. Ao final do dia, um dos animais era apontado como o bicho sorteado. Os vencedores recebiam uma quantia em dinheiro.

O jogo do bicho alcançou grande sucesso entre a população mais pobre do Rio de Janeiro. Em pouco tempo, cada um dos 25 animais foi associado a um conjunto de quatro números, como uma loteria popular, e o jogo passou a ser praticado em diversas partes da cidade. Tratava-se de um jogo de apostas baratas, ao qual os setores mais pobres do Rio tinham acesso.

Apesar de ilegal, o jogo do bicho é ainda hoje praticado em diversas cidades brasileiras. Em muitas dessas cidades, como no Rio de Janeiro, está vinculado aos patronos das grandes escolas de samba e às comunidades dos morros cariocas.

QUEBRA-CABEÇA

1. Releia o quadro complementar "A arte de saia: o carnaval e o samba" (p. 74-75). Agora responda ao que se pede:
   a) Identifique o momento de formação dos grupos de baianas que vieram a formar as alas das baianas das escolas de samba.
   b) Explique a batalha pelo espaço público travada durante o carnaval na Primeira República.
   c) É possível identificar uma batalha semelhante hoje em dia?

2. No seu caderno, organize uma tabela com as divergências entre as oligarquias e os militares em relação à organização do poder no Brasil. Quem foi o vencedor nessa disputa? Justifique.

3. Organize uma tabela comparando a Guerra de Canudos, a Guerra do Caldeirão e a Guerra do Contestado. Utilize os seguintes critérios: participantes, papel da religião e motivos para o início do movimento.

4. Uma das características da Primeira República era a exclusão política da maioria da população. Elabore uma proposta de reforma política para esse período. Defina quem teria direito a voto, como os partidos políticos poderiam se organizar e quais seriam as regras eleitorais. Promova uma campanha em defesa de suas ideias e debata com o conjunto da classe.

5. Organize uma tabela comparando os discursos de Washington Luís e Getúlio Vargas com relação aos problemas sociais.

6. Defina cada um dos conceitos abaixo e organize um pequeno dicionário conceitual em seu caderno:
   - oligarquia
   - encilhamento
   - federalismo
   - maragatos
   - coronelismo
   - Política dos Governadores
   - política das salvações
   - Convênio de Taubaté
   - cangaceiro
   - tenentismo
   - Aliança Liberal

7. Vamos construir nossos *tags*. Siga as instruções do *Pesquisando na internet*, na seção **Passo a passo** (p. 7), utilizando as palavras-chave abaixo:
   Modernismo
   Oswald de Andrade
   Anita Malfatti
   Mário de Andrade
   Tarsila do Amaral

LEITURA COMPLEMENTAR

Leia com atenção o texto a seguir e depois responda às questões propostas

[A ALIANÇA LIBERAL]

A Aliança Liberal recebeu adesões diversificadas. Sua comissão executiva foi composta por um conjunto representativo de lideranças oligárquicas tradicionais e outras bastante renovadas. No Congresso, contava com o apoio de setenta deputados em um total de duzentos e treze. Da imprensa, obteve o apoio de importantes jornais da capital federal, além da quase totalidade dos jornais dos estados que compunham a agremiação. Para reunir o voto dos descontentes e o apoio de antigas dissidências, o programa de governo da Aliança Liberal contemplou algumas reivindicações desses setores, as quais, a despeito de serem repelidas pelas lideranças mais tradicionais, não poderiam ser recusadas, sob pena de a chapa não agregar amplo leque de adesões. Entre as medidas incorporadas pela Aliança, estavam: a anistia geral aos revoltosos, a revogação da lei de censura à imprensa, abolição de mecanismos legais de caráter anticomunista, a viabilização de políticas sociais e a introdução do voto secreto. No âmbito econômico, o programa da Aliança Liberal incluía a colonização da Amazônia, o apoio à pecuária, o incentivo às novas culturas e a defesa do café.

VISCARDI, Cláudia M. Ribeiro. *O teatro das oligarquias. Uma revisão da política do café com leite.* 2. ed. Belo Horizonte: Fino Traço Editora, 2012. p. 308.

1. Indique as reivindicações diversas da Aliança Liberal, de acordo com o texto.
2. Como a autora explica a inclusão destas propostas?
3. Que modificações políticas se poderia esperar se o voto secreto fosse implementado?
4. Identifique as mudanças propostas pelo programa da Aliança Liberal em relação à política econômica.

PONTO DE VISTA

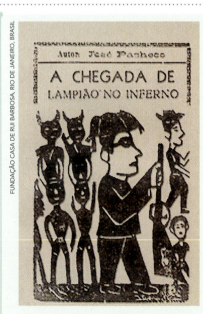

A chegada de Lampião no Inferno, José Pacheco da Rocha. Xilogravura, folheto de cordel, s/d.

O Nascimento do Padre Cícero, Abraão Batista. Xilogravura, folheto de cordel, s/d.

PERMANÊNCIAS E RUPTURAS

Leia o texto a seguir e faça as atividades sugeridas.

Partidos operários

A partir do final do século XX os operários se organizaram para reivindicar seus direitos. Como vimos neste capítulo, um dos primeiros partidos organizados no Brasil com o objetivo de representar a classe operária brasileira foi o Partido Comunista. Desde então, diversos partidos políticos foram fundados com o mesmo objetivo. Na atualidade, há muitos partidos com essa mesma intenção.

1. Pesquise e faça uma lista em seu caderno para cada um dos partidos atuais, de acordo com a seguinte classificação:
   a) Têm em sua denominação alguma referência à classe trabalhadora.
   b) Têm em sua denominação alguma referência ao socialismo ou ao comunismo.
   c) Têm em sua denominação alguma referência à democracia.
   d) Têm em sua denominação alguma referência às palavras social e nacional.
   e) Têm em sua denominação alguma referência ao meio ambiente, ao progresso, à República, à humanidade.

2. Escolha três partidos de qualquer uma dessas listas e pesquise quais são as propostas políticas de cada um. Escreva-as no seu caderno e compare-as.

Literatura de cordel

Ao lado estão reproduzidas duas capas de folhetos de cordel, forma de literatura muito popular no Nordeste. Em geral, as capas desses folhetos são xilogravuras, isto é, papel estampado com base em um molde feito de madeira.

1. No seu caderno, descreva cada uma das imagens identificando seus elementos que se relacionam a valores religiosos.

2. Com base nessas imagens e nos estudos feitos neste capítulo, no seu caderno, esclareça a forma pela qual Lampião e Padre Cícero integram a cultura popular.

3. No seu caderno, desenhe uma capa de cordel que conte a história da Revolta da Chibata. Reveja o capítulo para selecionar os elementos que você utilizará.

TRÉPLICA

Filmes

Guerra de Canudos
Brasil, 1997.
Direção de Sérgio Resende.
Em 1893, Antônio Conselheiro e seus seguidores começam a transformar um simples movimento em algo grande demais para a República recém-proclamada.

Cem anos sem chibata
Brasil, 2010.
Direção de Marcos Manhães Marins.
Documentário sobre o centenário da Revolta da Chibata.

Os últimos cangaceiros
Brasil, 2011.
Direção de Wolney Oliveira.
O documentário retrata a vida de Durvinha e Moreno, últimos integrantes do grupo de Lampião.

Livros

A revolta da Chibata
ROLAND, Maria Inês. Rio de Janeiro: 1910, São Paulo: Saraiva, 2000.

Modernidade e modernismo: transformações culturais e artísticas no Brasil do início do século XX
ANDRIOLI, Arley. São Paulo: Saraiva, 2005.

Sites

(Acessos em: 3 out. 2018)

< https://bit.ly/2Pbj0Kt >
Gráficos da produção industrial brasileira entre 1914 e 1929 e comparativos entre o volume da produção industrial de São Paulo e Rio de Janeiro entre 1907 e 1929.

<https://bit.ly/2NpXbVH>
Infográfico e mapas sobre a Coluna Prestes.

<https://bit.ly/2pDtpTR>
Exposição virtual com textos, fotos e documentos sobre a Revolta da Chibata.

2º Bimestre

CAPÍTULO 4
A Segunda Guerra Mundial

PORTAS ABERTAS

OBSERVE AS IMAGENS

1. No seu caderno, identifique a data, o lugar e o tema de cada uma das fotos.

2. Todas as imagens referem-se à Segunda Guerra Mundial, mas estão fora da sequência correta. No seu caderno, indique a sequência de acordo com a numeração das imagens.

3. A imagem ❸ pode ser considerada um documento histórico? Justifique.

Soldado russo agita a bandeira soviética no *Reichstag*. Berlim, Alemanha, 2 maio 1945.

Na foto, um marinheiro estadunidense beija uma jovem enfermeira em meio às comemorações pela vitória dos Aliados no final da Segunda Guerra Mundial.

Beijo na Times Square. Nova York, (EUA), 14 ago. 1945.

92 | CAPÍTULO 4 | A Segunda Guerra Mundial

Adolf Hitler e seus generais na Torre Eiffel durante a ocupação alemã na França, 24 jun. 1940.

Explosão da bomba atômica na cidade de Nagasaki. Japão, 9 ago. 1945.

Libertação de Paris. França, 26 ago. 1944.

Civis caminham durante bombardeio na cidade de Stalingrado. Rússia, 1º out. 1942.

Ataque a Pearl Harbor, base aeronaval estadunidense. Ilha de Oahu, Havaí (EUA), 7 dez. 1941.

Grupo de civis esperando sua vez para testar as novas máscaras de gás distribuídas por causa dos bombardeios alemães. Londres (Inglaterra), 16 set. 1939.

A Segunda Guerra Mundial | CAPÍTULO 4

TÁ LIGADO

1. Aponte o que foi a política de apaziguamento.

OS JOGOS OLÍMPICOS EM BERLIM

Em votação realizada em 1931, os membros do Comitê Olímpico Internacional (COI) escolheram Berlim como sede dos Jogos Olímpicos, que aconteceriam em 1936. A capital da Alemanha recebeu 43 votos, contra 16 conferidos a Barcelona e 8 abstenções.

Dois anos depois, Adolf Hitler e os nazistas subiriam ao poder na Alemanha, provocando radicais transformações nesse país. As liberdades individuais foram restringidas, a Gestapo (polícia secreta do Estado) estava em todos os lugares, vigiando os atos de cada cidadão. As prisões ficaram lotadas de inimigos do regime e uma onda de perseguições foi desencadeada contra as minorias, judeus em primeiro lugar, mas também católicos e comunistas.

Antes de subirem ao poder, os nazistas consideravam a Olimpíada um "infame festival promovido pelos judeus". Depois que Berlim foi escolhida como sede, o Partido Nazista prometera que, quando Hitler chegasse ao poder, a Olimpíada não se realizaria na Alemanha. Quando chegou ao poder, Hitler mudou de opinião. Deu-se conta do imenso potencial de propaganda dos jogos. Eles ofereciam a oportunidade de provar a suposta superioridade da raça ariana defendida por Hitler em sua obra *Minha luta* (*Mein Kampf*).

Em várias partes do mundo faziam-se ouvir críticas à realização da Olimpíada em Berlim – "Ir a Berlim é aceitar tornar-se cúmplice dos carrascos", discursava em 1935 o deputado comunista francês Florimond Bonte, opositor do racismo e do anticomunismo nazista. Vários dirigentes esportivos franceses também se uniram à cruzada anti-Berlim.

Nos Estados Unidos, Ernest Lee Jancke, membro do Comitê Olímpico Internacional (COI), iniciou uma campanha contra a participação de atletas estadunidenses. Recebeu apoios importantes, como o do jornal *The New York Times* e das universidades americanas de Long Island, Notre-Dame e Nova York, que se recusaram a ceder seus atletas para a equipe olímpica dos Estados Unidos.

Na Europa, grupos de simpatizantes da democracia e do socialismo tentaram realizar jogos alternativos para concorrer com a Olimpíada de Berlim: os Jogos Populares de Barcelona. Inscreveram-se mais de mil atletas, de vários países. Compareceram delegações não oficiais de diversos países, entre os quais Estados Unidos, França e Inglaterra. Mas no dia do início das competições teve início a Guerra Civil Espanhola e os jogos foram cancelados.

"Esporte e política não se misturam", esse era o argumento dos defensores da realização dos jogos em Berlim, entre eles o barão de Coubertin, que ocupava a presidência de honra do COI. Quando após as Olimpíadas lhe perguntaram se o ideal olímpico teria sido sacrificado em benefício da propaganda nazista, Coubertin respondeu: "Inteiramente falso. O grandioso êxito dos Jogos de Berlim prestou um magnífico serviço à causa olímpica".

A postura do barão era semelhante à posição dos estadistas britânicos que defendiam uma **política de apaziguamento** – fazer concessões à Alemanha na esperança de que Hitler, satisfeito, não arrastasse a Europa para outra guerra. Alguns apaziguadores viam no líder alemão um defensor do capitalismo contra o comunismo soviético, ideia que a propaganda nazista divulgava e explorava com habilidade.

Cartaz dos Jogos Olímpicos de Berlim, Franz Würbel. Litografia colorida, ago. 1936.

DERROTAS NAZISTAS

Os nazistas buscaram organizar uma olimpíada com muita pompa. Não lhes faltava dinheiro: além do estádio olímpico, edificaram-se oito complexos esportivos, entre estádios menores, ginásios e o parque aquático, com capacidade para 18 mil espectadores.

Campanhas do governo educavam a população para o grande evento. As crianças aprendiam lições sobre a Olimpíada nas escolas. Panfletos orientavam a população sobre as formas de bem receber os visitantes. As avenidas foram enfeitadas com bandeiras brancas e vermelhas. As brancas exibiam os coloridos círculos olímpicos; as vermelhas, a cruz suástica.

Durante os desfiles das delegações, manifestações nacionalistas exaltadas davam o clima dos jogos. Os austríacos fizeram a saudação nazista. Foram muito aplaudidos. Os búlgaros passaram marchando em ordem unida. Mais aplausos. Os franceses fizeram a saudação olímpica, confundida com o gesto nazista, e foram igualmente festejados. Os estadunidenses levaram a mão ao peito e desfilaram sob o constrangedor silêncio da plateia e das tribunas. Os ingleses simplesmente voltaram a cabeça para o camarote das autoridades. Receberam uma estrondosa vaia.

Mas, iniciados os jogos, Hitler encontraria um adversário inesperado: os atletas negros dos Estados Unidos, comandados por Jesse Owens, ganhador de quatro medalhas de ouro. Owens venceu os 100 e os 200 metros, fazendo dobradinhas com outros estadunidenses. Desmoronava a tese da superioridade ariana.

Cartaz das Olimpíadas Populares de Barcelona, Franz Lewy. Litografia colorida, jul. 1936.

Os atletas negros desmentem a superioridade ariana

É bastante comum encontrarmos em jornais, na televisão ou mesmo em livros a afirmação de que Hitler, para não entregar a medalha de ouro a Jesse Owens, teria se retirado do estádio. Mas a história não foi bem essa.

Ao se iniciarem as competições, Hitler ocupou seu lugar na tribuna do estádio, segundo muitos, pronto para assistir à suposta supremacia ariana. Comemorou o êxito do alemão Hans Woelke no arremesso de peso. Tornou a vibrar com as alemãs Tilly Fleischer e Luise Kruger, primeira e segunda no lançamento de dardo. Foram todos levados ao camarote para receber os cumprimentos de sua excelência. O mesmo aconteceu com o vencedor dos 10 mil metros, o finlandês Ilmari Salminen, por ser considerado ariano. Quando o negro estadunidense Cornelius Johnson arrebatou a vitória do salto em altura, Hitler retirou-se do estádio, furioso. No outro dia, recebeu uma advertência do presidente do COI: deveria cumprimentar todos os campeões ou nenhum. Preferiu não cumprimentar mais ninguém. Por essa determinação, a alegada desfeita a Jesse Owens na verdade não ocorreu. O desfeiteado foi Cornelius Johnson.

De volta aos Estados Unidos, Owens declararia: "Não me importei quando Hitler abandonou o estádio para não me cumprimentar. [...] Mas me importei quando voltei de Berlim e continuei não podendo entrar pela porta da frente do ônibus, e continuei não podendo morar onde eu quisesse".

Owens, em seu país, não podia entrar pela porta da frente do ônibus, nem morar onde quisesse, porque leis racistas nos Estados Unidos impediam que tais coisas acontecessem.

Jesse Owens na disputa dos 100 metros rasos. Berlim (Alemanha), 1936.

> **TÁ LIGADO?**
>
> 2. Explique o que era a Falange.

A GUERRA CIVIL ESPANHOLA

Em 1931, depois da vitória das forças republicanas nas eleições, o monarca Afonso XIII deixou o país e foi proclamada a República espanhola. O novo governo, liderado por socialistas e liberais, realizou reformas, como a expropriação das grandes fazendas, a redução do número de oficiais do Exército e o fechamento das escolas religiosas. A Igreja, o Exército e os grandes latifundiários cerraram fileiras contra a República.

O cenário político fervilhava. Os trabalhadores realizaram greves e os militares tentaram um golpe. Em fevereiro de 1936, os partidos da esquerda, unidos na Frente Popular, venceram as eleições e subiram ao poder. Em julho do mesmo ano, o general Francisco Franco, que servia no Marrocos espanhol, liderou uma revolta contra a República. Franco teve o apoio de líderes do Exército, da Igreja, dos monarquistas, dos latifundiários, dos industriais e da **Falange**, um partido fascista recém-formado. Era o início de uma guerra civil (1936-1939) que resultaria em quase um milhão de mortos.

Os governos da Alemanha nazista e da Itália fascista ajudaram Franco, enquanto a União Soviética ofereceu algum auxílio à República espanhola. Esta apelou também à ajuda francesa, mas o governo de Paris temia que a guerra civil se transformasse em uma guerra europeia. Com a aprovação britânica, a França propôs um acordo de não intervenção, limitando-se a permitir que seus cidadãos participassem do conflito voluntariamente. Brigadas de voluntários deslocaram-se das mais variadas partes do mundo para lutar pelos ideais democráticos e socialistas.

Itália, Alemanha e União Soviética continuaram ajudando os combatentes. Em outubro de 1937, cerca de 60 mil voluntários italianos lutavam na Espanha. Hitler enviou de 5 mil a 6 mil homens e centenas de aviões. A ação alemã mais impressionante foi o bombardeio à cidade de Guernica, em que morreram 1 600 pessoas. Guernica não era nenhum alvo militar importante. O ataque tinha como objetivo fazer um massacre e semear o pânico entre a população civil.

Em 1939, a República caiu e Franco estabeleceu uma ditadura. A Guerra Civil Espanhola aproximou ainda mais Mussolini e Hitler, e demonstrou que faltava à França e à Inglaterra a disposição de combater o fascismo. No poder, Franco foi suficientemente astuto para permanecer neutro durante a Segunda Guerra Mundial e, em consequência, sobreviveu a seus aliados Hitler e Mussolini, governando a Espanha até sua morte, em 1975.

Comemoração da vitória da Guerra Civil (1936-1939). Madri (Espanha), 1939.

Terminada a guerra, em abril de 1939, teve lugar em Madri o desfile da vitória. Da tribuna, o chefe do novo Estado espanhol, generalíssimo Franco, preside a parada militar.

A POLÍTICA EXPANSIONISTA ALEMÃ

Em seus planos expansionistas, Hitler enfrentava um poderoso obstáculo: o Tratado de Versalhes. A Alemanha tinha de rearmar-se e o tratado desmilitarizara o país. Em março de 1935, Hitler declarou que a Alemanha não se considerava mais obrigada às determinações de Versalhes. Restabeleceria o recrutamento militar, construiria uma Força Aérea e fortaleceria sua Marinha. A França protestou, sem oferecer muita resistência, enquanto a Inglaterra negociou um acordo naval com a Alemanha.

Um dos objetivos do governo nazista era a incorporação da Áustria ao Terceiro Reich, o que o Tratado de Versalhes proibira expressamente. Mas Hitler insistia em afirmar que a **Anschluss** (anexação) era necessária. Acreditando que a Áustria não valia uma guerra, os governos da França e da Inglaterra informaram ao chanceler austríaco, Kurt von Schuschnigg, que não o ajudariam no caso de uma invasão alemã. Sem apoio, Schuschnigg renunciou e, a 13 de março de 1938, a Áustria foi declarada província alemã por líderes nazistas locais.

Recorrendo ao mesmo tipo de expediente – a ameaça do emprego da força –, o governo alemão anexou os Sudetos, da Tchecoslováquia. A região dispunha de indústrias importantes e boas fortificações; por situar-se na fronteira com a Alemanha, era também vital para a segurança tcheca. Privada dessa área, a Tchecoslováquia não podia se defender contra um ataque do vizinho. Seu destino foi decidido na **Conferência de Munique** (setembro de 1938), entre o primeiro-ministro britânico Neville Chamberlain, Hitler, Mussolini e o primeiro-ministro francês Édouard Daladier. O acordo firmado previa a imediata evacuação dos soldados tchecos dos Sudetos e sua ocupação por tropas alemãs. A política de apaziguamento fazia mais uma vítima: a soberania da Tchecoslováquia.

O INÍCIO DA GUERRA

Depois da Tchecoslováquia, o governo nazista voltou-se para a Polônia, exigindo que a cidade de Dantzig fosse devolvida à Alemanha, que a perdera no fim da Primeira Guerra. Representantes da França e da Inglaterra advertiram o governo alemão de que não aceitariam uma invasão. Enquanto se desenrolavam essas negociações, surgiu uma notícia bombástica: a 23 de agosto de 1939 a Rússia comunista e a Alemanha nazista assinaram um pacto de não agressão. Um anexo secreto previa a divisão da Polônia entre as duas partes e o controle russo da Letônia e da Estônia. O **Pacto Germano-Soviético** (também conhecido como Pacto Ribbentrop-Molotov) foi o sinal para a invasão da Polônia. No amanhecer de 1º de setembro de 1939, as tropas alemãs atravessaram a fronteira. A Inglaterra e a França declararam guerra à Alemanha. Tinha início a Segunda Guerra Mundial.

> **TÁ LIGADO?**
>
> 3. Explique o que foi a *Anschluss*.
> 4. Aponte o que foi decidido na Conferência de Munique de 1938.
> 5. Descreva o que foi decidido pelo Pacto Germano-Soviético de 1939.

Joachim von Ribbentrop, ministro do Exterior alemão, assina o documento, com Stálin à direita ao fundo.

Momento da assinatura do Pacto Germano-Soviético. Moscou, ago. 1939.

Fonte: Elaborado com base em BLACK, J. *World History Atlas*. London: DK Book, 2008; JOLLY, J. *L'Afrique et son environnement européen et asiatique.* Paris: L'Armattan, 2008; WAWRO, G. (Org.). *Atlas histórico:* história del mundo. Barcelona: h.f.ullmann, 2008.

BLITZKRIEG

Durante a guerra os alemães usaram a tática chamada *Blitzkrieg* ("guerra-relâmpago"), uma combinação de ataques da *Luftwaffe* (Força Aérea), tanques e paraquedistas, lançados por trás das linhas de combate para tomar posições importantes.

Polônia, Dinamarca e Noruega foram as primeiras a serem invadidas. Em 10 de maio de 1940, os alemães invadiram a Bélgica, a Holanda e Luxemburgo, países que eram neutros. Acreditando ser esse o principal ataque alemão, as tropas francesas acorreram à Bélgica, mas foram surpreendidas pela invasão alemã à própria França pelo sul. Derrotado, o governo francês aceitou um armistício.

De acordo com os termos do armistício, a Alemanha ocupou o norte do país e o litoral, voltado para o Canal da Mancha. O Exército francês foi desmobilizado e a sede do governo foi transferida para Vichy, no sul. O chefe do governo francês, marechal Pétain, herói da Primeira Guerra, colaboraria com as autoridades alemãs da zona ocupada. Recusando-se a aceitar a derrota, o general **Charles de Gaulle** (1890-1970) fugiu para Londres e organizou a Resistência Francesa.

A BATALHA DA INGLATERRA

Rua de Londres após *blitz* da *Luftwaffe* (Força Aérea Alemã). Londres (Inglaterra), 1940.

O próximo alvo do governo nazista foi a Inglaterra. Em agosto de 1940, a *Luftwaffe* começou seu ataque às bases navais e aéreas inglesas. Diariamente, travavam-se batalhas aéreas nos céus ingleses, enquanto os habitantes de Londres buscavam refúgio nas estações de metrô e nos porões, para escapar às bombas. O aperfeiçoamento do radar, a habilidade dos pilotos britânicos e a incapacidade alemã de compensar suas pesadas perdas aéreas impediram uma vitória nazista. Diante da dificuldade em derrotar o militarismo britânico, o governo alemão se voltaria contra outro alvo: a União Soviética.

A INVASÃO DA URSS

A destruição do bolchevismo e a conquista da Rússia eram elementos básicos da ideologia de Hitler. Além disso, uma invasão a esse país garantiria aos alemães trigo, petróleo e manganês. Descumprindo o Pacto Germânico-Soviético, de 1939, nas primeiras horas de 22 de junho de 1941, os alemães lançaram sua ofensiva: a Operação Barba Ruiva, que desmantelou as forças russas, desorganizadas e despreparadas.

Descrevendo a guerra como uma cruzada para salvar a Europa do "bolchevismo judaico", a propaganda nazista afirmava que a vitória estava assegurada. As tropas alemãs, no entanto, distantes de suas linhas de abastecimento, começaram a sofrer falta de combustível e tiveram de enfrentar estradas que se transformavam em um mar de lama quando chegaram as chuvas de outono. Além disso, um inverno rigoroso prejudicou a tentativa alemã de ocupar Moscou. A campanha russa demonstrava que os nazistas não eram invencíveis.

A RESISTÊNCIA

Nos países ocupados a Resistência ganhava força. Na Europa Ocidental, o movimento salvava vidas, enviava informações militares para a Inglaterra e sabotava instalações. Os resistentes noruegueses explodiram o estoque alemão de água pesada, substância necessária à pesquisa atômica. Os dinamarqueses sabotaram as ferrovias. Os gregos dinamitaram um viaduto, interrompendo o abastecimento das tropas alemãs no norte da África. Os poloneses interferiam nas remessas de abastecimento para os nazistas na frente soviética. As montanhas e florestas da Iugoslávia constituíram um terreno excelente para a guerrilha.

TÁ LIGADO

6. Explique o que foi a *Blitzkrieg*.

TÁ NA REDE!

CAMPO DE CONCENTRAÇÃO DE AUSCHWITZ

Digite o endereço abaixo na barra do navegador de internet: <https://bit.ly/2qAE5nf>. Você pode também tirar uma foto com um aplicativo de *QrCode* para saber mais sobre o assunto. Acesso em: 3 out. 2018. Em português.

Tour virtual pelo campo de concentração de Auschwitz

Os campos de concentração

A tarefa de impor a "solução final ao problema judaico" coube às SS, elite militar do Partido Nazista. Grupos especiais, treinados para assassinatos em massa, acompanhavam os exércitos alemães na Rússia. Entravam nas cidades e aldeias ocupadas, prendiam os judeus, amontoavam-nos em campos de extermínio e dizimavam-nos com metralhadoras e fuzis.

Para apressar a "solução final", os campos de concentração, que originalmente se destinavam a presos políticos, foram transformados em centros de execução. Judeus de toda a Europa foram presos – para "realocamento", como lhes era dito. Amontoados em vagões de gado, as vítimas – 80 ou 90 em cada vagão – viajavam por vezes durante dias, sem alimentos

Chegada de judeus na estação de Auschwitz. Alemanha, 31 dez. 1943.

ou água, sufocadas com o cheiro de vômito e excrementos, e deprimidas pelos gritos e choros das crianças.

O campo de concentração de Auschwitz, na Polônia, era a maior "fábrica de morte". Ali, muitos judeus pereceram nas câmaras de gás. As chaminés exalavam uma fumaça negra e o cheiro de carne queimada impregnava a região. O extermínio dos judeus era a realização das teorias raciais nazistas. O Estado alemão matou cerca de 6 milhões de judeus, dois terços da população judaica da Europa. Desse total, cerca de 1,5 milhão eram crianças.

OS ESTADOS UNIDOS NA GUERRA

Em 1941 ocorreu um fato decisivo para a história mundial. O governo do Japão cobiçava territórios do sudeste da Ásia – Indochina francesa, Birmânia (atual Mianmar), Malásia britânica e Índias Orientais holandesas. Esperava obter dessas áreas petróleo, borracha, estanho e arroz. Achava que um golpe rápido contra a frota estadunidense no Pacífico lhe daria tempo para ampliar e consolidar seu império. A 7 de dezembro de 1941, os aviões japoneses atacaram a base naval de **Pearl Harbor**, no Havaí. Enquanto os estadunidenses sofreram uma derrota quase total, os japoneses perderam apenas 29 aviões. Depois desse ataque, os Estados Unidos declararam guerra ao Japão, colocando sua a imensa capacidade industrial contra os países do Eixo.

Ataque a Pearl Harbor, base aeronaval estadunidense. Ilha de Oahu, Havaí (EUA), 7 dez. 1941.

A derrocada do nazismo
Vídeo

A VITÓRIA DOS ALIADOS

Com a entrada dos Estados Unidos no conflito, configuraram-se duas facções em luta: os países do **Eixo** (Alemanha, Itália e Japão) contra os **Aliados** (Inglaterra, França, União Soviética e Estados Unidos).

Três batalhas travadas em 1942 – Midway, Stalingrado e El-Alamein – e uma ocorrida em 1943 – Kursk – provocaram uma reviravolta na guerra. Em **Midway**, no Pacífico, os estadunidenses venceram e passaram a tomar a iniciativa na guerra contra o Japão. Na **batalha de Stalingrado**, depois de sofrerem dezenas de milhares de baixas, os soviéticos derrotaram os alemães. Em **El-Alamein** (África) o general nazista Erwin Rommel foi derrotado pelo Exército britânico, comandado pelo general Bernard L. Montgomery. Em **Kursk** (Ucrânia), em uma batalha de carros de combate, os soviéticos venceram vinte divisões do Exército alemão e abalaram fortemente as chances de vitória dos nazistas no *front* oriental.

O declínio nazista continuava. Os líderes fascistas italianos voltaram-se contra Mussolini, e o rei o demitiu do cargo de primeiro-ministro. Em setembro, o novo governo rendeu-se aos Aliados e, no mês seguinte, a Itália declarou guerra à Alemanha. Aprisionado pela Resistência italiana, Mussolini foi executado em 28 de abril de 1945, e seu corpo, pendurado de cabeça para baixo, foi exibido publicamente.

Em 6 de junho de 1944 – **Dia D** –, os Aliados desembarcaram na Normandia, na França, com uma força de 2 milhões de homens e 5 mil navios. Em fins de julho, os Aliados haviam consolidado sua posição na França, com a presença de 1,5 milhão de combatentes.

Enquanto os Aliados avançavam no oeste, os russos penetravam no leste, atravessando a Polônia e a Hungria. Em fevereiro de 1945, chegaram a 150 quilômetros de Berlim. A 30 de abril de 1945, com os russos a uma distância de alguns quarteirões, Hitler suicidou-se. Em 7 de maio de 1945, uma Alemanha abatida e devastada rendia-se incondicionalmente.

TÁ LIGADO

7. Explique o que foi a Operação Barba Ruiva.

8. Descreva o que eram os campos de concentração.

No *front* japonês, em 6 de agosto de 1945, os Estados Unidos lançaram uma bomba atômica sobre a cidade de Hiroshima, matando mais de 80 mil pessoas e destruindo 60% das casas. Após o lançamento de uma segunda bomba atômica sobre a cidade de Nagasaki, três dias depois, os japoneses se renderam. Era o fim da Segunda Guerra Mundial.

REPERCUSSÕES DA GUERRA

A Segunda Guerra Mundial foi a mais destrutiva da história. Estima-se que houve 50 milhões de mortos, 20 milhões dos quais eram russos – a União Soviética sacrificou, em população e recursos materiais, muito mais do que os outros participantes. Houve uma massiva migração de povos, sem paralelo na história europeia moderna. A União Soviética anexou Letônia, Lituânia e Estônia. Milhões de alemães fugiram ou foram expulsos da Prússia, de regiões da Tchecoslováquia, Romênia, Iugoslávia e Hungria.

A guerra provocou ainda uma modificação no equilíbrio do poder mundial. Os Estados Unidos e a União Soviética surgiram como os dois mais poderosos Estados do mundo, desbancando antigas potências (Inglaterra, França e Alemanha). Os Estados Unidos tinham a bomba atômica e um imenso poderio industrial; a União Soviética tinha o maior Exército do mundo e, após o fim da guerra, estendera seu domínio à Europa oriental.

O conflito acelerou a desintegração dos impérios europeus. Imediatamente depois da guerra, a Grã-Bretanha abriu mão da Índia, a França deixou o Líbano e a Síria e os holandeses partiram da Indonésia.

> **TÁ LIGADO?**
>
> **9.** Aponte quais eram os países participantes do Eixo.
>
> **10.** Indique quais eram os países participantes do grupo dos Aliados.

Escultura de crianças brincando de roda em Stalingrado. A cidade foi palco de uma das mais sangrentas batalhas da história. Ali a Alemanha começou a perder a guerra.

Fonte Barmaley, Emmanuel Evzerikhin. Stalingrado (Rússia), 1942.

PAÍSES DO EIXO *VERSUS* FORÇAS ALIADAS

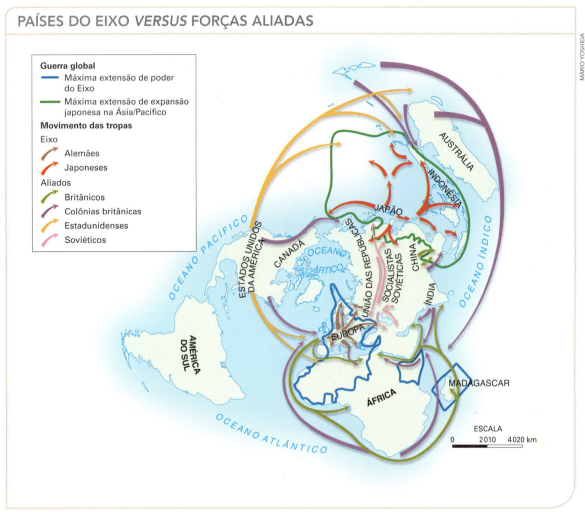

Fonte: Elaborado com base em BLACK, J. *World History Atlas*. London: DK Book, 2008; WAWRO, G. (Org.). *Atlas histórico*: história del mundo. Barcelona: h.f.ullmann, 2008.

Para ler o Zé Carioca

Até o ano de 1941, não se sabia ainda de que lado o Brasil entraria na Segunda Guerra Mundial. Até essa data, a política internacional brasileira oscilava entre a simpatia pelas forças do Eixo e o apoio aos países Aliados. O governo brasileiro mantinha relações diplomáticas com a Alemanha nazista e ao mesmo tempo negociava empréstimos com os Estados Unidos, que entraram na guerra ao final de 1941. As fronteiras latino-americanas eram importantes para a retaguarda estadunidense. Diante disso, promoveram uma política de boa vizinhança, tentando atrair o apoio do Brasil. Empréstimos necessários para o desenvolvimento industrial brasileiro tornaram-se os principais argumentos para que o nosso país lutasse contra alemães e italianos na Europa.

Mas a ofensiva de convencimento também envolvia outras medidas. Em 1942, os Estúdios Disney, que já eram conhecidos pela criação de Mickey, Tio Patinhas, Professor Pardal e Pato Donald, foram encarregados de elaborar um personagem brasileiro. Em 1942 criaram o Zé Carioca. Um papagaio alegre, hospitaleiro, malandro e vagabundo. Um personagem que gosta de samba, de futebol e de cachaça.

Confraternização entre o Pato Donald e os personagens latinos criados pelos Estúdios Disney.

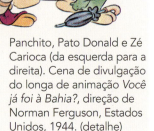

Panchito, Pato Donald e Zé Carioca (da esquerda para a direita). Cena de divulgação do longa de animação *Você já foi à Bahia?*, direção de Norman Ferguson, Estados Unidos, 1944. (detalhe)

CAPÍTULO 4 | A Segunda Guerra Mundial

EM DESTAQUE

 OBSERVE A IMAGEM

República de Vichy

Quando a França foi ocupada, em 1940, as forças nazistas implementaram no sul do país um Estado colaboracionista com capital em Vichy, por isso apelidado de "Governo de Vichy". As forças da Resistência francesa acusavam a "França de Vichy" de ser um governo fantoche de Hitler. Por outro lado, a propaganda nazista esforçava-se em construir uma imagem favorável à ordem estabelecida nessa região.

No cartaz, abaixo da casa à esquerda está escrito em francês: preguiça, demagogia e internacionalismo. Em letras menores há palavras como egoísmo, radicalismo, capitalismo, parlamento, desordem, confusão, comunismo, democracia e especulação.

Abaixo da casa à direita estão escritas, em letras maiores, as seguintes palavras: trabalho, família e pátria. Nas colunas, é possível identificar: escola, artesanato, campesinato e legião. Já na base das colunas: disciplina, ordem, poupança e coragem.

Revolução nacional, R. Vachet. Cartaz da propaganda durante o Governo de Vichy, 1940.

1. Interprete a maneira como o cartaz nazista apresenta a casa à esquerda.
2. De que forma o cartaz apresenta o Governo de Vichy, na casa à direita?

QUEBRA-CABEÇA

1. Releia o quadro complementar "Os atletas negros desmentem a superioridade ariana" (p. 95). Agora responda ao que se pede:
   a) Identifique e comente a postura de Hitler diante das vitórias dos atletas nos Jogos de 1936.
   b) Comente o relato de Jesse Owens acerca do racismo de Hitler e nos Estados Unidos na década de 1930.

2. Manifestações racistas têm sido motivo de diversas denúncias em praças esportivas ainda hoje em dia. Sobre essa situação:
   a) Pesquise três casos recentes de racismo nos esportes.
   b) Registre a situação, o(s) atleta(s) envolvido(s), a modalidade esportiva, o clube, a cidade e o país.
   c) Aponte a punição aplicada às práticas racistas relatadas.
   d) Elabore uma campanha de denúncia e combate ao racismo nos esportes.
      I. Crie um *slogan*, elabore desenhos e *jingles*.
      II. Faça a exposição em sua escola.

3. Descreva o movimento conhecido como Resistência, formado durante a Segunda Guerra Mundial.

4. Defina cada um dos conceitos abaixo e organize um pequeno dicionário conceitual em seu caderno:
   - política de apaziguamento
   - Falange
   - *Anschluss*
   - Eixo
   - Aliados
   - Operação Barba Ruiva
   - campos de concentração
   - Pacto Germano-Soviético
   - *Blitzkrieg*

5. O que motivou a entrada dos Estados Unidos na guerra, em 1941?

6. Quais relações podem ser estabelecidas entre as duas grandes guerras do século XX? Justifique.

7. No seu caderno, organize uma lista com as repercussões da Segunda Guerra Mundial.

8. Vamos construir nossos *tags*. Siga as instruções do *Pesquisando na internet*, na seção **Passo a passo** (p. 7), utilizando as palavras-chave abaixo:
   Erich Seelig
   Gretel Bergmann
   Daniel Prenn
   Johann Trollmann

LEITURA COMPLEMENTAR

NO FUNDO

A viagem levou uns vinte minutos. O caminhão parou; via-se um grande portão e, em cima do portão, uma frase bem iluminada (cuja lembrança ainda hoje me atormenta nos sonhos): *ARBEIT MACHT FREI* – o trabalho liberta.

Descemos, fazem-nos entrar numa sala ampla, nua e fracamente aquecida. Que sede! O leve zumbido da água nos canos da calefação nos enlouquece: faz quatro dias que não bebemos nada. Há uma torneira e, acima, um cartaz: proibido beber, água poluída. Besteira: é óbvio que o aviso é um deboche. "Eles" sabem que estamos morrendo de sede, botam-nos numa sala, há uma torneira e *Wassertrinken verboten*. Bebo, e convido os companheiros a beber também, mas logo cuspo fora a água: está morna, adocicada, com cheiro de pântano.

Isto é o inferno. Hoje, em nossos dias, o inferno deve ser assim: uma sala grande e vazia, e nós, cansados, de pé, diante de uma torneira gotejante mas que não tem água potável, esperando algo certamente terrível, e nada acontece, e continua não acontecendo nada. Como é possível pensar? Não é mais possível; é como se estivéssemos mortos. Alguns sentam no chão. O tempo passa, gota a gota.

LEVI, Primo. *É isto um homem?* Rio de Janeiro: Rocco, 1988. p. 20.

Primo Levi foi um judeu italiano deportado pelo governo de Mussolini para os campos de concentração alemães. No livro *É isto um homem?*, Levi relembra sua passagem pelo lugar e faz profundas reflexões sobre os limites do homem e de sua violência. No caderno, escreva suas impressões sobre esse depoimento.

PONTO DE VISTA

OBSERVE A IMAGEM

Hitler em Liliput

Esta charge é de autoria do caricaturista paulistano Belmonte (1896-1947). Ela foi publicada em 21 de março de 1939, alguns meses antes do início da Segunda Guerra Mundial.

Belmonte usou como referência o livro *Viagens de Gulliver*, de Jonathan Swift. Em uma de suas aventuras, Gulliver chega a Liliput, local povoado por habitantes minúsculos. Hitler, na caricatura, aparece

Gulliver em Liliput, Belmonte. Charge, 21 mar. 1939.

como Gulliver. Próximo ao pé de Hitler aparece o primeiro-ministro britânico Neville Chamberlain (1869--1940), que diz: – Eh! Moço! O Sr. está me pisando no callo!!!

À luz das informações deste capítulo, interprete os significados da caricatura.

PERMANÊNCIAS E RUPTURAS

Pearl Harbor e as torres gêmeas

Os ataques aéreos às torres gêmeas do *World Trade Center*, em Nova York, e ao prédio do Pentágono, em Washington, ocorridos nos Estados Unidos em 11 de setembro de 2001, fizeram com que os estadunidenses e a imprensa se lembrassem do ataque à base militar de Pearl Harbor, no Havaí, em 7 de dezembro de 1941.

1. O que foi o ataque a Pearl Harbor?
2. Qual foi a arma utilizada pelos americanos para obrigar a rendição do país que os atacou em Pearl Harbor? O uso desse tipo de arma ainda provoca medo em nossos dias? Procure explicar sua resposta.
3. Agora compare os dois ataques. Que diferença você encontra entre o ataque a Pearl Harbor e os ocorridos em 11 de setembro de 2001?

TRÉPLICA

Filmes

A lista de Schindler
EUA, 1993. Direção de Steven Spielberg.
História de um empresário alemão que usou seu dinheiro e influência política para libertar judeus de campos de concentração durante a Segunda Guerra Mundial.

Stalingrado, a batalha final
Alemanha, 1993. Direção de Joseph Vilsmaier.
História de quatro rapazes que participam da campanha nazista na Rússia.

Ida
Polônia/Dinamarca, 2013. Direção de Pawel Pawlikowski.
Prestes a celebrar os votos para se tornar freira, a jovem Ida descobre que é judia.

Livro

A Segunda Guerra Mundial: que guerra é essa?
BERTONHA, J. P. São Paulo: Saraiva, 2005.

Site

(Acesso em: 21 set. 2018)
<http://goo.gl/95oOdh>
Especial sobre as Olimpíadas de Berlim.

2º Bimestre

CAPÍTULO 5
O Brasil sob Vargas

PORTAS ABERTAS

OBSERVE AS IMAGENS

1. No seu caderno, identifique: data e elementos de cada uma das fotos.

2. As fotos estão fora da sequência histórica. No seu caderno, organize a sequência correta de acordo com seus conhecimentos e com as informações disponíveis.

3. Identifique a posição política de Getúlio Vargas nas fotos ❶ e ❸. Comente essas situações.

Comitiva de Getúlio Vargas (ao centro) durante sua passagem por Itararé (SP), a caminho do Rio de Janeiro, logo após a derrubada de Washington Luís pela Revolução de 1930. São Paulo, 1930.

Getúlio Vargas fala à nação por ocasião da instauração do Estado Novo. Rio de Janeiro, 10 nov. 1937.

Washington Luís e o seu ministério durante cerimônia oficial no Palácio do Catete. Rio de Janeiro, 1926.

Getúlio Vargas, o primeiro da esquerda para a direita na segunda fila, é empossado ministro da Fazenda no governo Washington Luís.

Celebração operária. Estádio de São Januário, Rio de Janeiro, 1º maio 1942.

A INDUSTRIALIZAÇÃO EM LARGA ESCALA

Linha de montagem de indústria automobilística. São Caetano do Sul, 1940.

A Revolução de 1930 inaugurou um novo período da história brasileira, com a reorganização do regime republicano. As oligarquias estaduais continuaram participando do governo, mas foram obrigadas a dividi-lo com outros setores, principalmente industriais e grupos urbanos.

O afastamento da oligarquia paulista do centro do poder caracterizou-se, a partir de 1930, pela emergência do Estado como principal agente da sociedade brasileira. Modernização tornou-se a palavra de ordem embutida nas perspectivas de industrialização do país e da consolidação da unidade nacional.

Vitoriosa a revolução, Getúlio Vargas assumiu a presidência do país e dirigiu o processo de transformação da economia e da sociedade brasileiras.

SUBSTITUIÇÃO DE IMPORTAÇÕES

Com a crise da cafeicultura, parte do capital nela empregado foi transferido para a indústria. A crise econômica externa e interna limitava a capacidade do país de importar produtos manufaturados, abrindo esse mercado para a indústria nacional.

Foi a chamada política de substituição de importações, que representou o investimento em indústrias que produzissem no país itens de consumo até então importados. A partir de então, o Estado passou a ter um papel fundamental na economia.

A intervenção estatal obedeceu a três eixos prioritários. Em primeiro lugar, a construção de indústrias produtoras de matérias-primas para as demais indústrias. O exemplo mais importante desse tipo de indústria foi a **Companhia Siderúrgica Nacional**, que proporcionou ao país autonomia na produção do aço, até então importado.

Em segundo lugar, investiu na infraestrutura necessária para a indústria, como na produção de energia elétrica e na construção de estradas.

Por fim, o Estado adotou uma **política protecionista** que impedia a entrada de determinados produtores estrangeiros no país, de modo que a população não tivesse alternativa senão consumir o produto nacional. Essa medida garantia a prosperidade das indústrias nacionais, livrando-as da concorrência com os produtos industrializados estrangeiros, mais baratos e de melhor qualidade.

TÁ LIGADO

1. Explique o que foi a substituição de importações.
2. Liste os três eixos prioritários da ação do Estado no processo de industrialização a partir de 1930.

A COMPANHIA SIDERÚRGICA NACIONAL (CSN)

A obra emblemática da política econômica do período Vargas foi a usina construída em Volta Redonda (RJ), a partir de 1941, para produzir aço. Contar com uma siderurgia nacional era uma das condições para estabelecer a infraestrutura básica necessária para o crescimento do parque industrial. O aço é uma importante matéria-prima para vários tipos de indústrias, e produzi-lo no Brasil era uma forma de garantir um abastecimento mais barato e eficiente.

Para construir a usina, o governo, seguindo uma doutrina econômica nacionalista, optou por criar uma empresa estatal, com empréstimos externos. Configurava-se, assim, uma estratégia que predominaria até a ditadura militar (1964-1985): a promoção do desenvolvimento econômico por meio da criação de empresas estatais financiadas por capital estrangeiro.

Para a construção da Companhia Siderúrgica Nacional, o governo buscou o financiamento e os conhecimentos técnicos nos Estados Unidos, solicitando a um banco estadunidense, o Eximbank, um empréstimo de 20 milhões de dólares.

Desfile de operários da Companhia Siderúrgica Nacional (CSN) no Estádio de São Januário. Rio de Janeiro, 1º maio 1942.

AINDA O CAFÉ

A prioridade conferida à indústria não significou o abandono da agricultura de exportação. Ao contrário, essa ainda era a principal fonte de renda do país. O governo Vargas preocupou-se em proteger a cafeicultura, da mesma forma que o fizeram os presidentes da Primeira República.

No entanto, todas as decisões referentes à política agrícola estavam agora centralizadas no Executivo federal. Em 1931, foi criado o Conselho Nacional do Café (CNC), dirigido por delegados dos estados produtores, que assumia as funções até então desempenhadas pelo Instituto do Café de São Paulo.

Em 1933, o CNC foi substituído pelo Departamento Nacional do Café, cujos diretores eram nomeados pelo ministro da Fazenda. Com isso, os cafeicultores eram retirados do centro das decisões acerca do produto. Mesmo assim, seus interesses continuaram sendo preservados.

O excedente da produção que não era absorvido pelo mercado externo continuou sendo comprado pelo governo, tal qual acontecera na Primeira República. Para esse fim era utilizada parte das receitas obtidas com a exportação. Depois de comprado pelo governo, o café era queimado. Reduzia-se assim a oferta do produto de modo a impedir a queda nos preços. A compra do excedente e sua destruição foram feitas até 1944. Em treze anos foram eliminadas 78,2 milhões de sacas de café, o equivalente ao consumo mundial de três anos.

> **TÁ LIGADO?**
>
> 3. Explique as características da doutrina econômica nacionalista.

UM NOVO ARRANJO INSTITUCIONAL

Embora a Revolução de 1930 tenha sido dirigida por duas poderosas oligarquias, a gaúcha e a mineira, ela pôs fim ao regime oligárquico e estabeleceu uma nova organização para a República brasileira.

A vitória da revolução dependeu da articulação política com setores que exigiam mudanças. Lideranças gaúchas e mineiras tiveram de fazer alianças com outros setores sociais, especialmente com os rebeldes do movimento tenentista. Além disso, contaram com o apoio decisivo de grupos urbanos que reivindicavam reformas. A própria campanha da Aliança Liberal, a chapa pela qual Getúlio concorreu à presidência em 1930, estava recheada de promessas de profundas reformulações sociais.

A primeira mudança importante foi a centralização do regime. O governo de Vargas tomou uma série de medidas, retirando das oligarquias estaduais o alto grau de autonomia de que desfrutavam. Para isso, nomeou interventores para governar os estados, em geral membros do tenentismo que não tinham laços com as oligarquias estaduais e que, por serem militares, estavam comprometidos com o empenho centralizador.

Vargas compartilhava com seus aliados militares o desejo de estabelecer um regime de perfil ditatorial, por isso resistia a convocar eleições para a presidência (Vargas era apenas presidente provisório) e para a Assembleia Constituinte, que deveria definir uma nova Constituição para o país.

A REVOLTA CONSTITUCIONALISTA DE 1932

A relutância de Getúlio Vargas em convocar as eleições para a Assembleia Constituinte serviu de pretexto a uma revolta contra o governo central liderada pela elite paulista, em 1932.

No dia 9 de julho eclodia a rebelião. A população paulista apoiou essa iniciativa, que ganhou as ruas, contando com a adesão de intelectuais, industriais, estudantes e políticos. A direção rebelde apresentava o movimento constitucionalista como uma luta contra a ditadura.

O que movia a direção rebelde, contudo, não era o apreço à lei e ao patriotismo, mas a profunda insatisfação da oligarquia de São Paulo, a principal derrotada com a Revolução de 1930. Afastada do poder, teve ainda de engolir a nomeação de interventores para governar São Paulo. A Constituinte era a única chance de os paulistas voltarem a interferir na política nacional.

Sem capacidade militar para enfrentar as forças legalistas, os rebeldes renderam-se em outubro. Apesar da derrota, os paulistas tiveram suas reivindicações atendidas pelo governo, consciente de que seria impossível manter a estabilidade interna sem o apoio do estado São Paulo. Em 1933, foi nomeado como interventor um membro da própria elite paulista, Armando de Sales Oliveira, e no ano seguinte reunia-se a Assembleia Constituinte.

No cartaz de propaganda da revolta de 1932, um bandeirante, símbolo da história paulista, segura em uma mão o presidente Vargas. Atrás, um soldado carrega a bandeira de São Paulo.

Abaixo a dictadura, anônimo. Litografia colorida, 1932.

A ASSEMBLEIA CONSTITUINTE

Em 1932 foi promulgado um novo código eleitoral com o intuito de regulamentar as eleições para a Assembleia Constituinte. Nele era atendida a principal reivindicação dos opositores da República Oligárquica: o voto secreto.

Criou-se também a Justiça Eleitoral, com independência para fiscalizar as eleições e assim evitar fraudes. Por fim, o direito ao voto foi ampliado. A idade limite baixou de 21 para 18 anos e pela primeira vez na história do país as mulheres passaram a ter direito ao voto.

A Assembleia Constituinte reuniu-se em 1933 e no ano seguinte promulgou a nova Constituição do Brasil. Inspirada nas constituições alemã e espanhola, a segunda Carta da República brasileira consagrava a centralização do regime.

Além disso, pela primeira vez a regulamentação das relações trabalhistas tornava-se matéria constitucional. Na Constituinte, Vargas foi eleito presidente do país para um mandato de quatro anos.

As reformulações no regime republicano foram resultado do ingresso de novos setores sociais no jogo político nacional, em especial as classes médias urbanas e os industriais.

Mas essas reformulações não foram suficientes para satisfazer plenamente esses setores. Os primeiros anos depois da Revolução foram de intensa agitação e mobilização.

> **TÁ LIGADO?**
>
> 4. Explique quem eram os interventores e qual era o seu papel na política de Vargas.
> 5. Aponte os motivos da insatisfação da oligarquia paulista com o governo de Vargas.
> 6. Liste as regras eleitorais adotadas em 1932.

Mulheres na Constituinte

Em 3 de maio 1933, na eleição para a Assembleia Constituinte, as mulheres brasileiras, pela primeira vez, em âmbito nacional, votaram e foram votadas. Na cidade do Rio de Janeiro, a então capital do país, seis mulheres se apresentaram por uma cadeira na Assembleia Constituinte: a veterana professora Leolinda Daltro, a bióloga e ativista Bertha Lutz, a advogada Nataercia da Silveira, a socialista Ilka Labarthe, a feminista Anna César Vieira e a católica Georgina de Azevedo Lima. Entre os 254 constituintes foi eleita uma única mulher: a médica paulista Carlota Pereira de Queirós, que intensificou a luta pela participação política feminina. Abaixo uma reportagem da *Revista da Semana* que apresentava um breve perfil de algumas das candidatas.

Revista da Semana, Ano XXXIV, n. 23, 20 maio 1933. p. 20-21.

ALIANÇA NACIONAL LIBERTADORA

Ansiosos por reformas políticas e sociais, considerando insuficientes aquelas implementadas por Vargas, setores da classe média urbana fundaram, em março de 1935, a **Aliança Nacional Libertadora (ANL)**.

Suas propostas básicas eram a anulação da dívida externa, a nacionalização das empresas estrangeiras, liberdades democráticas, governo popular e distribuição das terras pertencentes a latifúndios entre os camponeses. Exigiam também o atendimento das principais reivindicações operárias, como a jornada de oito horas diárias de trabalho, salário mínimo e seguro social, a eliminação de privilégios decorrentes de raça, cor ou nacionalidade e liberdade religiosa. A ANL tinha ainda como bandeira a luta contra o fascismo e o imperialismo.

Formada majoritariamente por indivíduos da classe média, a ANL reunia comunistas, socialistas, católicos e democratas. Entre seus principais articuladores estava o Partido Comunista do Brasil (PCB). Os comunistas procuravam atrair outros setores sociais descontentes com a alta do custo de vida e com a falta de maior participação política no novo regime.

A ANL inovou a maneira de se fazer campanhas políticas, abandonando as negociações de cúpula e promovendo passeatas e comícios. Suas atividades eram divulgadas por jornais próprios, publicados em vários estados. A ANL estava organizada em núcleos no Rio de Janeiro, onde foi inicialmente criada, no Rio Grande do Sul, no Espírito Santo, em Pernambuco e em São Paulo. Calcula-se que o número de militantes aliancistas em todo o Brasil girava em torno de 100 mil partidários.

Em 11 de julho de 1935 o governo fechou a ANL. O pretexto foi um discurso proferido por Luís Carlos Prestes, antigo tenentista que ingressara no PCB e era presidente de honra da ANL. No final desse discurso, Prestes pregava a revolução armada: "Cabe à iniciativa das massas [...] preparar-se, ativamente, para o assalto. A ideia do assalto amadurece na consciência das grandes massas. Cabe aos seus chefes organizá-las e dirigi-las".

A ANL passou a atuar clandestinamente, mas a defesa da revolução popular provocou o afastamento dos militantes não comunistas e ela tornou-se um braço do PCB.

Desde que liderara a famosa Coluna que levava seu nome, Prestes estivera em conversações com dirigentes comunistas e, em 1931, viajara a Moscou, ingressando oficialmente no PCB em 1934.

O discurso proferido por Prestes, e que jogou a ANL na clandestinidade, obedecia a um plano previamente traçado. Convencidos de que já havia condições para realizar uma revolução comunista no Brasil, os dirigentes do PCB tomaram a decisão de liderar a revolução quando se encontravam em Moscou, em fins de 1934, com o aval da direção da **Internacional Comunista**. Prestes foi escolhido para dirigir o movimento.

Sede da Aliança Nacional Libertadora (ANL) na Rua Almirante Barroso. Rio de Janeiro, 1935.

TÁ LIGADO

7. Liste as propostas da Aliança Nacional Libertadora (ANL).
8. Aponte a composição social e política da ANL.

Primeira página do jornal *A Manhã*, da ANL, anunciando o levante comandado por Prestes. Rio de Janeiro, 27 nov. 1935.

O fim da III Internacional

A Internacional Comunista foi uma tentativa de organizar os comunistas de todo o mundo de modo a terem uma ação coordenada. Em 1919, logo após a vitória dos comunistas na Revolução Russa, foi criada a III Internacional. Dominada pelo Partido Comunista da União Soviética, a Internacional emitia diretrizes que deveriam ser seguidas por todos os seus filiados, inclusive o Partido Comunista do Brasil. Em 1943, durante a Segunda Guerra Mundial, a Internacional Comunista foi dissolvida com a finalidade de tranquilizar os aliados ocidentais da União Soviética.

Abertura do Congresso da Terceira Internacional Comunista. Moscou, 1919.

A REVOLTA COMUNISTA

Para compor a direção da revolução, juntamente com Prestes, a Internacional Comunista designou o ex-deputado comunista alemão Artur Ernst Ewert, o argentino Rodolfo Ghioldi, o belga Léon Valée e o estadunidense Victor Baron, que viajaram para o Brasil a fim de ajudar os comunistas a tomar o poder. Também foi enviada ao Brasil a alemã Olga Benário, que posteriormente se tornaria a esposa de Prestes.

O plano inicial consistia em promover levantes militares em várias regiões do país, seguidos por greves e mobilizações populares em todo o território nacional. Vitoriosa a revolução, seria instaurado um governo revolucionário chefiado por Prestes para, em um segundo momento, ser organizado um governo operário-camponês.

A opção pelos levantes militares evidenciava a profunda influência do tenentismo sobre os líderes da revolta, muitos deles egressos daquele movimento.

Contudo, os levantes que ocorreram em Natal (RN), Recife (PE) e Rio de Janeiro, então a capital do país, foram facilmente reprimidos pelo governo. Os rebeldes não dispunham de um efetivo militar numericamente capaz de fazer frente às tropas legalistas nem contavam com apoio popular suficiente para compensar a debilidade militar.

Integrantes do PCB presos durante levante comunista de 1935. Identificados: **1** Augusto Henrique Olivier; **2** Apolônio de Carvalho; **3** Benedito de Carvalho; **4** Agliberto Azevedo; **5** Álvaro de Souza; **6** Dinarte da Silveira; **7** Sócrates Gonçalves; **8** Tenente Davi. Ilha Grande, Rio de Janeiro, 1937.

> **TÁ LIGADO?**
>
> 9. Explique o que foi a Intentona Comunista.

A fracassada tentativa de revolução – que passou à história com o nome de **Intentona Comunista** – serviu de pretexto para o governo de Vargas empreender duríssima repressão contra seus opositores, não apenas os comunistas, mas também socialistas, aliancistas e anarquistas. Foram realizadas milhares de prisões.

O governo instituiu o Tribunal de Segurança Nacional, encarregado de julgar os acusados de participação na revolta. De setembro a dezembro de 1936 o Tribunal condenou 1 420 pessoas. Os militantes do PCB foram os mais atingidos pela repressão.

A deportação de Olga Benário Prestes

Alemã de nascimento, Olga foi presa com seu marido, Luís Carlos Prestes, e deportada para a Alemanha nazista pelo governo de Getúlio Vargas em 1936.

A gravidez, constatada no momento da sua prisão, e as manifestações de rua não alteraram a decisão do governo brasileiro. Judia e comunista, seu destino seria o mesmo de milhares de outros judeus: um campo de concentração alemão.

Em novembro de 1936, em um campo de prisioneiros, nascia Anita Leocádia Prestes. Graças a uma campanha internacional, Anita foi retirada da Alemanha com um ano de idade e entregue à mãe de Luís Carlos Prestes. Em 1942, Olga foi morta em uma câmara de gás.

Exijam sua libertação – Olga Benário Prestes, Honório Peçanha. Litografia, 1936.

Luís Carlos Prestes após ser preso por oficiais do Dops, 5 mar. 1936.

Este cartaz circulou na França e visava arrecadar fundos para a campanha de libertação de Olga Benário. À direita, na vertical, pode-se ler: *"Demandez sa liberation"* (Exija a sua libertação). Abaixo, Olga Benário é descrita como "a mulher do heroico defensor do povo brasileiro extraditada do Brasil para a Alemanha hitlerista, presa em Berlim com sua criança recém-nascida na prisão da Gestapo".

MOVIMENTO INTEGRALISTA

Do lado oposto aos comunistas, era fundada em 1932 a **Ação Integralista Brasileira (AIB)**. Dirigida pelo jornalista Plínio Salgado, possuía núcleos espalhados por todo o território nacional e contava, já em 1936, com cerca de 600 mil militantes.

O integralismo era a versão brasileira de uma doutrina política presente já em vários países, com denominações diversas, mas todas elas inspiradas pelo fascismo italiano e pelo nazismo alemão.

De acordo com as ideias fascistas, o integralismo defendia o Estado totalitário e nacionalista, denominado por Plínio Salgado de Estado integral. Seus principais inimigos eram o liberalismo, o socialismo e os judeus. Além de Salgado, os dois mais importantes teóricos do movimento foram Miguel Reale e Gustavo Barroso.

Os integralistas realizavam desfiles pelas ruas das grandes cidades, que usualmente acabavam em conflitos violentos com opositores do movimento, principalmente com os militantes da Aliança Nacional Libertadora.

> **TÁ LIGADO**
>
> 10. Explique o que era a Ação Integralista Brasileira (AIB).
> 11. Aponte os principais inimigos dos integralistas.

EM DESTAQUE — OBSERVE AS IMAGENS

Fascismo e integralismo

Compare as duas fotos. Aponte as suas diferenças e semelhanças.

Desfile dos camisas-negras (fascistas). Roma (Itália), 1º out. 1935.

Desfile dos camisas-verdes (integralistas), tendo ao fundo o Palácio do Catete, de onde era observado pelo então presidente Getúlio Vargas. Rio de Janeiro, 1º jan. 1937.

Caricatura de Plínio Salgado, principal líder do movimento integralista, Álvaro Cotrim. Gravura, 1938.

Em 1936, a AIB lançou a candidatura de Plínio Salgado à presidência da República para as eleições que deveriam ocorrer em 1938. No entanto, informados de que Getúlio pretendia dar um golpe com o objetivo de permanecer no governo como ditador, os integralistas retiraram a candidatura de Plínio Salgado e apoiaram Vargas.

Os integralistas contribuíram decisivamente com o golpe de Vargas, ao forjarem um plano comunista para a tomada do poder. Redigido por um militante integralista, o **Plano Cohen**, como ficou conhecido, criava a imaginária ameaça de nova rebelião comunista e foi utilizado para dar legitimidade ao golpe. Além de despertar na opinião pública o medo dos comunistas, o documento falso estimulava também o antissemitismo, uma vez que o suposto autor (Cohen) era judeu.

Contudo, apesar da proximidade ideológica, Vargas preferiu fechar a AIB, considerando os integralistas pouco confiáveis. Como reação, estes organizaram, em 1938, um atentado contra o Palácio da Guanabara (sede do governo central), em uma patética tentativa de tomada do poder conhecida como **Revolta Integralista**, que foi facilmente derrotada.

O ESTADO NOVO

As eleições presidenciais deveriam se realizar em 1938 e a Constituição proibia a reeleição. As intensas agitações nas cidades, particularmente a fracassada tentativa de revolução dos comunistas, forneceram uma boa desculpa para que o presidente evitasse as eleições. Em 1937, apoiado pelos militares, Getúlio Vargas deu um golpe que iniciou a ditadura do **Estado Novo**.

A 10 de novembro o Congresso Nacional era fechado e uma nova Constituição foi outorgada, institucionalizando o autoritarismo do novo regime. Em 2 de dezembro, todos os partidos tornaram-se ilegais. Intensa repressão e violência foram utilizadas para liquidar a oposição.

A expressão Estado Novo havia sido originalmente utilizada para nomear a ditadura de Oliveira Salazar, que se instalara alguns anos antes em Portugal. A escolha do mesmo nome era obviamente mais do que mera coincidência.

O golpe de Vargas correspondia à forte tendência autoritária que prevalecia na América Latina e nos países europeus, com a emergência de regimes fascistas. Era também o resultado do processo inaugurado com a Revolução de 1930. Desde então o governo de Vargas equilibrava-se sobre várias forças políticas, vencedoras na revolução, mas com interesses muitas vezes opostos.

Com o golpe, o presidente fortaleceu-se como o elemento unificador dessas forças políticas, de modo a implementar uma política única extremamente autoritária que nem sempre contentava a todos.

> **TÁ LIGADO**
>
> 12. Explique o que foi o Plano Cohen.
> 13. Liste as medidas implementadas em 1937 com o golpe do Estado Novo.

Antônio de Oliveira Salazar. Lisboa, c. 1935.

CENSURA E REPRESSÃO

Em dezembro de 1939 era criado o **Departamento de Imprensa e Propaganda (DIP)**, um dos mais importantes instrumentos da ditadura de Vargas. Seu objetivo era fazer propaganda do presidente e silenciar a oposição. O DIP inscrevia-se assim na tendência predominante na década de 1930 em todo o mundo ocidental: a propaganda como uma das mais importantes armas políticas.

O DIP subordinava-se diretamente à presidência e centralizava a propaganda de todos os ministérios, departamentos e repartições da administração pública federal. Era também responsável por organizar homenagens a Vargas e pela propaganda da Hora do Brasil, programa de rádio criado pelo governo, em 1938, de transmissão obrigatória por todas as emissoras, que divulgava e elogiava os feitos governamentais.

O DIP era também responsável por fazer a censura prévia de todos os meios de comunicação: teatro, cinema, rádio, literatura e imprensa. Censura que muitas vezes chegava ao extremo de intervir nos jornais.

Enquanto o DIP fazia propaganda do governo e censurava os meios de comunicação, as forças policiais reprimiam duramente a oposição. Sob o comando de Filinto Müller, chefe de polícia do Distrito Federal (na época, o Rio de Janeiro), as prisões ficaram lotadas de oposicionistas. Além de torturar seus prisioneiros, Filinto Müller ficou famoso também por ter pressionado o governo a decidir pela deportação de Olga Benário para a Alemanha.

Müller não escondia sua simpatia pelo nazismo alemão, defendendo a aliança do Brasil com a Alemanha e Itália na Segunda Guerra Mundial. E ele não estava sozinho. Muitos membros do governo Vargas eram simpatizantes do nazismo. Entre eles, o ministro da Guerra e futuro presidente do Brasil, general Eurico Gaspar Dutra.

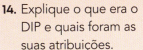

TÁ LIGADO?

14. Explique o que era o DIP e quais foram as suas atribuições.

Deportar
Banir, expulsar.

Trabalhadores em manifestação oficial de apoio ao Estado Novo, s/d.

Nas ondas do rádio

Um discurso do presidente Epitácio Pessoa marcou a primeira transmissão de rádio no Brasil, no dia 7 de setembro de 1922. Rapidamente, o rádio tornou-se o meio de comunicação de massas de maior alcance no país. Desempenhava o mesmo papel da televisão hoje em dia. Em 1935, foi criado o programa **A Voz do Brasil**, que fazia propaganda do governo federal, mas cuja transmissão não era obrigatória. Após o Estado Novo, em 1938, o programa passou a chamar-se **Hora do Brasil** e era transmitido obrigatoriamente por todas as emissoras de rádio. Por meio do programa, Getúlio Vargas falava para a cidadão das diversas regiões brasileiras. O presidente procurava conquistar a simpatia e o apoio de uma população até então ignorada pelos dirigentes do país. Sua inspiração foi o presidente dos Estados Unidos, Franklin Delano Roosevelt, que também tinha um programa de rádio.

Além das notícias políticas e informações, o programa apresentava os cantores mais populares da época, principalmente Carmen Miranda, Francisco Alves e Ary Barroso. A programação musical das emissoras de rádio também incluía Dorival Caymmi, Pixinguinha, Ataulfo Alves, Herivelto Martins, Lamartine Babo, Sílvio Caldas, Noel Rosa e muitos outros. O samba, nascido nos morros, embalava a vida brasileira.

Charge, Alfredo Storni. Gravura publicada na *Revista Careta*, ano 27, Rio de Janeiro, jul. 1934.

Nesta charge vemos Getúlio Vargas se divertindo com seu mais novo brinquedo, o rádio.

UMA NOVA POLÍTICA

As transformações pelas quais passava o país exigiam um novo modo de fazer política. A industrialização requeria uma maior intervenção do Estado na economia. O crescimento da participação dos setores médios e populares no cenário político levou o Estado a adotar uma nova postura. O movimento operário fortalecia-se, os grupos médios urbanos solicitavam reformas. Não era mais possível ignorar esses novos atores sociais.

A MIGRAÇÃO

Além disso, outro fator tornou ainda mais complexa a relação entre Estado e setores populares. A partir da década de 1930 a indústria de São Paulo e Rio de Janeiro não mais se abastecia da imigração estrangeira, mas sim dos migrantes nordestinos.

O processo de urbanização, articulado à industrialização, oferecia aos habitantes das regiões mais pobres uma ampla gama de empregos que estimulava a **migração interna**. A partir da década de 1920, o número de migrantes nacionais superava o de imigrantes europeus. Como resultado, o governo de São Paulo deixou de financiar a imigração europeia, em 1927.

Tratava-se de uma transformação com significados mais profundos do que a simples substituição de fonte de mão de obra. Pela primeira vez na história do país, o setor mais rico e ativo da economia era abastecido por um fluxo constante e sistemático de trabalhadores nacionais. Eram cidadãos brasileiros com direitos políticos, ao contrário dos escravizados e dos estrangeiros. Como consequência, o Estado assumia nova tarefa em relação ao fornecimento de trabalhadores. Até então seu papel havia se limitado, primeiramente, a defender o tráfico negreiro e, depois, a proporcionar o quadro legal e os subsídios para garantir a imigração europeia. A partir da década de 1930, o Estado assumirá a função de manter o controle sobre os trabalhadores e legitimar sua exploração.

> **TÁ LIGADO?**
> 15. Explique o que é o populismo.
> 16. Defina corporativismo.

CONTROLE SOBRE OS TRABALHADORES

Dessa forma, Estado passou a desempenhar papel fundamental na regulamentação das relações de trabalho e o fez por meio da criação de um aparato legal e burocrático.

O governo foi responsável pela promulgação de várias leis que estabeleciam os chamados **direitos trabalhistas** – ou seja, regras para as relações entre trabalhadores e patrões –, criou o Ministério do Trabalho, em 1930, e organizou uma estrutura sindical oficial (os sindicatos eram atrelados ao Ministério do Trabalho). Assim, atendia às principais reivindicações dos trabalhadores, mas garantia também o controle sobre eles, oferecendo às indústrias mão de obra mais barata e sob sua tutela.

O novo tipo de relação política entre governo e trabalhadores significou a incorporação de amplos setores da sociedade no jogo político e ficou conhecido como **populismo**.

Não se tratava de mera manipulação. Para ser reconhecido como líder legítimo, Vargas teve de fazer concessões aos trabalhadores urbanos e assumir em parte de seu discurso suas reivindicações. Com o tempo surgiria uma nova força política originária dessa relação, o trabalhismo.

Vargas associava as políticas trabalhistas ao nacionalismo e ao **corporativismo**. Nessa visão, na sociedade deveria haver convivência pacífica entre os diversos setores sociais, divididos de acordo com suas ocupações profissionais. Eventuais conflitos teriam de ser arbitrados pelo Estado (e pelo seu chefe), considerados a proteção dos interesses nacionais, coletivos.

As grandes manifestações de massa eram instrumentos utilizados por Vargas e outros líderes populistas para fortalecer sua imagem de grandes líderes dos trabalhadores. Utilizava-se, assim, da prática que se tornara comum na Europa nos anos de 1930 e que foi incorporada como importante peça de propaganda.

Comemoração do Dia do Trabalho, Empresa Brasileira de Notícias. Estádio de São Januário, Rio de Janeiro, 1º maio 1942.

Trabalhadores, industriais, fazendeiros, profissionais liberais deveriam organizar-se em corporações que representariam suas demandas frente ao governo. Dessa forma, a luta entre as classes sociais, núcleo do discurso comunista que o governo procurava neutralizar, seria substituída pela convivência entre essas corporações.

Com essa nova política enquadrou-se o trabalhador nacional, evitando-se que sua capacidade de mobilização e reivindicação ultrapassasse os limites considerados aceitáveis pelos capitalistas que o empregavam.

A CONSOLIDAÇÃO DAS LEIS DO TRABALHO (CLT)

Um dos principais instrumentos do governo Vargas foi a regulamentação das relações trabalhistas. Até a Revolução de 1930, havia poucas leis que procuravam dirigir o regime de trabalho.

A partir da vitória da Revolução, entretanto, devido aos compromissos assumidos pelo novo regime e pelas pressões do movimento dos trabalhadores, uma grande quantidade de novas leis trabalhistas foi promulgada pelo governo.

Em janeiro de 1942 uma portaria do governo criou uma comissão de dez membros com o objetivo de sistematizar essa nova legislação, reunindo, em um só conjunto, todas as leis referentes ao trabalho então em vigor.

Aprovada por decreto em 1º de maio de 1943, a **Consolidação das Leis do Trabalho (CLT)**, inspirada na *Carta del Lavoro* da Itália fascista, entrou em vigor em novembro do mesmo ano.

Embora a proposta inicial fosse apenas reunir as leis já existentes, os membros da comissão acabaram por criar novas leis e reformar outras, para sanar contradições e preencher lacunas.

A CLT garantia aos trabalhadores alguns direitos básicos, como salário mínimo, jornada de trabalho semanal de 48 horas e férias remuneradas.

Tais medidas impunham um profundo controle do Estado sobre os trabalhadores, por meio de leis que regulavam toda a atividade sindical, vinculando-a ao Ministério do Trabalho. Esses sindicatos ficaram conhecidos como **sindicatos pelegos**. A palavra pelego significa "pessoa subserviente, capacho", e passou a ser utilizada para designar os agentes mais ou menos disfarçados do Ministério do Trabalho que atuavam nos sindicatos, assim como os sindicatos submetidos a esse mesmo ministério.

Vargas desfilando em carro aberto durante as comemorações do Dia do Trabalho. Estádio Municipal do Pacaembu, São Paulo, 1º maio 1944.

SINDICALISMO OFICIAL

A existência de sindicatos oficiais acabou por destruir o sindicalismo independente. Seus sindicalistas não conseguiram concorrer com aparatos sindicais que gozavam dos benefícios da máquina do Ministério do Trabalho. Os trabalhadores eram obrigados a pagar imposto sindical, recolhido por esse ministério e repassado por ele para os sindicatos oficiais, que por isso tinham muito mais recursos que os sindicatos independentes.

Dessa forma, a legislação varguista submetia os trabalhadores, na medida em que concedia direitos há muito reivindicados (ganhando sua gratidão e lealdade) e atrelava sua representação ao Estado, que a mantinha sob controle.

A legislação trabalhista dos anos 1930 e 1940 representou importante transformação nas condições de trabalho no Brasil. A partir dela o trabalhador não estava mais sujeito exclusivamente ao arbítrio de seu patrão. A princípio apenas os trabalhadores das cidades foram beneficiados, pois no campo ainda prevalecia o poder dos grandes fazendeiros, que burlavam as leis de acordo com seus interesses.

No entanto, é preciso observar que essa legislação não foi resultado da bondade de um pai que concede ao filho determinados benefícios, como a propaganda do regime procurava fazer crer.

O movimento operário dera seus primeiros passos no fim do século XIX. A crescente pressão dos trabalhadores pela conquista de seus direitos não podia mais ser ignorada pela elite política, sob pena de dar lugar a intensas convulsões sociais.

O populismo perdurou até 1964. A partir de 1946, a democratização do país conferiu a ele novas características.

O populismo foi, no Brasil, como em outros países latino-americanos, a forma como se fez a transição entre uma sociedade em que a política estava restrita às elites para outra em que os setores populares foram incorporados ao jogo político. Essa transição, no entanto, não significou a realização de reformas profundas que diminuíssem o largo fosso das desigualdades sociais.

> **TÁ LIGADO**
>
> **17.** Liste os direitos trabalhistas garantidos pela CLT (Consolidação das Leis do Trabalho).
>
> **18.** Explique o significado de sindicato pelego.

Getúlio Vargas e a educação. Ilustração de cartilha do DIP (Departamento de Imprensa e Propaganda), Rio de Janeiro, 1941.

A representação procura transmitir a imagem de Vargas como o grande pai, que cuida não apenas dos trabalhadores, mas de toda a população.

FUTEBOL, CAPOEIRA E CARNAVAL

A cultura popular também foi objeto do controle e do enquadramento pela política de Vargas. O futebol, a capoeira e o Carnaval, por exemplo, foram incorporados ao programa nacionalista do governo e subordinados ao Estado.

Em 1931, a prática do futebol era incluída entre as profissões que deveriam ser regulamentadas pela legislação trabalhista. Em 1933, após a Revolta Constitucionalista, Vargas instituiu a taça Rio-São Paulo, na qual seria disputada a primeira partida oficial de jogadores profissionais: São Paulo da Floresta 5 × Santos 1.

Afetada pelas rivalidades regionais e pela questão amadorismo *versus* profissionalismo, a seleção brasileira disputaria uma única partida na Copa do Mundo de 1934, sendo derrotada pela Espanha por 3 a 1. Enquanto o escrete brasileiro acumulava mais um fracasso internacional, os clubes ofereciam experiências de vitória e sucesso às massas que acompanhavam as disputas nas grandes cidades do Brasil. Processava-se uma crescente incorporação dos torcedores ao futebol por intermédio de simpatias e identificações com os principais times do país.

Com as coberturas jornalísticas de Mário Filho na imprensa escrita e das transmissões pelo rádio, milhares de torcedores passaram a se identificar mais fortemente com determinados times populares, dentro e fora dos estádios. Mário Filho contribuiu para a transformação do futebol brasileiro no grande espetáculo das multidões ao promover concursos entre os torcedores e estimular sua carnavalização: bandeiras, hinos, símbolos, mascotes e grupos uniformizados.

As transmissões de rádio tiveram um forte impulso com as apaixonadas narrações de Ary Barroso, a partir de 1936, e recrutariam milhares de torcedores para o Flamengo, nas mais diversas regiões brasileiras.

Durante a Copa do Mundo de 1938, as cinco partidas da seleção foram transmitidas diretamente da França pelo locutor Gagliano Neto, permitindo, pela primeira vez, que a população acompanhasse ao vivo o desempenho do time brasileiro.

A feição paternalista do presidente era propagada pelas ondas do rádio e pela organização de manifestações cívicas abarrotadas de retratos de Vargas.

Não por acaso, os estádios de São Januário e do Pacaembu eram os palcos escolhidos para os desfiles e comemorações do 1º de maio.

> Ary Barroso, grande compositor brasileiro, era também locutor esportivo. Flamenguista fanático, suas narrações pelo rádio eram descaradamente parciais. Recusava-se a narrar gols contra o Flamengo e chamava os adversários de inimigos. Por tais atitudes, foi proibido de entrar no Estádio de São Januário em uma partida entre Vasco e Flamengo. Para transmitir a partida, subiu no telhado de uma casa próxima ao estádio, de onde podia ter uma visão parcial do campo.

Ary Barroso transmite jogo de cima de telhado. Rio de Janeiro, 1940.

A SELEÇÃO BRASILEIRA DE FUTEBOL

Em 1937, a CBD curvava-se ao profissionalismo. Um ano depois, na Copa da França, a seleção brasileira conquistava o terceiro lugar na competição (6 a 5 Polônia; 1 a 1 Tchecoslováquia; 2 a 1 Tchecoslováquia; 1 a 2 Itália; 4 a 2 Suécia).

Apesar de uma maioria esmagadora de jogadores do Rio de Janeiro, a seleção era celebrada como uma expressão da unidade nacional pelos governantes. O resultado foi considerado uma vitória particular de Getúlio Vargas e de seu regime autoritário.

Na mesma lógica que orientava as medidas corporativistas do Estado Novo, em 1941 foi criado o Conselho Nacional dos Desportos (CND), vinculado ao Ministério da Educação e Cultura, que subordinava a Confederação Brasileira de Desportos (CBD) e as demais federações regionais. O futebol era incorporado às engrenagens do Estado Novo.

No entanto, a consagração da política desportiva de Vargas não pôde consumar-se devido à eclosão da Segunda Guerra Mundial, que impediu a realização dos certames mundiais. Nos anos sem copa, as comprovações do espírito nacional foram direcionadas para as disputas sul-americanas, nas quais os confrontos contra argentinos e uruguaios foram desfavoráveis à seleção brasileira em jogos que muitas vezes descambaram em verdadeiras guerras campais.

Apesar das medidas centralizadoras do governo, o campeonato brasileiro de seleções continuou a ser disputado, mantendo vivas as rivalidades entre Rio e São Paulo, que alternaram triunfos de 1930 a 1945, com exceção do ano de 1934, quando o selecionado baiano conquistou o título brasileiro.

Bicicleta de Leônidas da Silva no Estádio do Pacaembu. São Paulo, 1942.

Com oito gols, Leônidas foi o artilheiro da Copa do Mundo de 1938. Considerado rebelde e boêmio, recusava-se a jogar machucado e a excursionar nas suas férias, como exigiam os dirigentes de seu clube, o Flamengo. Em 1942, transferiu-se para o São Paulo, time pelo qual foi diversas vezes campeão. A ele foi atribuída a invenção de uma jogada acrobática: a bicicleta, que se assemelha a um golpe de capoeira.

A CAPOEIRA

Em 1937, o governo derrubava o decreto-lei instituído por Deodoro da Fonseca em 1890 e tirava a capoeira da marginalidade, permitindo sua prática em recintos fechados com alvará da polícia.

A partir de então, a capoeira seria aceita como atividade física: um esporte com métodos de ensino semelhantes aos das escolas, com hierarquia semelhante à do Exército. Manoel dos Reis Machado – o Mestre Bimba (1900-1974) – abriu a primeira escola já em 1930. Lá ensinava um novo tipo de capoeira, que passou a se chamar **regional**.

Capoeira, Pierre Verger. Salvador, Bahia, 1946-1947.

Na capoeira regional foram retirados os pandeiros, atabaques e outros instrumentos. O ritmo do jogo era marcado pelo toque mais ligeiro do berimbau. Além disso, Mestre Bimba introduziu golpes de outras lutas, como o boxe, o judô e o jiu-jítsu. As regras e ensinamentos passaram a ser impressos em livretos. Mestre Bimba inaugurava o período das academias.

Daí por diante, os capoeiras seriam chamados de capoeiristas. Em 1937, Mestre Bimba obteve o primeiro registro oficial do governo para a prática da capoeira e sua academia passou a chamar-se Centro de Cultura Física e Capoeira Regional.

Com novo método de ensino e transmissão de conhecimentos, novos golpes e nova filosofia, a capoeira regional ganhou muitos alunos, especialmente das classes médias.

A capoeira tradicional continuaria sua existência e resistência por intermédio de Vicente Ferreira, o Mestre Pastinha (1889-1981). E, para diferenciá-la da regional, foi denominada capoeira **angola**. Nela, o berimbau-mestre é acompanhado por outros dois berimbaus e diversos instrumentos de percussão, como atabaque, pandeiro, agogô e reco-reco. O toque dos berimbaus é lento, as regras e ensinamentos são transmitidos oralmente do mestre ao discípulo e, geralmente, é praticada nas ruas, praças e terrenos ao ar livre.

O CARNAVAL

Os festejos de Carnaval também passaram a ser controlados pelo Estado. A incorporação das massas ao jogo político incluiu o reconhecimento do Carnaval e dos desfiles das escolas de samba como elementos da cultura nacional. Assim, em 1934, pela primeira vez, cobraram-se ingressos dos espectadores para assistir aos desfiles das principais escolas de samba do Rio de Janeiro. O governo impunha o uso de cores como forma de identificação de cada escola. Eram utilizadas cordas para demarcar o limite entre os integrantes das escolas e os espectadores.

Em 1937, tornou-se obrigatório que os enredos abordassem temas históricos e exaltassem as grandezas do país. Os desfiles tornavam-se comemorações oficiais.

Corso carnavalesco. Avenida São João, São Paulo, 1938.

QUEBRA-CABEÇA

1. Releia o quadro complementar "Nas ondas do rádio" (p. 118). Agora responda ao que se pede:
   a) Identifique a importância do rádio como meio de comunicação nas décadas de 1930 e 1940.
   b) Explique por que os programas de rádio com a fala do presidente Vargas revelavam uma alteração no tratamento dos dirigentes para com a população brasileira.

2. Defina cada um dos conceitos abaixo e organize um pequeno dicionário conceitual em seu caderno:
   - substituição de importações
   - doutrina econômica nacionalista
   - Aliança Nacional Libertadora
   - Intentona Comunista
   - Ação Integralista Brasileira
   - Plano Cohen
   - Estado Novo
   - DIP
   - populismo
   - corporativismo
   - CLT

3. A partir de 1930, que mudanças ocorreram nas relações do governo com a população em relação aos períodos anteriores?

4. Esclareça a preocupação de Vargas com o controle do futebol, da capoeira e do Carnaval.

5. Relacione as características da Intentona Comunista de 1935 e as práticas do movimento tenentista na década de 1920.

6. A legislação trabalhista pode ser interpretada como resultado de um gesto de bondade do presidente Vargas? Por quê?

7. No seu caderno, elabore uma linha de tempo que contenha os seguintes elementos: Revolução de 1930; Governo provisório de Getúlio Vargas; Revolta Constitucionalista; Assembleia Constituinte; Constituição de 1934; Governo constitucional de Vargas; Intentona Comunista; Estado Novo; Consolidação das Leis do Trabalho.

8. Vamos construir nossos *tags*. Siga as instruções do *Pesquisando na internet*, na seção **Passo a passo** (p. 7), utilizando as palavras-chave abaixo:

   Pixinguinha
   Carmen Miranda
   Noel Rosa
   Silvio Caldas
   Ary Barroso
   Lamartine Babo
   Francisco Alves

LEITURA COMPLEMENTAR

Leia com atenção o texto a seguir e depois realize as atividades sugeridas.

[DISCURSO DE GETÚLIO VARGAS]

A despeito da vastidão territorial, da abundância de recursos naturais e da variedade de elementos de vida, o futuro do país repousa, inteiramente, em nossa capacidade de realização. Todo trabalhador, qualquer que seja a sua profissão, é, a este respeito, um patriota que conjuga o seu esforço individual à ação coletiva, em prol da independência econômica da nacionalidade. O nosso progresso não pode ser obra exclusiva do Governo, e sim de toda a Nação, de todas as classes, de todos os homens e mulheres, que se enobrecem pelo trabalho, valorizando a terra em que nasceram.

Constitui preocupação constante do regime que adotamos difundir entre os elementos laboriosos a noção da responsabilidade que lhe cabe no desenvolvimento do país, pois o trabalho bem feito é uma alta forma de patriotismo, como a ociosidade uma atitude nociva e reprovável.

Discurso proferido por Getúlio Vargas nas comemorações do Dia do Trabalho, em 1º de maio de 1940. Disponível em: <https://bit.ly/2RueCHI>. Acesso em: 3 out. 2018.

1. No seu caderno, identifique e esclareça a importância do trabalhador no discurso de Vargas.
2. Esclareça a importância do nacionalismo na frase de Getúlio Vargas:

   O nosso progresso não pode ser obra exclusiva do Governo, e sim de toda a Nação, de todas as classes, de todos os homens e mulheres, que se enobrecem pelo trabalho, valorizando a terra em que nasceram.

PONTO DE VISTA

Retratos do Brasil

 OBSERVE AS IMAGENS

As duas imagens apresentam visões sobre o Brasil. A primeira é uma ilustração da cartilha de propaganda distribuída durante o governo de Getúlio Vargas e a segunda é uma obra do pintor Candido Portinari. Descreva cada uma das imagens em seu caderno. A seguir, responda às questões propostas.

1. No seu caderno, identifique o lugar, os grupos sociais e o tema de cada uma das imagens.

2. Quais as cores predominantes na cartilha do governo e que tipo de mensagem pode ser identificada?

3. Quais as cores predominantes na pintura de Portinari e que tipo de mensagem pode ser identificada?

4. As duas imagens são dirigidas ao mesmo público? Justifique.

A juventude no Estado Novo. Ilustração de cartilha do DIP (Departamento de Imprensa e Propaganda), Rio de Janeiro, 1941.

Retirantes, Candido Portinari. Óleo sobre tela, 1936.

PERMANÊNCIAS E RUPTURAS

Qual é a música?

Leia os trechos das canções abaixo:

1. "Taí, eu fiz tudo pra você gostar de mim..."
   "Taí", Joubert de Carvalho, 1930.

2. "No rancho fundo, bem pra lá do fim do mundo..."
   "No rancho fundo", Ary Barroso e Lamartine Babo, 1931.

3. "Cidade maravilhosa, cheia de encantos mil..."
   "Cidade maravilhosa", André Filho, 1934.

4. "Meu coração, não sei por quê, bate feliz, quando te vê..."
   "Carinhoso", música de Pixinguinha, 1916-1917; letra de João de Barro, 1936.

5. "A estrela-d'alva, no céu desponta..."
   "As pastorinhas", Noel Rosa e João de Barro, 1938.

6. "Brasil, meu Brasil brasileiro..."
   "Aquarela do Brasil", Ary Barroso, 1939.

7. "Samba da minha terra deixa a gente mole..."
   "Samba da minha terra", Dorival Caymmi, 1940.

8. "Covarde sei que me podem chamar, porque não calo no peito esta dor..."
   "Atire a primeira pedra", Ataulfo Alves e Mário Lago, 1944.

9. "Uma vez Flamengo, sempre Flamengo..."
   "Hino do Flamengo", Lamartine Babo, 1945.

1. Escreva em seu caderno o número da canção que você já ouviu alguma vez ou que você conheça.
2. Você é capaz de cantarolar alguma delas? Tente lembrar a melodia.
3. No seu caderno, tente completar alguns trechos dessas canções.
4. Essas canções são antigas, compostas entre 1930 e 1945. Mesmo assim, algum conhecimento sobre elas você tem. Como tais informações e conhecimentos chegaram até você?

TRÉPLICA

Filmes

Olga
Brasil, 2004.
Direção de Jaime Monjardim.

A história da comunista Olga Benário Prestes, destacando sua luta por mudanças sociais e sua participação na história do Brasil.

Raízes do Brasil
Brasil, 2004.
Direção de Nelson Pereira dos Santos.

A vida e obra de Sérgio Buarque de Hollanda, um dos principais intelectuais do Brasil no século XX e autor dos livros *Raízes do Brasil* e *Visão do Paraíso*.

35 – O assalto ao poder
Brasil, 2002.
Direção de Eduardo Escorel.

Filme sobre a insurreição comunista de 1935 e seus principais protagonistas.

Livros

A revolta vermelha
BRENER, Jayme. São Paulo: Ática, 1998.

Era Vargas: a modernização conservadora
POMAR, Wladimir. São Paulo: Ática, 1998.

Sites

(Acessos em: 21 set. 2018)

<https://bit.ly/2pc3UZ8>
O acervo do CPDOC, da Fundação Getúlio Vargas, oferece uma pequena biografia do presidente Getúlio Vargas acrescida de uma seleção de fotos e guia de documentos pertencentes ao acervo.

<https://bit.ly/2FaU7Om>
O acervo do CPDOC, da Fundação Getúlio Vargas, oferece uma pequena biografia de Eurico Gaspar Dutra, ministro da guerra durante o Estado Novo e presidente do Brasil entre 1946-1951, acrescida de uma seleção de fotos e guia de documentos pertencentes ao acervo.

<http://goo.gl/JAEKCO>
A Fundação Biblioteca Nacional disponibiliza seu acervo digital de periódicos, jornais, revistas, boletins e publicações seriadas.

2º Bimestre

CAPÍTULO 6
A Guerra Fria

PORTAS ABERTAS

OBSERVE AS IMAGENS

1. No seu caderno, identifique a data e os elementos de cada uma das fotos.

2. O período entre o final da Segunda Guerra Mundial (1945) e a queda do Muro de Berlim (1989) ficou conhecido como Guerra Fria. Quais seriam os motivos para esse período ter recebido esse nome?

3. A cidade alemã de Berlim pode ser considerada uma das principais áreas da Guerra Fria? Justifique.

4. A partir da sequência de fotos é possível contar um pouco da nossa história contemporânea? Justifique.

Passagem de Adolf Hitler pelo portão de Brandemburgo. Berlim (Alemanha), 1936.

Berlim devastada após a Segunda Guerra Mundial. Alemanha, jun. 1945.

Muro de Berlim (construído em agosto de 1961), no trecho próximo ao portão de Brandemburgo, 1962.

Alemães celebrando a abertura das fronteiras entre Berlim Ocidental e Oriental enquanto aguardam a derrubada do Muro de Berlim, 10 nov. 1989.

Instalação *Lichtgrenze* (fronteira de luz), em frente ao portão de Brandemburgo, para celebrar os 25 anos da queda do Muro de Berlim – 8 mil balões iluminados ocuparam o lugar do antigo muro. Berlim (Alemanha), 2014.

A GUERRA FRIA E OS BLOCOS ANTAGÔNICOS

Desfile comemorativo da Celebração Anual do Fim da Segunda Guerra Mundial. Praça Vermelha, Moscou (Rússia), maio 2007.

A expressão **Guerra Fria** é utilizada para designar a disputa pela hegemonia mundial entre os Estados Unidos da América e a União das Repúblicas Socialistas Soviéticas, as duas superpotências mundiais do pós-Segunda Guerra Mundial.

Tratava-se de um conflito que colocava em lados opostos e inconciliáveis a democracia liberal (associada a uma economia de livre mercado) e um sistema político comunista e unipartidário (vinculado a uma economia centralizada sob o controle do Estado).

Os dirigentes da União Soviética procuravam estimular e patrocinar revoluções socialistas em diversas partes do mundo.

Os governantes estadunidenses patrocinavam movimentos contrarrevolucionários e ditaduras civis e militares anticomunistas.

Nessas circunstâncias, a paz era praticamente impossível, pois cada uma das superpotências procurava ampliar sua influência em vários continentes. O confronto direto também era impossível, justamente porque ambos tinham poder militar e atômico suficiente para eliminar a espécie humana do planeta.

Era na verdade uma "paz armada". Em um confronto direto, não haveria vencedor. Por isso os conflitos ocorriam nas áreas periféricas: América Latina, África e Ásia.

Formaram-se assim dois blocos antagônicos: o **bloco socialista** (liderado pela União Soviética) e o **bloco capitalista** (liderado pelos Estados Unidos). O mundo assistiu a uma intensa disputa pela conquista de áreas de influência, que se estendia a todos os setores de atividade: economia, diplomacia, cultura, propaganda, tecnologia e esportes.

Desfile do Exército dos Estados Unidos. Cidade do Kansas, Missouri (EUA), set. 2001.

OS ACORDOS DE PAZ DO PÓS-GUERRA

Durante a Segunda Guerra, as divergências entre capitalistas e comunistas foram postas em segundo plano, em nome de um objetivo comum: derrotar as forças do nazifascismo.

Os conflitos de interesses começaram a ser negociados antes mesmo do final da guerra. Em 1941, Winston Churchill (1874-1965), primeiro-ministro da Inglaterra, e Franklin Delano Roosevelt (1882-1945), presidente dos Estados Unidos, firmaram um acordo conhecido como **Carta do Atlântico**, no qual se comprometiam a não participar de guerras de conquista e respeitar os direitos dos povos de escolherem suas formas de governo.

Em novembro de 1943 teve lugar a **Conferência de Teerã**, no Irã, onde Churchill e Roosevelt encontraram-se com o líder soviético Joseph Stálin. Nesse encontro ficou acertada a ação conjunta e coordenada dos Aliados. Enquanto a URSS mantinha a resistência contra as forças alemãs, a leste, coube aos ingleses e estadunidenses abrir uma segunda frente de batalha, a oeste, pelo norte da França, então ocupada pelos nazistas. De um lado, os soviéticos obrigavam os alemães a retrocederem, retomando zonas ocupadas, como Bulgária, Hungria e Polônia. Ao mesmo tempo, Inglaterra e Estados Unidos atacariam pelo outro lado.

Em Teerã nada foi resolvido, mas foi selado um pacto de cooperação para definir os rumos na busca pela vitória contra o inimigo.

TÁ LIGADO

1. Defina Guerra Fria.
2. Aponte as ações dos governantes da União Soviética durante a Guerra Fria.
3. Aponte as ações dos governantes dos Estados Unidos durante a Guerra Fria.
4. Aponte os dois blocos antagônicos característicos da Guerra Fria.

A CONFERÊNCIA DE YALTA

De 4 a 11 de fevereiro de 1945, Churchill, Roosevelt e Stálin se reuniram novamente, dessa vez na cidade de Yalta, província soviética localizada ao sul da Ucrânia, às margens do Mar Negro.

Nessa ocasião, a situação era completamente diferente. A Alemanha, praticamente ocupada, não resistiria por muito mais tempo, e o governo da Itália já se rendera. Só as forças militares do Japão ainda resistiam. Stálin, o líder soviético, estava mais fortalecido do que nunca, depois de uma série de vitórias do Exército russo contra os alemães.

As principais decisões de Yalta referiram-se às fronteiras soviéticas e ao destino dos países do Leste europeu. Nessa conferência, a União Soviética conseguiu recuperar quase todos os territórios perdidos durante a Primeira Guerra, anexando as repúblicas bálticas (Letônia, Lituânia e Estônia) e o leste da Polônia.

Fonte: Elaborado com base em DUBY, Georges. *Grand Atlas Historique*. Paris: Larousse, 2008.

ANEXAÇÕES TERRITORIAIS SOVIÉTICAS NO TRATADO DE YALTA (FEVEREIRO DE 1945)

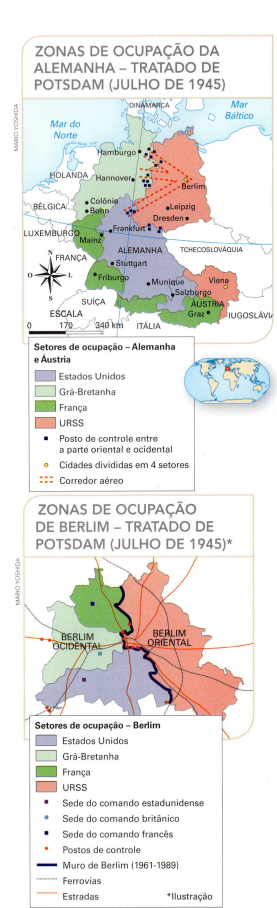

Fonte dos mapas: Elaborados com base em DUBY, Georges. *Grand Atlas Historique*. Paris: Larousse, 2008.

O Leste europeu transformou-se em uma faixa de segurança com relação às fronteiras da União Soviética e, por isso, foi denominado Cortina de Ferro por Churchill. Romênia, Bulgária e Hungria também passariam a integrar as áreas de influência soviética. Portanto, a **Conferência de Yalta** representou a consolidação da posição soviética na Europa Central e Oriental.

Entre abril e junho de 1945, ocorreu uma nova conferência, dessa vez na cidade de San Francisco (Estados Unidos), para discutir a substituição da antiga Liga das Nações por um novo organismo internacional encarregado de zelar pela paz e pela segurança mundiais. A Organização das Nações Unidas (ONU), como foi chamada a nova entidade, assumiria a tarefa de mediar situações de confronto, sugerir caminhos diplomáticos para a solução pacífica dos conflitos e, se necessário, adotar medidas drásticas de intervenção.

A CONFERÊNCIA DE POTSDAM

Em julho de 1945, ocorreu um novo encontro entre os líderes da Inglaterra, Estados Unidos e União Soviética. O local escolhido foi Postdam, subúrbio da cidade de Berlim. Nessa conferência, que ficou conhecida como **Conferência de Postdam**, os Estados Unidos estavam representados pelo presidente Harry Truman (1884-1972), que substituía Roosevelt, falecido naquele ano. O representante da Inglaterra era Clement Attlee, sucessor de Churchill como primeiro-ministro, que participou apenas do início do encontro dos líderes.

Com a rendição da Alemanha, em maio de 1945, e a ocupação de Berlim pelas tropas soviéticas, a principal medida da conferência foi justamente o futuro da Alemanha. Definiu-se a divisão do país e de sua capital, Berlim, em quatro zonas de ocupação (URSS, Estados Unidos, Inglaterra e França).

A partir desse acordo ficava evidente a nova correlação de forças e a intensificação das rivalidades. Na região oeste da Alemanha estavam as tropas militares dos países capitalistas; na região leste, as tropas militares socialistas.

Como Berlim situava-se no território controlado pela URSS, a cidade também foi dividida em quatro áreas: o lado oeste, capitalista, ocupado por ingleses, franceses e estadunidenses, e o lado leste, socialista, ocupado pelos soviéticos. Das cinzas da guerra surgia uma nova ordem mundial.

BIPOLARIZAÇÃO

> **TÁ LIGADO?**
>
> 5. Explique os características da chamada Doutrina Truman.

A divisão da Alemanha tornou-se o símbolo da nova ordem mundial instaurada após a Segunda Guerra. Como consequência dessa divisão, Estados Unidos e União Soviética também envolveram o restante do mundo em uma disputa crescente entre **países capitalistas** e **países socialistas**. Rivalidade que seria a principal marca das relações internacionais por décadas e que se caracterizaria por uma **bipolarização**.

Mal terminava a guerra e os ex-aliados abandonavam o espírito de cooperação internacional. A crença de que os soviéticos estavam empenhados em um plano secreto de dominar o mundo logo foi divulgada.

Já no início de 1946 o ex-primeiro-ministro britânico, Winston Churchill, em discurso, acusava Joseph Stálin de ser responsável pela divisão da Europa ao meio. Foi quando se utilizou pela primeira vez a expressão Cortina de Ferro para designar a tirania estabelecida pelo líder comunista nos países do Leste europeu. Churchill convocava os Estados Unidos a assumirem a liderança contra o expansionismo soviético.

Assim, os Estados Unidos tomavam a frente do bloco dos países capitalistas, que contava com fortes aliados entre os Estados da Europa ocidental (principalmente Inglaterra, França e Itália), além do Canadá e do Japão.

A União Soviética, por sua vez, tomava a frente do bloco dos países socialistas que contava com o apoio dos novos Estados que surgiram na Europa Oriental com o fim da guerra: Tchecoslováquia, Polônia, Hungria, Iugoslávia, Romênia, Bulgária e Albânia.

A RECONSTRUÇÃO DA EUROPA

Em 1945 a Europa exibia as marcas da destruição. Após seis anos de guerra, milhões de mortos, parques industriais e regiões agrícolas arrasados, desemprego, dívidas, economia instável e graves problemas sociais.

Os Estados Unidos, em contrapartida, se beneficiaram com a guerra e estavam em condições de financiar a recuperação dos países destruídos pelo conflito.

Em março de 1947, o presidente estadunidense Harry Truman, alarmado com a ameaça da expansão soviética em pontos estratégicos como a Turquia e a Grécia, localizados na Península Balcânica, proclamou uma política de apoio aos países sob ameaça soviética. Essa política ficou conhecida como **Doutrina Truman**. Rapidamente, Grécia e Turquia foram beneficiadas com o apoio militar e econômico dos Estados Unidos e passaram a integrar o bloco de países capitalistas.

Em junho do mesmo ano, o secretário de Estado estadunidense George Marshall anunciou um plano de ajuda econômica a toda a Europa ocidental e também aos países do Leste europeu. Procurava, com isso, desestimular movimentos socialistas nos países capitalistas e reintegrar os países socialistas ao sistema capitalista.

A cidade de Dresden destruída. Alemanha, 1945.

> **TÁ LIGADO?**
> 6. Explique o que foi o Plano Marshall.

A entrada massiva de capitais dos Estados Unidos nos países europeus, por meio do **Plano Marshall**, forçou Stálin a intensificar o controle sobre sua faixa de segurança no Leste europeu. Em 1947, ele promoveu a criação do Kominform (Comitê de Informação dos Partidos Comunistas Operários), organismo destinado a unificar a ação dos partidos comunistas e dos governos do Leste europeu sob seu controle. Criou também o Comecom (Conselho para Assistência Econômica Mútua), voltado para o desenvolvimento e cooperação econômica do bloco socialista.

Mas a fase mais tensa da Guerra Fria ocorreu no período de 1948 a 1953, com o bloqueio de Berlim e a Guerra da Coreia.

O BLOQUEIO DE BERLIM

O Plano Marshall inviabilizou o projeto de integração da Alemanha que havia sido discutido na Conferência de Postdam. Tornava-se impossível uma administração conjunta. Assim, Estados Unidos, França e Inglaterra decidiram unir todo o oeste da Alemanha, planejando a formação de um governo independente e pró-capitalista.

Diante do revigoramento da Alemanha Ocidental, devido aos investimentos maciços do Plano Marshall e à unificação administrativa, a União Soviética revidou, tentando isolar a cidade de Berlim, que ficava encravada na zona soviética.

Como a rede rodoviária estava sob o controle soviético, Stálin decretou o bloqueio dos setores ocidentais, barrando a passagem de caminhões e trens de abastecimento da cidade pela zona oriental da Alemanha.

O Ocidente contornou a situação utilizando um "corredor aéreo" que funcionava 24 horas por dia e conseguiu garantir o abastecimento de Berlim Ocidental.

Como consequência da crise, em 1949 foi criada, no lado oeste, a **República Federal da Alemanha (RFA)**, cuja capital seria a cidade de Bonn. Do lado soviético foi criada a **República Democrática Alemã (RDA)**, tendo Berlim Oriental como capital.

Nos anos seguintes, Berlim Ocidental tornou-se uma espécie de vitrine do mundo capitalista. Trabalhadores qualificados, intelectuais e muitos jovens do lado oriental fugiam para lá.

A propaganda capitalista soube explorar essas fugas como prova de que o sistema capitalista era muito melhor. Além dessas fugas, o contrabando de mercadorias e a frequente penetração de espiões ocidentais no Leste europeu, por Berlim Oriental, foram fatores decisivos para a tomada de nova medida dos soviéticos.

Em 1961, Moscou determinou a construção de um muro de 45 quilômetros de extensão e 3 metros de altura, defendido por minas explosivas e cercas de arame farpado. O Muro de Berlim constituiu-se como o principal símbolo da Guerra Fria. A Alemanha, assim, se tornou a maior expressão da divisão política, ideológica, econômica e militar do mundo.

Posto de fronteira. Berlim Ociental, década de 1970.

Posto de fronteira. Berlim Ocidental, 1961.

A Revolução Chinesa

A República foi proclamada na China em 1912, após séculos de regime monárquico. O principal agrupamento político antimonarquista era o Partido Popular Nacional (**Kuomintang**), fundado em 1905. Em 1921, foi fundado o Partido Comunista Chinês (**PCC**).

Na década de 1920, no entanto, a China estava dividida em áreas de influência de potências estrangeiras. Russos, ingleses, franceses e japoneses dominavam partes significativas do seu território.

Diante disso, o governo nacionalista chinês realizou uma aproximação com a União Soviética, que levou o PCC a aliar-se ao Kuomintang, procurando reforçar as medidas nacionalistas e a luta contra a presença estrangeira na China.

No entanto, em 1925, quando o Partido Popular Nacional chegou ao poder com Chiang Kai-Shek, ocorreu uma reviravolta nas relações políticas chinesas, que culminou com o massacre de comunistas em Xangai, em 1927. O governo declarava o Partido Comunista ilegal e passava a perseguir os seus militantes.

Em 1928, o governo de Chiang Kai-Shek conseguiu unificar a China, após vitoriosas campanhas militares no norte e no centro do país.

A perseguição desencadeada contra os comunistas provocou uma nova guerra civil. O líder Mao Tse-Tung (um dos dirigentes do PCC) fundou, em 1931, a República Soviética Chinesa no sudeste do país, e chegou a governar cerca de 10 milhões de habitantes.

Derrotadas pelo governo, em 1934, as forças comunistas empreenderam a chamada **Longa Marcha** pelo território

Viva o grande líder, presidente Mao. Celebração do 4º Congresso Nacional do Povo. Pôster de propaganda, 1975.

Cartazes como este se destacavam em todos os lugares: avenidas, estações ferroviárias e rodoviárias, escolas, edifícios, jornais, revistas. O presidente Mao Tse-Tung era sempre retratado como herói, cercado pelo povo.

chinês, na qual os líderes comunistas foram acompanhados por cerca de 100 mil pessoas, entre homens, mulheres e crianças, e que percorreu cerca de 10 mil quilômetros a pé em direção ao norte do país.

Aproveitando-se da guerra civil no país, tropas japonesas ocuparam a Manchúria, região no nordeste da China, e ali estabeleceram o Estado de Manchukuo, em 1932. Em 1934, a região passava a integrar-se ao Império do Japão e ameaçava estender-se a outras partes do território chinês.

Com isso, antigos adversários, comunistas e nacionalistas do Kuomintang, voltaram a firmar alianças para derrotar os invasores japoneses. Em 1937, a guerra sino-japonesa era oficialmente declarada e duraria até o final da Segunda Guerra Mundial.

Durante a guerra, o Exército Popular de Libertação, sob o comando comunista, passou a recrutar camponeses para suas fileiras e tornou-se a principal força militar chinesa.

Terminada a Segunda Guerra, com a rendição japonesa, mais uma vez nacionalistas e comunistas voltariam a se enfrentar. Da mesma maneira que ocorria na Europa, os Estados Unidos procuravam fortalecer os partidários do sistema capitalista, ou seja, os integrantes do Kuomintang. A União Soviética, evidentemente, apoiava Mao Tse-Tung e o Partido Comunista Chinês.

A guerra civil durou até 1949, quando as tropas comunistas ocuparam Pequim, forçando o líder do Partido Popular Nacional, Chiang Kai-Chek, e seus seguidores a se refugiarem na Ilha de Formosa, atual Taiwan. Em outubro, os comunistas proclamaram a **República Popular da China**, enquanto Chiang Kai-Chek fundava a **China Nacionalista** em Taiwan, apoiado pelos Estados Unidos.

A GUERRA DA COREIA

Com o fim da Segunda Guerra e a rendição do Japão, a Coreia, que até então estava sob controle japonês, foi libertada pelos Aliados e dividida em duas zonas de ocupação, a exemplo do que ocorrera com a Alemanha.

O território ao Norte passava ao controle da URSS, e os Estados Unidos assumiam o controle do território ao Sul. Em 1948, formaram-se dois países distintos: no Norte, **República Popular Democrática da Coreia**, comunista; no Sul, **República da Coreia**, capitalista.

Os governos dos dois países reclamavam o controle sobre todo o território coreano, o que tornou a fronteira entre eles palco de conflitos constantes.

Em 25 de junho de 1950, os exércitos do Norte, incentivados pela revolução comunista na China e com o pretexto de violação da fronteira, fizeram um ataque surpresa contra a República da Coreia e tomaram a capital, Seul.

A ONU condenou o ataque, declarou a República Popular agressora e enviou forças comandadas pelo general estadunidense Douglas McArthur para intervir no país. A URSS não se envolveu diretamente, mas prestou ajuda militar aos norte-coreanos.

O conflito foi brutal e as tropas das Nações Unidas penetraram no território norte-coreano até a fronteira com a China. Diante da ameaça ocidental, o governo de Pequim ordenou uma poderosa ofensiva que provocou o recuo das tropas de McArthur.

Após muitas mortes dos dois lados, em junho de 1951 começaram as negociações de paz, que duraram mais de dois anos e resultaram em um cessar-fogo, assinado em 27 de julho de 1953, que confirmou a divisão feita em 1948.

Prisioneiros de guerra. Coreia, set. 1950.

A Guerra da Coreia foi brutal, além de ser mais uma demonstração da divisão do mundo entre as potências antagônicas. Milhares de mortos e feridos foi o saldo deixado por mais um conflito da Guerra Fria.

Fonte: Elaborado com base em KINDER, H.; HILGEMANN, W. *Atlas histórico mundial*. Madrid: Istmo, 2007.

A CORRIDA ARMAMENTISTA: O PLANETA EM PERIGO

A bomba atômica anunciou o começo de uma nova era para a humanidade. Uma era de pesadelo. Tanto o bloco capitalista como o bloco socialista se armaram, com arsenais cada vez mais potentes, para se proteger um do outro. Esse processo ficou conhecido como **corrida armamentista**.

Em 1949, os soviéticos começaram seu programa de pesquisa para a construção da bomba atômica, enquanto os Estados Unidos aperfeiçoavam seus armamentos nucleares. Em 1952, os estadunidenses testavam a primeira bomba de hidrogênio, seguidos pelos soviéticos três anos depois.

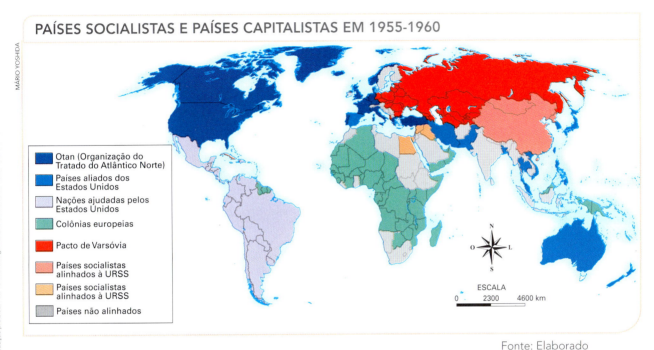

Fonte: Elaborado com base em KINDER, H.; HILGEMANN, W. *Atlas histórico mundial*. Madrid: Istmo, 2007.

Alianças militares

A Organização do Tratado do Atlântico Norte (**Otan**) surgiu em abril de 1949, durante a crise do bloqueio de Berlim. Esse tratado estabelecia o compromisso de cooperação militar e auxílio mútuo em caso de ataque a qualquer um dos países-membros, que, sob o comando dos Estados Unidos (o principal financiador das atividades da organização), se reuniram em Washington para assiná-lo. Da reunião participaram representantes do Canadá e de mais quatorze países europeus: Bélgica, Dinamarca, Espanha, França, Grécia, Holanda, Islândia, Itália, Luxemburgo, Noruega, Portugal, Reino Unido, República Federal da Alemanha e Turquia.

Em maio de 1955, a URSS e seus aliados do Leste europeu formaram o **Pacto de Varsóvia** para fazer oposição à Otan. O tratado que deu origem a essa aliança foi firmado em Varsóvia, capital da Polônia, e estabeleceu o compromisso de ajuda em caso de agressão militar a um dos países-membros.

Sob o comando da URSS, reuniram-se: República Democrática Alemã (RDA), Polônia, Hungria, Romênia, Bulgária e Tchecoslováquia.

TÁ LIGADO?

7. Explique o que foi a corrida armamentista.

8. Aponte o que é a Otan.

9. Aponte o que foi o Pacto de Varsóvia.

ESPIONAGEM: CIA *VERSUS* KGB

> A Guerra Fria no cinema
> Multimídia

O perigo nuclear aumentou com a entrada da Inglaterra, França e China na corrida armamentista. É nesse clima de tensão que também se intensificam as atividades de espionagem, diretamente ligadas às necessidades que as superpotências tinham de descobrir detalhes sobre as novas conquistas tecnológicas do adversário. Foi durante a Guerra Fria que a espionagem adquiriu a importância que ainda tem nos dias de hoje.

Nesse período, a central soviética de informação e espionagem era a **KGB** (Comitê de Segurança do Estado). Os Estados Unidos concentravam seu serviço de informação e espionagem na **CIA** (Agência Central de Informações). Enquanto a CIA desenvolvia ações no exterior, coletando informações sobre diversos países, o **FBI**, a polícia federal estadunidense, cuidava dos assuntos internos do país.

O cinema e a Guerra Fria

Na década de 1960, surgia nas telas de cinema um agente secreto elegante, sedutor e implacável: James Bond. Conhecido também pelo código 007, em que os dois zeros significavam licença para matar e 7, o número de seu posto no fictício Serviço Secreto Britânico, o M16.

Com tramas mirabolantes, recheadas de alta tecnologia, vilões cruéis e mulheres deslumbrantes, nascia uma fórmula de sucesso. Era um verdadeiro príncipe encantado que saía em defesa das potências ocidentais contra o "monstro soviético".

Cineastas europeus e estadunidenses produziram aventuras, dramas e comédias com espiões dos mais variados tipos. Os filmes de James Bond estão diretamente ligados a esse período e nos dão uma ideia da importância do cinema no cenário da Guerra Fria.

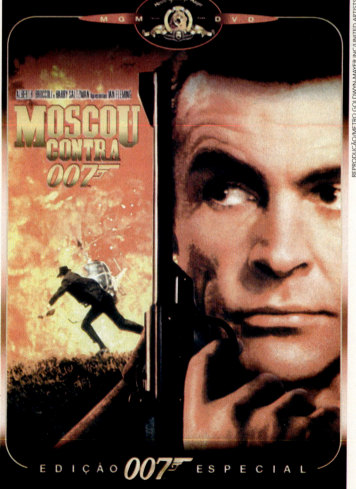

Capa do DVD *Moscou contra 007*, direção de Terence Young. EUA, 1963.

No filme, o agente britânico 007 (papel celebrizado por Sean Connery) tem a missão de ajudar uma agente secreta soviética desertora a fugir de seu país e recuperar uma máquina capaz de decifrar importantes códigos secretos.

138 CAPÍTULO 6 | A Guerra Fria

Nessa mesma época, o FBI deu suporte à obsessão anticomunista, que ficou conhecida pelo nome de **macartismo** por causa do seu criador, o senador Joseph McCarthy. Na década de 1950 o senador foi responsável pela criação de um Comitê de Investigação de Atividades Antiamericanas, que perseguia intelectuais suspeitos de defender ideias socialistas.

McCarthy acreditava que o seu país estava infestado de espiões soviéticos e que a única solução era condená-los à morte, o que desencadeou uma verdadeira "caça às bruxas".

TÁ LIGADO?

10. Defina KGB e CIA.

11. Explique o que foi o macartismo.

A GUERRA DAS IMAGENS: O IMPACTO CULTURAL

A Guerra Fria representou muito mais que uma disputa política, armamentista, tecnológica, econômica ou geopolítica. Ela proporcionou uma importante representação cultural, que retratava o antagonismo capitalismo *versus* socialismo como uma luta entre o bem e o mal. A propaganda política de cada lado apresentava o seu sistema como o melhor, o mais perfeito. Era a oposição entre os dois ideais de felicidade: o capitalista e o socialista.

Para os socialistas a felicidade estava em uma sociedade igualitária, em que o Estado garantiria as condições de uma vida decente para seus cidadãos: moradia, trabalho, educação. O interesse coletivo tinha prioridade sobre as ambições individuais.

Os capitalistas pensavam justamente o contrário. A felicidade era sinônimo de riqueza e bem-estar individual. O Estado deveria garantir a cada um o direito de perseguir livremente seus objetivos e, a partir daí, construir sua própria felicidade.

Ao longo desse período, o mundo foi bombardeado com imagens que procuravam demonstrar a superioridade de um sistema sobre o outro. Ou melhor, procuravam demonstrar que cada um era o único sistema de organização possível.

Do lado capitalista, o paraíso assumia a forma de carros, aspiradores de pó, liquidificadores, geladeiras, televisores, liberdade de opinião. Ao mesmo tempo divulgavam-se imagens associando o socialismo a um inferno em que a opinião era controlada pela polícia e pelo Estado e o povo tinha dificuldades para adquirir produtos básicos como pão, leite, carne e outros gêneros de primeira necessidade.

Eletrodomésticos como liquidificador, aspirador de pó, rádio, geladeira e televisão tornaram-se o sonho de consumo das famílias das sociedades capitalistas.

Propaganda de publicidade de aspirador de pó, René Ahri. Litografia colorida, década de 1950.

Os socialistas e comunistas, por outro lado, anunciavam também uma vida paradisíaca em que o trabalhador era a grandeza da nação e o Estado, o grande provedor. Os cidadãos não precisavam se preocupar com emprego, educação, moradia. A terra era de todos e garantia fartura para todos. Já o capitalismo era apresentado como um mundo decadente, em que a vida era boa para alguns poucos, mas a maioria vivia em situação de miséria e exploração.

A COEXISTÊNCIA PACÍFICA

Em 1953, as relações entre os Estados Unidos e a União Soviética entraram em uma nova fase. A bipolarização rígida do pós-guerra começou a ser substituída por uma convivência mais flexível, possibilitada por meio de acordos e negociações. **Coexistência pacífica**, **distensão** ou *détente* são os nomes geralmente atribuídos a esse novo período da política mundial.

Esses acordos envolviam principalmente a desaceleração da corrida armamentista. Isso não significava desarmamento, mas apenas controle dos armamentos. A coexistência pacífica não punha um fim às rivalidades, mas abria novas alternativas de entendimento e aproximação entre as superpotências.

A partir de 1960, porém, surgiram novos focos de tensão no mundo, pondo em risco o frágil relacionamento entre estadunidenses e soviéticos e até mesmo a paz mundial. Nesse ano um avião dos Estados Unidos em missão de espionagem foi abatido em território soviético. No ano seguinte teve início a construção do Muro de Berlim. Em 1962, com a descoberta de mísseis soviéticos instalados em Cuba, as relações entre Moscou e Washington chegaram a um ponto crítico. O mundo viveu momentos de muita tensão com a possibilidade de uma guerra nuclear.

Em meio a essas crises, as duas superpotências decidiram adotar uma política cujo objetivo era equilibrar as forças entre os dois blocos. As negociações tiveram início com tratados para impedir a proliferação de armas nucleares. O primeiro acordo, denominado SALT I (*Strategic Arms Limitation*

Com a morte de Stálin, em 1953, seu sucessor, Nikita Krushev (1894-1971), iniciou uma pequena abertura ao diálogo com o Ocidente capitalista e ressaltou a necessidade de uma convivência pacífica.
Em junho de 1961, Krushev reuniu-se com o então presidente estadunidense John Kennedy (1917-1963). Embora tivessem mantido o clima de coexistência pacífica, em agosto de 1961 as relações soviético-americanas sofreram um abalo quando foi erguido o Muro de Berlim.

John F. Kennedy e Nikita Krushev em reunião na embaixada dos Estados Unidos. Viena (Áustria), 1961.

Richard Nixon e Brejnev assinam tratado para a limitação das armas estratégicas. Kremlin, Moscou, 1972.

Talks – Conversações sobre a limitação de armas estratégicas), foi finalizado em 1972 pelo presidente estadunidense Richard Nixon e pelo líder soviético Leonid Brejnev.

Novos momentos de tensão ocorreram com a invasão do Afeganistão pela União Soviética (1979) e a decisão do então presidente Ronald Reagan (1911-2004) de instalar mísseis na Europa (início da década de 1980).

Esses fatos pareciam indicar que jamais se chegaria a uma harmonia duradoura enquanto existisse rivalidade entre as duas superpotências.

Cada governo tentava provar sua superioridade. Disputavam a maior capacidade militar. Disputavam a Lua, a atmosfera, o espaço sideral. E disputavam Jogos Olímpicos.

TÁ LIGADO?

12. Explique o que foi a coexistência pacífica.

A guerra esquenta nos tabuleiros de xadrez

As tensões da Guerra Fria fizeram-se sentir em diversas outras cidades além de Berlim. Havana, Jerusalém, Cabul, Pequim e Saigon foram palcos de disputas entre as duas superpotências nucleares.

Reykjavík, na Islândia, também. Nessa cidade, em 11 de julho de 1972, teve início a disputa pelo título mundial de xadrez envolvendo o soviético Boris Spassky, campeão mundial, e o estadunidense desafiante, Bob Fischer. Em 1º de setembro, após 21 partidas, catimbas, intimidações, guerras de nervos, provocações e lances de espionagem da KGB e da CIA, Bob Fischer venceu e foi declarado campeão do mundo.

Boris Spassky × Bobby Fischer, Campeonato Mundial de Xadrez. Reykjavík (Islândia), 1972.

Desafiado por um outro soviético, Anatoly Karpov, Fischer recusou-se a defender seu título, que passou a ser ostentado por Karpov a partir de 1975.

O jogo de xadrez era uma tradição na União Soviética. Jogado pelos revolucionários em cafés e prisões desde o século XIX, era muito apreciado e praticado por Lênin e Trotsky. Tornou-se peça de propaganda de uma suposta superioridade comunista durante a ditadura de Stálin, que incentivou as competições e estudos sobre o xadrez. Em razão disso, os grandes campeões mundiais da modalidade entre 1948 e 1972 foram todos soviéticos.

Em 1978, um novo lance do xadrez da Guerra Fria. O dissidente soviético naturalizado suíço, Viktor Korchnoi, desafiou e perdeu para Karpov. Voltaria a fazê-lo em 1981, sofrendo uma nova derrota.

Karpov perderia seu título mundial para o jovem soviético Garry Kasparov, de apenas 22 anos, em novembro de 1985. A Guerra Fria já estava com seus dias contados. Àquela altura, a União Soviética já era dirigida por Mikhail Gorbatchev.

EM DESTAQUE

A Organização das Nações Unidas

ONU ▸ Organização das Nações Unidas

Entre abril e junho de 1945, representantes de 51 países se reuniram na cidade de San Francisco (EUA), para formar a Organização das Nações Unidas (ONU).

Objetivos
- Defesa da paz mundial.
- Defesa dos direitos humanos.
- Igualdade de direitos para todos os povos.
- Melhoria do nível de vida em todo o mundo.

Estrutura

- Desarmamento
- Energia atômica
- Eleições

Comissões

Conselho de Segurança — 15 países

Assembleia Geral — 193 países. Principal órgão deliberativo da ONU, onde todos os 193 membros têm igualdade de voto.

Comissões de Paz
Forças de segurança da ONU
Tribunal Internacional de Justiça
Conselho Econômico e Social
Secretaria

5 membros permanentes com direito de **veto**: China, França, Rússia, Reino Unido, Estados Unidos.

10 membros eleitos a cada dois anos pela Assembleia Geral **sem** direito de **veto**.

Veto
Recurso para reverter resoluções do Conselho e da Assembleia.

Fonte: Elaborado com base em KINDER, H.; HILGEMANN, W. *Atlas histórico mundial*. Madrid: Istmo, 2007. v. 2, p. 244.

Secretário-geral ▸ é o chefe administrativo oficial e pode chamar a atenção do Conselho de Segurança sobre questões que ameacem a manutenção da paz e da segurança internacional. É eleito pela Assembleia Geral, seguindo recomendação do Conselho de Segurança.

Sede da ONU. Nova York, 1955.

Orçamento

5,15 bilhões de dólares

O orçamento da ONU é formado por recursos arrecadados entre os 193 países-membros e utilizado para pagamentos dos 82 mil funcionários da organização, além dos repasses para programas das entidades listadas na página 143. Os valores máximos de doação são: 22% para países desenvolvidos e 1% para países em desenvolvimento.

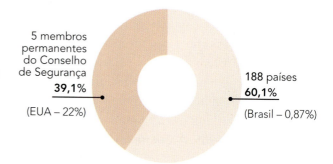

5 membros permanentes do Conselho de Segurança
39,1%
(EUA – 22%)

188 países
60,1%
(Brasil – 0,87%)

142 — CAPÍTULO 6 | A Guerra Fria

ÓRGÃOS ESPECIALIZADOS

Sigla	Área de atuação
Unicef	Defesa dos direitos da criança
Unesco	Educação, Ciência e Cultura
AIEA	Energia atômica
OMS	Saúde
FAO	Alimentação e agricultura
FMI	Assuntos financeiros

Capacete da ONU. Nova York, 2008.

Forças de Paz
Tropas de diferentes países atuam em guerras civis e esforços de reconstrução, como no caso da Missão de Paz no Haiti, iniciada em 2004.

Embargos
Principal arma de pressão sobre países contrários aos princípios de paz e ideais humanitários, as sanções e embargos são votados nas assembleias da ONU e implementados por seus países-membros.

O Brasil na ONU
Em 2005, o Brasil, em conjunto com a Alemanha, Índia e Japão, formalizou uma proposta para reforma do Conselho de Segurança. A proposta apresentada pelo chamado G4 defende a inclusão de seis novos integrantes permanentes (atualmente há cinco), divididos entre dois países africanos, dois asiáticos, um da América do Sul ou Caribe e um da Europa Ocidental ou de outros países, e mais quatro não permanentes (hoje são dez).

No entanto, a proposta enfrenta vários obstáculos para sua aprovação. Há o temor dos vizinhos do G4 de desequilíbrio de poder em suas regiões, por isso o Paquistão é contra a entrada da Índia, a Coreia do Sul e a China contra o Japão, a Argentina e o México contra o Brasil, e a Itália contra a Alemanha. Além disso, EUA, Rússia e China não têm interesse em nenhuma reforma que reduza seus poderes.

DECLARAÇÃO UNIVERSAL DOS DIREITOS HUMANOS – PREÂMBULO

Considerando que o reconhecimento da dignidade inerente a todos os membros da família humana e dos seus direitos iguais e inalienáveis constitui o fundamento da liberdade, da justiça e da paz no mundo;

Considerando que o desconhecimento e o desprezo dos direitos humanos conduziram a atos de barbárie que revoltam a consciência da Humanidade e que o advento de um mundo em que os seres humanos sejam livres de falar e de crer, libertos do terror e da miséria, foi proclamado como a mais alta inspiração humana;

Considerando que é essencial a proteção dos direitos humanos através de um regime de direito, para que o homem não seja compelido, em supremo recurso, à revolta contra a tirania e a opressão; [...]

Considerando que, na Carta, os povos das Nações Unidas proclamam, de novo, a sua fé nos direitos fundamentais humanos, na dignidade e no valor da pessoa humana, na igualdade de direitos dos homens e das mulheres e se declararam resolvidos a favorecer o progresso social e a instaurar melhores condições de vida dentro de uma liberdade mais ampla;

Considerando que os Estados membros se comprometeram a promover, em cooperação com a Organização das Nações Unidas, o respeito universal e efetivo dos direitos humanos e das liberdades fundamentais; [...]

A Assembleia Geral proclama a presente Declaração Universal dos Direitos Humanos como ideal comum a atingir por todos os povos e todas as nações, a fim de que todos os indivíduos e todos os órgãos da sociedade, tendo-a constantemente no espírito, se esforcem, pelo ensino e pela educação, por desenvolver o respeito desses direitos e liberdades e por promover, por medidas progressivas de ordem nacional e internacional, o seu reconhecimento e a sua aplicação universais e efetivos tanto entre as populações dos próprios Estados membros como entre as dos territórios colocados sob a sua jurisdição. [...]

Disponível em: <https://www.ohchr.org/EN/UDHR/Pages/Language.aspx?LangID=por>. Acesso em: 3 out. 2018.

1. Leia com atenção o preâmbulo da Declaração Universal dos Direitos Humanos e discuta o papel do Conselho de Segurança da ONU em sua aplicação.

2. No seu caderno, explique a proposta do G4 de reforma do Conselho de Segurança da ONU e por que o Brasil tem interesse nessa reforma.

3. Faça uma pesquisa a respeito das reações do governo argentino com relação às pretensões brasileiras. Registre os resultados no seu caderno.

OS JOGOS OLÍMPICOS DURANTE A GUERRA FRIA

Durante a Segunda Guerra Mundial (1939-1945) não foram organizados Jogos Olímpicos. Os atletas só voltariam a se reunir em Londres em 1948. Sem a presença da URSS, que só participaria das Olimpíadas a partir de 1952. Também sem a presença dos alemães, que só enviariam uma delegação olímpica em 1956 para a Austrália. Em 1960, no auge da Guerra Fria, chegavam a Roma duas delegações germânicas: uma representando a Alemanha Ocidental e outra, a Alemanha Oriental.

Ainda em 1960, na Itália, os soviéticos enviaram uma delegação de mais de trezentos atletas. Ficaram em primeiro lugar, à frente dos Estados Unidos. Na edição anterior, em 1956, em Melbourne, os atletas da URSS também haviam conquistado o primeiro lugar na competição. Os Estados Unidos levaram a melhor em 1948, 1952, 1964 e 1968.

Fonte: Elaborado com base em <http://goo.gl/bWJ9hJ>. Acesso em: 25 set. 2018.

Em 1972, na Alemanha, os soviéticos passaram os Estados Unidos no quadro de medalhas. A Alemanha Oriental ficou em terceiro lugar, à frente da Alemanha Ocidental. Em 1976, no Canadá, mais uma vez a URSS conseguiu a primeira posição. Os Estados Unidos amargaram o terceiro lugar, atrás da Alemanha Oriental. Os comunistas estavam ganhando.

Em Moscou, em 1980, os quatro primeiros países eram socialistas: URSS, Alemanha Oriental, Bulgária e Cuba. Os Estados Unidos boicotaram esses Jogos Olímpicos por motivos políticos: em 1979, tropas da URSS haviam invadido o Afeganistão para impedir que guerrilheiros muçulmanos apoiados e armados pelo governo dos Estados Unidos tomassem o poder. Em 1984, foi a vez de a URSS dar o troco. A maior parte dos países comunistas boicotou os Jogos Olímpicos de Los Angeles.

As vitórias comunistas no esporte encobriam os graves problemas sociais vividos em seus países. Além da falta de liberdade política, os investimentos em armamentos e operações militares, os desvios políticos da burocracia estatal e a perda gradativa da capacidade de investimentos geraram uma onda de descontentamento que derrubou os regimes socialistas europeus como um castelo de areia.

O colapso da economia soviética já era evidente no início dos anos 1980. Em 1985, os soviéticos abandonaram os testes nucleares e passaram a estabelecer uma política de diálogo estreito com os Estados Unidos. Em 1988, as tropas soviéticas deixavam o Afeganistão. E o ano de 1989 seria marcado pela derrubada de muitos muros construídos em nome do socialismo.

Medalhas do Brasil

Jogos Olímpicos	🥇	🥈	🥉
Antuérpia – 1920	1	1	1
Paris – 1924	0	0	0
Los Angeles – 1932	0	0	0
Berlim – 1936	0	0	0
Londres – 1948	0	0	1
Helsinque – 1952	1	0	2
Melbourne – 1956	1	0	0
Roma – 1960	0	0	2
Tóquio – 1964	0	0	1
México – 1968	0	1	2
Munique – 1972	0	0	2
Montreal – 1976	0	0	2
Moscou – 1980	2	0	2
Los Angeles – 1984	1	5	2
Seul – 1988	1	2	3

QUEBRA-CABEÇA

1. Releia o quadro complementar "A Revolução Chinesa" (p. 135). Agora responda ao que se pede:
   a) Identifique a situação da China na década de 1920.
   b) Identifique as razões das aproximações e dos conflitos entre o Kuomintang e o Partido Comunista Chinês.
   c) Explique como os acontecimentos da Segunda Guerra Mundial interferiram na política interna chinesa.

2. Defina cada um dos conceitos abaixo e organize um pequeno dicionário conceitual em seu caderno:
   - Guerra Fria
   - bipolarização
   - Doutrina Truman
   - Plano Marshall
   - Kuomintang
   - corrida armamentista
   - Otan
   - Pacto de Varsóvia
   - KGB
   - CIA
   - macartismo
   - coexistência pacífica

3. No seu caderno, apresente os motivos que levaram os soviéticos a construir o Muro de Berlim.

4. Aponte os ideais de felicidade para capitalistas e socialistas.

5. Nas tabelas da página 144:
   a) A URSS não participou dos Jogos Olímpicos de 1948, disputados em Londres. Em qual contexto político esses jogos foram disputados?
   b) Explique por que havia duas delegações alemãs nos Jogos de 1972, 1976 e 1988. Desde quando ocorria essa situação?
   c) As disputas nos Jogos Olímpicos entre 1948 e 1988 foram marcadas pela Guerra Fria? Justifique sua resposta com dados retirados das tabelas.

6. Vamos construir nossos *tags*. Siga as instruções do *Pesquisando na internet*, na seção **Passo a passo** (p. 7), utilizando as palavras-chave abaixo:

   FBI **CIA** **KGB**

A Guerra Fria | CAPÍTULO 6 — 145

LEITURA COMPLEMENTAR

Leia com atenção o texto de Milovan Djilas, um dissidente comunista que chegou à vice-presidência da Iugoslávia. Foi preso durante anos devido às suas críticas ao regime.

A seguir, trabalhe as questões propostas.

A NOVA CLASSE

Na URSS e em outros países, os acontecimentos diferiram das previsões dos líderes [...] Eles esperavam que o Estado desaparecesse rapidamente, e a democracia se fortificasse. Foi o contrário que aconteceu. Esperavam uma rápida melhoria do nível de vida – e houve pouca modificação a esse respeito; nos dominados países do Oriente europeu o padrão de vida chegou a declinar. Em todos os países o padrão de vida deixou de se elevar em proporção com o índice de industrialização, que foi muito mais rápido.

A maior ilusão foi a de que a industrialização e a coletivização na URSS, e a destruição da propriedade capitalista, trariam como resultado uma sociedade sem classes. Em 1936, ao ser promulgada a nova Constituição, Stálin anunciou que a "classe exploradora" tinha deixado de existir. O capitalismo e outras classes antigas tinham de fato sido destruídos, mas uma nova classe, antes desconhecida na história, se havia formado.

[...] Na URSS [...] a nova classe formou-se definidamente após a subida ao poder. Sua consciência teve de desenvolver-se antes de seu poder econômico e material [...] A promessa de um mundo ideal aumentava a fé nas fileiras da nova classe e semeava ilusões na massa, ao mesmo tempo que inspirava gigantescos empreendimentos materiais.

[...] As raízes da nova classe germinaram num partido especial, do tipo bolchevique. Lênin tinha razão ao considerar o seu partido como uma exceção na história da sociedade humana, embora não suspeitasse que ele seria o princípio de uma nova classe. [...]

A origem social da nova classe está no proletariado, assim como a aristocracia nasceu de uma sociedade camponesa e a burguesia de uma sociedade comercial e artesanal. Há exceções, segundo as condições nacionais, mas o proletariado dos países economicamente subdesenvolvidos, atrasados, constitui a matéria-prima para a nova classe.

Há outras razões pelas quais a nova classe age sempre como campeã das classes trabalhadoras. Ela é anticapitalista e, consequentemente, depende das camadas trabalhadoras. A nova classe é sustentada pela luta proletária e pela fé tradicional que o proletariado deposita numa sociedade socialista, comunista, sem explorações brutais. É vitalmente importante para a nova classe assegurar um ritmo normal de produção, de forma a não perder nunca seu contato com o operariado.

O movimento da nova classe em direção ao poder resulta dos esforços do proletariado e dos pobres. São eles a massa para a qual o partido ou a nova classe deve inclinar-se, e a eles estão mais estreitamente ligados os seus interesses, até que ela possa impor seu poder e autoridade. Acima e além disso, a nova classe interessa-se pelo proletariado e pelos pobres apenas na medida em que eles lhe são necessários para o aumento da produção e a repressão às forças sociais mais agressivas e rebeldes.

O monopólio que, em nome da classe trabalhadora, se estabelece sobre toda a sociedade, é exercido principalmente sobre essa mesma classe trabalhadora. É um monopólio a princípio intelectual, sobre a chamada vanguarda proletária, daí se estende a todo o proletariado. [...]

Antigos filhos da classe trabalhadora são os mais afoitos membros da nova classe. [...] Neste caso, uma nova classe dominante e exploradora nasceu da classe explorada.

DJILAS, Milovan. A nova classe: uma análise do sistema comunista. São Paulo: Círculo do Livro, 1980. p. 41-45.

1. Stálin afirmou em 1936 que a classe exploradora tinha desaparecido na União Soviética. De acordo com o autor do texto, isso não teria acontecido. Identifique:
   a) a classe exploradora na União Soviética de acordo com Milovan Djilas;
   b) a origem social dessa classe exploradora.

2. De acordo com Djilas, essa nova classe agiria como "campeã das classes trabalhadoras". Aponte as relações existentes entre essa classe exploradora e as classes trabalhadoras.

PONTO DE VISTA

Emblemas socialistas

A seguir, há três imagens relacionadas com o socialismo e o comunismo. Pesquise a respeito do significado de cada elemento presente nelas. Identifique os partidos políticos brasileiros que poderiam ser associados a cada um desses símbolos.

Foice e martelo, símbolo do comunismo. Gravura colorida.

Símbolo da Quarta Internacional. Gravura colorida.

Símbolo da Internacional Socialista. Gravura colorida.

PERMANÊNCIAS E RUPTURAS

Consumismo

Os bens de consumo, como eletrodomésticos e automóveis, eram símbolos do sucesso do capitalismo durante a Guerra Fria.

Analise o seu cotidiano. Faça uma lista com os produtos e serviços atuais que se tornaram aparentemente indispensáveis à felicidade humana na sociedade capitalista. Escolha um desses produtos e faça uma contrapropaganda, ou seja, procure demonstrar como o consumo de tal produto pode ser dispensável e até mesmo prejudicial à vida social.

TRÉPLICA

 Filmes

Cidadão Cohn
EUA, 1992.
Direção de Frank Pierson.

Participação de um advogado que atuava com o senador McCarthy na perseguição aos estadunidenses considerados esquerdistas.

O dia seguinte
EUA, 1983.
Direção de Nicholas Meyer.

O filme apresenta as possíveis consequências de um bombardeio nuclear sobre os Estados Unidos.

 Livros

O espião que saiu do frio
CARRÉ, John le. São Paulo: Abril Cultural, 1980.

Guerra Fria: terror de Estado, política e cultura
ARBEX JR., J. São Paulo: Moderna, 1997.

Sites
(Acessos em: 25 set. 2018)

<https://bit.ly/2xUTiDq>

Tour virtual pelo histórico Palácio das Nações, na sede da ONU de Genebra, Suíça, permite acessar fotos e obras de arte. Em inglês.

<http://goo.gl/Z9klFS>

Especial sobre os vinte anos da queda do Muro de Berlim.

3º Bimestre

CAPÍTULO 7
A democracia populista

PORTAS ABERTAS

OBSERVE AS IMAGENS

1. No seu caderno, identifique a data, o lugar e o tema de cada uma das fotos.

2. Todas essas imagens referem-se à História política brasileira no período entre 1945 e 1964, mas estão fora da sequência cronológica correta. Indique a sequência correta de acordo com a numeração das imagens.

3. Tendo por base a análise das imagens, como se pode considerar a situação política brasileira entre 1945 e 1964?

Marcha da Família com Deus pela Liberdade passa pelo Viaduto do Chá. São Paulo (Brasil), 19 mar. 1964.

Enterro de Getúlio Vargas. Rio de Janeiro, Rio de Janeiro (Brasil), 25 ago. 1954.

Manifestação do CGT na Avenida Rio Branco. Rio de Janeiro, Rio de Janeiro (Brasil), 1962.

148 CAPÍTULO 7 | A democracia populista

Comício das Reformas, Central do Brasil. Rio de Janeiro, Rio de Janeiro (Brasil), 13 mar. 1964.

Marcha da Vitória. Avenida Rio Branco, Rio de Janeiro, Rio de Janeiro (Brasil), 2 abr. 1964.

Multidão em comício Queremista. Largo da Carioca, Rio de Janeiro, Rio de Janeiro (Brasil), 1950.

A democracia populista | CAPÍTULO 7   149

O FIM DO ESTADO NOVO

Charge, J. Carlos. Publicada na Revista *Careta*, Rio de Janeiro, dez. 1944.

Na charge, o expedicionário brasileiro interroga o inimigo sobre a sua cruz de ferro (condecoração nazista).

Em 1943, a ditadura do Estado Novo começou a apresentar sinais de crise. Pressionado pelos Estados Unidos para apoiar os Aliados na guerra contra a Itália fascista e a Alemanha nazista, Vargas acabou concordando, apesar da simpatia de integrantes de seu governo por esses regimes totalitários.

Em janeiro de 1942, o governo brasileiro rompia as relações diplomáticas com os países do Eixo. Como represália, submarinos alemães passaram a atacar navios mercantes do Brasil. Em 31 de agosto de 1942, o governo Vargas declarava guerra à Alemanha, Itália e Japão. A entrada na guerra ao lado dos Estados Unidos e Aliados significava alinhar o Brasil com os países democráticos e contra os regimes ditatoriais, uma contradição direta com o fato de o país viver sob uma ditadura.

Futebol: nacionalismo e contestação política

A declaração de guerra do governo brasileiro aos países do Eixo trouxe consequências ao futebol. Os clubes diretamente vinculados aos italianos, como o Palestra Itália de São Paulo e o Palestra Itália de Belo Horizonte, passaram a ser hostilizados pelas torcidas adversárias. Acusados de inimigos da pátria, a alternativa desses clubes foi alterar suas denominações para Palmeiras e Cruzeiro, respectivamente. O Goiás Esporte Clube, fundado em 1943, que iria se chamar Palestra Itália, em homenagem ao clube paulista, também alterou seu nome às pressas para evitar perseguições políticas.

A primeira partida da Sociedade Esportiva Palmeiras ocorreu no Estádio do Pacaembu, na final do Campeonato Paulista de Futebol, contra o São Paulo Futebol Clube, menos de um mês depois da entrada oficial do Brasil na guerra. Após uma semana de rumores sobre o confisco do Estádio do Parque Antártica (pertencente ao Palmeiras), e de notícias acerca dos confrontos entre russos e alemães em Stalingrado, os jogadores do Palmeiras entraram em campo com um novo uniforme e uma enorme bandeira do Brasil, tendo à frente o capitão do Exército Adalberto Mendes. A demonstração nacionalista não impediu que os torcedores do São Paulo vaiassem os "inimigos" da pátria. O jogo, que acabou decidindo o campeonato, foi marcado pela violência de ambos os times e foi encerrado com o abandono de campo pelo time tricolor, antes do final do segundo tempo. As hostilidades revelavam um novo dado sobre a sociedade brasileira.

Jogadores do Palmeiras (acima) e do São Paulo (abaixo) antes da partida final do Campeonato Paulista, 1942.

Em 1943, numa partida entre as seleções paulista e gaúcha, a torcida de São Paulo formou uma enorme bandeira do estado com pedaços de papelão empunhados individualmente pelos torcedores. Era uma maneira de desafiar o governo de Vargas, que derrotara os paulistas em 1932 e procurava impedir manifestações de caráter regionalista.

A OPOSIÇÃO A VARGAS

A oposição, aproveitando-se da entrada na guerra ao lado dos Aliados, deu início a um movimento pela redemocratização. Em outubro de 1943 era publicado o **Manifesto dos Mineiros**, assinado por políticos, jornalistas, empresários, professores e advogados de destaque em Minas Gerais, que exigia a redemocratização do Brasil.

No ano seguinte o movimento intensificou-se e, em 1945, grande parte da oposição a Vargas reuniu-se na **União Democrática Nacional (UDN)**, partido que lançou a candidatura do brigadeiro Eduardo Gomes para a presidência da República.

O DIP (Departamento de Imprensa e Propaganda) não conseguia mais controlar os órgãos de comunicação. Em fevereiro de 1945, o jornal *Correio da Manhã* rompia a censura e publicava uma entrevista do político e escritor José Américo de Almeida criticando duramente o regime.

O governo, sem condições de conter a onda pró-redemocratização, acabou cedendo. A partir de fevereiro de 1945 foi promulgada uma série de leis que convocavam eleições para a presidência, para os governos dos estados e para uma Assembleia Constituinte. Também concediam anistia aos presos políticos, além de permitir a criação de novos partidos.

Em uma última tentativa de manter-se no poder, Vargas e seus aliados deram início ao **movimento queremista**, que reivindicava a elaboração de uma nova Constituição, sem afastar Getúlio da presidência. O nome do movimento vinha de seu principal *slogan*: "Queremos Constituição com Getúlio".

Carmen Miranda, 1950.

Como parte do esforço de conquistar o apoio brasileiro, os Estados Unidos utilizaram sua influência cultural. Nos filmes de Hollywood, uma atriz brasileira passou a ter presença constante: Carmen Miranda, portuguesa de nascimento, que sempre se apresentava vestida de baiana.

TÁ LIGADO?

1. Aponte o que foi o Manifesto dos Mineiros de 1943.
2. Explique o que era o movimento queremista.

GOLPE MILITAR

No entanto, em 29 de outubro de 1945, os militares desferiram um golpe de Estado, destituindo Vargas e colocando em seu lugar o presidente do Supremo Tribunal Federal, José Linhares. O Estado Novo chegava ao fim.

As eleições para a presidência resultaram na escolha do general Eurico Gaspar Dutra (1946-1950), ex-ministro da Guerra e antigo simpatizante do nazifascismo. Com sua posse, em janeiro de 1946, tinha início um novo período da República brasileira: a **democracia populista**.

Comício queremista no Largo da Carioca. Rio de Janeiro, 1945.

REORGANIZAÇÃO PARTIDÁRIA

Homens colam cartazes convocando o povo ao alistamento militar, após entrada do Brasil na Segunda Guerra Mundial, 1942.

A frase no cartaz afirma: "Se não és reservista, ainda não és brasileiro". Dessa forma se vinculava patriotismo e esforço de guerra.

Getúlio havia preparado a transição democrática de modo a não perder inteiramente o enorme poder de que ainda desfrutava. Ele mesmo coordenou a organização de dois partidos: o **Partido Social Democrata (PSD)** e o **Partido Trabalhista Brasileiro (PTB)**, que reuniam seus aliados. Essas duas agremiações, junto à **UDN**, dominariam o cenário político nacional durante todo o período que se estende até o golpe militar de 1964.

O PSD incorporava os antigos interventores estaduais nomeados por Vargas, parte das oligarquias rurais e lideranças industriais que defendiam a intervenção estatal, ou seja, a presença do Estado na economia como único caminho para o desenvolvimento. Desde o início o partido beneficiou-se da máquina estatal.

O PTB, por sua vez, era composto da burocracia sindical ligada ao trabalhismo e tinha como base as camadas populares urbanas. Era o partido dos operários, dos trabalhadores que acreditavam que deviam tudo a Vargas. Era também o partido dos dirigentes sindicais ligados aos sindicatos criados durante o governo Vargas.

Já a UDN reunia os principais opositores de Vargas: antigas lideranças paulistas, derrotadas na Revolução de 1930; os grandes comerciantes ligados à exportação e importação, prejudicados pela política intervencionista do Estado; grande parte das oligarquias rurais; os conservadores em geral, que se horrorizavam com as concessões feitas aos trabalhadores.

A UDN fez oposição acirrada ao PTB e, em menor escala, ao PSD, até o fim da democracia populista. Mas raramente conseguiu vencer a maioria obtida pelos dois partidos getulistas nas eleições, o que garantiu a continuidade ideológica em relação ao período anterior.

Em 1946 se reunia a Assembleia Constituinte encarregada de escrever a nova Constituição. Promulgada no mesmo ano, ela consagrava um regime democrático.

TRABALHADORES E COMUNISTAS

O crescimento do movimento operário era a principal preocupação dos setores dominantes. Especialmente porque Vargas havia recorrido à mobilização popular para tentar evitar sua saída do poder, no movimento queremista.

Em 1946, o Congresso Sindical dos Trabalhadores reuniu-se e estabeleceu como uma das suas principais reivindicações a autonomia sindical, o que significava romper com a estrutura pelega montada por Vargas.

As greves também aumentaram significativamente. Nos dois primeiros meses de 1946 foram realizadas 60 greves, organizadas por

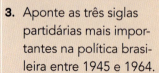

TÁ LIGADO

3. Aponte as três siglas partidárias mais importantes na política brasileira entre 1945 e 1964.

4. Defina a composição de cada uma dessas siglas.

comissões de fábricas que atuavam fora dos sindicatos oficiais. O **PCB (Partido Comunista Brasileiro)** dirigia essas manifestações.

Nas eleições de 1945, o PCB conseguira eleger 15 deputados federais, entre eles o famoso escritor Jorge Amado (1912-2001), e um senador (Luís Carlos Prestes), tornando-se o quarto partido do país. O fortalecimento dos comunistas levou o governo do general Dutra a optar pela repressão ao partido.

A repressão tornou-se mais fácil com a mudança da conjuntura internacional. Tinha início a **Guerra Fria** e, com ela, a profunda hostilidade contra os comunistas. O presidente Dutra, com o apoio dos militares e dos conservadores, conseguiu, em 1947, a cassação do registro do PCB pelo Superior Tribunal Eleitoral, alegando que ele atuava contra a democracia. A partir de então o PCB amargou uma longa clandestinidade. O maior beneficiado foi o PTB, que passou a não ter concorrência significativa na disputa pelos votos dos trabalhadores. Além disso, grande número de sindicatos sofreu intervenção governamental e a Confederação Geral dos Trabalhadores do Brasil (CGTB), ligada aos comunistas, foi fechada.

INSTABILIDADE POLÍTICA

A adoção das novas regras eleitorais permitia uma nova forma de participação popular. A população passava a ter influência decisiva na escolha dos governantes por meio do voto. Para manter o controle, a elite precisava ser capaz de manipular o eleitor. As lideranças populistas ganharam grande importância, conquistando a confiança do eleitor com discursos cheios de promessas. O PTB ocupou o lugar de partido que representava as propostas mais progressistas e a UDN, as posições mais conservadoras, com o PSD ao centro. Outros partidos menores foram fundados e também disputavam as eleições. Entre eles, o Partido Socialista Brasileiro expressava as reivindicações de setores mais à esquerda.

O novo regime foi marcado por profunda instabilidade política, cuja extensão pode ser avaliada pela dificuldade de vários presidentes em terminar seus mandatos. Vargas, mais uma vez eleito para ocupar a presidência em 1950, suicidou-se em 1954, antes do término de sua gestão. Jânio Quadros (presidente de janeiro a setembro de 1961) renunciou ao cargo apenas sete meses após sua posse e seu sucessor, João Goulart (1961-1964), foi deposto por um golpe militar em 1964. Apenas Dutra (1946-1950) e Juscelino Kubitschek (1956-1960) exerceram seus mandatos até o fim.

Entre 1945 e 1964, as lideranças populistas tiveram de se equilibrar entre as pressões dos diversos setores: trabalhadores urbanos, empresários, classes médias, latifundiários e camponeses. Cada qual exigindo medidas diferentes e contraditórias entre si. Além deles, os militares, que interferiram intensamente na política desse período, utilizando sua força como corporação para tentar impor seus interesses e objetivos, identificados, sobretudo, com o projeto mais conservador da sociedade brasileira.

Cartaz da campanha de Jorge Amado para deputado federal. Litografia colorida, 1945.

O Partido Comunista atraiu grandes intelectuais brasileiros para os seus quadros. O baiano Jorge Amado, já reconhecidamente um dos grandes escritores do país, foi um ativo militante comunista.

Cartaz oficial da Copa do Mundo de 1950.

A Copa de 1950: o Brasil chorou

Em 1950, a Copa do Mundo foi realizada no Brasil. O futebol já era uma paixão nacional e havia grande euforia entre os torcedores. Para a maioria, seríamos campeões. Afinal, nossa seleção jogava em casa com apoio da torcida, havia feito partidas maravilhosas com goleadas históricas (7 a 1 na Suécia e 6 a 1 na Espanha) e precisava apenas de um empate no embate final contra o Uruguai.

No dia 16 de julho, o Maracanã (palavra de origem tupi que significa pequena arara), construído especialmente para a Copa, recebeu cerca de 200 mil espectadores. Parecia um alçapão.

Na véspera da final, a concentração do selecionado nacional foi visitada por políticos como Adhemar de Barros (PSP), governador paulista candidato ao Senado, e Cristiano Machado (PSD), candidato à presidência da República, que faziam discursos e tiravam fotos com os "campeões do mundo".

Menino, na arquibancada do Maracanã, na final da Copa do Mundo. Rio de Janeiro, 1950.

Mas o Brasil perdeu por 2 a 1 para a seleção uruguaia, que se sagrou bicampeã mundial (já havia ganho a Copa de 1930, disputada em seu país).

A partir de então, a seleção brasileira, que jogava com camisetas brancas e calções azuis, mudou seu uniforme, passando a vestir camisetas amarelas. A seleção "canarinho" traria mais alegrias no futuro, quando tivesse entre seus jogadores o extraordinário Garrincha. Nome, aliás, de um pequeno passarinho de canto bonito que não se adapta ao cativeiro.

O petróleo será nosso!, anônimo. Gravura, capa do jornal *Emancipação*, Rio de Janeiro, 1951.

A VOLTA DE VARGAS

Getúlio Vargas não ficou muito tempo fora do poder. Com o fim do Estado Novo, retirou-se para sua fazenda no Rio Grande do Sul e de lá permaneceu atuando como um dos principais articuladores políticos do país. Em outubro de 1950, foi eleito presidente pelo PTB para suceder Eurico Gaspar Dutra.

Uma vez eleito, Vargas procurou agradar as duas principais correntes que concentravam as forças políticas naquele momento. A divergência básica dizia respeito aos caminhos a serem adotados para o desenvolvimento do país: de um lado, uma política nacionalista de defesa das riquezas e, de outro, o desenvolvimento articulado ao capital externo.

NACIONALISMO

O mais importante exemplo do empenho nacionalista do governo Vargas foi a fundação, em 1953, da **Petrobras**, empresa estatal que passou a ter o monopólio sobre a exploração do petróleo. As empresas estrangeiras foram proibidas de fazer perfurações no Brasil, controlar refinarias e realizar a distribuição de combustíveis (gasolina e óleo diesel).

Vargas encaminhou um projeto de lei para o Congresso propondo a criação da empresa, o que provocou fortes debates em todo o país. Intelectuais, militares nacionalistas e comunistas engajaram-se na campanha pela aprovação da lei, com o lema "O petróleo é nosso!". A maioria da opinião pública manifestou seu apoio e a lei foi aprovada.

Começava assim a construção de um imenso aparato de empresas estatais que assumiam o monopólio de diversas atividades e transformariam o Estado em um poderoso agente econômico.

Outras medidas de cunho nacionalista visavam proteger a riqueza do país da exploração estrangeira. Uma das mais polêmicas foi a **Lei da Remessa de Lucros para o exterior**. A ideia básica era impedir que empresas estrangeiras instaladas no país explorassem os recursos naturais e os trabalhadores brasileiros e enviassem para seus países de origem os lucros obtidos. Em 1952, Vargas promulgava um decreto que limitava drasticamente a remessa dos lucros ao exterior.

Capa do livro *O poço do Visconde*, Monteiro Lobato. Gravura de Benedito Bastos Barreto (Belmonte). São Paulo: Companhia Editora Nacional, 1937.

CAPITAL ESTRANGEIRO

O nacionalismo não impedia a associação com o capital estrangeiro. Em 1951, foi estabelecida a Comissão Mista Brasil-Estados Unidos para o Desenvolvimento Econômico, encarregada de elaborar estudos técnicos destinados ao planejamento da política de investimentos. Um dos seus resultados foi a criação, em 1953, do Banco Nacional de Desenvolvimento Econômico (BNDE), encarregado de conceder crédito à indústria nacional.

A entrada de capital estrangeiro era rigidamente controlada pelo governo. A proteção à indústria brasileira e a reserva da exploração das riquezas do país não combinavam com a entrada livre dos investidores estrangeiros e das multinacionais. O capital externo poderia participar apenas em determinadas áreas de atividades e associado ao capital nacional.

TÁ LIGADO

5. Explique as atribuições da Petrobras, criada em 1953.

6. Explique as deliberações da Lei da Remessa de Lucros para o exterior.

7. Explique como se dava a entrada do capital estrangeiro nos negócios do país durante o governo de Vargas.

A OPOSIÇÃO A VARGAS

A UDN fazia uma intensa oposição ao governo Vargas, acusando-o de envolvimento em vários casos de corrupção. Os militares incomodavam-se com a crescente onda de greves. Vargas havia recorrido às massas urbanas para se eleger, aprofundando assim seus compromissos com os setores populares, o que preocupava os grupos conservadores.

Pressionado à direita, Vargas procurou apoio dos sindicatos e dos trabalhadores, afastando-se ainda mais dos grupos conservadores. Mas o governo enfrentava dificuldades também com os trabalhadores, já que adotara uma política econômica extremamente inflacionária, gerando um significativo aumento no custo de vida.

Em março de 1953 os operários promoveram uma imensa paralisação, a Greve dos 300 Mil, em São Paulo, que contou com a adesão de trabalhadores gráficos, metalúrgicos, têxteis, químicos, sapateiros, da construção civil, dos transportes, das indústrias de alimento, vidro e madeira, entre outros.

Na tentativa de contornar as dificuldades com os trabalhadores, Vargas nomeou João Goulart (1919-1976) para o Ministério do Trabalho. Jango, como Goulart era conhecido, era político do PTB visto com suspeitas pelos conservadores e militares devido a suas relações com os sindicatos. O novo ministro propôs um aumento de 100% no salário mínimo, que foi concedido pelo governo. Foi a gota d'água para a oposição.

A UDN, militares, industriais e banqueiros passaram a conspirar contra o governo de Vargas. Os empresários tentaram lutar contra o novo salário mínimo nos tribunais, mas foram derrotados. Nos jornais apareciam explosivas denúncias de corrupção envolvendo membros do governo. Nos quartéis falava-se da necessidade de derrubar Vargas.

Em fevereiro de 1954, oficiais do Exército entregaram ao ministro da Guerra um manifesto em que explicitavam seu descontentamento com os rumos que tomava o país.

O suicídio de Vargas

Em 5 de agosto de 1954, o jornalista Carlos Lacerda, um dos principais opositores do governo, sofreu um atentado no qual morreu um militar que cuidava de sua segurança.

Vargas foi acusado de ser o mandante do atentado. A campanha contra ele tornou-se avassaladora. Incapaz de conciliar as demandas dos grupos conservadores e dos setores populares, o presidente ficou isolado, sem condições de permanecer no governo. Optou então por um espetacular ato político: ao invés de renunciar, suicidou-se na madrugada de 24 de agosto de 1954.

O presidente deixou uma carta-testamento em que culpava as forças contrárias aos interesses do povo pela sua morte.

O suicídio de Getúlio Vargas causou intensa comoção popular. A oposição tornou-se alvo da fúria da população nas grandes cidades. Carlos Lacerda teve de deixar o país, sedes de jornais oposicionistas foram queimadas, a embaixada dos Estados Unidos foi atacada.

O presidente aparece andando em uma floresta. Atrás de uma árvore observa uma mulher que representa a oposição. Atrás de outra árvore está um militar. Nas setas aparece o destino que oposição e militares queriam para o país: golpe e ditadura.

A situação política brasileira em 1954, J. Carlos. Gravura colorida, publicada na Revista *Careta*, 17 jul. 1954.

A seleção do Brasil na Copa do Mundo de 1954

Dois meses antes do suicídio de Getúlio Vargas, tinha início o quinto mundial de futebol, sediado na Suíça. A seleção brasileira, de camisas amarelas e calções azuis, venceu o México por 5 a 0 e empatou com a Iugoslávia (1 a 1). Na terceira partida, foi derrotada pela Hungria (2 a 4), favorita pelo futebol arrasador que apresentava no mundial e pela conquista do ouro olímpico nos Jogos de Helsinque, em 1952.

Seleção húngara de futebol antes da partida contra a Alemanha Ocidental durante a Copa do Mundo. Basileia (Suíça), 20 jun. 1954.

Além da derrota, os jogadores brasileiros participaram da maior briga registrada em uma Copa do Mundo, denominada a Batalha de Berna, que envolveu jogadores, dirigentes, jornalistas e até policiais, no campo e nos vestiários.

O confronto final da Copa foi disputado pelas seleções da Hungria e Alemanha, com a surpreendente vitória dos alemães por 3 a 2. Na fase de grupos, os húngaros haviam goleado a seleção germânica por 8 a 3.

A seleção da Hungria possuía grandes jogadores: Puskas, Kocsis, Czibor, Higegutti e Warkdorf. Após a revolução socialista de novembro de 1956, esses jogadores transferiram-se para clubes de países capitalistas. Tempos de Guerra Fria que também afetavam o futebol.

O GOVERNO DE JUSCELINO KUBITSCHEK

Após o suicídio de Vargas, o vice-presidente João Café Filho assumiu a presidência. Realizadas novas eleições em 1955, Juscelino Kubitschek de Oliveira foi eleito presidente e tomou posse no ano seguinte. Juscelino era do PSD, e seu vice-presidente, João Goulart, pertencia ao PTB. Assim, mais uma vez a poderosa aliança PSD/PTB derrotava a oposicionista UDN.

Inconformados, os conservadores udenistas tentaram impedir a posse de Juscelino, aliando-se aos militares em uma tentativa de golpe. No entanto, o marechal Henrique Teixeira Lott, que gozava de grande influência no Exército, coordenou uma reação que neutralizou os militares golpistas e garantiu a posse de Juscelino. A presidência estava sendo exercida interinamente por Carlos Luz, presidente da Câmara dos Deputados, no lugar do vice-presidente Café Filho, que adoecera. Carlos Luz estava ao lado dos golpistas e Lott articulou o que ficou conhecido como contragolpe. Para garantir a posse de Juscelino, depôs Carlos Luz da presidência e deu posse a Nereu Ramos, vice-presidente do Senado.

Depois de tomar posse, Juscelino enfrentou crises militares e uma intensa mobilização popular, representada não só pela atuação sindical urbana, como também pela ascensão dos movimentos camponeses.

Cartaz oficial da Copa do Mundo de 1954.

DESENVOLVIMENTO INDUSTRIAL

O governo de Juscelino, entretanto, transcorreu sem maiores abalos devido a uma política de conciliação e incentivos ao desenvolvimento nacional por meio da industrialização do país.

Cerimônia de posse de Juscelino Kubitschek. Rio de Janeiro, 31 jan. 1953.

Em sua posse, o presidente aparece cercado por militares e uma criança vestida com uniforme militar. Provavelmente essa foto expressa o esforço em mostrar os militares apoiando o novo presidente, depois do fracassado golpe para impedir sua posse.

A negociação política, o atendimento de algumas demandas sociais e o discurso nacionalista foram os seus principais instrumentos para garantir apoios e simpatias dos diversos setores da sociedade brasileira.

Aos industriais foi oferecido crédito fácil, restrições para importação de produtos estrangeiros concorrentes e investimentos em infraestrutura. Os trabalhadores receberam generosos aumentos salariais. Além disso, o governo contava com a influência do vice-presidente João Goulart junto aos sindicalistas.

Os militares também receberam aumento nos seus salários e investimentos na modernização de seus equipamentos. O discurso desenvolvimentista conquistou a classe média com as promessas de aumentar sua capacidade de consumo e modernizar o país. Os grandes proprietários rurais, por sua vez, lucraram com a expansão da fronteira agrícola, resultado da construção de estradas que exploravam novas terras e da construção de Brasília. Além disso, o governo investiu na modernização tecnológica da agricultura, tornando-a mais lucrativa.

Somando-se a tudo isso, o pesado investimento em grandes obras também atraía diversos setores. A construção de Brasília durante o governo de Juscelino teve um papel fundamental. Os grupos que poderiam fazer oposição ao governo preferiram disputar uma fatia dessa lucrativa tarefa.

Uma grande euforia tomou conta do país, embalado pelas promessas de desenvolvimento e modernização. Juscelino prometia conduzir o Brasil para o mesmo patamar dos países desenvolvidos.

O PLANO DE METAS

O governo adotou, a partir de 1956, o chamado **Plano de Metas**. Tratava-se de um programa de desenvolvimento por meio do estímulo ao crescimento industrial. Além disso, combinava o nacionalismo à entrada do capital estrangeiro, política econômica que ficou conhecida como **nacional-desenvolvimentismo**. Com ele, o presidente prometia cinquenta anos de progresso em cinco anos de mandato.

O Plano de Metas possuía **cinco setores prioritários** de atuação: **energia**, com investimentos direcionados para a implantação e distribuição de energia elétrica e pesquisas em petróleo; **transportes**, com ênfase na construção de rodovias; **alimentação**, com prioridade para a mecanização da agricultura, produção de fertilizantes e construção de armazéns; **indústria de base**, com investimentos em siderurgia, produção de alumínio, cimento, borracha, celulose e papel; e **educação**, priorizando a formação de tecnólogos.

TÁ LIGADO

8. Explique o que foi o nacional-desenvolvimentismo.

9. Explique as características do Plano de Metas.

158 CAPÍTULO 7 | A democracia populista

CAPITAL EXTERNO E DÉFICITS ORÇAMENTÁRIOS

Para tornar possível seu Plano de Metas, o governo contou com a entrada de capital externo. A partir de então há uma mudança significativa no padrão adotado para industrializar o país. É importante frisar que a maior parte desse capital vinha dos Estados Unidos, do Japão e da Alemanha.

A combinação entre o capital estrangeiro e o nacionalismo era clara no caso da indústria automobilística. A criação de grandes fábricas multinacionais no país estimulava o surgimento de indústrias de autopeças brasileiras, necessárias à produção de automóveis, ônibus e caminhões.

O governo ofereceu incentivos às empresas para instalarem suas fábricas, exigindo em troca que até 1961 elas produzissem 99% dos veículos utilizados no território nacional. Essa meta foi alcançada já em 1962.

Além do capital externo, o governo utilizou largamente a emissão de moeda para financiar déficits orçamentários, bancar aumentos salariais e estimular as atividades produtivas. O país crescera como nunca antes em sua história, mas também, pela primeira vez na sua história, a inflação começava a aparecer como um problema a ser enfrentado.

Juscelino Kubitschek. Rio de Janeiro, 1953.

Déficit
Aquilo que falta para completar uma determinada conta; diferença negativa entre receita (entrada de dinheiro) e despesa (gastos realizados).

INDÚSTRIA E INTEGRAÇÃO NACIONAL

No governo JK procurava-se modernizar e conquistar autonomia em setores como transporte e energia e investia-se em áreas nas quais o capital privado não demonstrava interesse ou condições de investir, como a indústria de base, que produzia matérias-primas e maquinários para as outras indústrias.

Graças aos pesados investimentos governamentais, houve um espantoso crescimento da indústria. Entre 1939 e 1952, a produção industrial brasileira cresceu a uma taxa média de 8,3% ao ano. No governo de Juscelino, o crescimento da produção industrial foi ainda maior: 11,9% ao ano.

Essa nova etapa da industrialização trouxe junto um grave desequilíbrio regional. A região Sudeste, onde se instalara a maioria das indústrias, desenvolvia-se bem mais rápido que o resto do país e atraía a maior parte dos investimentos. As novas indústrias eram instaladas nas cidades que já tinham infraestrutura e mão de obra qualificada. Para contornar esse desequilíbrio e ampliar o mercado consumidor para os produtos industrializados nacionais, era necessário integrar as diversas regiões, distribuindo a produção para a maior parte do país.

O processo de urbanização acentuava-se ainda mais com o fortalecimento do setor industrial. As cidades tornaram-se centros dinâmicos da produção e símbolos ideológicos de desenvolvimento.

Por isso uma das prioridades do governo de Juscelino Kubitschek foi ampliar as vias de transporte. Os investimentos concentraram-se na construção de rodovias que atravessavam o país. A opção pela rodovia, em vez das ferrovias, foi resultado do interesse em aumentar o consumo de automóveis e caminhões e, assim, atrair mais montadoras estrangeiras.

> **TÁ LIGADO?**
>
> **10.** Relacione a opção pela implementação das rodovias à entrada de capital estrangeiro no Brasil.

EM DESTAQUE

Bossa nova

Na década de 1950, a separação dos "mundos" sociais estava em evidência na geografia urbana da cidade do Rio de Janeiro. As camadas mais pobres foram definitivamente empurradas para os morros e periferias, e os ricos instalaram-se na zona sul, na faixa litorânea entre as montanhas e o mar.

Tal separação refletia-se também em relação às características da música popular e iria alcançar seu auge em fins da década de 1950. Um grupo de jovens da zona sul do Rio rompia com a herança do samba popular e modificava seu ritmo. A nova música era composta sem tambores e atabaques, longe dos morros e do centro da cidade, em apartamentos. Esses jovens resistiam à importação pura e simples da música dos Estados Unidos e resolveram vestir o velho samba com toques sofisticados sob a influência do jazz e da música erudita.

Um dos principais pontos de encontro era o elegante apartamento de Nara Leão, na Avenida Atlântica, de frente para o mar de Copacabana. Compunham músicas com temas variados e acusavam de "quadrados" e ultrapassados aqueles que só sabiam cantar "o morro e o barracão". Criavam uma nova bossa. Ou seja, um novo jeito, uma nova habilidade, um novo talento para tocar.

Estabelecem-se, assim, duas grandes tendências na música brasileira. De um lado, as marchinhas e sambas de carnaval, os sambas-canções, os frevos, as toadas e os baiões. Esses gêneros musicais desenvolviam-se com base nas migrações do campo e do sertão para as cidades e expressavam a realidade social das populações menos privilegiadas. De outro lado, a bossa nova, música produzida por pessoas das classes médias e endinheiradas, instruídas e, em geral, brancas. Um gênero que estava afinado com os benefícios sociais e econômicos que o governo de Juscelino Kubitschek trouxera para determinados setores sociais.

BARRACÃO DE ZINCO

Luis Antonio/Odemar Magalhães, 1953

Ai, barracão
Pendurado no morro
E pedindo socorro
À cidade a seus pés
Ai, barracão
Tua voz eu escuto
Não te esqueço um minuto
Porque sei
Que tu és
Barracão de zinco
Tradição do meu país
Barracão de zinco
Pobretão infeliz...
[...]

Disponível em: <http://goo.gl/diqWNP>.
Acesso em: 25 set. 2018.

A VOZ DO MORRO

Zé Keti, 1956

Eu sou o samba
A voz do morro sou eu mesmo sim senhor
Quero mostrar ao mundo que tenho valor
Eu sou o rei do terreiro
Eu sou o samba
Sou natural daqui do Rio de Janeiro
Sou eu quem levo a alegria
Para milhões de corações brasileiros
Salve o samba, queremos samba
Quem está pedindo é a voz do povo de
[um país
Salve o samba, queremos samba
Essa melodia de um Brasil feliz.

Disponível em: <https://bit.ly/2DuUQZT>.
Acesso em: 25 set. 2018.

FOTOGRAFIA

Da esquerda para a direita, Sérgio Ricardo, Normando Santos, Tom Jobim, Ronaldo Bôscoli e Nara Leão. Rio de Janeiro, s/d.

Tom Jobim, 1959

Eu, você, nós dois
Aqui neste terraço à beira-mar
O sol já vai caindo e o seu olhar
Parece acompanhar a cor do mar
Você tem que ir embora
A tarde cai
Em cores se desfaz,
Escureceu
O sol caiu no mar
E aquela luz
Lá em baixo se acendeu...
Você e eu

Disponível em: <http://goo.gl/8pWnJF>.
Acesso em: 25 set. 2018.

O BARQUINHO

Roberto Menescal/Ronaldo Bôscoli, 1961

Dia de luz
Festa de sol
E um barquinho a deslizar
No macio azul do mar
Tudo é verão e o amor se faz
Num barquinho pelo mar
Que desliza sem parar
Sem intenção, nossa canção
Vai saindo desse mar e o sol
Beija o barco e luz
Dias tão azuis

Volta do mar desmaia o sol
E o barquinho a deslizar
É a vontade de cantar
Céu tão azul, ilhas do sul
E o barquinho, coração
Deslizando na canção
Tudo isso é paz, tudo isso traz
Uma calma de verão e então
O barquinho vai
A tardinha cai
O barquinho vai.

Disponível em: <http://goo.gl/Pp381t>.
Acesso em: 25 set. 2018.

Poucos anos antes do surgimento da bossa nova, o músico Ari Barroso escreveu um artigo sobre a música brasileira na década de 1950. Leia um pequeno trecho desse artigo:

> Antigamente não havia "gramáticas" em samba e todos o entendiam. Antigamente não havia "acordes americanos". Antigamente não havia "*boites*", nem "*night clubs*" nem "*black-tie*". Antigamente não havia "*fans-clubs*". Então os cantores cantavam sem barulho um samba sem barulho, vindo da Penha [...].
>
> Apud: WASSERMAN, Maria Clara. Decadência: a Revista da Música Popular e a cena musical brasileira nos anos 50. In: *Revista Eletrônica Boletim do Tempo*, Rio de Janeiro, ano 3, n. 22, p. 17, 2008.

As letras das canções são da década de 1950. Após sua leitura atenta, responda no caderno:

1. Você conhece alguma dessas músicas? Quais?
2. Quais delas podem ser identificadas com a bossa nova?
3. Transcreva em seu caderno as passagens das letras que justifiquem a sua resposta.

A CONSTRUÇÃO DE BRASÍLIA

Esplanada dos Ministérios e Catedral Metropolitana Nossa Senhora Aparecida ao amanhecer. Brasília (DF), 2010.

A integração do país pelas rodovias foi complementada pela mudança da capital do Rio de Janeiro para a região Centro-Oeste. Em 1956 Juscelino enviava ao Congresso o projeto da construção de Brasília. Uma vez aprovado, o empreendimento foi confiado ao arquiteto Oscar Niemeyer e ao urbanista Lúcio Costa. Em 1960 a nova capital era inaugurada em clima de euforia patriótica.

A INFLAÇÃO

A alta da inflação era o resultado da política desenvolvimentista e do custo da conciliação de interesses: gastos com grandes obras, em especial a construção de Brasília; empréstimos ao setor privado por meio do Banco do Brasil; aumentos salariais para o funcionalismo público.

Os efeitos negativos da inflação se faziam sentir, criando dificuldades para o desenvolvimento. Os credores externos exigiam medidas de combate à inflação. Entrava em cena o **Fundo Monetário Internacional (FMI)**. O FMI é um organismo ligado à ONU criado em 1944. Seu objetivo é socorrer economias com problemas realizando empréstimos e promovendo programas de recuperação financeira.

Os banqueiros estadunidenses e europeus, bem como o governo dos Estados Unidos, só se dispunham a emprestar mais dinheiro para quitar as contas internas e externas do país com a aprovação do FMI, e este defendia uma fórmula de estabilização da economia que passava por corte nos gastos públicos e aumentos nas receitas. Uma política de contenção que não combinava com o discurso desenvolvimentista.

Além disso, as medidas exigidas pelo FMI resultavam em limites ao consumo e empobrecimento dos trabalhadores. O custo político para adotar um programa anti-inflacionário seria muito alto, com a queda da popularidade do presidente. Juscelino preferiu não pagá-lo. Em 1959, o governo brasileiro rompeu com o FMI e transformou essa opção em um ato de heroico nacionalismo.

Apesar das grandes obras de infraestrutura, dos investimentos na indústria e agricultura, o governo de Juscelino deixou como herança uma grave crise econômica, resultado da inflação e dívida externa geradas por sua política econômica.

Desde o século XVIII, o tema da necessidade de instalar a capital em uma área central do país, de modo a torná-la mais próxima das diversas regiões, esteve presente no debate político. Na primeira Constituição republicana, promulgada em 1891, essa mudança estava prevista. Em 1960 o projeto se tornou realidade com a inauguração de Brasília, construída para ser a capital do Brasil.

TÁ LIGADO?

11. Explique o funcionamento do FMI.
12. Explique por que o governo de Juscelino Kubitschek rompeu com o FMI em 1959.

Garrincha: a alegria do povo

Entre 1954 e 1956, o Brasil foi governado por cinco presidentes: Getúlio Vargas, Café Filho, Carlos Luz, Nereu Ramos e Juscelino Kubitschek. A seleção brasileira teve, no mesmo período, seis treinadores diferentes: Zezé Moreira, Vicente Feola, Flávio Costa, Oswaldo Brandão, Sílvio Pirilo e Pedro Rodrigues. O clima de instabilidade após a morte de Vargas era semelhante ao da seleção brasileira após a Copa de 1954.

Os bons resultados do governo de Juscelino Kubitschek influenciaram o futebol. Planejamento tornou-se a palavra de ordem da comissão técnica, sob o comando de Paulo Machado de Carvalho, encarregado de organizar a participação do Brasil na Copa do Mundo de 1958, na Suécia.

Seleção brasileira, campeã da Copa do Mundo de Futebol, comemora a conquista do título. Estádio Solna Raasunda, Estocolmo (Suécia), 29 jun. 1958.

A seleção teve como base as duas principais equipes do país: o Botafogo (RJ), de Garrincha, Nilton Santos e Didi, e o Santos (SP), de Pelé, Zito e Pepe.

Pouco antes da Copa, a seleção do Brasil participou de um amistoso na Itália, contra a equipe da Fiorentina, um clube italiano. O time brasileiro vencia por 3 a 0. Garrincha já tinha dado dribles incríveis em Robotti, seu marcador.

Em um dado momento da partida, Garrincha pegou a bola pela ponta direita. Mexeu o corpo para o lado. Deixou a bola parada. Robotti correu atrás do driblador infernal. Garrincha voltou, pegou a bola, livrou-se de Robotti. Veio outro jogador italiano. Foi driblado também. Depois mais um. Na área, Garrincha driblou o goleiro. Podia fazer o gol, mas viu Robotti voltando, correndo em sua direção, desesperado. Com um rápido movimento, Garrincha tirou o corpo. Robotti passou em disparada. Bateu com o rosto na trave. Caiu. Garrincha entrou devagar dentro da meta adversária, deu um leve toque. Fez o gol. Pegou a bola, botou debaixo do braço e voltou andando para o meio de campo.

Segundo relatos, até mesmo os torcedores italianos caíram na gargalhada. Mas ninguém foi abraçá-lo. Os jogadores brasileiros gritaram com Garrincha: "Moleque!"; "Não pode brincar!"; "Tem que jogar sério!"; "Você podia ter perdido o gol!".

No vestiário, as broncas continuaram. Foi chamado de irresponsável. Era visto como incontrolável. Seu comportamento era difícil: punha apelidos em todos, brincava com os jogadores e com os membros da comissão técnica.

Provavelmente por tudo isso, Garrincha não participou das duas primeiras partidas da Copa. A comissão técnica preferiu colocar em campo um jogador mais disciplinado. Mais previsível. Que obedecesse às orientações táticas.

Cartaz oficial da Copa do Mundo de 1958.

O Brasil estreou com vitória: 3 a 0 frente à Áustria. No jogo seguinte, um empate sofrido contra a Inglaterra, sem gols. A seleção precisava vencer o terceiro jogo contra a poderosa União Soviética. O técnico escalou Garrincha. Brasil 2 a 0. A partir desse momento, Mané Garrincha tornou-se titular. A seleção ganhou todas as partidas: 1 a 0 sobre País de Gales, 5 a 2 contra a França e 5 a 2 na final com a Suécia.

O Brasil sagrou-se campeão do mundo. Garrincha costumava deixar os seus marcadores desnorteados com seus dribles e sua ginga de moleque que brincava de bola.

De volta ao Brasil, a seleção desembarcou no aeroporto do Galeão e desfilou sobre um veículo do corpo de bombeiros. Os jogadores foram tratados como heróis da pátria.

A democracia populista | CAPÍTULO 7

A ELEIÇÃO DE JÂNIO QUADROS

As eleições presidenciais de 1960 tiveram um resultado surpreendente. Pela primeira vez, desde 1946, a UDN (União Democrática Nacional), coligada a uma série de pequenos partidos, conseguia eleger um presidente da República. Tratava-se de Jânio Quadros, então governador de São Paulo.

Jânio, embora fosse um típico político populista, apresentava-se como um homem comum, um antipolítico. Tal imagem era reforçada pelo fato de que Jânio cultivava profunda independência em relação aos partidos. Fora eleito governador de São Paulo pelo pequeno Partido Democrata Cristão (PDC), com o qual rompera um ano depois. Jânio foi capaz de capitalizar em seu favor o descrédito que cercava os políticos do período, embora ele mesmo fosse um político profissional.

Do outro lado, o PSD (Partido Social Democrático) e o PTB (Partido Trabalhista Brasileiro) optaram por lançar a candidatura do marechal Henrique Teixeira Lott, ministro da Guerra do governo Juscelino. Ao contrário de Jânio, Lott de fato não era um político profissional. Foi derrotado, apesar de contar com o apoio dos dois partidos mais influentes do período. Obteve apenas 28% dos votos, contra 48% a favor de Jânio.

JOÃO GOULART: VICE DE NOVO

A Constituição de 1946 previa que o eleitor deveria votar separadamente no presidente e no vice, sem a obrigatoriedade de votar em candidatos da mesma chapa.

Diante da previsível derrota de Lott, muitos de seus partidários resolveram fazer campanha para que o eleitor votasse no seu candidato à vice-presidência, João Goulart, em dobradinha com Jânio: uma chapa **Jan-Jan**. A tática surtiu efeito e João Goulart foi eleito vice-presidente, derrotando Milton Campos, o candidato da UDN.

O GOVERNO JÂNIO QUADROS

A eleição de Jânio foi a oportunidade de se adotar uma política econômica liberal, diversa daquela implementada pelos governos de Getúlio Vargas e Juscelino Kubitschek. Apesar de insistir em manter independência em relação à UDN, Jânio concordava com a adoção de um programa liberal.

A inflação já era, a essa altura, um problema alarmante, e Jânio adotou um conjunto de medidas para combatê-la: congelamento de salários, corte de auxílios governamentais para empresas privadas e restrição ao crédito. O programa de Jânio seguia a orientação liberal de combate à inflação, que receitava como melhor caminho o corte drástico de gastos do governo, o aumento da receita e restrições profundas ao consumo.

Fonte: Elaborado com base em IGP-DI/FGV (1956-1964); IPCA (inflação oficial/1956-1964), IBGE, BCB-Depec.

TÁ LIGADO?

13. No gráfico desta página, identifique e anote:
a) O maior índice de inflação durante o governo de Juscelino Kubitschek.
b) O índice de inflação no ano da eleição de Jânio Quadros.
c) O índice de inflação durante o ano do governo de Jânio Quadros.

O RÁPIDO DESGASTE POLÍTICO

A opção liberal rapidamente afetaria a popularidade de Jânio. Acostumada a governos que não hesitavam em gastar o dinheiro público em nome do desenvolvimento e que cortejavam o apoio popular com constantes aumentos salariais, a população reagiu mal ao programa de combate à inflação. Principalmente porque Jânio usara como um dos principais temas de sua campanha eleitoral a luta contra a injustiça social.

As relações entre a poderosa UDN e o presidente pioraram rapidamente. Jânio adotou uma política externa independente, afastando-se da influência estadunidense.

Seu principal objetivo era estabelecer relações comerciais com o bloco soviético, sem romper as que mantinha com os Estados Unidos e a Europa. Em seu governo foram firmados acordos comerciais com vários países comunistas do Leste europeu.

Jânio declarou que o Brasil estava estudando o reatamento das relações diplomáticas com a União Soviética, rompidas desde 1947, e recebeu Che Guevara, então ministro da Economia de Cuba, a quem condecorou com a Ordem do Cruzeiro do Sul. Os setores conservadores reagiram violentamente a essa política.

A RENÚNCIA DE JÂNIO QUADROS

Apenas sete meses depois de sua posse, Jânio estava politicamente isolado. Sem apoio dos principais partidos, impopular, sem base parlamentar no Congresso, estava enfraquecido demais para continuar governando.

Diante deste quadro, Jânio surpreendeu a todos, mais uma vez, apresentando sua renúncia em 25 de agosto de 1961.

Provavelmente, sua intenção não era deixar o governo, mas, ao contrário, fortalecer-se com eventual protesto popular em seu favor. Em caso de renúncia, a Constituição previa que o vice deveria assumir. Isso significava entregar a presidência a João Goulart, solução inaceitável para os militares e os conservadores.

Jango fizera toda a sua carreira política ligado ao getulismo e ao sindicalismo. Era visto com desconfiança pelos conservadores, por se identificar como o político dos trabalhadores.

Jânio acreditava que os dirigentes da UDN iriam solicitar que ele permanecesse na presidência para evitar a posse de João Goulart. Contudo, não foi isso que aconteceu. A renúncia foi imediatamente aceita.

Jovem de biquíni em praia do Rio de Janeiro. Publicada na revista *Manchete*, 1961.

Jânio caracterizou-se também pelo moralismo. Uma das mais polêmicas foi a proibição do uso de biquíni nas praias, novidade considerada pelos conservadores um atentado à moral e aos bons costumes.

A condecoração de Che Guevara com a Grã-Cruz da Ordem Nacional do Cruzeiro do Sul tornou-se um dos momentos mais surpreendentes do breve governo de Jânio Quadros. Na campanha presidencial, havia prometido deixar a direita indignada e a esquerda perplexa. Conseguiu.

Jânio Quadros condecora o ministro de Cuba Che Guevara, ago. 1961.

Jânio logo após sua renúncia.

Qual é o rumo?, Erno Scheneider. 20 ago. 1961.

A EXPERIÊNCIA PARLAMENTARISTA

Com a renúncia de Jânio, militares conservadores tentaram impedir a posse de Goulart. Em um manifesto acusavam-no de agitador dos operários e de ter entregado os sindicatos a agentes do comunismo internacional. Ameaçaram promover um golpe militar caso Jango fosse empossado.

Como acontecera com Juscelino, uma reação de militares e civis legalistas garantiu a posse de Goulart. A reação foi liderada por Leonel Brizola, governador do Rio Grande do Sul, político do PTB. Foi organizada uma cadeia nacional de rádios, intitulada "a voz da legalidade", para mobilizar a opinião pública. Parte da classe média e dos intelectuais aderiu à mobilização. Mas o fator mais importante foi a adesão do III Exército, com sede no Rio Grande do Sul.

Diante disso, os militares golpistas foram obrigados a aceitar a proposta oferecida pelo Congresso: Jango tomaria posse, mas antes seria aprovada uma emenda constitucional instaurando o **parlamentarismo**, limitando os poderes do presidente João Goulart.

De acordo com o modelo parlamentarista, o presidente permaneceria como chefe de Estado, enquanto o primeiro-ministro seria o chefe de governo. Isso significava que as funções do presidente se restringiam praticamente à representação do país frente às outras nações, enquanto as decisões de governo ficavam a cargo do primeiro-ministro. Este era indicado pelo presidente, e tinha de ser aprovado pelo Congresso.

O primeiro-ministro escolhia os demais ministros, que só podiam ser demitidos se o Congresso manifestasse sua desaprovação. O primeiro-ministro escolhido foi Tancredo Neves, do PSD, que havia sido ministro da Justiça de Getúlio.

A emenda constitucional previa um plebiscito para 1965, quando a população deveria escolher entre o regime parlamentarista e o **presidencialismo**, regime no qual o presidente, além de chefe de Estado, é também chefe do governo.

As tentativas de Tancredo Neves de conduzir um governo de conciliação fracassaram. Tancredo renunciou em junho de 1962, e Goulart teve dificuldades para chegar a um acordo com o Congresso sobre o próximo primeiro-ministro. O escolhido foi Auro de Moura Andrade, que, apenas 48 horas depois de sua posse, também renunciava.

Diante das incertezas geradas por essa segunda renúncia, os militares entraram em prontidão. A **Central Nacional dos Trabalhadores (CNT)** declarou greve geral, paralisando os transportes das grandes cidades. Populares descontentes com a constante alta do custo de vida realizaram assaltos a armazéns. Após a greve, os dirigentes sindicais criavam o **Comando Geral dos Trabalhadores (CGT)**, visando unificar a ação política deles. Goulart aproveitou-se dessas agitações para intensificar sua campanha pela antecipação do plebiscito. Mais uma vez contou com o decisivo apoio do III Exército.

Por fim o Congresso aprovou a antecipação do plebiscito para janeiro de 1963. O presidencialismo ganhou com larga margem de votos. João Goulart recuperava, assim, os poderes presidenciais plenos.

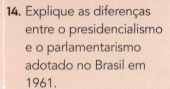

TÁ LIGADO?

14. Explique as diferenças entre o presidencialismo e o parlamentarismo adotado no Brasil em 1961.

João Goulart e Tancredo Neves recebem jornalistas no Palácio das Laranjeiras. Rio de Janeiro, Rio de Janeiro (Brasil), out. 1961.

O GOVERNO DE JOÃO GOULART

Depois da vitória do presidencialismo, Jango empenhou-se em aprovar as chamadas **reformas de base**. Tratava-se de um conjunto de mudanças profundas promovidas na sociedade brasileira: bancária, fiscal, urbana, universitária, administrativa, política e agrária.

As duas últimas provocaram mais polêmicas. A reforma política visava estender o direito de voto aos analfabetos e às patentes subalternas das Forças Armadas, como marinheiros e sargentos. A **reforma agrária** implicava redefinir a distribuição de terras no Brasil.

O Congresso recusava-se a aprovar as reformas de base, consideradas radicais pelos grupos conservadores. Os militares estavam ainda mais descontentes e encontravam apoio mesmo entre os parlamentares do PSD, tradicionais aliados do partido do presidente.

As organizações de esquerda, que haviam apostado em Jango, também estavam insatisfeitas, decepcionadas com a falta de resultados concretos de seu governo, e mobilizavam-se em manifestações contra ele. A **União Nacional dos Estudantes (UNE)** e o Comando Geral dos Trabalhadores (CGT) dirigiam duras críticas ao governo, apoiados pelo PCB e outras organizações de esquerda.

Incapaz de conciliar as necessidades dos diversos setores, Jango encontrava-se acuado. O populismo estava em crise. A capacidade de incorporar e controlar os setores populares urbanos ao jogo político estava se esgotando.

O presidente João Goulart assinando, sentado, e o Ministro do Planejamento, em pé; ao lado, Celso Furtado. Sentado, à direita de Jango, encontra-se o governador de Pernambuco, Miguel Arraes. Recife, Pernambuco (Brasil), 1963.

O economista Celso Furtado foi o idealizador da Superintendência de Desenvolvimento do Nordeste (Sudene) e ministro do Planejamento de João Goulart, quando elaborou o Plano Trienal. Defendia uma política econômica que promovesse desenvolvimento com distribuição de renda.

AS LIGAS CAMPONESAS

Em 1955 foi criada, por iniciativa dos trabalhadores do Engenho da Galileia, próximo de Recife, a Sociedade Agrícola e Pecuária dos Plantadores de Pernambuco, mais tarde chamada **Liga Camponesa da Galileia**.

O movimento cresceu e espalhou-se por outros estados. Sob a liderança do deputado estadual por Pernambuco, Francisco Julião, as ligas promoviam ocupações de terra e manifestações exigindo a reforma agrária. Para seus militantes, a única forma de combater a pobreza da população rural era a expropriação de parte dos latifúndios e sua distribuição para os camponeses.

O governador do Rio Grande do Sul, Leonel Brizola, desapropriou duas fazendas em fevereiro de 1962, mediante o depósito de uma indenização simbólica aos seus proprietários. Quase ao mesmo tempo, tropas do exército reprimiam violentamente uma passeata de milhares de lavradores na Paraíba, que protestavam contra o assassinato de um de seus líderes, a mando dos fazendeiros locais.

A mobilização dos trabalhadores agrícolas e a divisão no interior da elite compunham o quadro de radicalização e confronto no qual mergulhara o país.

Expropriação
Retirada da propriedade ou posse de alguém.

TÁ LIGADO ?

15. Explique o que eram as reformas de base.

16. Explique o que eram as Ligas Camponesas.

A RADICALIZAÇÃO POLÍTICA

Comício das Reformas, Central do Brasil. Rio de Janeiro, Rio de Janeiro (Brasil), 13 mar. 1964.

A radicalização atingiu as lideranças políticas. De um lado estavam Leonel Brizola, ex-governador do Rio Grande do Sul, e Miguel Arraes, governador de Pernambuco desde 1962. Ambos pressionavam o presidente para adotar as reformas mesmo sem a aprovação do Congresso.

De outro lado estava o governador da Guanabara (atual município do Rio de Janeiro), Carlos Lacerda. Udenista histórico, Lacerda era o porta-voz dos conservadores e, como já fizera com Getúlio, promovia intensa campanha pública contra Jango. Junto de Magalhães Pinto, governador de Minas Gerais, e Adhemar de Barros, governador de São Paulo, passou a defender a solução golpista.

Pressionado pela esquerda, representada pela UNE, PCB, CGT e intelectuais, e pela direita, representada pela UDN, militares e empresários, Jango se viu obrigado a optar por uma delas, de modo a contar com uma base de sustentação. Optou pela esquerda. Culpava o imperialismo e a exploração estrangeira pelas dificuldades que o país enfrentava. Em janeiro de 1964, assinou um decreto que restringia a remessa de lucros ao exterior. Esse ataque aos investimentos estrangeiros fortalecia a crença em sua opção pelo comunismo.

Foi, contudo, em torno das reformas de base que se deu a aproximação com a esquerda. Uma série de comícios foi marcada nas principais cidades em favor das reformas. A ideia era acatar a exigência da esquerda de passar por cima do Congresso para aprová-las. O primeiro comício aconteceu no Rio de Janeiro, a 13 de março de 1964, e reuniu cerca de 150 mil pessoas.

Jango anunciou a assinatura de dois decretos. O primeiro nacionalizava todas as refinarias de petróleo particulares, garantindo à Petrobras o monopólio da sua exploração. O segundo permitia a desapropriação de propriedades com mais de cem hectares localizadas em uma faixa de 10 quilômetros à margem das rodovias e ferrovias nacionais.

O GOLPE CIVIL-MILITAR

TÁ NA REDE!

IMAGENS DO GOLPE
<https://bit.ly/2E0xfR7>.
Acesso em: 3 out. 2018.
Em português.

Fotos do golpe militar de 1964.

Crescia o apoio aos golpistas entre militares e dirigentes políticos, com a adesão de forças de centro que temiam a posição esquerdista do presidente.

A posição presidencial criou mal-estar também na classe média, assustada com o avanço dos trabalhadores. Em 19 de março, como uma resposta ao **Comício das Reformas**, uma enorme passeata tomou as ruas de São Paulo, com o apoio de setores da Igreja Católica, do governo paulista e da Federação das Indústrias de São Paulo (Fiesp). A **Marcha da Família com Deus pela Liberdade**, como se autointitulava, reuniu cerca de 500 mil pessoas e sinalizou para os militares que desta vez teriam apoio de grupos sociais expressivos.

Para legitimar o golpe apelava-se para o perigo do comunismo e a perda dos valores morais da família cristã.

Os acontecimentos se precipitaram quando, em 26 de março, marinheiros liderados pelo cabo José Anselmo se reuniram para comemorar o segundo aniversário da criação da Associação dos Marinheiros e Fuzileiros Navais do Brasil, em flagrante atitude de indisciplina militar, uma vez que a associação havia sido proibida pelo alto comando da Marinha.

O ministro da Marinha determinou a prisão do cabo Anselmo, mas Jango ficou ao lado dos marinheiros, demitindo seu ministro. O novo ocupante da pasta imediatamente anistiou os marinheiros. Era uma afronta sem precedentes aos militares, que decidiram dar o golpe no dia 2 de abril.

Em 30 de março, Jango compareceu a uma reunião de sargentos no Automóvel Clube, onde, em discurso transmitido pela televisão, atacou a disciplina militar. Diante do discurso de Jango, os militares se anteciparam. O general Olímpio Mourão Filho, comandante do IV Exército de Minas Gerais, mobilizou suas tropas no dia 31 de março e, com o apoio do governador mineiro, Magalhães Pinto, dirigiu-se para o Rio de Janeiro, onde se encontrava o presidente. O mesmo fez o comandante do II Exército de São Paulo, general Amaury Kruel.

As lideranças sindicais procuraram resistir, conclamando a população a sair às ruas em apoio ao governo. Mas não obtiveram resposta. No dia 1º de abril, João Goulart fugia do Rio para Brasília e de lá para o Rio Grande do Sul. Naquela mesma noite, o presidente do Senado declarou vaga a presidência.

Leonel Brizola tentou convencer Jango a resistir ao golpe, contando com o apoio do III Exército, que, como outras vezes no passado, se dispunha a lutar em defesa da democracia. Mas Jango recusou-se a lançar o país em uma guerra civil e optou pela fuga, pedindo asilo no Uruguai.

O golpe foi planejado e posto em prática pelos militares, mas só obteve sucesso porque eles contaram com o apoio decisivo dos políticos conservadores, do empresariado e de grande parte das classes médias urbanas. Além disso, contaram também com o apoio do governo dos Estados Unidos, interessado em destituir João Goulart da presidência.

A democracia populista não conseguira superar suas contradições e naufragara, frágil, vítima de sua instabilidade crônica. A falta de experiência anterior com o regime democrático, a profunda desigualdade econômica, a fragilidade das instituições tornaram a democracia um alvo fácil para militares que souberam aproveitar-se dessas dificuldades para tomar o poder.

O esgotamento da capacidade de combinar interesses contrários em um regime democrático por meio do populismo foi a marca do período compreendido entre 1961 e 1964.

Marcha da Família com Deus pela Liberdade passa pelo Viaduto do Chá. São Paulo, São Paulo (Brasil), 19 mar. 1964.

TÁ LIGADO?

17. Explique o que foi o Comício das Reformas.

Mourão Filho, José Maria Alkmin, Carlos Lacerda (atrás), Humberto de Alencar Castelo Branco e Artur da Costa e Silva. No 3º plano, 1º à esq, Lincoln Gordon (de óculos), Rio de Janeiro, Rio de Janeiro (Brasil), 1º abr. 1964.

QUEBRA-CABEÇA

1. Releia o quadro complementar "Garrincha: a alegria do povo" (p. 163). Agora responda ao que se pede:
   a) Identifique as semelhanças entre a instabilidade política no país e a instabilidade no comando da seleção brasileira de futebol entre 1954 e 1956.
   b) Explique por que o comportamento brincalhão de Garrincha causava reações negativas na comissão técnica brasileira.

2. Defina cada um dos conceitos abaixo e organize um pequeno dicionário conceitual em seu caderno:
   - Manifesto dos Mineiros
   - movimento queremista
   - Lei da Remessa de Lucros
   - Plano de Metas
   - FMI
   - nacional-desenvolvimentismo
   - presidencialismo
   - parlamentarismo
   - reformas de base
   - reforma agrária
   - Ligas Camponesas

3. Aponte a relação entre a inflação e a política desenvolvimentista no governo de Juscelino.

4. No seu caderno, organize uma tabela comparando os três partidos mais importantes no período entre 1946 e 1964: o PSD, o PTB e a UDN. Utilize como critérios: propostas e grupos representados.

5. Identifique o motivo que levou grande parte da classe média a posicionar-se contra o governo de Jango.

6. Com base nos estudos realizados neste capítulo, escreva um texto analisando a crise do populismo no início da década de 1960.

7. No seu caderno, elabore uma linha de tempo com as datas abaixo e crie um título para ela:
   - 1942 – Declaração de Guerra à Alemanha pelo governo brasileiro
   - 1943 – Manifesto dos Mineiros
   - 1945 – Destituição de Getúlio Vargas
   - 1946 – Governo de Eurico Gaspar Dutra
     – Assembleia Nacional Constituinte/ Nova Constituição brasileira
   - 1947 – Cassação do registro do PCB
   - 1950 – Copa do Mundo de Futebol no Brasil
   - 1951 – Governo de Getúlio Vargas
   - 1954 – Suicídio de Getúlio Vargas
   - 1956 – Governo de Juscelino Kubitschek
   - 1960 – Inauguração da cidade de Brasília
   - 1961 – Governo de Jânio Quadros
     – Parlamentarismo no Brasil
     – João Goulart presidente do Brasil
   - 1963 – Plebiscito: vitória do presidencialismo
   - 1964 – Golpe civil-militar

8. Vamos construir nossos *tags*. Siga as instruções do *Pesquisando na internet*, na seção **Passo a passo** (p. 7), utilizando as palavras-chave abaixo:
   Comício das Reformas
   Marcha da Família com Deus pela Liberdade
   Liga Camponesa da Galileia
   Associação dos Marinheiros e Fuzileiros Navais do Brasil

170 CAPÍTULO 7 | A democracia populista

LEITURA COMPLEMENTAR

[O GOLPE MILITAR DE 1964, O PTB E OS TRABALHADORES]

O texto abaixo apresenta uma visão a respeito dos significados do movimento civil-militar que tirou João Goulart da Presidência da República em 1964. Leia-o com atenção e depois responda às questões propostas:

> Daquela sexta-feira, 13 de março, até 1º de abril, o conflito político entre os grupos antagônicos se redimensionou. Não se tratava mais de medir forças com o objetivo de executar, limitar ou impedir mudanças, mas, sim, da tomada do poder e da imposição de projetos. Os conservadores tentariam impedir as alterações econômicas e sociais, excluindo, se possível, os seus adversários da vida política do país, sem preocupações de respeitar as instituições democráticas. O PTB, por sua vez, cresceu e se confundiu com os movimentos sociais que defendiam as reformas. Assim, os grupos progressistas da sociedade, representados pelos políticos nacionalistas e pelas alas radicais e fisiológicas do PTB, exigiam as reformas, mas, igualmente como seus adversários, sem valorizar a democracia [...] a questão democrática não estava na agenda da direita e da esquerda. A primeira sempre esteve disposta a romper com tais regras, utilizando-as para defender seus interesses. A segunda, por sua vez, lutava pelas reformas a qualquer preço, inclusive com o sacrifício da democracia. [...]
>
> O golpe militar [...] foi contra o PTB, sua prática política e suas lideranças. O partido surgiu aos olhos dos militares como um inimigo a ser combatido. A ruptura constitucional foi uma reação aos compromissos dos trabalhistas com as esquerdas no clima da Guerra Fria, as alianças que tentaram com setores militares, as propostas de fazer dos trabalhadores o sustentáculo privilegiado do poder e a estratégia de atuar pela via da participação direta. Além disso, o PTB era o partido que estava no poder. [...] Não casualmente a queda de Goulart foi seguida pelo declínio político dos trabalhistas, com vários parlamentares cassados e, mais tarde, com a própria extinção do partido, bem como pela grande repressão ao movimento sindical, com intervenções em diversas entidades, prisões e cerceamentos das liberdades básicas, como o direito de greve.
>
> A derrubada de Goulart da presidência e o colapso da democracia no Brasil repercutiram entre os grupos nacionalistas e reformistas com grande surpresa. No entanto, para todos os protagonistas dos conflitos daquela época, como as esquerdas, a direita civil e os próprios militares, o golpe surgiu como uma grande incógnita. Como alguns depoimentos confirmam, não havia um projeto a favor de algo, mas contra. A questão imediata era depor Goulart e, depois, fazer uma "limpeza" política. Somente mais adiante e com difíceis entendimentos entre facções das Forças Armadas, surgiria um "ideário" do regime dos militares.
>
> FERREIRA, Jorge. O governo Goulart e o golpe civil-militar de 1964. In: *O Brasil republicano*. Rio de Janeiro: Civilização Brasileira, 2003. v. 3. p. 400-401.

Fisiológica
Prática de setores que buscam interesses e vantagens particulares por meio do serviço público.

Protagonista
Aquele que se destaca ou que desempenha o papel principal em uma determinada situação.

1. Os conservadores e os grupos progressistas no Brasil de 1964 tinham compromissos com a manutenção da democracia? Justifique sua resposta a partir do texto de Jorge Ferreira.

2. Com base no que você leu neste capítulo, como explicaria a afirmação de que os militares deram o golpe contra os trabalhistas porque eles propunham fazer dos trabalhadores o sustentáculo do poder?

3. Explique por que a queda de Goulart foi seguida pelo declínio dos trabalhistas.

4. Justifique por que os militares reprimiam o movimento sindical.

PONTO DE VISTA

A Avenida Rio Branco e a história da República

Avenida Central (atual Avenida Rio Branco), Augusto Malta. Rio de Janeiro, Rio de Janeiro (Brasil), 1906.

A reurbanização do Rio de Janeiro foi encaminhada pelo então prefeito Pereira Passos e deu ares europeus à cidade. Augusto Malta foi um fotógrafo engajado em valorizar os benefícios das reformas urbanas. A partir de 1912, a antiga Avenida Central passou a chamar-se Avenida Rio Branco.

Manifestação do CGT na Avenida Rio Branco, Rio de Janeiro, Rio de Janeiro (Brasil), 1962.

Setores do movimento operário organizaram ruidosas manifestações pelo retorno do presidencialismo e por reformas sociais no Brasil. Em 1962, foi criado o Comando Geral dos Trabalhadores (CGT), que procurava unificar as reivindicações operárias no país.

CAPÍTULO 7 | A democracia populista

Parte da história da República do Brasil pode ser identificada nestas quatro fotos. Todas elas referem-se a cenas ocorridas em uma mesma Avenida no Rio de Janeiro: a Avenida Rio Branco, antiga Avenida Central.

1. No seu caderno, identifique a data, o contexto histórico, as tensões sociais e os conflitos políticos de cada uma das fotos.

2. Qual a relação entre o espaço público e a participação política apresentada pelas fotos? Justifique utilizando elementos das imagens.

Marcha da Vitória. Avenida Rio Branco, Rio de Janeiro, Rio de Janeiro (Brasil), 2 abr. 1964.

O golpe que instaurou a ditadura militar no Brasil foi saudado por centenas de milhares de pessoas no Rio de Janeiro, em uma gigantesca manifestação organizada por setores sociais contrários ao governo de Jango.

Comício pelas Diretas. Avenida Rio Branco com Avenida Presidente Vargas. Rio de Janeiro, 10 abr. 1984.

Na maior manifestação pública da história do Brasil até aquela data, cerca de um milhão de pessoas exigiam o fim da ditadura militar no Brasil. Leonel Brizola, Miguel Arraes e Tancredo Neves, líderes políticos do período populista, estavam presentes. Jango, Juscelino e Lacerda já haviam falecido.

A democracia populista | CaPÍTULO 7 | 173

PERMANÊNCIAS E RUPTURAS

A carta de Goiânia

Aos companheiros sem terra do Brasil:

Nós, trabalhadores sem terra vindos de 16 estados de diversas regiões do País, reunidos em Goiânia, queremos endereçar este comunicado, transmitindo o objetivo deste encontro, bem como da importância do mesmo.

Queremos ainda fazer de perto um convite a todos, para que entrem na luta pela CONQUISTA E DEFESA DA TERRA dos direitos que são negados para nós. [...]

Verificamos que em todas as regiões do País existem conflitos de terra, e o pior de tudo isso é a maneira como se resolvem esses problemas. Lamentamos outra vez em dizer que esses problemas são resolvidos com repressão policial, e a corda quebra sempre do lado mais fraco.

Nós trabalhadores somos vítimas de um sistema que está voltado para o interesse das grandes empresas e latifundiários. Se nós não nos organizarmos em nossos sindicatos e associações de classe, em nossas regiões, nos estados e em nível nacional; se não sentarmos juntos para analisar as nossas lutas, para confrontar com esta realidade que hoje escraviza os fracos, se não fizermos isso, nunca iremos nos libertar desta vida de explorados e de verdadeira escravidão.

Vivemos num mundo sem finalidade humana. Mundo que é fabricado por todo um sistema injusto, implantado em nosso País. A terra nas mãos de poucos, os salários baixos, as leis que favorecem os grandes poderosos, o poder e a riqueza nas mãos desta minoria, revelam claramente este fato que na nossa maneira de pensar é uma verdadeira violência contra o homem e a natureza. O sistema prega violência e total desrespeito aos direitos fundamentais de cada pessoa. Este mundo, cuja finalidade não é o homem, que é mantido pelo sistema implantado, é o grande gerador de todo tipo de mal que infesta nossa sociedade, como: a criminalidade, a fome, o roubo, o menor abandonado, a prostituição, a miséria e outros tipos de violência.

Alertamos, ainda, a todos os companheiros, da importância de uma participação consciente nas decisões políticas, porque os problemas citados são fruto das injustiças e da falta de participação. Convidamos para que pensem e para que não deixem se enganar pelas falsas promessas

Membros do Movimento dos Trabalhadores Rurais Sem Terra (MST). Luziânia, Goiás (Brasil), 5 out. 1999.

de pessoas que têm interesse pelo povo só na hora do voto.

Queremos, através desta carta, nos solidarizar com os canavieiros em greve no estado de Pernambuco e com todos os companheiros de todo o País, que estão lutando e sofrendo. Queremos dizer que continuem firmes e mais uma vez convidamos a todos os companheiros para que se unam pelos nossos direitos.

Ao encerrar, queremos em poucas palavras agradecer a todos que estão assumindo a causa do trabalhador. Um abraço a todos.

Goiânia, 26 de setembro de 1982.

Seguem as assinaturas dos representantes dos 16 estados

FERNANDES, Bernardo Mançano.
A formação do MST no Brasil.
Rio de Janeiro: Vozes, 2000. p. 76-78.

Essa carta foi redigida em um encontro promovido pela Comissão Pastoral da Terra, da Igreja Católica, que reuniu trabalhadores sem terra de todo o país. Dois anos depois seria organizado o Movimento dos Trabalhadores Rurais Sem Terra (MST), que tem por objetivo lutar pela reforma agrária. Nessa carta estão expressas algumas ideias importantes do MST.

1. A quem é endereçada a carta? Como seus autores se identificam?
2. De acordo com o texto, como têm sido resolvidos os "conflitos de terra"?
3. Que justificativas o texto apresenta para a seguinte afirmação: "Vivemos num mundo sem finalidade humana"?
4. Quais são as propostas apresentadas no documento?
5. Que semelhanças é possível identificar entre as ideias contidas nessa carta e o que você aprendeu sobre as Ligas Camponesas?

TRÉPLICA

 Filmes

Jango
Brasil, 1984. Direção de Sílvio Tendler.

Documentário que analisa o governo de João Goulart em seus aspectos políticos, econômicos e sociais.

Cabra marcado para morrer
Brasil, 1964/1984. Direção de Eduardo Coutinho.

No início da década de 1960, um líder camponês, João Pedro Teixeira, é assassinado por ordem de latifundiários. As filmagens foram interrompidas pelo golpe militar de 1964. Dezessete anos depois, o projeto foi retomado.

A estrada 47
Brasil, 2013. Direção de Vicente Ferraz.

Esquadra brasileira de caçadores de minas sofre ataque de pânico durante a Segunda Guerra Mundial. Os soldados devem optar por enfrentar a Corte Marcial ou encarar o inimigo novamente.

Getúlio
Brasil, 2014. Direção de João Jardim.

Os últimos dias de Getúlio Vargas. Pressionado pela crise política, ele avalia os riscos existentes até tomar a decisão de se suicidar.

Jânio a 24 quadros
Brasil, 1981. Direção: Luiz Alberto Pereira.

Documentário sobre a vida e a trajetória política de Jânio da Silva Quadros com referências a diversas personagens políticas da década de 1960.

 Livros

De Getúlio a Juscelino
BERTOLLI FILHO, C. São Paulo: Ática, 2002.

A República bossa-nova: a democracia populista (1954-1964)
DORATIOTO, F. F. M.; DANTAS FILHO, J. São Paulo: Atual, 1991.

Brasil: anos 60
COUTO, J. G. 15. ed. São Paulo: Ática, 2003.

Tropicalismo
PAIANO, E. São Paulo: Scipione, 1996.

 Sites

(Acessos em: 25 set. 2018)
<http://goo.gl/aM3Gt2>

Especial sobre Brasília, em comemoração aos seus 50 anos. É possível passear pela planta da cidade e conhecer os seus principais edifícios.

<http://goo.gl/ztJbvn>

Importante acervo documental sobre a história da República no Brasil. Possui documentos escritos, fotos e vídeos para consulta virtual.

3º Bimestre

CAPÍTULO 8 — A América Latina

PORTAS ABERTAS

OBSERVE AS IMAGENS

1. No seu caderno, identifique o tema de cada imagem.

2. Esclareça o que quis dizer o arquiteto Oscar Niemeyer com a seguinte frase: "Suor, sangue e pobreza marcaram a história desta América Latina tão desarticulada e oprimida".

3. Poderíamos dizer que a proposta da Unasul é enfrentar o problema apresentado por Niemeyer?

Mão, 1988, de Oscar Niemeyer. Escultura em concreto aparente, Praça Cívica dentro Memorial da América Latina, São Paulo, São Paulo (Brasil), 2014.

A escultura projetada por Oscar Niemeyer faz parte do conjunto arquitetônico do Memorial da América Latina, construído na cidade de São Paulo (SP) entre 1988 e 1989.

A escultura *Mão*, de Oscar Niemeyer (arquiteto brasileiro), tornou-se o símbolo por excelência do Memorial [Memorial da América Latina em São Paulo, inaugurado em 18 de março de 1989] e um marco urbano. Ela está pintada em muros e túneis da cidade, ao lado de reproduções dos principais pontos turísticos de São Paulo.

Localizada na Praça Cívica, foi erguida em concreto aparente e possui 7 metros de altura. Na sua palma, o mapa do subcontinente americano em baixo-relevo está pintado em esmalte sintético vermelho, lembrando sangue a escorrer. Essa Mão espalmada está estendida para os povos irmãos, porque, segundo Niemeyer, "suor, sangue e pobreza marcaram a história desta América Latina tão desarticulada e oprimida". Agora urge reajustá-la num monobloco intocável, capaz de fazê-la independente e feliz.

Disponível em: <https://bit.ly/2QCrtq5>. Acesso em: 4 out. 2018.

Foto oficial dos chefes de Estado e Governo da União Sul-Americana de Nações (Unasul), 28 jul. 2011.

Reunião da Unasul, em 28 de julho de 2011, em Lima, Peru. Da esquerda para a direita, atrás, Nicolás Maduro Moros (ministro do Exterior da Venezuela), Evo Morales (presidente da Bolívia), María Emma Mejía Vélez (secretária-geral da Unasul), Dési Bouterse (presidente do Suriname), Cristina Fernández de Kirchner (presidenta da Argentina), Rafael Correa (presidente do Equador); na frente, Sebastián Piñera (presidente do Chile), José Mujica (presidente do Uruguai), Juan Manuel Santos (presidente da Colômbia), Ollanta Humala (presidente do Peru), Dilma Rousseff (presidenta do Brasil), Carolyn Rodrigues-Birkett (chanceler da Guiana), Jorge Lara Castro (ministro do Exterior do Paraguai).

A América Latina
Jogo

A América Latina | CAPÍTULO 8

A REVOLUÇÃO MEXICANA

Raza Blanca, Antonio Garcia Cubas. Litografia extraída do livro *Carta etnográfica. Atlas Pintoresco e Histórico de los Estados Unidos Mexicanos*. México: Debray Sucesores, 1885.

A proximidade geográfica com os Estados Unidos transformou o México em um dos principais alvos durante a primeira fase da expansão imperialista estadunidense. No início do século XX, empresários dos Estados Unidos dominavam 75% das minas e fundições mexicanas. Nas ruas, rumores diziam que o país vizinho possuía mais terras ali que os próprios mexicanos. Além disso, eram inúmeros os empresários ingleses, franceses, alemães e espanhóis no México.

Desde a independência, em 1821, ocorria uma intensa concentração de terras, ampliada ainda mais ao final do século XIX sob os governos de Porfirio Díaz (1830-1915), no poder entre 1876 a 1880 e de 1884 a 1911. Em 1910, menos de 5% das terras mexicanas eram de pequenos proprietários ou de comunidades camponesas. A brutal concentração de terras repetia a concentração de poder político de grupos oligárquicos vinculados a Díaz.

Porfirio Díaz era um líder político oriundo do Exército, com práticas políticas autoritárias e com discursos em defesa dos setores mais pobres, porém era defensor dos interesses das classes dominantes: latifundiários, comerciantes, banqueiros e industriais.

A administração de Porfirio Díaz tinha como plataforma econômica promover a entrada de capital estrangeiro em larga escala para explorar os recursos naturais do país e a produção de artigos de exportação. O desenvolvimento dos meios de comunicação e transportes (sobretudo ferrovias) visava à articulação da economia nacional às engrenagens do capitalismo mundial durante a Segunda Revolução Industrial.

Além da modernização econômica, o porfirismo estimulava as classes dominantes a assumir as referências das burguesias europeias e estadunidense, negando as fortes tradições indígenas do país. Apesar de sua origem mestiça, Díaz incentivara um modelo cultural e educacional que se distanciava das tradições mexicanas, que mesclavam o padrão de colonização espanhola e a base cultural indígena. "Modernizar" significava "imitar" os modelos culturais dos Estados Unidos e da Europa e afastar-se do passado mexicano. Esse conjunto de práticas políticas relacionadas ao governo de Porfirio Díaz ficou conhecido por **porfirismo**.

> **TÁ LIGADO**
> 1. Explique o que era o porfirismo.

Mexicanos de Santa Rita – México, Antonio Garcia Cubas. Litografia extraída do livro *Carta etnográfica. Atlas Pintoresco e Histórico de los Estados Unidos Mexicanos*. México: Debray Sucesores, 1885.

DESCONTENTAMENTOS SOCIAIS

A Revolução Mexicana veio romper com essa negação do passado e buscar as origens do "ser mexicano", em uma tentativa de reintegração das tradições indígenas.

A motivação inicial residia na questão da terra, expressa no lema: "*Tierra y libertad*". A partir de 1909 crescia o descontentamento com o regime. Camponeses de origem indígena retirados de suas terras e recrutados para trabalhos semisservis nas grandes propriedades participaram de contestações e insubordinações. Operários das minas e da indústria têxtil, influenciados por ideias liberais, socialistas e anarquistas, promoveram greves reivindicando salário mínimo, direito de greve e jornada de oito horas. Ambos os setores foram duramente reprimidos.

Havia também o descontentamento de setores da elite. Em 1909, Francisco Madero (1873-1913), membro de uma das dez famílias mais ricas do México, colocara-se à frente de uma campanha contra Díaz com o lema: "Sufrágio efetivo – abaixo a reeleição". A campanha atraiu setores das classes médias, como os profissionais liberais, proprietários progressistas e pequenos industriais e comerciantes. Acusado de incitar a rebelião, apesar de seu programa moderado de reformas, Madero foi preso e depois se exilou nos Estados Unidos. Em 1910, em eleições fraudulentas, Díaz foi reeleito por esmagadora maioria de votos.

Tzendales y tzotziles – Chiapas, Antonio Garcia Cubas. Litografia extraída do livro *Carta etnográfica. Atlas Pintoresco e Histórico de los Estados Unidos Mexicanos*. México: Debray Sucesores, 1885.

A LUTA ARMADA

A oposição ao porfirismo, no entanto, levou Madero à liderança de uma luta armada pela derrubada de Porfirio Díaz. Do Texas, Madero conclamou uma revolução para derrubar o ditador. Além de declarar ilegítima a eleição de 1910, procurava atrair os camponeses prometendo a devolução das terras tomadas pelos latifundiários.

O movimento conseguia agrupar setores com interesses distintos: parcelas da elite descontentes com o continuísmo porfirista e trabalhadores rurais que almejavam a redistribuição de terras.

Francisco Madero retornou ao México em fevereiro de 1911, três meses após o início dos conflitos armados. A esta altura, combatentes liderados por anarquistas, camponeses comandados por **Emiliano Zapata** (1873-1919), camponês descendente de indígenas e espanhóis e o soldado **Pancho Villa** (1878-1923) obtiveram importantes êxitos militares em todo o país.

Diante da situação, Díaz renunciou à presidência. Sobre a revolução, diria que Madero libertara um tigre, mas que não conseguiria domá-lo. De certo modo, tinha razão. A radicalização popular não estava afastada.

> **TÁ LIGADO**
>
> 2. Explique por que camponeses e operários mexicanos nutriam descontentamentos no início do século XX.
>
> 3. Indique as propostas de Francisco Madero na campanha de 1909.

Othomi – Pames, Antonio Garcia Cubas. Litografia extraída do livro *Carta etnográfica. Atlas Pintoresco e Histórico de los Estados Unidos Mexicanos*. México: Debray Sucesores, 1885.

TÁ LIGADO

4. Defina *ejidos*.
5. Explique o que foi o Plano de Ayala.
6. Aponte as características do governo de Carranza.

O GOVERNO DE FRANCISCO MADERO

O governo de Díaz chegou ao fim e Francisco Madero assumiu a presidência. Incorporou antigos colaboradores do regime de Porfirio Díaz a seu governo e manteve intacta a máquina administrativa e repressiva do Estado mexicano. O novo governo reprimia duramente o movimento operário e não oferecia uma solução para as reivindicações camponesas.

Zapata e seu exército de camponeses queriam uma reforma agrária com a volta aos ***ejidos***, antigo sistema indígena de terras coletivas. Em novembro de 1911, foi lançado o **Plano de Ayala**, um manifesto pela reforma agrária que se converteu no símbolo da luta pela terra em toda a América Latina. Zapata se opôs às sucessivas políticas dos presidentes Francisco Madero, Victoriano Huerta (1850-1916) e Venustiano Carranza (1859-1920), acusando-os de não cumprir as promessas de distribuição de terras.

A RADICALIZAÇÃO

O clima de tensão permitiu que os grupos ligados ao porfirismo, apoiados pelos Estados Unidos, desferissem um golpe de Estado em 1913, assassinando o presidente Francisco Madero e levando Victoriano Huerta ao poder.

Apenas um dos governadores ligados a Madero recusou-se a aceitar o governo ditatorial de Huerta. Venustiano Carranza organizou uma resistência burguesa a Huerta. Seu programa político limitava-se a restabelecer a normalidade democrática.

No entanto, Zapata e Pancho Villa recusaram-se a desmobilizar seus comandados. Pelo norte, Pancho Villa estabeleceu uma política de alianças com setores da burguesia. No sul, Zapata implementou um movimento guerrilheiro. A revolução ganhou fortes conotações sociais. Em causa estava a participação política e, principalmente, a estrutura agrária mexicana.

Em julho de 1914, o ditador Huerta fugiu do país. Carranza assumiu o poder e tentou controlar o processo revolucionário. Para tanto, estabeleceu uma articulação política com o operariado, visando isolar os líderes camponeses. Procurou atrair as classes médias urbanas e demais setores das camadas dominantes contra o radicalismo camponês. Carranza tentava tomar a bandeira social das mãos dos líderes camponeses.

O novo governo procurou também enfraquecer os setores mais conservadores. O Exército federal foi dissolvido. A política visava enfraquecer os latifundiários tradicionais, a Igreja e diminuir a presença estrangeira na economia.

Porém, partidários de Zapata e de Villa não reconheceram sua liderança. Uma forte disputa social era travada entre camponeses e as camadas dominantes pela direção da revolução. A partir de 1915, as rivalidades tornaram-se conflitos armados.

As medidas reformistas, o apoio discreto, porém decisivo, dos Estados Unidos a Carranza, o desgaste de anos de combates e violências e as desavenças entre zapatistas e villistas enfraqueceram o ímpeto dos revolucionários.

Em 1917 entrou em vigor uma nova Constituição, fortemente nacionalista, com amplas concessões aos trabalhadores urbanos e uma reforma agrária não tão radical como queria Zapata. Com a promulgação da Constituição, apesar de os enfrentamentos pela terra continuarem, encerrou-se o ciclo revolucionário que havia custado ao México um milhão de vidas.

TÁ LIGADO

7. Liste as conquistas sociais garantidas pela Constituição mexicana de 1917.

O Exército Zapatista de Libertação Nacional

A história do México e a trajetória de Emiliano Zapata ajudam a entender a base da organização guerrilheira Exército Zapatista de Libertação Nacional (EZLN), que, a partir de 1994, comandado pelo Comitê Clandestino Revolucionário Indígena, tem no subcomandante Marcos sua liderança evidente. A face nunca foi, de todo, visível.

Esse neozapatismo reivindica reforma agrária, maiores direitos para os grupos indígenas de Chiapas (descendentes dos maias) e, ao mesmo tempo, se opõe ao Nafta (bloco econômico formado por México, Estados Unidos e Canadá), que representaria uma forma de submissão do país ao capital estrangeiro.

Subcomandante Marcos, líder do Exército Zapatista de Libertação Nacional (EZLN). México, 2006.

Retrato do líder revolucionário Emiliano Zapata (sentado, ao centro) e seus homens. México, 1914.

GARANTIAS SOCIAIS

A Constituição mantinha a propriedade privada, mas com uma função social. Reduzia-se a jornada de trabalho para oito horas diárias e garantiam-se os direitos de organização e de greve. Por fim, foram estabelecidas medidas visando retomar o controle nacional sobre a mineração e a extração de petróleo.

A força da revolução havia alterado as estruturas sociais do México. O programa de reformas não era radical, mas estava carregado de avanços sociais.

Zapata foi assassinado, em 1919, por um oficial do Exército que apoiava Carranza. Sua morte não representaria o fim do movimento. As outras lideranças juraram manter sua luta. Rapidamente correu um boato de que haviam "matado um substituto". Zapata estaria vivo e fora visto cavalgando nas montanhas. Nas proféticas palavras de Porfirio Díaz, em 1911, o tigre estava solto.

A QUESTÃO AGRÁRIA

A Revolução Mexicana provocou o primeiro caso de reforma agrária realmente massiva na América Latina. Iniciada em 1910, foi retomada no governo Lázaro Cárdenas (1934-1940) e, em menor escala, em outros governos nos anos de 1960.

Até 1934, cerca de 7,6 milhões de hectares haviam sido objeto de reforma agrária. No governo Cárdenas, 17,8 milhões de hectares foram transferidos para 750 mil famílias (média de 25 hectares por família).

Como o México conta com pouco mais de 25 milhões de hectares cultiváveis, em tese, não deveria haver no país nem latifundiários (os *terratenientes*) nem "sem-terra". Mas, na prática, não era essa a situação.

O limite legal estabelecido pela reforma agrária para as propriedades inicialmente era de no máximo 200 hectares. Mas os *terratenientes* colocaram terras em nome de filhos, parentes e amigos. Assim, conseguiram propriedades até dez vezes maiores do que o limite legal. Na outra ponta, os camponeses pobres, sem assistência do governo para se manterem na terra, foram vendendo seus lotes, a ponto de haver atualmente cerca de 4 milhões de sem-terra no país. Essa situação configurou um quadro de concentração de terras assustador: atualmente, 56% das terras mexicanas pertencem a apenas 4 mil proprietários.

Uma das principais críticas à reforma agrária do México é o fato de os trabalhadores terem recebido áreas muito pequenas. Teria ocorrido a transformação de uma imensa massa de sem-terra em uma imensa massa de pequenos proprietários rurais sem perspectivas econômicas.

O México tornou-se exemplo de que a reforma agrária, se tomada como mera distribuição de terras, é o caminho para o fracasso.

A ARTE MURALISTA

Nas décadas de 1920 e 1930, o México era um dos centros de arte do Novo Mundo. A revolução levou um grupo de jovens pintores a criar um estilo nacional, uma síntese entre os elementos da arte indígena pré-colombiana e as propostas da arte moderna.

Essa arte devia ser do povo, das multidões silenciosas e sofredoras, e identificar-se com os ideais da revolução. O espírito revolucionário seria expresso em grandes murais nos edifícios públicos, daí ser denominada **arte muralista**. Tendo como temática dominante a história dos últimos séculos, os artistas pintavam figuras épicas, para facilitar sua difusão popular. Uma arte que pretendia rea-

---

Frida Kahlo

Magdalena Carmen Frida Kahlo y Calderón (1907-1954) foi uma artista que seguiu seus próprios caminhos de expressão. Ela pintou autorretratos e aqueles que amava, explorando diversos temas, como o sonho, a doença, a paixão, o sofrimento, a solidão.

Assumiu diretamente as raízes da cultura mexicana e declarou-se mestiça. Frida Kahlo também foi buscar na arte popular as cores e alguns temas. De certo modo, ela surgiu sob a mesma luz que a flora e a fauna do México, com cactos, plantas das florestas, papagaios e macacos.

Na obra *Autorretrato: o tempo voa* (1929), Frida utilizou a roupa simples, como as vestimentas indígenas, os brincos coloniais e um colar pré-colombiano, expressando diretamente as influências culturais coloniais e pré-coloniais. O quadro tornou-se a expressão de sua própria consciência nacional, predominando as cores verde, branca e vermelha da bandeira mexicana. Foi companheira de Diego Rivera.

Autorretrato: o tempo voa, Frida Kahlo. Óleo sobre placa de fibra, 1929.

cender a criatividade da antiga cultura mexicana. Os pioneiros da nova escola mexicana foram: José Clemente Orozco (1883-1949), David Siqueiros (1896--1974) e Diego Rivera (1886-1957). O muralismo teve grande influência em diversos países da América Latina. No Brasil, Candido Portinari (1903-1962) foi um dos influenciados.

ANÁLISE DE IMAGEM

A trincheira

Material: Pintura mural
Datação: 1926
Autor: José Clemente Orozco

A trincheira pertence a uma série mural de José Clemente Orozco, preservada na Escola Nacional Preparatória – na Faculdade de San Ildefonso (Cidade do México) – que se estende por três pisos do edifício os quais retratam uma visão crítica da Revolução. A imagem está localizada sob o arco central do piso térreo. A Escola Nacional Preparatória o contratou em fevereiro 1923; no entanto, seus painéis criaram grave conflito político, levando-o a interromper o trabalho. Posteriormente Orozco retornou para terminar o trabalho que começou em 1926, sob uma nova onda de mudança social.

1 Primeiro olhar:
A trincheira é uma obra ao mesmo tempo trágica e heroica. Estudiosos citam-no como o primeiro trabalho moderno diretamente ligado ao radicalismo da Revolução, que deixou pelo menos um milhão de mortos. Orozco captura o movimento contido e dramático, exibindo a dignidade dos soldados em seus últimos momentos. Suas figuras são pintadas com a distorção formal do expressionismo no início do século XX e a musculosidade tolteca das esculturas em pedra.

Dois dos homens parecem estar mortos, embora não haja ferimentos aparentes em seus corpos, e um terceiro está ajoelhado enquanto cobre o rosto com o braço esquerdo.

Componente da iconografia cristã: o soldado está sobre a barricada de pedras e vigas com os abraços abertos, que se assemelham a uma cruz, o que contribui para o equilíbrio do mural, mas não de uma forma simétrica.

Os rostos estão escondidos, o que dá ao espectador uma sensação de anonimato atrás do sacrifício de tantas vítimas da Revolução. A identidade anônima é mais poderosa do que se tivessem identidades reconhecíveis, porque eles agora representam o sacrifício de centenas de milhares de homens que lutaram e morreram pela mesma razão.

Utiliza tons suaves de uma paleta escura e grande definição e angularidade nas figuras. A luz é refletida sobre a pele nua dos corpos, provocando sombras que lembram rochas maciças.

EM DESTAQUE

OBSERVE A IMAGEM

Mártires revolucionários

O sangue dos mártires revolucionários fertilizando a terra, Diego Rivera. Afresco, 1926.

Não por acaso que Zapata, figura que possui a bela e plástica poesia das imagens populares, tenha servido de modelo, uma vez ou outra, aos pintores mexicanos. [...] é um de nossos heróis legendários. Realismo e mito se aliam nesta melancólica, ardente e esperançosa figura, que morreu como vivera: abraçado à terra. Como ela, é feito de paciência e fecundidade, de silêncio e esperança, de morte e ressurreição.

PAZ, Octávio. *O labirinto da solidão*. Rio de Janeiro: Paz e Terra, 1976. p. 128-129.

Tomando como referência a pintura de Diego Rivera reproduzida neste quadro, como você interpreta a palavra "fecundidade" no texto de Octávio Paz? Desenvolva um pequeno texto a esse respeito em seu caderno.

Evo Morales e as tradições indígenas

Na Bolívia, em 2005, as tradições ameríndias ganhariam espaço com a eleição de Evo Morales à presidência. Pela primeira vez na história do país, um indígena chegava ao poder pelo voto popular. Apesar das distâncias entre Zapata e Morales, ambos contaram com o apoio de camponeses ligados às tradições americanas nativas.

Presidente Evo Morales durante cerimônia indígena em Akapana. Bolívia, jan. 2006.

A ARGENTINA E O PERONISMO

Durante a Segunda Guerra, a Argentina era vista pelo governo dos Estados Unidos como uma base da espionagem nazista. Até 1944, muitos militares argentinos apostavam em uma vitória alemã. Com a derrota germânica, o consulado argentino em Barcelona, na Espanha, se tornou um ponto de distribuição de passaportes falsos, permitindo que muitos nazistas fugissem da Europa.

A partir de 1945, a imprensa dos Estados Unidos passou a publicar matérias mostrando que a Argentina era o refúgio preferido dos nazistas e de seus colaboradores europeus. Em 1946, com a ascensão de **Juan Domingo Perón** (1895-1974) ao poder, essas afirmações ganharam mais força.

Comício peronista. Buenos Aires (Argentina), 1954.

Perón não escondia sua simpatia pelos regimes fascistas. Militar de carreira, chegou à patente de coronel do Exército argentino e esteve na Itália e Alemanha em 1939 e 1940, no início da Segunda Guerra Mundial.

Depois de passar pelo Ministério do Trabalho, Perón foi eleito presidente da Argentina em 1946 (primeiro mandato), com forte apoio dos sindicatos, de grupos nacionalistas conservadores, da Igreja Católica e das Forças Armadas. Em torno de sua liderança política formou-se o **peronismo**, uma forma de **populismo** que estabelecia a incorporação de setores populares ao jogo político, liderados por uma figura carismática que garantia a manutenção dos interesses dos setores dominantes.

> **TÁ LIGADO?**
>
> 8. Defina peronismo.
> 9. Explique o justicialismo.

TENSÕES COM OS ESTADOS UNIDOS

Sua eleição foi considerada uma derrota para os Estados Unidos. Enquanto os demais países latino-americanos alinhavam-se com Washington, adaptando suas políticas interna e externa às condições da Guerra Fria, a Argentina de Perón, mesmo sendo agressivamente anticomunista, desafiava a hegemonia estadunidense no continente.

Além de intervir na economia, o Estado sob Perón adotou, em um primeiro momento, medidas hostis aos Estados Unidos. O estadista apontava uma terceira posição – "entre comunismo e capitalismo" – e buscava uma política de neutralidade em relação aos dois blocos. Internamente seu governo adotou um discurso baseado no **justicialismo**, que, segundo Perón, significava centralizar as preocupações do Estado na justiça social. Em torno dessas ideias foi criado o Partido Justicialista.

Os adversários de seu governo acusavam-no de "pornocracia", isto é, seu governo seria promíscuo e corrupto. Acusavam-no também de perseguir, torturar, exilar e censurar as oposições. Os grupos opositores rotulavam Perón de fascista devido à maneira pela qual ele mobilizava a população argentina. Perón era uma mescla de variados estilos autoritários, desafiando a definição simplista como nazista ou fascista.

Comício peronista. Buenos Aires (Argentina), 1940-1950. (detalhe)

Eva Perón

Perón, fundador do Partido Justicialista, só não foi mais adorado na Argentina do que Evita, sua segunda mulher. Eva Duarte de Perón (1919-1952) ajudou seu marido desde a conquista do poder e, apesar de não ter exercido cargos de governo, foi a ministra de fato da Saúde e do Trabalho. A atuação do casal criou deles a imagem de protetores da classe operária. "Perón cumpre, Eva dignifica", dizia o *slogan* peronista.

O presidente isolava líderes sindicais que se opunham à sua política, adotando uma posição de só tratar com sindicatos que seu governo reconhecesse, estimulando assim os "sindicalizados" a elegerem líderes que favorecessem a colaboração com o governo. Evita, chamando os pobres de *mís gracitas* (meus queridinhos), encantava os trabalhadores e as centrais sindicais com discursos apaixonados e doações. Em seu "maternalismo", ela doou cerca de 25 mil casas aos pobres, entregou alimentos, roupas e brinquedos, criou abrigos para órfãos e influiu decisivamente na concessão do voto às mulheres. Evita era uma espécie de "santa social", a mãe da Argentina, que, pela caridade, manipulava politicamente as carências geradas pela pobreza.

Eva Perón ao lado de seu marido Juan Perón, c. 1950.

SEGUNDO MANDATO DE PERÓN

Reeleito em 1951, Perón deu início a um processo de industrialização com o Estado no controle do comércio exterior, das ferrovias, da navegação aérea, dos portos e das telecomunicações. Mas se durante a Segunda Guerra a Argentina conseguira o aumento de suas exportações e um fluxo de capitais que permitiam na época sustentar a política peronista, o fim do segundo mandato de Perón (1955) foi marcado por falta de capitais, queda da produção de grãos, estagnação industrial, alta dos preços e queda dos salários.

No período, houve sucessivas manifestações contra a corrupção, o aumento da inflação e a falta de liberdade política. Além disso, a morte de Evita em 1953 fez que o governo perdesse sua imagem popular. Em setembro de 1955, o general foi derrubado por um golpe militar e partiu para o exílio.

O RETORNO DE PERÓN

Em 1964, Arturo Ilia, um moderado de centro-esquerda, foi eleito presidente da Argentina. Seu governo foi marcado por uma política nacionalista e pela intervenção do Estado na economia, de modo a tentar promover o desenvolvimento econômico. Procurou implementar, também, algumas reformas sociais. Mas, em 1966, o presidente foi deposto por um golpe militar que levou ao poder o general Juan Ongaria. Assim terminou o breve período democrático iniciado em 1946. Divergências no interior das Forças Armadas levaram a dois sucessivos golpes militares, em 1970 e em 1971.

> **TÁ LIGADO**
>
> **10.** Liste as medidas econômicas implementadas por Perón em seu segundo mandato presidencial, entre 1951 e 1955.

A instabilidade política e as disputas no interior das Forças Armadas deram origem a uma negociação com a oposição civil e a uma tentativa de retornar à normalidade democrática.

Em 1973, evidenciando a força do movimento de massa peronista, Perón voltou ao país e elegeu-se presidente pela terceira vez, "com grande parte da esquerda pendurada nas abas de sua casaca", como afirmou o historiador Eric Hobsbawm. O corpo de Evita, embalsamado, retornou ao país. De novo ela podia ser cultuada por seus "devotos", que imaginavam o retorno dos "bons tempos do peronismo". Mas a tentativa de recriar o passado mostrou-se inviável. O velho líder argentino elegera-se tendo como vice-presidenta sua terceira esposa, Maria Estela Martinez de Perón (1931-), apresentada aos argentinos como Isabelita.

Em maio de 1974, quando Perón participava das manifestações do Dia do Trabalho, membros dos Montoneros, grupo da extrema esquerda que o apoiara, e da Juventude Peronista gritavam: "Só existe uma Eva"; "Se Evita estivesse viva ela seria um Montonero". Perón, irado, chamou seus ex-seguidores de estúpidos e idiotas.

Pouco tempo depois, em 1º de julho, aos 78 anos, o mestre da persuasão popular morreu de um ataque cardíaco.

Membros do grupo Mães de Maio, durante protesto em frente a Casa do Governo, Buenos Aires (Argentina), 1982.

A DITADURA MILITAR

Isabelita assumiu a presidência procurando seguir os passos de Evita. No entanto, uma forte crise econômica e a radicalização política entre grupos de direita e esquerda detonaram um novo golpe militar em 1976. Uma Junta Militar composta de representantes das três armas e presidida pelo general Jorge Rafael Videla assumiu o poder, com amplo apoio dos Estados Unidos. Eram tempos da Guerra Fria.

Videla fechou o Congresso e iniciou uma "guerra suja", em que desapareceram mais de 30 mil pessoas, caracterizada por torturas a presos políticos e retórica patriótica. Além disso, em 1978, o país sediou uma Copa do Mundo vencida pela seleção local, numa campanha marcada por pressões extracampo, resultados surpreendentes e arbitragens discutíveis.

Membros do grupo Mães de Maio realizam protesto carregando um *banner* com fotografias de desaparecidos, marcando 34 anos do golpe militar. Buenos Aires (Argentina), 2010.

A DEMOCRACIA

Em novembro de 1982, foram descobertos, na cidade de La Plata, túmulos de 300 pessoas não identificadas. Os militares afirmaram tratar-se de cadáveres de indigentes, mas não souberam explicar por que todos aqueles "pobres" haviam sido assassinados com uma bala na cabeça.

No final desse mesmo ano o presidente-general Leopoldo Galtieri invadiu as Ilhas Malvinas, ocupadas pelos ingleses. A intenção de Galtieri era desviar a atenção da população da crise econômica e dos desmandos militares, por meio de um apelo nacionalista. O país foi derrotado na guerra e a ditadura, desmoralizada.

As **Madres de la Plaza de Mayo** (Mães da Praça de Maio), desafiando as proibições, desfilavam semanalmente diante da Casa Rosada – residência presidencial – exigindo a volta de seus filhos e netos desaparecidos nas mãos da repressão.

Passeata das Mães da Praça de Maio. Buenos Aires (Argentina), 1985. (detalhe)

TÁ LIGADO?

11. Explique quem eram as Mães da Praça de Maio e o seu papel na luta contra a ditadura na Argentina.

Cristina Kirchner recebe a faixa presidencial de seu marido Néstor Kirchner, presidente anterior. Buenos Aires (Argentina), 2007.

Finalmente, em 1983, diante da desmoralização política e da crise econômica, o governo militar chegou ao fim. Em 1983, Raul Alfonsín (1927-2009) foi eleito presidente pela União Cívica Radical (UCR). Na campanha, Alfonsín jurou que, com a democracia, viriam também educação, saúde e comida para todos. A hiperinflação levou-o a renunciar seis meses antes de completar seu mandato.

Em 1989 foi eleito o peronista Carlos Saúl Menem que, no entanto, abandonou o modelo clássico do peronismo e adotou medidas liberais com amplo apoio do FMI (Fundo Monetário Internacional). Promoveu privatizações, congelou o câmbio e buscou uma maior aproximação com os Estados Unidos.

Reeleito em 1995, Menem terminou o segundo mandato desprestigiado pela corrupção e pela recessão instalada. O enfraquecimento de Menem abriu espaço para a vitória, em 1999, do oposicionista Fernando de la Rúa.

A situação econômica e social permanecia delicada. O desemprego e a dívida externa continuavam subindo, ao mesmo tempo que aumentava a desconfiança dos setores financeiros. Manifestações de rua intensificavam a instabilidade política do governo.

Em dezembro de 2001 revoltas sociais eclodiram em diversas partes do país. Em Buenos Aires, conflitos entre população insatisfeita e polícia provocaram diversas mortes. O presidente respondeu decretando estado de sítio, suspendendo os direitos dos cidadãos. Em protesto, milhares de argentinos reagiram com um panelaço: foram às ruas batendo panelas.

Em sua última tentativa de permanecer no poder, De la Rúa convocou a "unidade nacional" propondo uma aliança com os peronistas do Partido Justicialista. Diante da negativa dos peronistas, Fernando de la Rúa renunciou.

NÉSTOR E CRISTINA KIRCHNER

A turbulência política prosseguiu em meio à decretação de **moratória**, a suspensão do pagamento da dívida externa. Em 2003, era eleito pelo Partido Justicialista Néstor Kirchner, que retomou o pagamento da dívida externa em meio a um crescimento da economia superior a 8% do PIB (Produto Interno Bruto). Em outubro de 2007, sua esposa, Cristina Kirchner, foi eleita presidenta da Argentina.

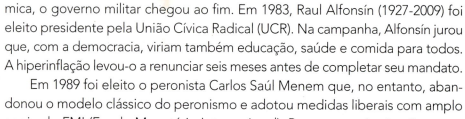

Cristina Kirchner, presidenta eleita, em visita ao Chile. Santiago (Chile), 2007.

Na campanha eleitoral, Cristina Kirchner evitou comparações com Evita e Isabelita Perón. Mais ainda: por diversas vezes declarou que qualquer tentativa de imitar Evita seria grotesca. Porém, em 17 de outubro de 2008, após ter sido eleita, Cristina Kirchner afirmou: "Sempre me recordo de Evita, que não pôde nem sequer chegar a ser vice-presidenta. Quero relembrar essa mulher que transformou a vida e a cultura de um país".

Esse discurso de Cristina Kirchner celebrava o "Dia da Lealdade". Em 17 de outubro de 1945, ocorrera uma grande manifestação na Praça de Maio, que exigia a libertação do coronel Juan Domingo Perón. Um ano depois, o líder político assumiria a presidência da Argentina. O dia 17 de outubro é considerado a data de aniversário do peronismo.

Gozando de grande popularidade, em outubro de 2011, Cristina Kirchner foi reeleita presidenta da Argentina. Seu segundo mandato, no entanto, foi marcado por graves crises econômicas, denúncias de morte de um oposicionista e de violação da liberdade de imprensa.

Funeral do ex-presidente Néstor Kirchner. Buenos Aires (Argentina), 28 out. 2010.

Campanha militar

Para os brasileiros, Pelé é o rei do futebol. Para os argentinos, Maradona é deus: D10S. Além de Pelé, os brasileiros lembram uma legião de craques: Friedenreich, Leônidas, Garrincha, Rivelino, Zico, Ronaldo, Ronaldinho Gaúcho, Neymar. Os argentinos não ficam atrás: Moreno, Sastre, Di Stéfano, Fillol, Passarela, Ardiles, Crespo, Messi.

A rivalidade futebolística entre Brasil e Argentina teve início em 1914, quando foram disputadas as primeiras partidas oficiais entre as duas seleções. Na primeira, 3 a 0 para a Argentina. Na segunda, 1 a 0 para o Brasil. Desde então, brasileiros e argentinos alimentam uma das maiores disputas do futebol mundial. Muitas vezes, além das polêmicas acerca dos melhores jogadores e equipes, as desavenças acabam em jogadas mais violentas ou até mesmo em brigas entre atletas.

Cartaz de protesto contra a realização da Copa do Mundo. Argentina, 1978.

Em 1950, na Copa do Mundo organizada no Brasil, a Associação Argentina de Futebol (AFA) decidiu não participar do torneio. Uma série de incidentes dentro e fora de campo havia estremecido as relações entre os dirigentes esportivos dos dois países.

Vinte e oito anos depois, a Fifa permitiu a realização da Copa do Mundo na Argentina, submetida a uma ditadura feroz desde 1976.

A Copa da Argentina de 1978 foi marcada por pressões militares. Serviu como propaganda para a ditadura militar argentina, que explorou o sentimento nacionalista e a competição como um meio de aceitação do regime. Mas, além da Argentina, Brasil e Peru também viviam sob regimes militares. Nas quartas de final, formaram-se dois grupos. No grupo A, as seleções da Itália, Alemanha Ocidental, Áustria e Holanda, todos países com regimes democráticos. Ironicamente, no grupo B, classificaram-se as seleções dos três países latino-americanos governados por ditaduras, juntamente com a Polônia, país submetido a uma ditadura de tipo stalinista.

Conquistas futebolísticas até jun. 2015		
Campeonatos/torneios	Brasil	Argentina
Copa do Mundo	5	2
Ouro em Jogos Olímpicos	0	2
Campeonato Sul-americano/ Copa América	8	14
Copa Roca	11	4
Vitórias em confrontos diretos	41	37
Mundial interclubes	9	9
Libertadores da América	17	23

Fontes: Elaborado com base em SANTOS, N. C. O. *Brasil × Argentina. Histórias do maior clássico do futebol mundial (1908-2008)*. São Paulo: Scortecci, 2009 <https://www.cbf.com.br>. Acesso em: 25 set. 2018.

A delegação brasileira mais parecia um destacamento militar. O presidente da CBD (Confederação Brasileira de Desportos) era o almirante Heleno Nunes. O técnico da seleção era o capitão do Exército Cláudio Coutinho. Na comissão técnica havia ainda tenentes e majores. O futebol também era uma área de intervenção militar e os jogadores eram mantidos sob rígida disciplina.

Brasil e Argentina empataram em 0 a 0, em uma partida em que sobraram agressões. A classificação para a final seria decidida no saldo de gols. A seleção argentina teria de vencer por quatro gols de diferença.

Em uma disputa muito estranha, o selecionado time peruano perdeu por 6 a 0. A seleção peruana errou muito durante a partida. Seu goleiro, um argentino naturalizado, esteve em uma jornada infeliz... Conta-se que o próprio presidente argentino, Jorge Rafael Videla, teria visitado o vestiário da seleção peruana antes da partida. De qualquer modo, a seleção argentina disputou a final contra a seleção holandesa, conhecida como "o carrossel holandês", porque seus jogadores revezavam-se nas mais diversas funções, atacando e defendendo em bloco. A seleção da casa venceu por 3 a 1, com um gol marcado em claro impedimento. De certo modo, o carrossel holandês foi batido pelos tanques argentinos.

A REVOLUÇÃO CUBANA

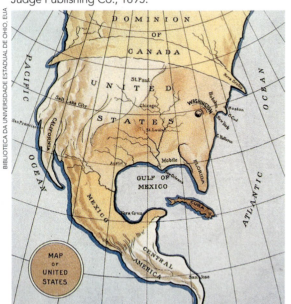

Tio Sam deseja Cuba, Benhard Gillam. Litografia colorida extraída da Revista *Judge*, vol. 29, Nova York, Judge Publishing Co., 1895.

O Tio Sam não é composto apenas do mapa dos Estados Unidos. Sua cartola "toma" o Canadá, e parte da cabeça e barbicha "ocupam" o México e a América Central, como se fossem territórios pertencentes aos Estados Unidos. Mas a maior ironia está na forma agressiva como o Tio Sam posiciona-se em direção a Cuba. O olho, representado pela capital Washington, observa a ilha fixamente. Na época, a região estava passando para a esfera de influência dos Estados Unidos.

As elites cubanas imaginaram que a independência nacional, no final do século XIX, possibilitaria o livre comércio com os Estados Unidos. Algumas facções dessas elites defendiam até mesmo a anexação da ilha pelos estadunidenses.

Quando os cubanos conseguem a independência, com o auxílio dos Estados Unidos, é estabelecida uma cláusula na Constituição da República de Cuba, a **Emenda Platt**, de 1901, que permitia aos estadunidenses ocupar militarmente a ilha em caso de perturbação da ordem.

Além disso, a economia cubana era fortemente dependente dos Estados Unidos, pois para lá se dirigiam as exportações de açúcar e tabaco, enquanto Havana, capital do país, tornava-se um grande cassino para turistas endinheirados. Mafiosos estadunidenses controlavam atividades ligadas à venda de bebidas, exploração cassinos e prostituição em Cuba. Em nenhuma parte da América Latina a noção de "quintal" dos Estados Unidos era tão válida como nesse país.

A GUERRILHA DE FIDEL CASTRO

Em 1953, liderados por Fidel Castro, 165 combatentes promoveram um ataque ao quartel de Moncada, em Cuba, para conseguir armas e tentar derrubar o ditador Fulgêncio Batista. Fidel, em sua defesa, proferiu um famoso discurso intitulado "A história me absolverá".

Depois do exílio no México, Fidel retornou ao país em 1956, diretamente para *Sierra Maestra*, onde organizou seu movimento guerrilheiro, para a tomada do poder. Para Castro, a guerrilha situava-se acima dos partidos políticos. Deixara isso claro ao afirmar: "A revolução na América Latina será feita pelo povo, com ou sem partido".

No *réveillon* de 1959, os sons dos fogos de artifício se confundiam com os tiros disparados pelas armas. A guerrilha tomava Havana, derrubando a ditadura de Fulgêncio Batista.

O CONFRONTO COM OS ESTADOS UNIDOS

O país, até então repleto de cassinos, hotéis de luxo e latifúndios de tabaco e cana-de-açúcar, assistiu a uma mudança de rumo com o início da era Fidel Castro, que até então não se declarava socialista. Fidel deu início a um programa de reforma agrária e de nacionalização de empresas que inquietou o governo dos EUA.

Em janeiro de 1961, os Estados Unidos romperam as relações diplomáticas com Cuba e, em abril, a CIA (Agência Central de Inteligência dos Estados

Unidos) preparou uma invasão a Cuba a partir da Flórida. Tratava-se da **Operação Baía dos Porcos**, que contava com a participação de cubanos exilados, treinados pelos estadunidenses. O fracasso da operação aproximou ainda mais cubanos e soviéticos.

Essa proximidade, inclusive, provocou uma das maiores crises da Guerra Fria: a **crise dos mísseis**. Em fins de 1962, aviões estadunidenses detectaram que a União Soviética se preparava para instalar mísseis nucleares em Cuba, a menos de 200 quilômetros de Miami. O presidente estadunidense John Kennedy (1917-1963) exigiu a imediata retirada dos mísseis, ameaçando com um ataque nuclear a ilha. Os russos acabaram desistindo de instalar os mísseis.

Imediatamente os Estados Unidos deram início a um bloqueio econômico e naval ao país, além de expulsá-lo da Organização dos Estados Americanos (OEA). O episódio acabou servindo de pretexto para uma grande ofensiva anticomunista estadunidense na América Latina. A ofensiva tinha a finalidade de evitar o surgimento de "novas Cubas", mas, em contrapartida, serviu de motivação para os mais variados grupos revolucionários, muitos dos quais inspirados no mito de Che Guevara, companheiro de Fidel.

TÁ LIGADO?

12. Explique o que foram:
   a) A Operação Baía dos Porcos.
   b) A crise dos mísseis.

13. Defina foquismo.

CHE GUEVARA, O MITO *POP* E REVOLUCIONÁRIO

O argentino Ernesto Che Guevara (1928-1967) teve uma das mais conhecidas trajetórias humanas do século XX. Na juventude, em 1952, viajou cerca de 10 mil quilômetros em uma moto apelidada de "*La Poderosa*". Foi a Machu Picchu, nos Andes peruanos, navegou o Amazonas de balsa, atravessou o deserto de Atacama, no Chile, conheceu povos indígenas e mineiros comunistas. Durante a viagem, relatou em seu diário o choque que lhe provocara a pobreza, a injustiça e as arbitrariedades que encontrara pelo caminho.

Em 1955, já formado em medicina, tornou-se guerrilheiro e um dos primeiros comandantes das forças que depuseram o ditador Fulgêncio Batista e instalaram Fidel Castro no poder. Guevara chegou a ser ministro da Economia do país.

Posteriormente, tentou colocar em prática o **foquismo** – estratégia que consistia em criar focos de insurreição, utilizando táticas de guerrilha, para implantar regimes radicais de esquerda. Che comandou grupos guerrilheiros que tentaram fazer a revolução socialista no Congo Belga (África), em 1965, depois dirigiu um movimento guerrilheiro no interior da Bolívia, entre março e outubro de 1967. Lá, foi capturado no dia 8 de outubro, em enfrentamento com tropas bolivianas, sendo executado no dia seguinte.

Guevara, desde o momento de sua morte, se converteu no símbolo da transformação política e ideológica desejada naquela década.

O guerrilheiro, porém, ainda hoje mantém a aura de herói romântico. A quantidade de biografias (pelo menos seis nos Estados Unidos, Europa e América Latina), de filmes romanceados e de documentários mostra que Che permanece na moda, como mito *pop* e como guerrilheiro revolucionário.

A série de retratos feita por René Burri está entre as mais famosas fotos de Che Guevara. Havana (Cuba), 1963.

DITADURAS LATINO-AMERICANAS

Fonte: Elaborado com base em LUCENA, Manuel. *Atlas Histórico de Latinoamérica*. Madrid: Sínteses, 2005.

Ao longo do século XX, governos dos Estados Unidos apoiaram ou planejaram golpes militares na América Latina de acordo com seus interesses na região.

Na Guatemala, no início da década de 1950, o presidente Jacob Arbenz, eleito com o apoio dos comunistas, implementou uma reforma agrária. Quando o governo confiscou propriedades da empresa *United Fruit*, dirigentes de Washington organizaram um golpe de Estado que levou ao poder o coronel Carlos Castillo Armas, em 1954.

Em 1970, no Chile, Salvador Allende foi eleito pela Unidade Popular, frente de partidos de esquerda. Seu governo, além da atuação na área social, nacionalizou empresas estadunidenses. Imediatamente, os dirigentes dos Estados Unidos iniciaram uma campanha de desestabilização, apoiando e financiando grupos oposicionistas chilenos. Allende foi deposto por um golpe militar, em 11 de setembro de 1973. O poder passou às mãos do general Augusto Pinochet, que dissolveu os partidos políticos e iniciou uma repressão brutal que matou e torturou milhares de pessoas.

No Paraguai, Uruguai, Peru, Equador e na Bolívia, os golpes se sucediam. No Chile e na Argentina, o número de prisões e assassinatos foi imenso. Na Argentina, os militares se revezaram na presidência. No caso do Chile, Pinochet assumiu o comando da ditadura militar durante toda a sua duração (1973-1990), enquanto no Paraguai o ditador Alfredo Stroessner governou por décadas (1954-1989). Os militares desses países atuaram muitas vezes em conjunto. Em 1992, descobriram-se documentos que comprovam que os militares de Brasil, Argentina, Chile, Uruguai, Bolívia e Paraguai haviam criado uma articulação denominada Operação Condor. Seu objetivo era a troca de informações e cooperação contra grupos guerrilheiros. Além disso, antes da Operação Condor, os militares brasileiros davam cursos aos militares dos países vizinhos para ensinar métodos de repressão.

NICARÁGUA: DA DITADURA À REVOLUÇÃO

Contra o controle dos Estados Unidos, surgiu na Nicarágua um movimento nacionalista na década de 1930, liderado pelo jovem César Augusto Sandino (1895-1934). Sandino foi assassinado, em 1934, por ordem do comandante da Guarda Nacional, Anastácio Somoza. O comandante, eleito presidente em 1936, instaurou uma ditadura que durou quatro décadas.

Em 1962 foi criado um movimento guerrilheiro de esquerda denominado **Frente Sandinista de Libertação Nacional**. Seus objetivos: derrubar a ditadura e instaurar um governo socialista. Os sandinistas obtiveram o apoio de camponeses e, na década de 1970, de setores da burguesia e das classes médias insatisfeitas com os altos índices de corrupção do governo.

Em 1978, o jornalista Pedro Joaquim Chamorro foi assassinado por agentes de Somoza. Foi o estopim de uma insurreição nacional. Em 1979, os guerrilheiros tomaram o poder. O novo governo, uma junta formada por sandinistas e setores liberais, tomou os bens da família Somoza, nacionalizou bancos e transferiu o controle da economia para as mãos do Estado.

Em 1980, os liberais, liderados por Violeta Chamorro, viúva do jornalista assassinado, romperam com o governo. Em 1981, o governo dos Estados Unidos, ao mesmo tempo que suspendia a ajuda econômica à Nicarágua, começou a financiar os Contras, grupo antissandinista formado por antigos membros da Guarda Nacional de Somoza.

Em 1990, diante de uma inflação de 33 000% ao ano, os sandinistas convocaram eleições gerais. A oposicionista liberal, Violeta Chamorro, venceu. Os Estados Unidos, então, suspenderam o embargo ao país e os Contras puseram fim às hostilidades. Após dezesseis anos de sucessivos governos conservadores, o principal líder sandinista, Daniel Ortega, retornava ao poder, dessa vez por meio do voto popular.

Sandinistas chegam a Manágua após a formação do governo do ditador Anastácio Somoza. Manágua (Nicarágua), 1979.

QUEBRA-CABEÇA

1. Releitura do quadro complementar "Campanha militar" (p. 189). Agora responda ao que se pede:
   a) Identifique as condições políticas em que transcorreu a Copa do Mundo de 1978 na Argentina.
   b) Identifique as características da delegação brasileira em 1978.
   c) O futebol pode ser utilizado como instrumento de propaganda política? Justifique.

2. Defina cada um dos conceitos abaixo e organize um pequeno dicionário conceitual em seu caderno:
   - porfirismo
   - *ejidos*
   - Plano de Ayala
   - arte muralista
   - peronismo
   - justicialismo
   - Mães da Praça de Maio
   - foquismo

3. Desenvolva uma pesquisa sobre a maneira como a imprensa brasileira noticiou a Revolução Cubana de 1959 e da instauração das ditaduras militares na América Latina nas décadas de 1960 e 1970. Para isso, você pode pesquisar no acervo *on-line* da Biblioteca Nacional: <http://goo.gl/BkFnOK>.
   a) Escolha um período a ser pesquisado.
   b) Escolha a cidade do periódico.
   c) Escolha o periódico (pode ser um jornal ou revista de circulação nacional ou estadual).
   d) Digite o tema a ser pesquisado.
   e) Analise as manchetes, as notícias e artigos. Procure avaliar a postura crítica do jornal pesquisado.

4. Explique por que há hoje um pequeno número de latifundiários e um grande número de "sem-terras" no México.

5. Discorra a respeito da relação do governo de Perón no período de 1946 a 1950 com os Estados Unidos.

6. Releia o quadro complementar Eva Perón (p. 186). No seu caderno, esclareça o papel de Evita no governo Perón.

7. No início da década de 1950, Perón e Vargas governaram, respectivamente, Argentina e Brasil. Compare os programas econômicos implementados, as crises políticas, o estilo político e o desdobramento histórico desses dois governos. Para essa comparação retome os conteúdos estudados no **capítulo 7**, páginas 154-156.

8. Vamos construir nossos *tags*. Siga as instruções do *Pesquisando na internet*, na seção **Passo a passo** (p. 7), utilizando as palavras-chave abaixo:
   Revolução Cubana
   Crise dos Mísseis
   Golpe militar no Chile
   Golpe militar na Argentina
   Golpe militar no Uruguai
   Revolução Sandinista

LEITURA COMPLEMENTAR

Leia com atenção o texto a seguir e depois responda às questões propostas.

[EVITA]

Quando escolhi ser "Evita" sei que escolhi o caminho do meu povo. Agora, a quatro anos daquela eleição, fica fácil demonstrar que efetivamente foi assim. Ninguém senão o povo me chama de "Evita". Somente aprenderam a me chamar assim os "descamisados". Os homens do governo, os dirigentes políticos, os embaixadores, os homens de empresa, profissionais, intelectuais etc., que me visitam costumam me chamar de "Senhora"; e alguns inclusive me chamam publicamente de "Excelentíssima ou Digníssima Senhora" e ainda, às vezes, "Senhora Presidenta". Eles não veem em mim mais do que a Eva Perón. Os descamisados, no entanto, só me conhecem como "Evita". Eu me apresentei assim para eles, por outra parte, no dia em que saí ao encontro dos humildes da minha terra dizendo-lhes que preferia ser a "Evita" a ser a esposa do Presidente se esse "Evita" servia para mitigar alguma dor ou enxugar uma lágrima. E, coisa estranha, se os homens do governo, os dirigentes, os políticos, os embaixadores, os que me chamam de "Senhora" me chamassem de "Evita" eu acharia talvez tão estranho e fora de lugar como que se um garoto, um operário ou uma pessoa humilde do povo me chamasse de "Senhora". Mas creio que eles próprios achariam ainda mais estranho e ineficaz. Agora, se me perguntassem o que é que eu prefiro, minha resposta não demoraria em sair de mim: gosto mais do meu nome de povo. Quando um garoto me chama de "Evita" me sinto mãe de todos os garotos e de todos os fracos e humildes da minha terra. Quando um operário me chama de "Evita" me sinto com orgulho "companheira" de todos os homens.

PERÓN, Eva. *La razón de mi vida.* Buenos Aires: Ediciones Peuser, 1951. p. 91. (tradução livre).

1. Em seu depoimento, Eva Perón diferencia aqueles que a chamam de "Evita" daqueles que a chamam de "Senhora". Esclareça essa diferença.

2. Identifique as características no discurso de Eva Perón que permitem classificá-lo como populista.

PONTO DE VISTA

OBSERVE A IMAGEM

Madres de la Plaza de Mayo

1. No seu caderno, descreva a senhora retratada na foto.
2. Como você interpretaria a fotografia que a mulher carrega no peito?
3. Procure interpretar as intenções do texto do cartaz:

Matam os homens, porém as ideias não morrem; desaparece o acusador, porém a acusação sobrevive e a verdade brilha e resplandece, e cedo ou tarde se faz justiça.

Integrante da organização Mães da Praça de Maio em passeata por justiça aos desaparecidos na "guerra suja" durante a última ditadura militar na Argentina, c. 1980.

PERMANÊNCIAS E RUPTURAS

As relações entre Cuba e Estados Unidos durante o governo de Obama

Portal *Terra*, 12 maio 2015.

"Obama está colocando uma pá de cal sobre o túmulo do último fantasma da Guerra Fria." É o que acredita o professor de relações internacionais da Universidade de Brasília Argemiro Procópio Filho. Ele se refere à retomada das relações diplomáticas entre Estados Unidos e Cuba.

[...] Algumas medidas, no entanto, só foram oficializadas recentemente, como a autorização para o transporte marítimo de cargas e passageiros. Outras ainda precisam da aprovação do Congresso dos Estados Unidos, como o fim do embargo comercial. [...]

A libertação de prisioneiros políticos foi um dos primeiros passos da reaproximação. Os Estados Unidos já deram liberdade para cinco agentes cubanos que estavam presos desde 1998. Já o governo de Raúl Castro prometeu soltar 53 pessoas. [...]

[...] os presidentes de Cuba e dos Estados Unidos apertaram as mãos na abertura da Cúpula das Américas, realizada em abril, no Panamá. Foi a primeira vez que um líder cubano participou da conferência. Em seu discurso, o presidente Raúl Castro elogiou o norte-americano Barack Obama, a quem chamou de "homem honesto". [...]

[...] a expectativa é que, a partir de setembro, empresas americanas já ofereçam o serviço de ligação entre os dois países. No entanto, a legislação norte-americana ainda proíbe que seus cidadãos viajem para a ilha, salvo em situações extraordinárias.

O presidente Barack Obama enviou ao Congresso dos Estados Unidos o pedido para que Cuba seja retirada da lista de países que patrocinam o terrorismo. O documento foi encaminhado no dia 14 de abril e tem um prazo de 45 dias para ser respondido. A medida encontra resistência do Partido Republicano. [...]

O fim do embargo financeiro precisa de aprovação do Congresso dos Estados Unidos, mas o acordo diplomático já prevê medidas que podem facilitar o envio de recursos para a ilha. Entre elas está a ampliação da remessa financeira trimestral para Cuba. O valor máximo de US$ 500 passará para US$ 2.000. Os cidadãos norte-americanos também terão permissão para importar até US$ 400 em produtos cubanos. [...]

As negociações para a retomada das relações diplomáticas entre os dois países incluem também abertura de uma embaixada norte-americana em Cuba, embora ainda não exista uma data para a inauguração [...]

Embora também precise de aprovação do Congresso dos Estados Unidos, a expectativa é que, em breve, o turismo de norte-americanos para Cuba seja liberado. [...]

Disponível em: <http://goo.gl/6zUZnX>.
Acesso em: 25 set. 2018.

1. Identifique e comente a profunda alteração nas relações entre os governos de Cuba e dos Estados Unidos durante o governo de Obama.

2. Liste as medidas apontadas na matéria.

3. Comente a afirmação de que tal situação "põe uma pá de cal sobre o túmulo do último fantasma da Guerra Fria".

4. Acompanhe as mudanças em curso e aponte outras medidas não citadas na matéria acima.

TRÉPLICA

🎥 Filme

Diários de motocicleta
EUA, 2004.
Direção de Walter Salles.
Che Guevara era um estudante de medicina que, em 1952, decide viajar pela América do Sul com o amigo Alberto Granado. A viagem, realizada em uma moto, faz com que os jovens compreendam a profunda desigualdade social e a miséria da população pobre dos países que visitam.

📖 Livro

Explorando a América Latina
MACHADO, Ana Maria. São Paulo: Ática, 2000.

Sites

(Acessos em: 25 set. 2018)
<http://goo.gl/H67UMe>
Lista das ditaduras estabelecidas na América Latina durante a Guerra Fria.

<https://bit.ly/2zZa3hZ>
Fotos de Ernesto Che Guevara desde a sua infância.

3º Bimestre

CAPÍTULO 9
A descolonização e o Terceiro Mundo

PORTAS ABERTAS

👁 OBSERVE AS IMAGENS

1. Em cada foto há um personagem central em uma circunstância específica. Yasser Arafat, Mahatma Gandhi, Nelson Mandela e David Ben Gurion são reconhecidos como grandes líderes políticos de seus respectivos povos. No seu caderno, identifique os países representados por cada um desses líderes.

2. Os quatro líderes participaram de importantes movimentos políticos no século XX. Identifique cada um desses movimentos.

Mahatma Gandhi com seus ajudantes. Nova Délhi (Índia), 1946.

Yasser Arafat, dirigente da Organização para Libertação da Palestina (OLP). Cisjordânia, 29 jan. 2003.

196 | CAPÍTULO 9 | A descolonização e o Terceiro Mundo

Nelson Mandela durante visita a uma escola. Johanesburgo (África do Sul), 2000.

David Ben Gurion lê a Declaração de Independência de Israel. Tel Aviv (Israel), 14 maio 1948.

TÁ LIGADO
1. Defina descolonização.

GUERRA FRIA E DESCOLONIZAÇÃO

No contexto da bipolarização característica da Guerra Fria surgiram numerosas nações independentes, em um movimento denominado **descolonização**. Ou seja, o processo de emancipação política das colônias da Ásia e da África das metrópoles europeias.

Vários foram os fatores que desencadearam esse processo. Em 1948, a própria carta de fundação da ONU proclamava o direito de autogoverno dos povos do planeta. Em contrapartida, as rivalidades entre Estados Unidos e União Soviética e o enfraquecimento das economias da Europa no período imediatamente posterior à Segunda Guerra Mundial tornaram as colônias europeias alvo dos interesses das duas superpotências. Ambas apoiaram os movimentos de independência como uma forma de ampliar sua respectiva área de influência.

> África: descolonização
> Vídeo

O processo de independência afro-asiático decorreu também dos movimentos nacionalistas, que se baseavam em ideias de autonomia e liberdade. Organizações da juventude, associações estudantis, intelectuais e outros movimentos dedicados à conquista das liberdades civis e dos direitos do homem foram determinantes nos movimentos pró-independência. A luta estava impressa nos livros e nos panfletos. Fortalecia-se em greves, boicotes, atos pacíficos de desobediência civil. Mas quando os meios pacíficos se esgotavam, recorria-se à luta armada.

Do continente africano saíram centenas de milhares de soldados para participar da Segunda Guerra Mundial. Nos campos de batalha europeus, em 1940, havia cerca de 127 mil soldados da África Ocidental francesa, 15 mil da África Equatorial francesa e 34 mil de Madagascar. Por meio dessa experiência, os soldados africanos puderam tomar consciência de seu próprio valor e dos seus direitos. Muitos dos ex-soldados iriam participar ativamente dos movimentos de libertação das colônias.

O Império Colonial Britânico: nossas aliadas, as colônias. Cartaz britânico, década de 1950.

ÍNDIA

A Índia foi a primeira colônia da Ásia a tornar-se independente. Com forte presença de seguidores do budismo, hinduísmo e da religião muçulmana, sua sociedade organizava-se sob um **sistema de castas** que definia cinco grandes categorias sociais: **brâmanes** (sacerdotes), **chátrias** (guerreiros), **vaixás** (comerciantes), **sudras** (trabalhadores) e **párias** (marginalizados).

A presença britânica, iniciada no século XVII, consolidou-se em 1887, quando a maior parte do território indiano encontrava-se direta ou indiretamente sob o seu domínio. As reações ao imperialismo manifestaram-se fortemente na passagem do século XIX para o século XX. Em 1885, era fundado o Congresso Nacional Indiano, que reunia budistas e hinduístas. Em 1906, era criada a Liga Muçulmana, que agregava seguidores da religião de Maomé.

A luta pela independência dividia os indianos. Os muçulmanos defendiam a criação de dois Estados independentes, enquanto os hindus procuravam estabelecer um Estado único. Do ponto de vista do combate à dominação britânica, também havia basicamente duas táticas: o confronto armado e a política de **desobediência civil**, baseada no princípio da não violência.

Liderada desde 1919 pelo ativista hindu **Mahatma Gandhi**, a campanha de resistência pacífica alastrou-se por toda a Índia e obteve grande apoio internacional. Em agosto de 1947, as autoridades britânicas reconheceram a independência do país. No entanto, adotaram a **política da partição**: criava-se o Estado do Paquistão, de maioria muçulmana, e o Estado da Índia, de maioria hindu e budista.

Os conflitos tornaram-se intensos entre muçulmanos e hindus, e os massacres, cada vez mais frequentes. Gandhi considerou a divisão inaceitável e passou a trabalhar pela reconciliação dos dois Estados. No entanto, no dia 30 de janeiro de 1948, após uma cerimônia religiosa, Mahatma Gandhi foi assassinado por um jovem extremista hindu. Até hoje as rivalidades religiosas e políticas marcam as relações entre a Índia e o Paquistão.

> **TÁ LIGADO?**
>
> **2.** Explique o que é a política da desobediência civil.
>
> **3.** Descreva o que foi a política da partição.

ÍNDIA SOB A DOMINAÇÃO BRITÂNICA (SÉCULO XIX)

ÍNDIA E PAQUISTÃO APÓS A INDEPENDÊNCIA (1947)

Fonte dos mapas: Elaborados com base em BLACK, J. (Dir.). *World History Atlas*. Londres: DK Book, 2008.

Desobediência civil

Gandhi nasceu em 1869, completou seus estudos em Londres, onde cursou Direito. Regressando à Índia, exerceu a profissão com grande sucesso. Em 1893 foi convidado a trabalhar na África do Sul. Lá, ficou indignado com o tratamento discriminatório dado pelo governo sul-africano aos asiáticos. Organizou um protesto que reuniu indianos, chineses e japoneses, em um movimento pacífico que mais tarde adotaria na Índia. Gandhi e milhares de asiáticos foram presos várias vezes. De volta à sua terra natal, deu continuidade a seu ativismo por meio do movimento de emancipação política.

Parte dos ensinamentos que Gandhi pregava na Índia foi inspirada nos escritos do estadunidense Henry Thoreau (1817-1862). Thoreau foi preso por recusar-se a pagar impostos em protesto contra o uso que o governo americano faria daquele dinheiro, consolidando o regime de escravidão negra e sustentando a Guerra do México, por meio da qual os Estados Unidos anexaram os territórios do Texas, Novo México e Califórnia.

Baseado nessa experiência, Thoreau publicou, em 1849, sua obra *A desobediência civil*, que mais tarde inspiraria o pensamento político de Gandhi e seria retomado por Martin Luther King e pelos jovens do *Flower Power* (Poder da Flor), na década de 1960.

Martin Luther King e sua esposa Coretta Scott King em passeata pelos direitos civis. Alabama (EUA), 30 mar. 1965.

Desobediência civil liderada por Mahatma Gandhi que reuniu cerca de 100 mil pessoas. Bombaim (Índia), 6 maio 1930.

INDOCHINA

A Indochina é uma região do Sudeste asiático, antiga colônia francesa desde meados do século XIX. Reunia os atuais países: Laos, Camboja e Vietnã. O domínio francês se prolongou até a Segunda Guerra Mundial, quando a Indochina foi ocupada pelas tropas japonesas, em 1940.

A guerra fortaleceu os movimentos de libertação nacional no Vietnã, cuja resistência foi liderada pela Liga Revolucionária para a Independência do Vietnã (Vietminh), fundada em 1941 pelo dirigente comunista Ho Chi Minh.

Após a rendição do Japão, em 1945, Ho Chi Minh proclamou a independência da República Democrática Popular do Vietnã, com capital em Hanói. Mas a França se recusou a reconhecer a independência, dando origem à **Guerra da Indochina**, que culminou com a derrota da França, em 1954.

No acordo de paz estabelecido na **Conferência de Genebra**, no mesmo ano, a França reconhecia a independência do Laos e do Camboja. O Vietnã foi dividido em dois: no norte, a República Democrática Popular do Vietnã, socialista, com capital em Hanói; e, no sul, a República Democrática do Vietnã, capitalista, com capital em Saigon. A conferência também previa que a divisão seria temporária e a reunificação deveria acontecer em 1956.

Fonte dos mapas: Elaborados com base em BLACK, J. (Dir.). *World History Atlas*. Londres: DK Book, 2008.

ÁFRICA

A independência no continente africano se deu conforme a região e o tipo de colonização. A conquista da liberdade muitas vezes foi arrancada à força, com lutas sangrentas e prolongadas. Ou então em situações surpreendentes, como é o caso da Libéria, Estado independente desde 1847, no meio de uma África quase totalmente colonizada.

A descolonização começou nas possessões italianas e nos domínios britânicos da costa atlântica. Estendeu-se às regiões sob dominação francesa e depois à África belga. Chegou ao coração do continente, nos territórios próximos às nascentes do Nilo, controlados pelos britânicos. Por fim, o movimento derrubou a última fortaleza colonialista mantida pelos portugueses.

O governo francês concedeu a independência ao **Marrocos** e à **Tunísia**, em 1956. Porém, a luta na **Argélia** foi violenta e durou de 1954 a 1962, deixando um número imenso de vítimas. Os colonos franceses recusavam-se a entregar as terras aos argelinos. Em 1962, a França foi obrigada a aceitar a independência da Argélia. Cerca de 85% dos colonos partiram imediatamente, muitas vezes destruindo o que não puderam levar.

TÁ NA REDE!

MARTIN LUTHER KING

Digite o endereço abaixo na barra do navegador de internet: <http://goo.gl/UR8iL1>. Você pode também tirar uma foto com um aplicativo de *QrCode* para saber mais sobre o assunto. Acesso em: 3 out. 2018. Em português.

Tour virtual no memorial de Martin Luther King.

Kwane Nkrumah, presidente da República de Gana, e seu Ministério. Acra (Gana), 1960.

A Inglaterra, na maioria das regiões sob sua dominação, realizou a descolonização de forma gradual, preservando sua influência de forma indireta. Foi o caso de **Gana**, que em 1957 conquistou a independência depois de um movimento pacífico liderado por **Kwane Nkrumah**, que se tornou o primeiro presidente da nova República.

Já no **Quênia**, os ingleses enfrentaram o povo Kikuyu, que formou uma organização clandestina, contra os colonizadores britânicos, denominada Mau-Mau. Iniciou-se uma guerra sangrenta que deixou milhares de mortos. O Quênia obteve a independência em 1963 e elegeu como seu primeiro presidente o líder **Jomo Kenyatta**, que governaria até sua morte, em 1978.

CONGO

Um dos processos mais violentos de independência aconteceu no **Congo**, uma espécie de joia concedida ao rei Leopoldo II, na **Conferência de Berlim** (1885). Um vasto território rico em cobalto, ferro, potássio e diamantes. Até 1908, o Congo era considerado propriedade do rei Leopoldo II.

Donos de tantas riquezas, os belgas resistiram ao movimento de independência. Em 1958, a situação começou a modificar-se. Com a perspectiva da emancipação do Congo francês, a política de isolamento da colônia não seria mais possível. Isso porque Brazzaville, capital do Congo francês, estava separada de Leopoldville, capital do Congo belga, apenas por um rio.

Patrice Lumumba, líder do Movimento Nacional Congolês, ao regressar da **Conferência Pan-Africana de Acra**, em 1959, proferiu um violento discurso em Leopoldville, no qual afirmou que a independência não era um presente dos belgas, mas um direito do povo congolês.

Os confrontos entre colonos e congoleses se intensificaram até a conquista da independência, em 1960. Por ocasião das comemorações pela vitória, Patrice Lumumba, já como primeiro-ministro, proferiu um discurso atacando Balduíno, o rei belga, em que dizia: "A partir de hoje deixamos de ser vossos macacos".

No entanto, as disputas pelo poder acabaram por selar o destino de Lumumba. Os conflitos internos fizeram que ele pedisse a intervenção militar da ONU e da União Soviética. Em setembro de 1960, Lumumba foi demitido do cargo pelo presidente Joseph Kasavubu. Como não aceitou a demissão, foi preso e, em fevereiro de 1961, assassinado na prisão.

Em 1971, no governo de Joseph Mobutu, o Congo passou a se chamar **Zaire** e a capital Leopoldville mudou para Kinkasa. Em 1997, após a queda de Mobutu, o Zaire passou a se chamar **República Democrática do Congo**.

AS COLÔNIAS PORTUGUESAS

A independência do Brasil (1822) fez Portugal voltar-se firmemente para a África, com o objetivo de implantar um novo sistema colonial e a reafirmação do seu direito de possuir e colonizar terras e povos no ultramar, com base em uma missão "civilizadora". A imagem que a nação portuguesa tinha de si mesma era de um povo destinado a colonizar e unir povos e etnias. Unir Europa, África, Ásia e América.

Em 1951, em Portugal, a palavra "colônia" passou a ser substituída pela expressão **província ultramarina**. A mudança foi uma tentativa de integração da África portuguesa à metrópole, para atenuar as pressões internacionais em prol da emancipação de suas colônias.

Amílcar Cabral durante a luta armada na Guiné, c. 1963.

Os movimentos de libertação

Em 1962 foi criada a Frente de Libertação de Moçambique (Frelimo), liderada por **Eduardo Mondlane**. Em 1969, Mondlane foi assassinado e a chefia do movimento passou para Samora Machel, que, em 1975, com a independência, se tornou presidente.

Em **Angola**, a luta armada pela independência teve início, na década de 1960, com três grupos rivais: Movimento de Libertação de Angola (MPLA), liderado por Agostinho Neto, a Frente de Libertação Nacional (FNLA), liderada por Holden Roberto e a União Nacional para a Total Independência de Angola (Unita), liderada por Jonas Savimbi.

O MPLA de **Agostinho Neto** proclamou a República em novembro de 1975. No entanto, a independência não extinguiu a rivalidade entre os diferentes movimentos, resultando em uma guerra civil que durou 27 anos e devastou o país.

Na **Guiné** e **Cabo Verde**, a luta de libertação foi liderada por **Amílcar Cabral**, do Partido Africano da Independência da Guiné e Cabo Verde (PAIGC), desde 1963. Amílcar Cabral foi assassinado em 1973 e, um ano depois, era proclamada a independência da **Guiné-Bissau**. Em 1975 foi a vez de Cabo Verde.

Celebração da independência de Angola em frente ao Palácio do Governo. Cidade Alta, Nova Lisboa (Angola), 13 nov. 1975.

No início dos anos de 1970, metade do orçamento português estava comprometida com o custeio da guerra contra os movimentos de libertação. A crise econômica e social, somada ao desgaste de uma ditadura de inspiração fascista liderada por Antônio Salazar que se estabelecera em 1926, mudou o rumo da política portuguesa.

Em 25 de abril de 1974, um levante em Portugal denominado **Revolução dos Cravos** pôs fim à ditadura. O novo governo reconsiderou a questão colonial e ordenou a retirada das tropas lusitanas da África.

Entre 1974 e 1975, as colônias portuguesas Guiné-Bissau, Moçambique, Angola, Cabo Verde e **São Tomé e Príncipe** se tornaram independentes. O primeiro Estado a estabelecer um império colonial era o último a deixar o continente africano.

Encontro de Samora Machel com Keneth Kaunda, presidente da Zâmbia, marcando o início das negociações com a FRELIMO (Frente de Libertação de Moçambique). Luaka (Moçambique), 8 jun. 1974.

O Brasil vinha desde o primeiro país a reconhecer a independência de Angola, em 11 de novembro de 1975. Com isso, reafirmava uma ligação de séculos, que seria o tempo em que os países faziam parte do mesmo império colonial.

TÁ LIGADO?

4. Defina província ultramarina.

> **TÁ LIGADO?**
>
> 5. Defina bôeres.
> 6. Explique os motivos que desencadearam a Guerra dos Bôeres.

A ÁFRICA AUSTRAL

Os bosquímanos e hotentotes, povos pastores criadores de gado que viviam em pequenas comunidades nômades, estão entre os primeiros habitantes da África do Sul. Em seguida vieram os povos de língua bantu (Sotho, Zulu, Ovambo, Tswana).

Os portugueses foram os primeiros europeus a chegar ao extremo meridional da África (Cabo das Tormentas), com Bartolomeu Dias, em 1487, rebatizado como Cabo da Boa Esperança. No entanto, eles não estabeleceram nenhum posto na região.

Em 1648, os holandeses, após serem expulsos do litoral de Angola pela armada luso-brasileira, instalaram-se na Baía do Cabo. Fixaram um posto permanente, dominaram os povos bosquímanos, hotentotes e bantu e fundaram a Colônia do Cabo em 1652.

No século XIX, os ingleses entraram na disputa e acabaram com o sonho de liberdade dos colonos holandeses, chamados de **bôeres**. A Colônia do Cabo passava ao domínio britânico e os bôeres, revoltados com a invasão, começaram um movimento de migração para o norte.

A tradição da região do Cabo, identificada como das "tormentas", continuou. Os conflitos entre bôeres, britânicos e os povos bantu geraram várias subdivisões na África austral, com os territórios sob dominação britânica (Província do Cabo e Natal), as repúblicas independentes bôeres (Estado Livre do Orange e Transvaal) e Estados bantu sob a proteção britânica (Lesoto e Suazilândia). Mas os colonos ingleses continuaram a invadir os territórios dos bôeres devido à descoberta, na região, de ricas jazidas de diamantes (1876) e ouro (1885).

Austral
Ao Sul.

Os confrontos culminariam na guerra chamada de **Guerra dos Bôeres** (1899-1902), com a vitória dos britânicos. Os Estados independentes dos bôeres foram anexados pela Inglaterra.

Em 1910 os Estados bôeres se juntaram às colônias britânicas do Cabo e Natal e foi criada a **União da África do Sul**. Tratava-se de um Estado semi-independente, pois continuava fazendo parte da Comunidade Britânica e reconhecia a monarquia sediada em Londres.

Fonte: Elaborado com base em CHRISTOPHER, A. J. *The Atlas of Changing South Africa*. New York: Routledge, 2001.

O Apartheid

Ingleses e africanos (brancos descendentes de holandeses nascidos na África do Sul), historicamente minoritários e rivais, fecharam em 1911 o primeiro acordo para a aprovação de leis segregacionistas contra a população negra, mestiça e asiática. Os indianos compunham 70% da população asiática. Eles foram levados pelos britânicos para a colônia de Natal, em 1860, como mão de obra barata para os engenhos. Os africanos negros eram a imensa maioria e constituíam uma verdadeira ameaça à dominação branca.

O *Apartheid*, ou seja, a política de segregação racial, seria oficializada em 1948 com a chegada ao poder do Partido Nacional. A África do Sul passou a desenvolver uma das políticas de discriminação mais violentas que o mundo conheceu.

Outras leis aprovadas classificavam e separavam os negros em diversos grupos étnicos e linguísticos. Com essas leis foram criados, em 1971, Estados étnicos em terras reservadas aos negros africanos. Esses territórios reservados, denominados **bantustões**, que significa "pátrias dos bantu", eram justamente as terras menos férteis e sem riquezas minerais. Somente nos miseráveis bantustões os negros teriam direito à cidadania.

Nas grandes cidades, os negros eram obrigados a morar na periferia dos centros industriais, as **townships**. Eram bairros enormes e pobres, sem transporte público e sem os serviços básicos, como água encanada, eletricidade ou asfalto. Os trabalhadores negros tinham de portar um passaporte para transitar nas áreas urbanas dos brancos. O governo estabeleceu o uso separado de bibliotecas, parques, praias, transportes públicos e outros lugares.

> **TÁ LIGADO?**
>
> 7. Defina bantustão.
> 8. Defina *townships*.

We stand by our leaders (Nós apoiamos nossos líderes). O fotógrafo letonês Eli Weinberg (1908-1981) registrou a multidão em frente ao Drill Hall no dia da abertura do Julgamento por Traição (*Treason Trial*) – tentativa do governo da África do Sul de incriminar os líderes anti-*Apartheid*.

Protesto contra a prisão de líderes anti-*Apartheid*, entre eles Nelson Mandela. Johanesburgo (África do Sul), 19 dez. 1956.

Apartheid

O termo *Apartheid* quer dizer "desenvolvimento separado". Por esse termo ficou conhecida a política oficial de discriminação racial praticada na África do Sul, entre 1948 e 1994. O governo sul-africano transformou essa separação em um elaborado sistema legal de segregação que estabelecia a existência de apenas quatro grupos: brancos, negros, mestiços e asiáticos.

O *Apartheid* atingia a habitação, o emprego, a educação e os serviços públicos. Foi implantado para favorecer a permanência no poder da minoria branca. Em 1961, a África do Sul obteve sua independência completa e desligou-se da Coroa britânica. Daí em diante, a política do *Apartheid* foi radicalizada.

As leis do *Apartheid* determinavam que:
- negros não podiam ter participação política, ou seja, eram proibidos de votar e ser eleitos;
- negros não tinham direito à propriedade e eram obrigados a viver em terras reservadas. Nas cidades habitariam em bairros separados dos brancos;
- eram proibidos os casamentos mistos;
- brancos e negros estavam proibidos de frequentar juntos qualquer estabelecimento comercial, exceto se tivessem autorização especial;
- os trabalhadores negros ficavam obrigados a conseguir autorizações para circular nas zonas reservadas aos brancos.

Fonte: Elaborado com base em CHRISTOPHER, A. J. *The Atlas of Changing South Africa*. New York: Routledge, 2001.

Protesto de organização neonazista. Pretória (África do Sul), 10 fev. 1990.

Membros da organização neonazista Irmandade dos Brancos (All White Brotherhood) protestam contra a libertação de Nelson Mandela. Em um dos cartazes estão os dizeres: *Keep Mandela in jail* (Mantenha Mandela na cadeia).

Contestações ao *Apartheid*

A oposição ao regime segregacionista tomou corpo na década de 1960, quando o **Congresso Nacional Africano (CNA)**, uma organização negra fundada em 1912, lançou uma campanha de desobediência civil.

A indignação mundial levou diversos países a romper relações diplomáticas e econômicas com a África do Sul. Em 1961, a Fifa suspendeu a África do Sul das competições internacionais e expulsou-a em 1976. Em 1964, o Comitê Olímpico Internacional suspendeu o país das competições olímpicas e expulsou-o em 1971. Atletas sul-africanos só puderam retornar aos torneios internacionais em 1992.

A economia do país entrou em crise, por causa das sanções internacionais adotadas para pressionar o governo sul-africano. Os protestos prosseguiram, e, ao mesmo tempo, começou a ganhar corpo, no mundo inteiro, o movimento pela libertação do principal líder da luta contra o *Apartheid*: **Nelson Mandela**.

Isolado, o governo adotou uma política de reformas com a chegada ao poder de Frederik de Klerk, em 1989. As reformas implantadas por De Klerk suprimiram as leis do *Apartheid* e novas organizações políticas negras puderam atuar com liberdade. É nesse contexto que Nelson Mandela, em 1990, após quase 28 anos de cativeiro, foi libertado e o diálogo com a CNA foi restabelecido. Em 1993, Mandela recebeu o Prêmio Nobel da Paz juntamente com o então presidente da África do Sul, Frederik de Klerk.

As reformas abriram espaço para as eleições livres e democráticas que se realizaram em 1994. Em maio desse ano, após 350 anos de dominação branca, a África do Sul realizou eleições que conduziram Mandela à presidência. Pela primeira vez todos os cidadãos sul-africanos brancos e negros puderam votar.

O regime de segregação racial, iniciado em 1948, terminou oficialmente com a primeira eleição multirracial, em 1994. Mas deixava a pesada herança das desigualdades entre negros e brancos.

Os Estados africanos, artificialmente divididos, ainda são cenário de guerras civis, miséria, epidemias. Muitas ditaduras são mantidas pela força das armas.

A miséria da África é um legado da escravidão, da dominação colonial e do jogo entre as superpotências durante a Guerra Fria.

> **TÁ LIGADO?**
>
> **9.** Aponte as pressões internas e externas contra o governo da África do Sul para acabar com o *Apartheid*.

Em 21 de março de 1960, no bairro negro de Sharpeville, em Johanesburgo, centenas de africanos fizeram um protesto pacífico contra a lei que os obrigava a portar cartões de identificação. O ataque do Exército resultou em 69 mortos e 186 feridos. O "Massacre de Sharpeville" provocou protestos em todo o país. Em consequência, o CNA foi declarado ilegal. Seu principal líder, o advogado Nelson Mandela, foi preso em 1962 e condenado à prisão perpétua. Anos depois, a ONU instituiu o dia 21 de março como o Dia Internacional da Luta pela Discriminação Racial em memória do massacre.

Ataque aos manifestantes no bairro de Sharpeville. Johanesburgo (África do Sul), 1960.

ORIENTE MÉDIO: CONFLITOS ENTRE ÁRABES E ISRAELENSES

O Oriente Médio é, ainda hoje, palco de intensos conflitos de repercussão mundial. Importante ponto estratégico, a região situa-se na passagem entre África, Ásia e Europa e possui também as maiores reservas de petróleo do mundo. Além disso, é o berço das três principais religiões monoteístas: o judaísmo, o cristianismo e a religião muçulmana. Devido a todos esses fatores, adquiriu importância política e econômica para as superpotências.

No final do século XIX, surgiu um movimento político entre os judeus de diversas partes do mundo denominado **sionismo**. O nome era uma referência ao Monte Sion, localizado em Jerusalém. Em um contexto de fortalecimento do nacionalismo na Europa, o sionismo tinha como objetivo a criação de um Estado judaico na região da Palestina. Segundo seus integrantes, que se apoiavam nos escritos bíblicos, tratava-se de um retorno à pátria de um povo sem terra. Seus militantes afirmavam que a Palestina era uma terra sem povo.

Perseguidos em diversas partes da Europa, sobretudo na Rússia e Polônia, e entusiasmados pela propaganda sionista, grupos de judeus passaram a se estabelecer na Palestina. Poderosos grupos econômicos adquiriram terras na região e patrocinaram a migração judaica. Formaram-se algumas comunidades denominadas **kibutz** ("agrupamento"). Nelas, não havia propriedade privada da terra e os instrumentos de trabalho e a produção também eram coletivos. As decisões eram tomadas pelas comunidades e os dirigentes, escolhidos democraticamente em assembleias.

A migração judaica deu início à chamada **questão árabe-israelense**, um dos maiores problemas contemporâneos. A região não era uma terra sem povo. Era habitada por árabes e palestinos – estes, na maioria, camponeses e nômades de religião muçulmana, controlados pelos otomanos até 1918.

Os conflitos entre palestinos e judeus iniciaram-se na década de 1920 e intensificaram-se nos anos seguintes, sobretudo com a perseguição que os nazistas promoveram aos judeus a partir de 1933. A migração aumentava e, com ela, ampliavam-se os conflitos armados.

Com o fim da Segunda Guerra Mundial, em 1945, as revelações sobre os horrores a que estiveram submetidos os judeus chocaram a opinião pública internacional. Milhares de judeus dirigiram-se à Palestina, convencidos de que só estariam seguros se pudessem estabelecer um Estado judaico na região.

A CRIAÇÃO DO ESTADO DE ISRAEL

Em 1948, a ONU decretou a criação do Estado de Israel. A mesma resolução criou também um Estado Palestino. Jerusalém seria uma cidade internacional. Os países árabes e os palestinos não aceitaram as medidas da ONU e iniciaram uma guerra que durou até janeiro de 1949. Com o conflito, o Estado de Israel ampliou a área de seu território. E o Estado Palestino ainda não saiu do papel. Milhares de palestinos foram expulsos de suas terras e passaram a viver em campos

---

TÁ LIGADO

10. Defina sionismo e explique o contexto de sua formação.

11. Defina *kibutz*.

de refugiados nos países árabes, em condições precárias ou sob a dominação do Estado de Israel. Em poucos anos, a continuidade das migrações sionistas tornou o número de judeus superior ao de palestinos.

Os conflitos entre palestinos e israelenses

Em 1959, palestinos organizaram o grupo guerrilheiro **Al Fatah** ("Reconquista"), dirigido por Yasser Arafat. Junto de outras organizações guerrilheiras, o Al Fatah desenvolvia ações terroristas contra o Estado de Israel.

Em 1964, foi criada a **Organização para a Libertação da Palestina (OLP)**, braço político dos palestinos. Três anos depois, novo confronto armado, denominado **Guerra dos Seis Dias**, opôs árabes e israelenses. Tropas do Egito, da Síria e da Jordânia organizaram um ataque a Israel. Com o apoio dos Estados Unidos, os israelenses saíram novamente vitoriosos, incorporando novas áreas ao seu território: a Península do Sinai e a Faixa de Gaza (do Egito), a Cisjordânia (da Jordânia) e as Colinas de Golã (da Síria). Em 1969, Arafat tornou-se o líder máximo da OLP.

Fonte dos mapas: Elaborados com base em KINDER, H.; HILGEMANN, W. *Atlas histórico mundial*. Madrid: Istmo, 2007.

Em 1973, Egito e Síria desencadearam a **Guerra do Yom Kipur**, iniciada em uma festa religiosa judaica, o Dia do Perdão. Novamente com o auxílio dos Estados Unidos, os israelenses impuseram nova derrota aos países árabes.

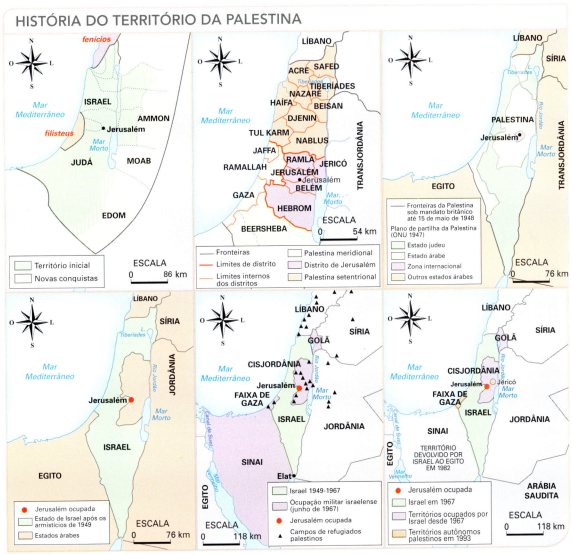

TÁ LIGADO?

12. Explique cada um dos termos:
a) *Al Fatah*.
b) OLP.
c) Intifada.

Uma tímida política de pacificação da região começou a se desenhar, em 1982, com a devolução da Península do Sinai ao Egito.

No entanto, em 1987, aconteceu a **primeira Intifada**, palavra árabe que pode ser traduzida como "revolta". O movimento palestino mobilizou milhares de pessoas que saíram às ruas para protestar contra a ocupação israelense da Cisjordânia e da Faixa de Gaza, considerada ilegal pela ONU. Essa primeira Intifada durou até 1993. Em 28 de setembro de 2000, Ariel Sharon, primeiro-ministro de Israel, caminhou pela Esplanada das Mesquitas e no Monte do Templo, nas cercanias da mesquita de Al-Asa, e por Jerusalém – área considerada sagrada para mulçumanos e judeus. Essa atitude foi considerada uma provocação por alguns grupos palestinos que, no dia seguinte, deram início à **segunda Intifada**, que duraria até 2006.

Em 1993, após anos de sangrentos conflitos entre palestinos e israelenses, um primeiro acordo de paz foi firmado em Washington pelo primeiro-ministro israelense Yitzhak Rabin e pelo líder da OLP, Yasser Arafat. Em troca do reconhecimento do Estado de Israel, os palestinos receberam a Cisjordânia e a Faixa de Gaza, onde exercem soberania política e lançaram as bases para a edificação de seu Estado.

Mais difícil que a edificação do templo de Jerusalém ou do Estado israelense e palestino é a construção da paz. Quase um século de conflitos acabou por gerar preconceitos e rancores de parte a parte. Judeus radicais estabelecidos nas áreas controladas pela Autoridade Nacional Palestina resistem à pacificação. Em novembro de 1995, Ytzhak Rabin foi assassinado por um estudante israelense de 25 anos. Grupos palestinos também radicais, como o **Hamas** e o **Jihad**, questionam os acordos com Israel e promovem ataques terroristas.

Atentado terrorista em Munique

Nos Jogos Olímpicos de Munique, em 1972, oito militantes do grupo palestino Setembro Negro promoveram um ataque terrorista à Vila Olímpica. Os terroristas invadiram o alojamento da delegação de Israel, mataram dois integrantes e tomaram outros nove como reféns. Exigiam a libertação de mais de 200 presos políticos palestinos e um avião para libertar os reféns.

Apesar de toda a brutalidade, os Jogos Olímpicos não foram interrompidos. Enquanto eram travadas as negociações, várias modalidades esportivas eram disputadas. O presidente do Comitê Olímpico Internacional, Avery Brundage, declarou: "Os jogos devem continuar".

Vista da bandeira olímpica e demais bandeiras nacionais a meio-mastro em memória das vítimas do atentado. Munique (Alemanha Ocidental), 9 jun. 1972.

À noite, quando sequestradores e reféns eram embarcados em uma base aérea próxima da Vila Olímpica, um comando de atiradores de elite da Alemanha tentou uma emboscada. O resultado foi desastroso. Onze atletas de Israel, um policial e cinco terroristas foram mortos.

EM DESTAQUE

 OBSERVE O MAPA

Terra Santa

Localizada na região da Palestina, a cidade de Jerusalém é considerada sagrada por judeus, cristãos e muçulmanos.

Na Antiguidade, foi conquistada pelo Império Babilônico, depois pelos romanos.

Na Idade Média pertenceu ao Império Bizantino, aos árabes muçulmanos, aos turcos seljúcidas, aos cruzados cristãos e, a partir do século XVI, passou a fazer parte do Império Otomano, de religião muçulmana.

Em 1918, a região passou ao controle da Inglaterra e da França.

A criação do Estado de Israel, em 1948, provocou forte reação da população palestina. Até os dias de hoje, os conflitos entre israelenses e palestinos são frequentes. A Palestina é uma terra onde, em nome de Deus, são sacrificados muitos seres humanos. Judeus e palestinos.

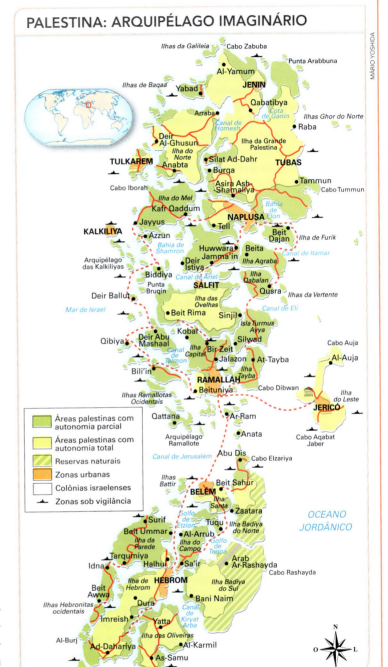

Fonte: Elaborado com base em GRESH, Alain (Dir.). *El Atlas de Le Monde Diplomatique III. Un mundo al revés.* Buenos Aires: Capital Intelectual, 2009. p. 129.

1. Analise a imagem ao lado. No seu caderno, aponte as principais características e mensagens dessa representação.

2. Durante uma semana, pesquise em jornais, revistas e telejornais notícias sobre a situação da Palestina. Recolha o máximo de informações possível e organize o material para uma exposição para a classe.

3. Compare a situação atual com a pesquisa obtida no item anterior. Na sua opinião, ocorreram avanços em direção à paz ou os conflitos continuam a serem estimulados?

4. Quando se trata da questão árabe-israelense corre-se o risco de retomar os preconceitos contra os judeus? Por quê?

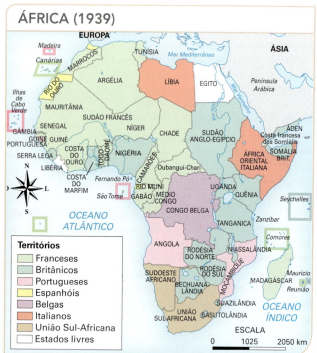

Fonte: Elaborado com base em SELLIER, Jean. *Atlas dos povos de África*. Lisboa: Campo da Comunicação, 2004.

Fonte: Elaborado com base em SELLIER, Jean. *Atlas dos povos de África*. Lisboa: Campo da Comunicação, 2004.

Fonte: Elaborado com base em SMITH, Stephen. *Atlas de l'Áfrique*: un continent jeune, rivolté, marginalisé. Paris: Autrement, 2005.

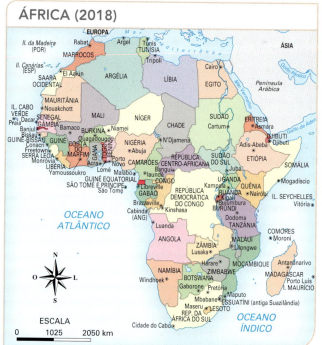

Fonte: Elaborado com base em IBGE. Disponível em: <http://goo.gl/9iIcq0>. Acesso em: 26 set. 2018.

O TERCEIRO MUNDO

O surgimento de numerosos novos Estados na Ásia e na África depois da Segunda Guerra Mundial deu origem a um grupo de países cujos governos procuravam, muitas vezes, escapar da área de influência tanto dos Estados Unidos quanto da União Soviética. Foram chamados, por isso, **países não alinhados**.

A **Conferência Afro-Asiática de Bandung**, na Indonésia, entre os dias 18 e 24 de abril de 1955, foi a primeira manifestação política dos novos países independentes que surgiam no cenário mundial. Essa conferência foi organizada por iniciativa dos governos da Birmânia (atual Myanmar), Ceilão (atual Sri-Lanka), Índia, Indonésia e Paquistão. Dela participaram, ainda, mais 24 nações: Afeganistão, Arábia Saudita, Camboja, China, Costa do Ouro (atual Gana), Egito, Etiópia, Filipinas, Irã, Iêmen, Iraque, Japão, Jordânia, Laos, Líbano, Libéria, Líbia, Nepal, Síria, Sudão, Tailândia, Turquia, República Democrática do Vietnã e Vietnã do Sul.

Bandung também apontava para o conflito Norte-Sul que se anunciava. O mundo dividido entre os países ricos do Hemisfério Norte e os países pobres, em sua maioria localizados no Hemisfério Sul.

A Conferência Afro-Asiática defendia:
- a cooperação entre os países afro-asiáticos na luta contra o colonialismo;
- a condenação da segregação racial;
- o direito de os povos determinarem seu destino;
- a necessidade de se resolver os confrontos de forma pacífica;
- o direito de não se alinhar com as duas superpotências;
- a proibição de armas nucleares.

Paralelamente à consolidação do grupo de países não alinhados também se construía a noção de **Terceiro Mundo**. O chamado **Primeiro Mundo** seria formado pelos países desenvolvidos do bloco capitalista. O **Segundo Mundo** seria constituído pelos países desenvolvidos do bloco socialista. Os países não alinhados – **Terceiro Mundo** – procuravam uma terceira via de desenvolvimento.

TÁ LIGADO?

13. Explique o que são os países não alinhados.
14. Explique o que foi a Conferência de Bandung de 1955.
15. Liste os pontos defendidos pela Conferência de Bandung.
16. Explique o que são países de:
    a) Primeiro Mundo.
    b) Segundo Mundo.
    c) Terceiro Mundo.

QUEBRA-CABEÇA

1. Releia o quadro complementar "Apartheid" (p. 206). Agora responda ao que se pede:
   a) Identifique o conceito de *Apartheid*.
   b) Identifique e liste as determinações do *Apartheid* na África do Sul.

2. Por que as colônias portuguesas foram as últimas, no continente africano, a alcançar a independência?

3. Defina cada um dos conceitos abaixo e organize um pequeno dicionário conceitual em seu caderno:
   - descolonização
   - desobediência civil
   - política de partição
   - província ultramarina
   - bôeres
   - bantustão
   - *townships*
   - *Apartheid*
   - sionismo
   - *kibutz*
   - *Al Fatah*
   - OLP
   - Intifada
   - países não alinhados

4. Quais fatores impulsionaram o processo de emancipação política das colônias europeias localizadas na África e na Ásia?

5. Vamos construir nossos *tags*. Siga as instruções do *Pesquisando na internet*, na seção **Passo a passo** (p. 7), utilizando as palavras-chave abaixo:

   Mahatma Gandhi
   Kwane Nkrumah
   Ho Chi Min
   Samora Machel
   Patrice Lumumba
   Holden Roberto
   Agostinho Neto
   Amílcar Cabral
   Jonas Savimbi
   Nelson Mandela
   Yasser Arafat

LEITURA COMPLEMENTAR

Na África colonizada pelos franceses, as crianças africanas eram educadas como se fossem francesas devido à política de assimilação promovida pela França. Ou seja, a história do colonizador branco passaria a ser também a história do africano, pois a colônia era um prolongamento da metrópole.

Leia o texto abaixo e, em seguida, responda às questões propostas.

O TESTEMUNHO DE UMA JOVEM SENEGALESA, SOW NDEYE

Sow Ndeye, que tinha doze anos por ocasião da independência do Senegal, quando cursava uma escola de maioria branca, na quarta série, reteve a seguinte imagem dos acontecimentos.

Para ela, o passado consistia essencialmente nos romanos, na vida das crianças romanas que ela via banhando-se nas termas e indo ao teatro ou ao circo. Também se lembra dos gauleses, cujo país verde e florido tem quatro estações bem definidas por ano, nada igual ao Senegal. Ela imaginava esse tempo, fresco e maravilhoso, sob o sol da Provença: *Au Pays Bleu* foi seu primeiro livro de leitura, cujas imagens combinam com o passado greco-romano. E depois, eis Carlos Magno, que fundou sua escola, e Luís XIV, que construiu palácios e jardins extraordinários.

Tal é o espaço onde se encaixa a sua memória do passado: não aparece nem o seu país natal, nem a África, que só entrarão em cena bem mais tarde porque, dizia a professora, "esse passado não era interessante".

Recriminações e vergonha à parte, a história da África só deixou dois traços, ambos fúteis. Primeiro, a lembrança de Mussa, mulher de Kankan, rei do Mali, que, quando foi em peregrinação a Meca, teve vontade de tomar banho e seus servos imediatamente lhe cavaram uma banheira na areia. E a outra diz respeito à memória do sanguinário Samory, que amassava os fetos de suas escravas num pilão especialmente fabricado para essa finalidade. Não, o passado da África não era mesmo adequado a nutrir a imaginação de Sow Ndeye. Sonho e História estavam em outros lugares.

A primeira chaga, mal cicatrizada vinte anos depois, viria um dia durante a aula sobre as grandes invasões. "Depois dos visigodos, dizia a professora, os ostrogodos e em seguida os francos irromperam na Gália; a seguir, com o Islã, chegaram os invasores muçulmanos que da África passaram à Espanha e logo para a Gália, mas felizmente não conseguiram conquistá-la e Carlos Martel os deteve; tiveram de voltar e foram expulsos, primeiro da Gália e mais tarde da Espanha." Este felizmente transpassou como uma adaga o coração de Sow Ndeye, que murmurou sua inquietação a uma colega, também negra e muçulmana. A cicatriz demorou a fechar. E reabriu mais tarde quando o professor de francês mandou-a ler o poema de Bernard Dadié "Eu vos agradeço, meu Deus, por terdes me criado negro". E correu-lhe uma lágrima.

Mais tarde, firmou-se dentro dela a ligação entre a luta pela independência, os combates de Abd El Krim e os objetivos da revalorização da cultura africana. "Black is beautiful", cantavam as companheiras de Sow Ndeye; do seu passado, começou a gostar dos enfeites e dos turbantes, procurando na história as raízes de sua identidade.

Hoje, na África Negra, essa procura tende até a excluir os historiadores e cineastas de maior boa vontade com o passado africano. "Não é uma permanência de vinte anos que bastará para nos conhecerem e nos entenderem", diz Sow Ndeye. Atrás do seu misterioso sorriso, percebo que no íntimo ela pensa que o estrangeiro, depois de ter conquistado, roubado e explorado, ainda quer despojar a África dos restos miseráveis de sua identidade secreta.

FERRO, Marc. *A história dos dominados em todo o mundo.* São Paulo: Ibrasa, 1983. p. 41-42.

1. Qual a ascendência da menina Sow Ndeye?
2. Quais seriam os antepassados da menina senegalesa, segundo a versão da história ensinada na escola onde ela estudava?
3. O que dizia a professora de Sow Ndeye quanto ao passado africano?
4. Esclareça a importância da revalorização da cultura africana na vida de Sow Ndeye.

PONTO DE VISTA

A segregação sinalizada — OBSERVE AS IMAGENS

A imagem mostra placas de identificação utilizadas em banheiros públicos da África do Sul no período do *Apartheid*. Observe a figura e, no caderno:

1. Identifique os elementos que a compõem e discorra sobre sua finalidade.

2. Com base nos dados que você organizou nos itens anteriores e nas informações do capítulo, pense como os negros sul-africanos se sentiam diante de placas como essas. Escreva um pequeno conto que possibilite ao leitor compreender o que foi o *Apartheid*.

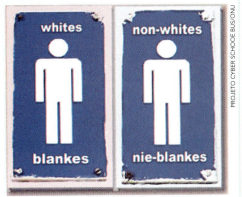

Placas de identificação de banheiro público na África do Sul sob o *Apartheid*.

PERMANÊNCIAS E RUPTURAS

Os BRICS

A denominação BRICS foi formulada pelo economista-chefe da Goldman Sachs, Jim O'Neil, em estudo de 2001, intitulado *Building Better Global Economic: BRICS* (*Construindo uma economia global melhor: BRICS*). A ideia central destacava a importância dos países em crescimento para a economia global. Em 2006, Brasil, Rússia, Índia e China utilizaram essa ideia para formular ações políticas e econômicas conjuntas e pressionar por mudanças nas organizações mundiais. Desde 2011, a África do Sul passou a ser incorporada ao grupo, que então passou a ser designado como BRICS.

Faça uma pesquisa e, no seu caderno, organize as seguintes informações sobre cada um dos países do BRICS:

1. O PIB (Produto Interno Bruto).
2. O sistema de governo.
3. Número de habitantes e área.
4. Outras informações importantes que você encontrou.

TRÉPLICA

 Filmes

Gandhi
Inglaterra/Índia, 1982.
Direção de Richard Attenborough.
A história de Gandhi e da sua luta pela libertação da Índia.

Invictus
EUA, 2009. Direção de Clint Eastwood.
A realização da Copa do Mundo de Rúgbi é utilizada pelo presidente Mandela para tentar unir a população da África do Sul.

 Livro

A descolonização da África e Ásia
CANEDO, Letícia Bicalho. São Paulo: Atual, 1994.

 Site

(Acesso em: 26 set. 2018)
<http://goo.gl/kfxamj>
Reportagem sobre os cinquenta anos de descolonização da África e os desafios para a consolidação da liberdade, da igualdade e do desenvolvimento no continente.

3º Bimestre

CAPÍTULO 10
A era da contestação

PORTAS ABERTAS

👁 OBSERVE AS IMAGENS

1. No seu caderno, identifique: a data, os elementos e o tema de cada uma das fotos.

2. Estabeleça a relação entre as imagens e o nome do capítulo: "A era da contestação".

Jovens negros fazem a saudação do *Black Power* no lado de fora de uma "escola de libertação" dirigida pelo Partido Panteras Negras. San Francisco (EUA), 1969.

Manifestantes pacifistas fazem passeata contra a Guerra do Vietnã. Oakland, Califórnia (EUA), 1965.

Era da contestação
Vídeo

Passeata para celebrar o Dia da Liberação Gay e reivindicar direitos iguais para os homossexuais. Nova York, Estados Unidos, 1970.

Mulheres jogam fora suas maquiagens na "lata de lixo da liberdade", em protesto contra o concurso Miss América. Atlantic City (EUA), 1968.

Movimento *hippie*. Califórnia (EUA), década de 1960.

UMA DÉCADA DE MUDANÇAS PROFUNDAS

Lançamento do foguete *Saturn V*, da missão Apollo 10. Centro Espacial Kennedy, Flórida (EUA), 1968.

A década de 1960 foi repleta de acontecimentos que questionavam certezas aparentemente inabaláveis.

A corrida espacial transformava em realidade as previsões que a ficção científica fazia desde o século XIX e excitava a imaginação das pessoas: viajar pelo espaço sideral, encontrar novas formas de vida, outras sociedades, chegar à Lua, transpor os céus sem a ajuda divina, desenvolver ilimitadamente as potencialidades humanas por meio da tecnologia – tudo isso parecia agora ao alcance das mãos.

Entre as esquerdas discutiam-se à exaustão os rumos que a revolução socialista deveria tomar. A Revolução Cubana alimentava o sonho daqueles que pretendiam destruir a sociedade capitalista. Tornava possível uma até então improvável contestação ao poder dos Estados Unidos.

Acalorados movimentos pacifistas desafiavam a política militar da Guerra Fria, como se o sonho pudesse se contrapor à realidade, como se os desejos e as paixões fossem capazes de frear os interesses econômicos e sociais.

As contestações de 1968 na França e na Tchecoslováquia e o movimento *hippie* forneciam as referências para as pessoas que apostavam em uma revolução comportamental que alterasse os costumes considerados tradicionais e no poder jovem como o principal instrumento de renovação de um mundo considerado ultrapassado.

Bandeira dos Estados Unidos sendo queimada, s/d.

Novas propostas musicais como o *rock'n'roll* ditavam o ritmo das revoluções. A *pop art* questionava a sociedade de consumo e a arte exposta nos museus. Os movimentos artísticos e intelectuais contestavam a cultura estabelecida.

Movimentos negros questionavam a dominação branca, estabelecida há séculos, com a exploração da África e dos afrodescendentes. Movimentos feministas desafiavam o controle masculino estabelecido há milênios no processo de constituição da chamada "civilização humana".

Em plena Guerra Fria, o mundo estava em chamas. E os sonhos, nas alturas.

CORRIDA ESPACIAL: O CÉU É O LIMITE

O impulso é dado para uma luta prolongada. Pôster, Paris (França), 1968.

A corrida espacial foi um componente da corrida armamentista entre Estados Unidos e União Soviética, durante a Guerra Fria. A tecnologia conquistada com os voos espaciais era utilizada na indústria de armamentos.

Em 1957, os soviéticos iniciaram a corrida espacial com o lançamento do *Sputnik 1*, o primeiro satélite espacial a ser posto em órbita ao redor do planeta. Em novembro do mesmo ano foi a vez do *Sputnik 2*, que, levando a bordo a cachorra Laika, permaneceu dez dias no espaço.

Nos quatro anos seguintes, Estados Unidos e União Soviética lançaram naves não tripuladas, incluindo algumas que serviram de ensaio para futuras missões tripuladas.

Em 12 de abril de 1961, os soviéticos surpreenderam os estadunidenses com o lançamento do *Vostok 1*, pilotado por Yuri A. Gagarin, o primeiro ser humano a viajar pelo espaço. Gagarin deu uma volta completa ao redor da

Terra e tornou-se herói na União Soviética. Por intermédio dele o mundo ficou sabendo que a Terra era azul.

Foi realmente um duro golpe para os estadunidenses, pois a conquista do espaço não significava apenas superioridade científica, mas, sobretudo, a superioridade do sistema político-ideológico adotado pelos soviéticos.

A reação foi imediata. A partir daí os Estados Unidos investiriam pesado no sonho de levar um cidadão do país à Lua. Em 20 de julho de 1969, o astronauta Neil Armstrong, comandante da nave *Apollo 11*, e o piloto Edwin Aldrin Jr. tornaram-se os primeiros seres humanos a pisar na superfície lunar. O mundo todo parou para assistir, pela televisão, ao que parecia impossível no começo do século XX. A bandeira dos Estados Unidos era fincada na Lua.

A GUERRA DO VIETNÃ

A Guerra do Vietnã foi um prolongamento da Guerra da Indochina (1946--1954).

O Vietnã era uma antiga colônia francesa que foi dividida em dois países após a descolonização (1954) por um acordo firmado em Genebra. O Norte, pró-socialista, liderado por Ho Chi Minh, com capital em Hanói, e o Sul, pró-capitalista, com capital em Saigon. Os norte-vietnamitas aceitaram a divisão com a promessa de que se realizassem eleições gerais com vistas à reunificação do país.

O adiamento das eleições, previstas para 1956, foi o estopim para o conflito, que durou de 1964 a 1975. Diante da possibilidade de vitória de Ho Chi Minh, o presidente estadunidense apoiou a formação de um governo ditatorial no Vietnã do Sul, cedendo armamentos e oferecendo treinamento militar, com o argumento de defender a democracia no mundo.

Em 1960, a resistência comunista fundou a Frente Nacional de Libertação do Vietnã do Sul, criando o **Exército Vietcongue**.

No ano seguinte, os Estados Unidos começaram a enviar tropas para o Vietnã do Sul, em defesa do governo. Durante o conflito, os estadunidenses perderam cerca de 50 mil soldados e tiveram um prejuízo de 200 bilhões de dólares. O número de vietnamitas mortos é estimado entre 1 e 3 milhões.

A maior derrota militar da história dos Estados Unidos ocorreu em duas frentes de batalha. No Sudeste asiático, foram derrotados pelas tropas regulares do Vietnã do Norte e pelos **vietcongues**, guerrilheiros sul-vietnamitas. O impressionante poderio militar estadunidense começou a ser destroçado com a **Ofensiva do Tet**, iniciada com os festejos do início do ano lunar vietnamita, em janeiro de 1968.

Internamente, a derrota foi desenhada pela contestação da presença de tropas dos Estados Unidos no Vietnã, que era cada vez maior. Em 1956, eram centenas de assessores militares estadunidenses. Em 1963, o número chegava a 20 mil. Em 1965, o total de soldados enviados à guerra chegava a 184 mil. Em 1967, 485 mil. Um ano depois, ultrapassava meio milhão de soldados. Em sua imensa maioria, jovens.

A mesma potência tecnológica que conquistava o solo lunar não conseguia manter suas posições militares em terras vietnamitas.

Pôster comemorativo do lançamento de Yuri Gagarin ao espaço a bordo da cápsula *Vostok 1*. Rússia, 1961.

Nesse dia, a espaçonave *Apollo 11* aterrissou na Lua. As manchetes dos jornais brasileiros festejaram o acontecimento como o início de uma nova era.

Capa do jornal *O Globo*, de 20 jul. 1969.

TÁ LIGADO?

1. Defina vietcongue.
2. Explique os fatores que levaram os Estados Unidos a se envolverem na Guerra do Vietnã.

UMA GUERRA DESIGUAL

A luta entre a maior potência capitalista do globo e um país pobre de Terceiro Mundo. Durante cerca de dez anos, os jornais registraram batalhas sangrentas entre os dois exércitos, com grande desigualdade de equipamentos – enquanto um utilizava tanques, helicópteros, jatos, radares, bombas sofisticadas e armamentos químicos, o outro usava basicamente fuzis, morteiros, granadas, lanças de bambu envenenadas e, sobretudo, o conhecimento da selva.

O conflito marcou profundamente o comportamento da época, junto ao questionamento dos costumes e valores que agitou o mundo a partir de 1968.

Protesto sutil

Em Tóquio, a pira olímpica foi acesa por um jovem nascido em Hiroshima, em 6 de agosto de 1945, no dia em que militares dos Estados Unidos lançaram a bomba atômica sobre a cidade.
Com o corredor Yoshinori Sakai (1945-2014), a emocionante abertura dos Jogos lembrava as brutalidades da Segunda Guerra Mundial, em plena Guerra do Vietnã.
Um protesto silencioso e sutil.

Yoshinori Sakai conduz a tocha olímpica durante a abertura da cerimônia dos Jogos Olímpicos. Tóquio (Japão), 1964.

A CONTRACULTURA HIPPIE

A contracultura *hippie* foi um movimento de contestação aos valores da época, uma tentativa de se apresentar uma forma de vida alternativa e às vezes até mesmo marginal em relação ao que acontecia no mundo.

O movimento *hippie* atacava a sociedade capitalista por um caminho diverso daquele proposto pelos movimentos comunistas e socialistas. De certo modo, aproximava-se mais de práticas anarquistas e libertárias.

Libertária
Prática guiada pelo anarquismo ou pela perspectiva da liberdade.

Propunha uma tomada de consciência contra o consumismo. Criticava o autoritarismo das sociedades capitalistas mas também se opunha ao autoritarismo e às ditaduras comunistas. Questionava os comportamentos sexuais tradicionais ao defender o amor livre, além de se opor tanto ao bloco soviético como ao bloco capitalista ao defender o pacifismo, e não a corrida armamentista.

A recusa à disciplina e à hierarquia, a valorização da natureza, a idealização da liberdade por meio da música, tudo isso se construiu com a cultura *hippie* e em oposição à Guerra do Vietnã, como se a luta contra o conservadorismo ocorresse em duas frentes.

Make love, don't war (Faça amor, não faça a guerra). Mais rápido que os incêndios provocados pelas bombas de napalm lançadas pelos soldados estadunidenses no Vietnã, esse *slogan* alastrava-se entre os jovens, e tornou-se a principal palavra de ordem dos movimentos pacifistas em todo o mundo.

Grupo da comunidade *hippie*. Saint Tropez, França, 1970.

A ESTÉTICA *HIPPIE* E O MERCADO CAPITALISTA

Os trajes coloridos e cabelos compridos eram características da rebeldia dos jovens na década de 1960. Mas o mercado capitalista acabaria incorporando parte dessa rebeldia e transformando-a em mercadorias.

O prestígio da contestação foi apropriado por agências de propaganda para tornar os artigos de consumo mais sedutores e atraentes aos jovens. "Liberdade é uma calça velha, azul e desbotada", tornou-se *slogan* para vender calças de brim. Já o *slogan* "Corra para bem longe de sua casa" promovia o consumo de tênis esportivos destinados a corridas.

Preocupada com a onda de agitações no país, a CIA (Central de Inteligência Americana) lançou um programa denominado **Operação Caos**. A agência se infiltrou nas universidades e grampeou telefones de atores de Hollywood. Criticando as manifestações contrárias à guerra, o presidente Richard Nixon (1913-1994) afirmou: "O Vietnã do Norte não pode derrotar ou humilhar os Estados Unidos. Só os americanos podem fazer isso".

No entanto, a derrota do exército estadunidense ganhava visibilidade com a cobertura televisiva, que reforçava o sentimento de que se tratava de uma guerra longa e inútil.

TÁ LIGADO?

3. Defina contracultura *hippie* e liste as características desse movimento.
4. Defina *pop art*.
5. Explique o que é a multiplicação da imagem. Ofereça exemplos.

Modelos em um editorial de moda *hippie*. Londres (Inglaterra), out. 1967.

A ARTE NA DÉCADA DE 1960

T-talvez, Roy Lichtenstein. Magna sobre tela, 1965.

Roy Lichtenstein (1923-1997) escolheu a técnica das modernas histórias em quadrinhos como tema. Em suas palavras, "um desenho animado exprime emoções e paixões fortes".

Em 1966, o artista gaúcho Carlos Vergara (1941-), em uma exposição na galeria G4 no Rio de Janeiro, fez um buraco na parede, bem perto do chão, e colocou um cartaz pedindo aos espectadores que se abaixassem para olhar para o interior da parede. Quando o espectador se agachava ao nível do buraco, lia o seguinte: "Ao invés do senhor ficar nessa posição ridícula, olhando neste buraco, por que não toma uma atitude com relação às coisas que estão acontecendo à sua volta?".

Era o espírito de uma época marcada por discussões acaloradas sobre qual seria o papel da arte diante da sociedade de consumo.

A *POP ART*

Na década de 1960, os artistas defendiam uma arte popular (*pop*) que pudesse se comunicar diretamente com o público por meio de objetos comuns, presentes na vida cotidiana. Eles se negavam a promover uma separação entre a arte e a vida.

A *pop art* é a expressão desse momento histórico. Os artistas escolhiam seus temas diretamente da cultura popular. Com isso, objetos de consumo como hambúrgueres, louça sanitária, cortadores de grama, estojos de batom, espaguete e celebridades como Elvis Presley eram rapidamente absorvidos na criação.

Gold Marilyn Monroe, Andy Warhol. Polímero, serigrafia e óleo sobre tela, 1962.

A *pop art* pôs fim à ideia de que uma obra de arte é peça única. As obras de Andy Warhol eram produzidas em série, como essa Marilyn Monroe. A arte seria mais um produto popular – *pop* –, de fácil acesso.

Os artistas propunham-se trabalhar com esses elementos para retratar a realidade. A **multiplicação da imagem** destacava a ideia do anonimato do artista e da reprodução técnica da obra de arte. A celebração da riqueza e da fama convivia com a violência racial, a violência da Guerra do Vietnã e da cadeira elétrica.

Andy Warhol (1928-1987), sem dúvida o artista *pop* mais conhecido, dizia que gostaria de ser uma máquina. Trabalhou diretamente com o mundo da propaganda, do "compre hambúrgueres, refrigerantes, latas de sopa pronta, automóveis e seja feliz". Warhol mostrou que se consomem também pessoas, transformadas em produtos, como Elvis Presley, Elizabeth Taylor, Marilyn Monroe ou Pelé.

Warhol parecia dizer que somos todos personagens de um teatro cotidiano em que as pessoas comuns imitam personagens de televisão.

RELAÇÕES DE GÊNERO

Resumindo um filme estadunidense de 1987 (*Atração fatal*), ela, a atriz, é uma mulher deslumbrante, irresistível. Alta, elegante, bem-humorada, sensual.

O homem casado, bom caráter, profissional bem-sucedido, que amava sua esposa e adorava a filha, não consegue evitar a tentação.

Para ele seria apenas uma aventura; para ela, uma obsessão: tirá-lo de seu lar, mantê-lo sob o seu controle, desfazer uma família. O jogo de sedução dá lugar a um jogo de poder. A mulher sedutora passa a procurar seguidamente o amante. Ameaça-o, põe em risco

TÁ LIGADO?

6. Defina relações de gênero.

a vida de sua família. Ao homem, resta a culpa por ter se envolvido com uma "mulher fatal". Moral da história: o homem deve ser firme. Deve comandar. Deve evitar as artimanhas femininas. Deve ser a cabeça do casal.

Esse enredo pode servir de referência para diversos outros filmes, bem como para romances e peças de teatro. As personagens dessas histórias são construídas com base em um modelo: o da mulher traiçoeira e leviana e o do homem que se deixa seduzir e comandar por uma mulher. O resultado desse comando feminino são a desordem, a derrocada do casamento, a violência e a morte. Os exemplos se sucedem: de Eva, no Paraíso descrito na Bíblia, ao mais recente filme em cartaz.

Pecado original no Jardim do Éden, anônimo. Iluminura extraída do manuscrito *Roman de Lancelot du Lac*, século XV.

Em diversas representações medievais, Eva e a serpente têm as mesmas feições, como nessa iluminura francesa.

Esse tipo de visão ainda existe hoje em dia. Na maioria das sociedades as diferenças de papéis entre homem e mulher são reveladoras das **relações de gênero**, em que o masculino prepondera sobre o feminino. E talvez seja a mais antiga e persistente relação de dominação da história da humanidade.

Nas relações de classe manifesta-se a dominação de um grupo social sobre outro: senhores e escravizados; burguesia e proletariado. As relações marcadas por preconceitos raciais demonstram a discriminação em relação a determinados grupos étnicos: indígenas, negros, judeus, asiáticos.

As relações de gênero revelam como homens e mulheres viveram em épocas e lugares diferentes, e como tais elementos envolveram maior ou menor grau de exploração da mulher.

Em diversas sociedades, o olhar masculino procurou justificar a condição da mulher. E impôs a ela uma situação de inferioridade. Isso está presente de tal modo nas mais diversas culturas que as mulheres, que de alguma forma demonstraram algum tipo de contestação a essa visão, foram (e ainda são) duramente combatidas. E foram chamadas de bruxas, loucas, indecentes, pecadoras.

O DIREITO DE SER MULHER

No período da Guerra Fria, a oposição entre os Estados Unidos e a União Soviética colocava em confronto a imagem da mulher socialista e a da mulher ocidental. Enquanto as soviéticas assumiam o dever cívico e sua parcela da responsabilidade coletiva pelo sucesso da revolução, no polo oposto estava o modelo americano: a mulher doméstica, maternal, consumista, muitas vezes sensual. Na década de 1950, os países capitalistas valorizavam a imagem da dona de casa de classe média cujo marido era o provedor da família, proporcionando-lhe o dinheiro para adquirir bens de consumo.

No Ocidente, os meios comunicação, como o cinema, a televisão e as revistas femininas, se encarregavam de espalhar um padrão de beleza e de comportamento para a mulher. A esposa ideal tinha de ser competente nas tarefas do lar, elegante, bem-humorada e ter a sensualidade das artistas de cinema.

Provedor
Aquele que sustenta.

Rita Hayworth, atriz de Hollywood. Estados Unidos, 1946.

O FEMINISMO

O feminismo pode ser entendido como o conjunto de movimentos sociais que contestaram o papel submisso das mulheres, reivindicando a igualdade de oportunidades entre os gêneros. As lutas feministas na década de 1960 caracterizaram-se pelo questionamento dos tabus sobre a sexualidade, desencadeando um amplo debate sobre a condição das mulheres. O movimento era inflamado pela onda revolucionária que percorria a Europa, a China, a América Latina, os Estados Unidos, por meio dos movimentos estudantis e da contestação dos papéis e comportamentos sexuais.

Em 1968, um grupo de mulheres promoveu um enterro simbólico da feminilidade tradicional em um cemitério dos Estados Unidos. Na França, dois anos depois, outro grupo depositava uma grinalda de flores no Arco do Triunfo de Paris, dedicada à mulher desconhecida do soldado desconhecido.

Foi naqueles anos tumultuados que elas questionaram o tabu da virgindade, passaram a tomar a pílula anticoncepcional e queimaram sutiãs em praça pública. Nos Estados Unidos, líderes de movimentos feministas invadiram sedes de revistas dirigidas ao público masculino que exploravam o corpo feminino como mais um objeto de consumo.

Combatia-se o discurso que recomendava a conformidade da mulher ao seu "destino" de mãe e esposa. Lutava-se pela emancipação econômica, pela igualdade no trabalho: mesmo salário para a mesma carga de trabalho era a primeira reivindicação. França, Itália, Alemanha, Holanda, Inglaterra e Estados Unidos estão entre os países que testemunharam as maiores campanhas. Uma das palavras de ordem era: "O privado é político, nosso corpo nos pertence".

Shelly Drake tira o sutiã em praça pública, em uma manifestação feminista. San Francisco, Estados Unidos, 8 mar. 1969.

TÁ LIGADO

7. Defina feminismo.

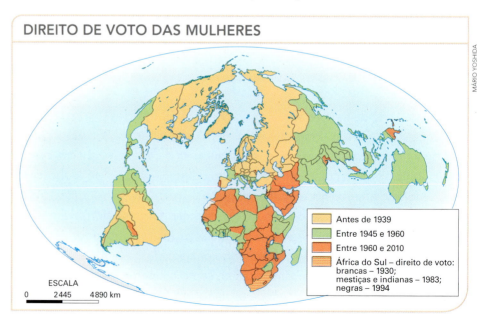

Manifestação feminista. Nova York (EUA), década de 1960.

Fonte: Elaborado com base em BREVILLE, B. et al. *L'Atlas Histoire critique du XXᵉ Siécle*. Paris: Le Monde Diplomatique, 2010.

224 | CAPÍTULO 10 | A era da contestação

Os movimentos feministas reivindicavam o direito da mulher de dispor sobre seu próprio corpo. Assim, questões ligadas à maternidade e à sexualidade da mulher, que até então pertenciam ao domínio privado, foram trazidas para o debate público. O feminismo passou a defender a maternidade como escolha e a experiência da sexualidade separada da reprodução.

A partir da década de 1970, o movimento se torna força política com enorme potencial de transformação social, graças à conscientização a respeito da nova condição da mulher. Com isso, multiplicaram-se os grupos organizados, que levaram milhares de mulheres às ruas para participar de campanhas em defesa de seus direitos.

Stonewall e o direito à diversidade sexual

Na noite de 28 de junho de 1969, frequentadores da danceteria *Stonewall*, em Nova York, reagiram a uma batida policial e revidaram as costumeiras agressões cometidas contra *gays*, lésbicas, bissexuais e transexuais. Durante a madrugada ocorreram enfrentamentos com a polícia e depredações. Nos dias seguintes foram registrados novos conflitos.

A chamada **Revolta de *Stonewall*** tornou-se um marco na defesa dos direitos civis dos homossexuais. No ano seguinte, uma passeata percorreu ruas e avenidas de Nova York exigindo respeito à diversidade sexual e o fim das agressões e violências.

As discussões promovidas pelos ativistas pelos direitos LGBT (lésbicas, *gays*, bissexuais e transgêneros) foram profundamente marcadas pelo evento e deram origem às Paradas do Orgulho *Gay*, que hoje se realizam em diversos países do mundo e em várias cidades brasileiras.

Fonte: Elaborado com base em *Human Rights Campaign*. Disponível em: <http://goo.gl/muUwmk>. Acesso em: 3 jun. 2019.

A era da contestação | CAPÍTULO 10 **225**

EM DESTAQUE

 OBSERVE A IMAGEM

O que o amor tem a ver com isso?

Nelson Rodrigues, um dos maiores dramaturgos brasileiros, afirmou certa vez:

> Nem todas as mulheres gostam de apanhar, só as normais.

A afirmação corresponde à visão que alguns homens têm sobre as mulheres. E refere-se a uma série de violências cometidas contra elas.

Um dos exemplos mais conhecidos é o de Tina Turner. Nascida em 1939, Anna Mae Bullock era filha de uma indígena e de um pastor negro.

Desde pequena cantava no coral da igreja e, em 1958, começou a frequentar casas noturnas, onde se apresentavam bandas de *jazz* e de *blues*. Apaixonou-se por Ike Turner, líder da banda *Kings of Rhythm*, e foi morar com ele. Juntos, gravaram alguns discos de sucesso.

No entanto, o relacionamento entre os dois foi marcado pela violência. Dificuldades familiares, profissionais e financeiras eram pretexto para Ike espancar sua mulher. Com certa frequência, Tina Turner aparecia em *shows* com hematomas e marcas de agressão no rosto e no corpo. As brigas eram noticiadas pela imprensa. E presenciadas pelos filhos.

Ike controlava todo o dinheiro e as propriedades da família. Era o cabeça do casal.

Tina Turner durante o concerto *Live Aid*. Filadélfia (EUA), 13 jul. 1985.

Em 1976, depois de quase dezoito anos de brigas, Tina Turner tomou a decisão de se divorciar. Sem dinheiro, fazia faxina em casas de família. Mas ainda cantava em boates e clubes noturnos. E fazia sucesso por onde passava.

Passou a cantar *rock'n'roll* e teve a oportunidade de conhecer alguns grandes nomes, como Rod Stewart e David Bowie. Em 1981, aos 42 anos, Tina Turner foi convidada pelos Rolling Stones para a abertura de seus *shows*. Três anos depois lançava o álbum *Private Dancer*, que trazia a música "*What's love got to do with it?*" (O que o amor tem a ver com isso?). Chegou ao primeiro lugar nas paradas de sucesso dos Estados Unidos. A partir de então, tornou-se uma referência de mulher vigorosa, que se levantou contra a dominação de seu marido. Um exemplo para homens e mulheres.

1. A violência contra as mulheres é frequente na sociedade brasileira. Pesquise em jornais e revistas alguns desses casos. Procure analisar os motivos que são relatados nas reportagens. Qual é o mais frequente? O que isso significa?
2. Quais são as garantias às mulheres, em uma sociedade como a nossa, com relação a essas violências?
3. Além da violência física, a que outros tipos de violência a mulher é submetida nos dias de hoje?

O DIREITO DE SER NEGRO

Em 1955, o corredor negro estadunidense Jesse Owens, natural do Alabama, que brilhara nas Olimpíadas de Berlim de 1936, foi nomeado embaixador dos esportes nos Estados Unidos. No entanto, o reconhecimento tardio de seu feito esportivo não significava que a questão racial estivesse resolvida em seu país. Pelo contrário.

Nesse mesmo ano, na cidade de Montgomery, no mesmo estado do Alabama, a jovem negra Rosa Parks foi presa e processada por não ter cedido o seu assento em um ônibus para um homem branco que estava de pé, como previa a legislação.

A comunidade negra, liderada pelo pastor **Martin Luther King** (1929-1968), boicotou os transportes públicos por 381 dias. As empresas de ônibus, de propriedade dos brancos, tiveram grandes prejuízos. E, no final do processo, a Justiça determinou que a segregação nos transportes do Alabama era ilegal. Os negros desse estado adquiriram os mesmos direitos que os brancos. Mas apenas nos transportes públicos.

O caso de Rosa Parks projetou o nome de Martin Luther King nos Estados Unidos. O reverendo passou a percorrer muitas cidades em campanha pela defesa dos direitos civis e contra a discriminação e a política de segregação racial vigentes em diversas partes do país.

MARTIN LUTHER KING

Em 1963, na comemoração dos cem anos da abolição da escravatura nos Estados Unidos, Martin Luther King reuniu cerca de 250 mil pessoas em frente ao Memorial Lincoln, em Washington, em um protesto pacífico contra o racismo.

Os esforços do movimento resultaram, em 1964, na decretação da Lei dos Direitos Civis, que proibia a discriminação sob qualquer forma. Uma grande vitória para o movimento negro.

No entanto, as leis por si só não foram suficientes para eliminar, na prática, a discriminação e o preconceito contra os negros. Movimentos racistas como a **Ku Klux Klan** ressurgiram, promovendo uma onda de assassinatos e violências, em oposição à política de integração racial.

Em abril de 1968, Martin Luther King foi à cidade de Memphis, no Tennessee, para apoiar uma greve de lixeiros, na maioria negros. No dia seguinte ao seu discurso foi assassinado quando deixava o hotel onde estava hospedado.

Os protestos dos negros espalharam-se por todo o país. A revolta tomava conta dos Estados Unidos. Uma revolta contra séculos de opressão e violência.

Malcom X e Martin Luther King. Capitólio (EUA), 1964.

MOVIMENTOS DE PROTESTO NOS ESTADOS UNIDOS (DÉCADA DE 1960)

Fonte: Elaborado com base em BLACK, J. (Dir.). *World History Atlas*. Londres: DK Book, 2008.

RACISMO NA TERRA DO *BLUES*

Alabama, Geórgia, Mississipi, Virgínia, Tennessee, Louisiana. Esses são alguns dos estados no Sul dos Estados Unidos onde o racismo e a segregação tinham longa tradição.

Algumas leis desses estados determinavam que os bebedouros e banheiros públicos fossem separados para brancos e negros. Havia assentos reservados aos negros nos cinemas. Negros e brancos não poderiam dividir a mesma mesa em uma lanchonete. Um branco jamais serviria um negro. Os negros deveriam se sentar na parte de trás dos ônibus públicos. As crianças negras eram proibidas de frequentar a mesma escola das crianças brancas.

Os negros do Sul não tinham seus direitos civis e políticos respeitados pelos brancos.

MALCOLM X

Nos anos de 1960, o movimento pelos direitos civis nos Estados Unidos sofreu uma divisão. Enquanto Martin Luther King apostava na resistência pacífica e na desobediência civil para a integração entre negros e brancos, outros ativistas defendiam ideias contrárias e mais radicais. Como Malcolm X, ativista, que defendia uma ação ofensiva contra aqueles que negavam direitos aos negros.

Malcolm Little (1925-1965) nasceu na cidade de Omaha, no estado de Nebraska (Estados Unidos). Envolveu-se com tráfico de drogas, prostituição, contrabando de bebidas e assaltos até ser preso, em 1946. Na prisão, conheceu o líder do movimento Nação do Islã, Elijah Muhammad. Em liberdade, a partir de 1952, Malcolm tornou-se um dos principais oradores do movimento negro. Nessa ocasião trocou seu sobrenome "Little" por "X" e justificou a mudança: "neste país, o negro é tratado como animal e os animais não têm sobrenome".

Em 1963, Malcolm X viajou para Meca, cidade sagrada dos muçulmanos, a fim de conhecer melhor o Islã. Em 1964, após divergências com a Nação do Islã, rompeu com o movimento e fundou a Organização da Unidade Afro-Americana.

Em 21 de fevereiro de 1965, foi assassinado na sede de sua organização na cidade de Nova York, enquanto discursava. Suas ideias continuaram a ser divulgadas por meio de outros movimentos negros como **Black Power** e os **Panteras Negras**.

> **TÁ LIGADO**
>
> 8. Explique a alegação de Malcom X para a alteração de seu sobrenome.
> 9. Liste as características do movimento denominado Poder Negro.

O PODER NEGRO

O slogan Black Power (Poder Negro) atraiu as atenções nacionais, em 1966, como consequência de um protesto organizado por um estudante da Universidade do Mississipi contra a violência de que os negros eram vítimas no exercício do direito de voto. O rapaz foi ferido por um tiro durante a caminhada que faria da cidade de Memphis (Tennessee) até Jackson (Mississipi). Martin Luther King e outros líderes foram ao seu encontro para levar adiante a marcha até o Mississipi.

Na ocasião, um jovem líder declarou: "A única forma de impedir que nos persigam e maltratem é passarmos ao contra-ataque. Falamos de liberdade há seis anos e ainda não temos nenhuma. O que temos de começar a dizer é Poder Negro.".

Esse e outros jovens estavam insatisfeitos com os resultados do movimento dos direitos civis e achavam que era preciso mais do que as caminhadas para eliminar a discriminação nas escolas, no trabalho e, principalmente, mudar a situação dos negros que viviam nos guetos sujos e populosos das grandes cidades.

A aversão aos brancos era a tônica do movimento que surgia. Um dos pontos principais era a necessidade dos negros de reconhecerem sua beleza e sua capacidade de realização.

Em 1963, a indústria de cosméticos ganhava milhões de dólares nas vendas de cremes branqueadores e de alisadores de cabelos para que os negros tivessem uma imagem mais próxima da dos brancos.

Os jovens negros do final da década de 1960, ostentando cabeleiras e túnicas africanas, deixavam bem claro que seu tipo de beleza era diferente. O slogan "Poder Negro" era um apelo ao orgulho racial e seu principal mérito foi revalorizar a negritude e dar ao negro uma imagem mais positiva de si mesmo.

Muhammad Ali

Cassius Clay Jr. nasceu no Kentucky, em 1941. Foi medalha de ouro nos Jogos Olímpicos de Roma, em 1960, e tricampeão mundial dos pesos pesados, em 1964, 1974 e 1978. Em protesto contra o preconceito racial nos Estados Unidos, atirou sua medalha em um rio. Por recusar-se a participar da Guerra do Vietnã, foi proibido de lutar durante três anos. Em 1964, converteu-se à religião muçulmana e assumiu o nome de Muhammad Ali-Haj.

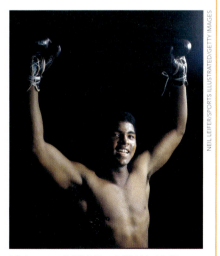

Muhammad Ali. Miami (EUA), 1965.

OS PANTERAS NEGRAS

O Partido dos Panteras Negras para Legítima Defesa (*Black Panther Party for Self-Defense*) foi fundado em 1966, na cidade de Oakland, Califórnia (Estados Unidos). A proposta original do grupo era patrulhar os guetos negros e proteger seus moradores da brutalidade da polícia branca. Os integrantes faziam suas rondas armados e uniformizados com boinas e camisas negras. Escolheram a pantera como símbolo porque, acreditavam, ela só ataca quando também é atacada.

Os Panteras Negras tinham muitos adeptos entre os jovens dos guetos das grandes cidades. Desenvolviam programas sociais de alimentação e assistência médica e publicavam um jornal diário. No entanto, o uso da violência, as ideias radicais contra os brancos e os constantes conflitos com a polícia levaram ao fim do grupo em meados da década de 1970.

Eu sou Angela Davis

Angela Yvonne Davis (Birmingham, 26 de janeiro de 1944), professora e filósofa estadunidense é mundialmente conhecida por sua militância no Partido Comunista dos Estados Unidos, nos Panteras Negras e na luta pelos direitos das mulheres e contra a discriminação social e racial nos Estados Unidos.

Aos 24 anos, Angela Davis chegou a integrar a lista dos 10 foragidos mais procurados do FBI, até ser presa, em outubro de 1970. Cresceu então uma campanha internacional por sua libertação, que contou com a solidariedade até de John Lennon e Yoko Ono, que compuseram a canção "Angela" para seu LP *Some Time in New York City* (1972), e dos Rolling Stones, que gravaram um *single*, "Sweet Black Angel". Atualmente, Angela é professora do Departamento de História da Universidade da Califórnia e continua sua militância política de combate ao racismo e na defesa dos direitos das mulheres. Já esteve no Brasil por diversas vezes, convidada por organizações não governamentais de mulheres negras.

Angela Davis. Estados Unidos, 1969.

PROTESTOS NA ÁFRICA

No dia 12 de setembro de 1977, o sul-africano Steve Biko, de 31 anos, foi preso, torturado e morto pela polícia da cidade de Pretória, na África do Sul. Os policiais que o torturaram só confessaram o crime vinte anos depois, em troca de anistia.

Steve Biko participou ativamente do movimento estudantil e fundou a Organização dos Estudantes da África do Sul (Oesa). Foi um dos idealizadores do **Movimento de Consciência Negra**, que tinha como objetivo resgatar a autoestima e os valores ancestrais de seu povo. E, além disso, preparar os negros sul-africanos para combater a opressão praticada pelo governo branco.

TÁ LIGADO?

10. Explique quem eram os Panteras Negras.
11. Aponte os objetivos do Movimento de Consciência Negra.

O Movimento de Consciência Negra

O Movimento de Consciência Negra da África do Sul foi fundado, no final dos anos de 1960, por um grupo de estudantes universitários, entre eles Steve Biko. O movimento procurava infundir na comunidade negra o orgulho de si mesma.

Esse movimento contribuiu para o estabelecimento da Convenção Nacional do Povo Negro, em 1972, cujo objetivo era reunir negros, mestiços e asiáticos contra a opressão do governo minoritário branco da África do Sul. A atuação do movimento também abriu espaço para uma rede de organizações sociais e culturais ligadas à Consciência Negra.

Protesto de estudantes negros. Soweto (África do Sul), ago. 1976.

No entanto, a tolerância durou pouco e os grupos passaram a ser vistos como uma ameaça ao governo. Nos conflitos entre o governo e a Consciência Negra, Biko foi preso várias vezes. No início, o governo branco sul-africano tolerou as atividades desses grupos.

A influência do movimento esteve presente nos protestos dos estudantes secundaristas, no bairro negro de Soweto, em 1976. Os estudantes protestavam contra a imposição, nas escolas, da língua africânder, que era a língua falada pela minoria branca, no lugar do inglês. Em outubro de 1977, dezoito organizações ligadas ao Movimento de Consciência Negra foram banidas e cinquenta dos seus líderes foram detidos. A prisão de Steve Biko, em agosto de 1977, e sua morte, provocada pelas torturas que sofreu enquanto esteve preso, causaram protestos internacionais.

O MOVIMENTO NEGRO NO BRASIL

No século XX, dando continuidade a uma longa trajetória de lutas, o movimento negro se organizou no Brasil para enfrentar preconceitos e discriminações e defender seus interesses. Um dos marcos dessa luta foi a criação, em 1931, da **Frente Negra Brasileira** que, posteriormente, seria fechada pela ditadura do Estado Novo. Mais tarde, em 1944, surgiu o **Teatro Experimental do Negro**, dirigido por Abdias do Nascimento (1914-2011), entidade que passou a publicar o jornal *Quilombo*, cujo primeiro número circulou em 9 de dezembro de 1948.

O poeta, professor, ator e artista plástico Abdias Nascimento durante a abertura da Segunda Conferência de Intelectuais da África e da Diáspora. Salvador, Bahia (Brasil), 2006.

Em 1950, realizou-se o I Congresso Negro Brasileiro. O movimento cresceu nos anos seguintes, destacando-se a formação da **Associação Cultural do Negro** (1954), em São Paulo.

Enfraquecido com o golpe militar de 1964, o movimento voltou a fortalecer-se após 1975, ainda sob o regime militar, com a difusão de entidades negras como o Instituto Brasileiro de Estudos Africanistas, o Centro de Cultura e Arte Negra e o Instituto de Pesquisa das Culturas Negras. Em 1978 surgiu o **Movimento Negro Unificado**, que passou a coordenar em todo o Brasil diversas entidades.

Maio de 68. Início de uma luta prolongada. Pôster, Paris (França), 1968.

Diversos pôsteres foram produzidos durante a movimentação estudantil de Paris, em 1968.

1968: ANO DA CONTESTAÇÃO

No ano de 1968, manifestações de jovens alastraram-se por todos os cantos do mundo. Em maio, a cidade de Paris foi sacudida por uma intensa movimentação estudantil contra o governo. Descontentes com a disciplina rígida, os currículos escolares e a estrutura acadêmica conservadora, estudantes organizaram protestos que levaram à ocupação da Universidade de Nanterre (oeste de Paris), em 23 de março. Eles contestavam também a situação social e política do país e o governo do general Charles de Gaulle, em virtude do desgaste provocado pela guerra de independência da Argélia.

Em 3 de maio, a Universidade de Sorbonne também foi fechada pelas autoridades devido aos protestos estudantis. O movimento se espalhou. Passeatas dos estudantes foram dispersadas com violência. Indignados, eles colocaram barricadas nas ruas centrais de Paris que davam acesso ao *Quartier Latin*, centro universitário da cidade. A maior batalha deu-se na **noite das barricadas**, em 10 de maio. A essa altura outros setores sociais aderiram à causa estudantil: trabalhadores, intelectuais e professores.

De 18 de maio a 7 de junho, milhões de trabalhadores franceses participaram de uma ruidosa greve geral. Os operários ocuparam as fábricas, os estudantes, as universidades e a população, as ruas. Eram formas simbólicas e práticas de inversão social. Liderados pelo jovem alemão **Daniel Cohn-Bendit**, conhecido como Dany le Rouge, por causa de seus cabelos ruivos, os estudantes viraram a França de cabeça para baixo, colocando em xeque o regime, a autoridade, a opressão e a guerra.

A revolução nos muros

O movimento de maio de 1968 ocupou a cidade de Paris e colocou a "poesia na rua": os muros tomaram a palavra. Durante semanas, os estudantes foram donos dos muros da cidade e seus pôsteres e inscrições demarcavam um novo tipo de ação e de intervenção.

"É proibido proibir, lei de 10 de maio de 1968", dizia um grafite para protestar contra os cartazes oficiais que diziam "É proibido colar cartazes, Lei de 29 de julho de 1881". O que se inscreveu nos muros e nas paredes de toda a cidade foi uma parte importante da contestação.

Entre os *slogans* grafitados nos muros de Paris, podia-se ler:

Daniel Cohn-Bendit, no centro da foto, canta a letra de "A Internacional", acompanhado por estudantes e cercado por soldados. Paris, França. Maio 1968.

Chega de atos, queremos palavras.
A palavra é um coquetel *molotov*.

A imaginação toma o poder.
Sejam realistas: peçam o impossível.

A PRIMAVERA DE PRAGA

Simultaneamente aos acontecimentos em Paris, estourou uma revolta na socialista Tchecoslováquia, no Leste europeu. Jovens e idosos, homens e mulheres tomaram as ruas da capital Praga para exigir independência do controle soviético.

O novo secretário-geral do Partido Comunista Tcheco, **Alexander Dubcek** (1921-1992), que subira ao poder em janeiro de 1968, tentava promover uma reforma profunda no governo por meio de uma revisão constitucional que garantisse os direitos civis e as liberdades do cidadão. Entre elas, a liberdade de imprensa e a livre organização partidária, o que implicava o fim do regime de partido único. Todos os perseguidos políticos seriam reabilitados e reintegrados. Dali por diante uma Assembleia Nacional multipartidária controlaria o governo, não somente o Partido Comunista, que também seria reformado e democratizado.

Em todos os cantos do país explodiram manifestações em favor da democratização. Em junho de 1968, um texto com centenas de assinaturas de personalidades de diversos setores sociais solicitava a Dubcek que o processo fosse acelerado. Acreditava-se que seria possível transitar pacificamente de um regime comunista ortodoxo para um regime democrático.

Não foi possível. Em uma operação militar de surpresa, as tropas do Pacto de Varsóvia, lideradas pelos tanques russos, ocuparam Praga no dia 20 de agosto de 1968. A Primavera de Praga sucumbia perante a força bruta. Estavam sepultadas quaisquer perspectivas de o socialismo stalinista conviver com liberdades democráticas. Dubcek foi levado a Moscou e depois destituído. Em protesto contra a supressão das liberdades recém-conquistadas, o jovem Jan Palach incinerou-se em uma praça de Praga, em 16 de janeiro de 1969.

Em Praga, Paris, San Francisco, Londres, Roma, México, Rio de Janeiro, Berlim, jovens de cabelos compridos incendiavam o mundo com palavras. Porque as palavras eram tão poderosas quanto os **coquetéis *molotov*** muitas vezes arremessados contra os policiais.

TÁ LIGADO

12. Liste cinco dos *slogans* grafitados nos muros de Paris.
13. Explique o que foi a Primavera de Praga.
14. Aponte as reformas tentadas por Alexander Dubcek durante a chamada Primavera de Praga.

Primavera de Praga, Josef Koudelka. Praga, 1968.

PROTESTO NOS JOGOS OLÍMPICOS DO MÉXICO

John Carlos e Tommy Smith nas Olimpíadas do México, 1968.

No meio e à direita, John Carlos, vencedor dos 200 metros rasos, e Tommy Smith, medalha de bronze.

Em 12 de outubro de 1492, Cristóvão Colombo chegava às ilhas do Caribe. Em 12 de outubro de 1968, pela primeira vez, uma pira olímpica era acesa na América Latina.

A tocha saíra de Olímpia, na Grécia, cinquenta dias antes rumo ao Porto de Palos, na Espanha. De lá seguiu uma rota semelhante à que Colombo fizera quase 476 anos antes. Da Ilha de São Salvador partiu para o território mexicano. Finalmente chegou ao Porto de Acapulco, onde o fogo sagrado foi, pela primeira vez, levado até a pira olímpica por uma mulher. Com esse ritual estavam oficialmente abertos os Jogos da XIX Olimpíada da Era Moderna. O fogo ardia no México.

Dez dias antes da abertura do evento, conflitos entre as forças militares e os estudantes incendiaram a Cidade do México. Cerca de 10 mil jovens protestavam contra a invasão de duas universidades por forças militares e contra a estrutura social mexicana, que concentrava a maior parte das terras e das rendas nas mãos de uma minoria privilegiada. No confronto, estima-se em 300 o número de mortos. O Exército mexicano abriu fogo contra os seus estudantes.

Os jogos foram marcados por protestos. Os jovens atletas John Carlos e Tommy Smith, primeiro e terceiro colocados na corrida de 200 metros rasos, preparavam-se para subir ao pódio. Como era de costume, os vencedores receberiam suas medalhas, seriam felicitados, a bandeira seria hasteada ao som do hino nacional dos Estados Unidos.

No momento da cerimônia, os dois atletas abaixaram a cabeça e ergueram seus punhos fechados com luvas pretas. O mundo inteiro assistiu ao forte protesto dos dois atletas contra o racismo nos Estados Unidos. Uma referência ao grupo Panteras Negras. Mais uma vez a bandeira do país tremulava graças ao empenho de atletas negros.

O adversário já não era Hitler ou seus seguidores nazistas, mas todos aqueles que, em qualquer parte do mundo, insistiam em discriminar e segregar os negros.

John Carlos e Tommy Smith transformaram a entrega de medalhas em um momento de protesto contra a supremacia branca. Por sua ousadia, ambos perderam suas medalhas.

Pôster antiguerra dos Jogos Olímpicos no México, anônimo. 1968.

QUEBRA-CABEÇA

1. Releia o quadro complementar "*Stonewall* e o direito à diversidade sexual" (p. 225). Agora reponda ao que se pede:
   a) Identifique os motivos que levaram ao início da revolta.
   b) Analise o mapa acerca das legislações sobre as relações homossexuais no mundo. Elabore um texto analítico com base no mapa.

2. Defina cada um dos conceitos abaixo e organize um pequeno dicionário conceitual em seu caderno:
   - vietcongue
   - contracultura *hippie*
   - *pop art*
   - relações de gênero
   - Movimento LGBT
   - feminismo
   - Poder Negro
   - Panteras Negras
   - Movimento de Consciência Negra

3. Quais eram as características do movimento feminista dos anos de 1960 e 1970?

4. Explique o que foi o caso Rosa Parks, nos EUA.

5. Neste capítulo sobre os diversos movimentos pelos direitos civis, foram apresentados muitos *slogans*. A década de 1960 caracterizou-se pelo uso de cartazes como suportes para esses movimentos. Observe as características dos cartazes apresentados ao longo do capítulo. Então escolha um desses movimentos e elabore um *slogan* e um cartaz.

6. Como se organizou o movimento negro no Brasil?

7. Vamos construir nossos *tags*. Siga as instruções do *Pesquisando na internet*, na seção **Passo a passo** (p. 7), utilizando as palavras-chave abaixo:
   Martin Luther King Jr.
   Malcolm X
   Panteras Negras
   Steve Biko
   Abdias Nascimento

LEITURA COMPLEMENTAR

Leia com atenção o texto a seguir e depois responda às questões propostas.

[TELEVISÃO, ALIENAÇÃO E CONSCIÊNCIA]

Preconceitos sobre a televisão são quase tão antigos quanto a própria televisão. Que a televisão emburrece; que "aliena"; que hipnotiza ou que vicia, são lugares-comuns tão velhos que de alguns anos para cá críticos e intelectuais vêm tentando se livrar deles ou pelo menos superá-los [...].

No entanto, não estou certa de que tais preconceitos sejam completamente dispensáveis [...]. Se nos anos 60 as primeiras imagens mostradas ao vivo sobre a Guerra do Vietnã, por exemplo, mobilizaram a opinião pública, escandalizaram o mundo e produziram uma rápida e brutal consciência a respeito do horror da guerra – contribuindo para pôr fim a ela –, nos anos 1990 a guerra no Golfo Pérsico é transmitida pela televisão como um espetáculo excitante, um Indiana Jones em grande escala para diversão dos espectadores que torcem para que o "grande justiceiro" consiga eliminar Satã com métodos eficientes e cheios de efeitos pirotécnicos. Um efeito de pura fantasia produzido pelo modo de transmissão dos fatos de uma guerra de verdade.

KEHL, Maria Rita. Imaginar e pensar. In: NOVAES, A. (Org.). *Rede imaginária*. São Paulo: Cia. das Letras, 1991. p. 60.

1. Quais seriam os preconceitos comuns em relação à televisão?

2. Como a autora se posiciona em relação a tais preconceitos?

3. E você, o que pensa a respeito da televisão? Elabore um texto argumentativo defendendo seu ponto de vista.

4. Segundo o texto, que diferenças podem ser apontadas entre a cobertura televisiva da Guerra do Vietnã e a da Guerra do Golfo?

PONTO DE VISTA

Arte e reprodução técnica

OBSERVE AS IMAGENS

Mona Lisa, Andy Warhol. Serigrafia, 1963.

Mona Lisa, Leonardo da Vinci. Óleo sobre madeira de álamo, 1503-1507.

1. No seu caderno, aponte as diferenças entre as obras acima.
2. Identifique na imagem de Andy Warhol os elementos que compõem a *pop art* apresentados neste capítulo.

TRÉPLICA

 Filmes

Malcolm X
EUA, 1992. Direção de Spike Lee.

A vida de Malcolm X, um dos maiores e mais polêmicos defensores dos direitos dos negros nos Estados Unidos.

Libertem Angela Davis
EUA, 2014. Direção de Shola Lynch.

O documentário retrata a vida de Angela Davis, conhecida por seu engajamento em defesa dos direitos humanos. Nos anos 1970, defende três prisioneiros negros e é acusada de organizar uma tentativa de fuga e sequestro.

Quando éramos reis
EUA, 1996, Direção de Leon Gast.

Documentário sobre a luta de outubro de 1974, entre Muhammad Ali e George Foreman pelo título mundial dos pesos-pesados, disputada no Zaire.

PERMANÊNCIAS E RUPTURAS

Solte o seu cabelo e prenda o preconceito!

Nos anos de 1960, muitos ativistas negros deixavam os cabelos crescer e repudiavam o alisamento e outras formas de se aproximar do padrão branco. A onda era o penteado *black power*, que estava associado ao movimento de valorização do negro. A afirmação positiva se dava justamente na aceitação da cabeleira.

A partir do início da década de 1980, no entanto, uma tendência em cortar o cabelo bem curto acabou se acentuando entre os negros. Ao mesmo tempo, falas depreciativas e preconceituosas também ganharam espaço.

Em 2002, um astro do futebol mundial e brasileiro, questionado sobre a mudança em seu visual, respondeu:

> "Quis mudar, deixei o cabelo crescer, mas não tem como esconder a verdade. Ponho tiara para segurar. Prefiro assim. Cabelo ruim a gente raspa ou prende [...]"

Aluna em sala de aula do Colégio Estadual Senhor do Bonfim. Salvador, Bahia (Brasil), 2018.

Em 2012, uma estudante foi impedida de entrar em uma escola pública de São Luís, no Maranhão, por causa de seu cabelo *black power*. A direção da escola comunicou-a que só poderia regressar quando mudasse o estilo de seu penteado.

Alguns dias depois foi organizado um ato público por diversas entidades do Movimento Negro. Na ocasião utilizaram o seguinte *slogan*:

> Meu cabelo é bom, ruim é o racismo!

Modelo Aline Andrade, 2015.

a) Quais são os significados contidos na afirmação do astro de futebol sobre seu próprio cabelo?
b) Você acha que os artistas, os ídolos e a mídia influenciam nossos padrões de beleza? Justifique sua resposta.
c) Tema para discussão: o cabelo pode ser uma forma de expressão da identidade negra?

 Livros

Feras de lugar nenhum
ILLS, K. São Paulo: Ática, 1999.

Amkoullel, o menino fula
HANPÂTÉ BÂ, A. São Paulo: Palas Athena, 2003.

O mundo no *black power* de Tayó
OLIVEIRA, K. São Paulo: Peirópolis, 2013.

Betina
GOMES, N. L. Belo Horizonte: Mazza Edições, 2009.

 Sites
(Acessos em: 26 set. 2018)

<http://goo.gl/mr13Pl>
Especial sobre as revoltas sociais no mundo no ano de 1968.

<http://goo.gl/Fnq1AK>
O coletivo cultural Manifesto Crespo utiliza atividades lúdicas para estimular o ensino sobre cultura afro-brasileira e africana.

< https://goo.gl/UR8iL1 >
Esse é um entre diversos memoriais a Martin Luther King erguidos nos EUA, e pode ser visitado virtualmente.

4º Bimestre
CAPÍTULO 11
A ditadura militar no Brasil

PORTAS ABERTAS

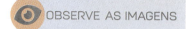
OBSERVE AS IMAGENS

1. Cada uma das fotos selecionadas retrata um presidente brasileiro durante o período da ditadura militar. No seu caderno, aponte como cada um deles aparece nas fotos e em quais circunstâncias.

2. Durante a ditadura militar, os fotógrafos conseguiram produzir imagens com tons críticos e irônicos em relação aos presidentes e ao regime. Procure identificar uma possível crítica ou ironia em cada uma dessas imagens.

Marechal Arthur da Costa e Silva no Plenário do Congresso Nacional. Brasília, Distrito Federal (Brasil), 3 out. 1966.

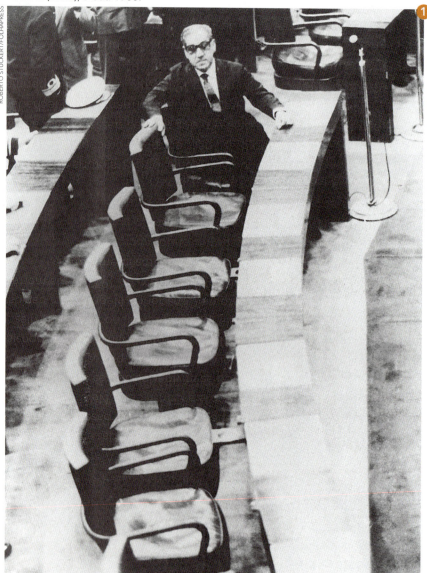

O marechal Arthur da Costa e Silva no Plenário do Congresso Nacional, no dia de sua eleição indireta para a presidência da República.

238 CAPÍTULO 11 | A ditadura militar no Brasil

O capitão da seleção brasileira de futebol, Carlos Alberto, e o presidente Emílio Garrastazu Médici. Brasília, Distrito Federal (Brasil), 1970.

Presidente Ernesto Beckmann Geisel. Brasília, Distrito Federal (Brasil), década de 1970.

Desfile da seleção brasileira de futebol. Brasília, Distrito Federal (Brasil), 1970.

Atrás de Castelo Branco, dois futuros presidentes do Brasil. Mais à esquerda, o então ministro da Guerra, general Arthur da Costa e Silva. Imediatamente atrás, o general Ernesto Geisel, chefe da Casa Militar.

Presidente João Baptista Figueiredo. Ceilândia, Distrito Federal, Brasil. 27 fev. 1981.

Castelo Branco saudado por militares. Brasília, Distrito Federal (Brasil), 1964.

A ditadura militar no Brasil | CAPÍTULO 11 239

A DITADURA MILITAR

Os militares que assumiram o poder, em 1º de abril de 1964, estavam divididos em dois grupos.

O primeiro grupo era composto de oficiais intelectualizados, muitos dos quais professores da Escola Superior de Guerra. Por causa disso, ficaram conhecidos como grupo da **Sorbonne**, em referência à famosa universidade francesa. Para esses militares o golpe deveria ser uma intervenção passageira. O objetivo seria afastar determinadas lideranças de esquerda da cena política e estabelecer certa ordem em que não houvesse riscos de reformas sociais profundas ou um governo socialista. Feito isso, o poder deveria retornar aos civis.

O segundo grupo era conhecido como **linha dura**. Compunha-se de oficiais profundamente conservadores e anticomunistas. Esse grupo de extrema direita defendia o estabelecimento de uma ditadura mais duradoura, e não apenas uma interrupção passageira do jogo político democrático.

O primeiro general a assumir a presidência, logo após o golpe, foi Humberto Castelo Branco (1964-1967), da "Sorbonne". Com ele, assumia a condução do país um dos principais articuladores do regime, o general Golbery do Couto e Silva, também da "Sorbonne". O ministro da Guerra, general Arthur da Costa e Silva, era, por sua vez, o principal porta-voz da "linha dura".

Além dos militares, o governo foi composto de representantes da conservadora UDN (União Democrática Nacional) e apoiado por setores do PSD (Partido Social Democrático) e outros partidos menores, como o PSP (Partido Social Progressista). Muitas das lideranças desses partidos, como Carlos Lacerda e Magalhães Pinto, pela UDN, e Adhemar de Barros, pelo PSP, ambicionavam a presidência da República, tão logo os militares se afastassem do poder.

De 1964 a 1968, a ditadura realizou a "limpeza" política com o apoio de boa parte da imprensa, de setores expressivos da Igreja Católica e de grande parte das classes médias urbanas.

O golpe obteve também o apoio entusiástico do governo estadunidense. O embaixador dos Estados Unidos no Brasil, Lincoln Gordon, defendeu a derrubada de João Goulart como um acontecimento fundamental para o bom andamento da política latino-americana. Lyndon Johnson, presidente dos Estados Unidos, enviou para o governo uma mensagem de congratulações poucas horas depois da ação dos golpistas.

A primeira página do jornal é francamente favorável ao movimento que destituiu João Goulart. A manchete afirma que São Paulo e Minas levantavam-se pela lei. As demais matérias traziam depoimentos de apoiadores do golpe: o governador de Minas Gerais, Magalhães Pinto, o general Olímpio Mourão Filho, o general Amaury Kruel e o governador de Goiás, Mauro Borges.

Primeira página do jornal *O Estado de S. Paulo*, 1º abr. 1964.

PRISÕES E CASSAÇÕES

Em 9 de abril de 1964, o governo baixava o **Ato Institucional nº 1 (AI-1)**, que concedia o poder legal de cassação dos direitos políticos ao Poder Executivo. No dia seguinte, era divulgada uma lista com 102 nomes de pessoas que tinham seus direitos políticos cassados, entre elas, João Goulart, Jânio Quadros, Luís Carlos Prestes, Leonel Brizola e Miguel Arraes.

As perseguições não se restringiram aos civis. Também os militares que se opunham à ditadura foram perseguidos e silenciados por meio da aposentadoria obrigatória.

No dia 11 de abril, o Congresso Nacional, já sem os representantes considerados mais perigosos, escolhia o general Humberto de Alencar Castelo Branco como presidente do país. Com o voto do então senador do PSD, Juscelino Kubitschek, ex-presidente do país, que também desejava concorrer às eleições presidenciais previstas para outubro de 1965.

Por ordem dos novos governantes, centenas de pessoas foram presas. Todos aqueles que poderiam se opor à ditadura – comunistas, socialistas, nacionalistas, progressistas, lideranças sindicais e camponesas, estudantes, intelectuais e jornalistas – enchiam as prisões ou fugiam para o exílio.

Em junho de 1964, Juscelino Kubitschek perdia o seu mandato de senador e tinha seus direitos políticos cassados. O mesmo ocorreria com o governador de São Paulo, Adhemar de Barros, em junho de 1966. Em outubro de 1964, o Congresso Nacional declarava extinta a UNE (União Nacional dos Estudantes). A ditadura começava a se intensificar.

> **TÁ LIGADO?**
>
> 1. Identifique quais eram as características e propostas do grupo militar conhecido como Sorbonne.
> 2. Identifique quais eram as características e propostas do grupo militar conhecido como linha dura.
> 3. Aponte as deliberações do Ato Institucional nº 1, de abril de 1964.

Estado de direito

Estado de direito é a definição dada para os Estados contemporâneos em que as leis são elaboradas por representantes da vontade da maioria da população. Essas leis impõem limites à intervenção do Estado na vida dos cidadãos.

Por meio dessas leis são garantidos os direitos do cidadão considerados fundamentais, como a liberdade individual e política. Mesmo as pessoas presas têm seus direitos fundamentais garantidos, principalmente quanto a sua **integridade física**. Isso significa que o Estado, que os tem sob a sua guarda, é responsável por atender a suas necessidades básicas (alimentação e saúde).

Durante a ditadura militar no Brasil, milhares de pessoas tiveram seus direitos individuais violados. Centenas de pessoas foram torturadas e muitas foram assassinadas. O estado de direito deixou de existir no Brasil.

A Justiça, 1961, de Alfredo Ceschiatti. Escultura em granito situada em frente ao prédio do Supremo Tribunal Federal, Distrito Federal (Brasil), 2016.

DITADURA DURADOURA

Castelo Branco sofria pressões cada vez mais fortes da linha dura para tornar a ditadura duradoura e mais rígida. A radicalização dos opositores do regime reforçou essas pretensões. Em outubro de 1965 foram realizadas eleições para governador, e a UDN sofreu uma dura derrota em Minas Gerais e na Guanabara, nas quais foram eleitos governadores de oposição ligados a Juscelino Kubitschek. A linha dura exigia que se impedisse a posse dos oposicionistas eleitos e ameaçava derrubar Castelo Branco, caso o governo não atuasse repressivamente.

NOVOS ATOS INSTITUCIONAIS

O resultado das urnas foi respeitado, mas, em compensação, em 27 de outubro de 1965 era promulgado o **Ato Institucional nº 2 (AI-2)**, que extinguia os partidos políticos e tornava indireta a eleição presidencial prevista para 1965.

Em seguida foram criados dois partidos, os únicos com direito de ter existência legal: a **Arena** (Aliança Renovadora Nacional) e o **MDB** (Movimento Democrático Brasileiro). Tentava-se manter a aparência de regularidade democrática. A Arena era o partido do governo e o MDB era a única oposição consentida no país. Um partido de oposição devidamente "limpo" de indivíduos "indesejáveis".

Em continuidade, pelo **Ato Institucional nº 3 (AI-3)**, de 5 de fevereiro de 1966, as eleições para governador também se tornaram indiretas. Um colégio eleitoral formado por delegados de ambos os partidos deveria escolher a partir de então os chefes dos Executivos estaduais. A esperança de um breve retorno à democracia começava a ser sepultada.

A partir de 1966 a oposição à ditadura se tornou mais forte. Em diversas cidades do país, a União Nacional dos Estudantes (UNE), mesmo na ilegalidade, organizava passeatas que exigiam democracia e o fim da ditadura. Incidentes e confrontos com a polícia tornaram-se mais frequentes.

Setores da Igreja Católica começavam a rever sua posição. O arcebispo de Olinda e Recife, dom Helder Câmara, tornou-se uma das principais vozes de contestação aos militares. Intelectuais, artistas, jornalistas e até mesmo políticos que haviam apoiado o golpe em 1964, como Carlos Lacerda e Adhemar de Barros, passaram à oposição.

Ao final de 1966, Lacerda procurou Juscelino e João Goulart, seus antigos adversários políticos, para propor uma articulação política contra a ditadura. A chamada **Frente Ampla** não conseguiu se firmar como uma alternativa ao regime militar. Em 1968, a Frente Ampla foi declarada ilegal pelo governo. Nesse mesmo ano, Lacerda foi preso e os seus direitos políticos foram cassados.

Em 7 de dezembro de 1966 era lançado o **Ato Institucional nº 4 (AI-4)**, que convocava deputados e senadores para eleger o novo presidente da República e elaborar uma nova Constituição para o país. Sob fortes pressões militares, foi escolhido o general Arthur da Costa e Silva (1967-1969) para suceder Castelo Branco. A linha dura passava a comandar o governo militar.

TÁ LIGADO?

4. Explique o que é Estado de direito.

5. Aponte as deliberações do Ato Institucional nº 2, de outubro de 1965.

6. Aponte as deliberações do Ato Institucional nº 3, de fevereiro de 1966.

7. Aponte as deliberações do Ato Institucional nº 4, de dezembro de 1966.

8. Apesar de tantos dispositivos legais, o regime militar constituía-se como um Estado de direito? Justifique.

9. Explique o que foi a Frente Ampla.

A CONSTITUIÇÃO DE 1967

A nova Constituição incorporava as medidas ditatoriais estabelecidas desde abril de 1964. Os instrumentos do autoritarismo tornavam-se constitucionais. Ainda em 1967, foi aprovada a **Lei de Segurança Nacional**, que como base a doutrina de segurança nacional, desenvolvida pela Escola Superior de Guerra, segundo a qual o país vivia uma "guerra interna". Ou seja, os inimigos eram os cidadãos brasileiros que defendiam o comunismo e as reformas de esquerda. Pela lei, eram considerados crimes de segurança nacional qualquer atentado contra a ordem, como incitação à greve, ou declarações contrárias ao governo. Os indiciados eram julgados pelo tribunal militar, sem direito a apelação, e estavam sujeitos a penas duríssimas.

Os militares procuraram dar uma aparência de legalidade para a ditadura, de modo a disfarçar a falta de legitimidade de um regime imposto à força ao país. Com algumas pequenas interrupções, o Congresso Nacional foi mantido em funcionamento, com eleições de quatro em quatro anos para escolha de deputados e senadores. Procurava-se, assim, manter a aparência de que o governo representava a vontade popular.

Nesse jogo de aparências democráticas, apenas dois partidos podiam concorrer e aqueles que se opunham ao regime viviam sob constante ameaça de prisão ou cassação. Os militares mantiveram também a alternância na presidência da República. De cinco em cinco anos seria escolhido um novo presidente. Mais uma vez era apenas aparência, pois a escolha era feita por deputados intimidados pelos militares.

A contestação ao regime não ocorria no Congresso Nacional. Com a intimidação da oposição parlamentar, a luta política de deslocaria para as ruas.

Primeira página do jornal *Última Hora*, 8 fev. 1965.

A manchete do jornal expunha a insatisfação do então governador de São Paulo, Adhemar de Barros, que conclamava a população a sair às ruas contra o governo militar.

A CULTURA DE CONTESTAÇÃO

Na década de 1960, a política invadia a arte. Em 1964 estreava no Rio de Janeiro a peça musical *Opinião*, que discutia a realidade nacional, especialmente a miséria em que vivia o povo do sertão. Seus autores eram três dramaturgos de esquerda: Oduvaldo Vianna Filho, Paulo Pontes e Armando Costa. As músicas foram escritas por dois compositores de origem popular: Zé Kéti e João do Vale. Para interpretá-las, subiu aos palcos a cantora Nara Leão, que optava pela música de conteúdo político, sinalizando assim para a sociedade o compromisso que a arte brasileira deveria assumir na luta contra a ditadura militar.

Uma parte daquela geração de jovens que havia participado da formação da bossa nova também se politizava e trocava os assuntos leves e triviais por temas relacionados às estruturas sociais e políticas brasileiras.

Era a chamada **arte engajada**, que tomava conta do país. Seus autores acreditavam que a arte deveria expressar valores políticos relevantes e ser um instrumento na defesa da democracia e da justiça social. O camponês sem-terra, o operário, o favelado, o problema da reforma agrária tornaram-se os temas preferenciais.

Vidas secas, direção de Nelson Pereira dos Santos, 1963.

O movimento conhecido como **Cinema Novo** revolucionava a forma de fazer filmes no país com uma estética nova que abordava temas políticos. Um cinema pobre em recursos técnicos, mas rico em criatividade e imaginação. Aquilo que Glauber Rocha definiu como a "estética da fome", nascido da miséria brasileira, feito com poucos recursos financeiros e muita preocupação social.

O Cinema Novo procurava levar para as telas a realidade brasileira sem retocá-la com as técnicas cinematográficas conhecidas, inaugurando o cinema de autor, em que o estilo e a visão pessoal do realizador substituíam o modelo estadunidense predominante. *Deus e o Diabo na Terra do Sol* e *Terra em transe*, ambos dirigidos por Glauber Rocha em 1964 e 1967, respectivamente, foram dois dos filmes mais importantes desse movimento.

A MÚSICA

Na música, uma nova geração de compositores se apresentava nos festivais organizados e transmitidos pela televisão. Além da velha guarda da música popular brasileira, do samba e da bossa nova, outros músicos surgiram na década de 1960: Chico Buarque, Caetano Veloso, Gilberto Gil, Edu Lobo, Geraldo Vandré. Uma geração cujas músicas provocaram reações apaixonadas.

Lançado em maio de 1968, o disco contava com a presença dos mais importantes tropicalistas: Caetano Veloso, Gilberto Gil, Mutantes, Gal Costa, Torquato Neto, Capinan, Rogério Duprat, Nara Leão e Tom Zé. O movimento foi influenciado por músicos como os Beatles, Jimi Hendrix, Vicente Celestino e Janis Joplin.

As canções de protesto (ou de intervenção), com forte conteúdo político, de Vandré, Edu Lobo e Taiguara, fizeram grande sucesso entre os opositores da ditadura militar. A **Jovem Guarda**, comandada por Roberto Carlos, oferecia outro tipo de música, que não questionava a situação política brasileira. Falava de amores juvenis, roupas bacanas e automóveis. Também fazia sucesso.

A Tropicália, fundada e declarada extinta entre 1967 e 1968, era um movimento musical que misturava influências, fundindo cores, imagens e linguagens. Sem desprezar os elementos culturais do universo internacional, seus seguidores buscavam produzir novas combinações sonoras.

Capa do disco *Tropicália ou panis et circensis*, 1968.

Em 1967, no Festival de MPB da TV Record, Gilberto Gil apresentou a canção "Domingo no parque" acompanhado do grupo de *rock* Os Mutantes, com guitarra elétrica e roupas *hippies*.

Nas eliminatórias do III Festival Internacional da Canção, no Teatro Tuca, em São Paulo, Caetano Veloso apresentou sua canção "É proibido proibir". Vestindo roupas espalhafatosas, movimentando-se de forma provocativa, realizou uma autêntica *performance*. Foi vaiado pelo público e impedido de terminar sua apresentação.

Os mesmos estudantes que protestavam nas ruas contra a ditadura enchiam os teatros onde se realizavam os festivais de MPB e participavam ativamente, como verdadeiras torcidas, manifestando-se em favor de uma ou outra tendência. Em geral, dividiam-se entre aqueles que defendiam a música de protesto, considerada autenticamente nacional, e aqueles que se encantavam com as inovações estéticas da Tropicália e da Jovem Guarda. Os festivais tornaram-se, assim, uma forma rica e criativa de manifestação política e social.

TÁ LIGADO

10. Explique as características da Lei de Segurança Nacional.

AS ARTES PLÁSTICAS

No mesmo contexto de transformação cultural, o artista plástico brasileiro Hélio Oiticica (1937-1980) criou a obra intitulada *Tropicália* (1967), que, inclusive, serviu para designar o movimento tropicalista. A obra propunha ao público um passeio descalço por um túnel construído com plantas do morro da Mangueira, formando uma floresta, com o chão recoberto de areia, brita (pequenas pedras) e água. No fim do túnel, uma televisão ligada exibia a programação normal. Era o mundo moderno convivendo com a natureza.

A obra de arte já não era só quadros e esculturas. Podiam ser objeto quaisquer ou "instalações" (ambiente, que reúnem quadros, esculturas ou o que o artista quiser). O público estava disposto a interagir com eles.

Capa do disco *Chico Buarque de Hollanda*, volume 3, 1966.

OS CONFRONTOS DE 1968

Em sintonia com o que acontecia na Europa, Estados Unidos e México, uma forte onda de protestos se alastrou pelo Brasil em 1968. Os confrontos entre opositores e as forças de repressão da ditadura intensificaram-se.

Em 28 de março, no Rio de Janeiro, o secundarista Edson Luís de Lima Souto, de 17 anos, foi assassinado durante uma invasão da polícia a um restaurante universitário onde estava sendo organizada uma manifestação estudantil. Seu enterro, no dia seguinte, transformou-se em uma grande marcha que tomou conta das ruas da cidade e reuniu cerca de 20 mil pessoas.

Em 26 de junho realizava-se, no Rio, uma passeata, sob a liderança de entidades do movimento estudantil, que ficaria conhecida como a "**Passeata dos Cem Mil**". Estudantes, artistas, intelectuais, professores, integrantes da Igreja Católica e jornalistas manifestavam-se contra a ditadura. Palavras de ordem eram gritadas nas ruas: "Abaixo a ditadura"; "O povo unido jamais será vencido"; "O povo organizado derruba a ditadura". Mais uma vez, uma enorme manifestação percorria a avenida Rio Branco.

Capa do disco *Roberto Carlos canta para a juventude*, 1965.

Os operários também se mobilizaram contra a ditadura. Em 1968, duas greves importantes demonstravam a capacidade de organização e a independência que algumas lideranças operárias haviam conquistado, fora dos sindicatos controlados pelo governo.

Em Contagem (MG), cerca de 15 mil trabalhadores paralisaram suas atividades e a greve só acabou com a chegada de tropas do Exército, que reprimiram duramente os grevistas.

Em Osasco (SP), milhares de operários cruzaram os braços em defesa de reivindicações trabalhistas, como aumento salarial, mas também exigindo democracia. Mais uma vez a repressão acabou com o movimento. Foram realizadas prisões em massa dos trabalhadores, muitos deles submetidos a torturas.

As forças da direita também se mobilizaram. O grupo chamado Comando de Caça aos Comunistas (CCC) procurava intimidar os opositores com atos de extrema violência. No dia 18 de julho de 1968, o Teatro Ruth Escobar, em São Paulo, onde era apresentada a peça *Roda viva*, de Chico Buarque de Hollanda e Ruy Guerra, foi invadido por cerca de 90 integrantes do CCC. Público e atores foram agredidos. O teatro foi depredado.

TÁ LIGADO?

11. Defina arte engajada.
12. Diferencie a Jovem Guarda, as canções de protesto e a Tropicália.
13. Explique o que era o CCC.

Passeata dos Cem Mil. Rio de Janeiro, 26 jun. 1968.

Em 22 de julho, uma bomba explodiu na ABI (Associação Brasileira de Imprensa), no Rio de Janeiro. Em outubro, atores foram sequestrados e espancados em Porto Alegre. Em 12 de dezembro de 1968, uma bomba explodiu no Teatro Opinião, no Rio de Janeiro.

A LUTA ARMADA CONTRA A DITADURA

"Só o povo armado derruba a ditadura." Em meio às muitas manifestações de 1968, a defesa do enfrentamento contra a ditadura ganhava adeptos entre os estudantes.

A opção pela luta armada esboçara-se desde 1966. Em 25 de julho, uma bomba foi colocada no aeroporto de Recife, onde desembarcaria o general Costa e Silva. Três pessoas morreram e diversas ficaram feridas.

No entanto, a partir de 1968, os ataques armados praticados por grupos de esquerda intensificaram-se. Em março, uma bomba explodiu no consulado dos Estados Unidos em São Paulo. No mesmo dia da Passeata dos Cem Mil, em 26 de junho de 1968, também em São Paulo, um atentado a bomba ao quartel do 2º Exército resultava na morte do sentinela Mário Kozel Filho. Em julho foi assassinado o major alemão Edward Westernhagem, no Rio de Janeiro. Em 12 de outubro, o capitão do Exército dos Estados Unidos, Charles Chandler, foi metralhado no portão da sua casa. Chandler havia servido no Vietnã e cursava Sociologia em São Paulo. Para os militantes de esquerda que o mataram, era um agente da CIA (Central de Inteligência Americana) infiltrado no Brasil.

OS ANOS DE CHUMBO

Os confrontos de 1968 levaram os governantes militares a um impasse. Poderiam ceder às pressões populares e restabelecer a democracia ou aprofundar ainda mais as medidas repressivas. Os militares dirigentes do Brasil adotaram a segunda opção.

Na noite de 13 de dezembro de 1968, era promulgado o **Ato Institucional nº 5 (AI-5)**. Nenhuma oposição, nem mesmo a mais simples discordância, seria agora tolerada. O AI-5 determinou o fechamento do Congresso, estabeleceu rigorosa censura aos meios de comunicação e suspendeu permanentemente os direitos civis e constitucionais.

Milhares de prisões foram feitas e uma nova onda de cassações de políticos afastou todos aqueles que mantinham alguma independência em relação ao governo.

Jornais, emissoras de rádio e televisão, filmes, peças de teatro e livros passaram a ser submetidos a rigorosa censura, que visava impedir a divulgação de qualquer notícia, ideia ou pensamento de alguma forma contrário aos militares. Os censores examinavam cada linha, cada imagem e só vinha a público o que eles autorizavam. Apenas em 1969 foram censurados dez filmes e cinquenta peças teatrais.

> **TÁ LIGADO?**
>
> **14.** Aponte as deliberações do Ato Institucional nº 5, de dezembro de 1968.

OS GRUPOS GUERRILHEIROS

O silêncio imposto pela ditadura, a repressão violenta, as prisões e as torturas estimularam reações violentas. Sobretudo daqueles que desejavam o estabelecimento de um regime socialista no Brasil. A opção pela guerrilha foi fortemente influenciada pela vitoriosa experiência cubana.

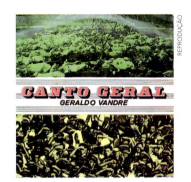

Capa do disco de Geraldo Vandré, *Canto geral*, 1968.

Os grupos guerrilheiros foram fundados em sua maioria por ex-militantes do Partido Comunista Brasileiro (PCB), descontentes com a orientação da cúpula do partido de não aderir à luta armada.

Assim, surgiram diversos pequenos agrupamentos de esquerda que acreditavam na força de métodos guerrilheiros, nas cidades e no campo, capazes de derrotar a ditadura brasileira.

Entre 1966 e 1969, foram formadas algumas das principais organizações guerrilheiras: **ALN** (Aliança Libertadora Nacional), dirigida por Carlos Marighela, deputado constituinte pelo PCB em 1945; **VPR** (Vanguarda Popular Revolucionária), dirigida por Carlos Lamarca, ex-capitão do Exército brasileiro; **MR-8** (Movimento Revolucionário 8 de outubro); **PCBR** (Partido Comunista Brasileiro Revolucionário).

Troca de quarenta prisioneiros pelo embaixador alemão. Rio de Janeiro, 1970.

As ações guerrilheiras consistiam basicamente em assaltos a bancos, com o objetivo de conseguir dinheiro para manter a organização, comprar armas e organizar os sequestros para obter a libertação de presos políticos.

Em 1969, militantes da ALN e do MR-8 sequestraram o embaixador estadunidense Charles Elbrick. Para libertá-lo, exigiram que um manifesto fosse lido em todas as redes de televisão e que quinze companheiros presos fossem libertados.

O governo brasileiro, pressionado pelos Estados Unidos, aceitou as exigências. Os presos libertados foram embarcados em um avião que os levou para o exterior. Em seu manifesto, lido na televisão, os guerrilheiros procuravam alertar a população sobre a necessidade de derrubar a ditadura militar e ameaçavam: "Queremos advertir todos os que torturam, espancam e matam nossos camaradas que não mais consentiremos que isso continue. Agora será olho por olho e dente por dente".

Troca de quinze prisioneiros pelo embaixador estadunidense. Rio de Janeiro, 1969.

Outros sequestros foram praticados em 1970: em junho, o embaixador da Alemanha Ocidental, e, em dezembro, o embaixador da Suíça. Nas duas ocasiões, o governo acabou cedendo às exigências dos guerrilheiros e os diplomatas foram libertados em troca da libertação de presos políticos.

Troca de setenta prisioneiros pelo embaixador suíço. Rio de Janeiro, 13 jan. 1971.

> **TÁ LIGADO?**
>
> **15.** Explique o que foi o milagre econômico brasileiro.

A Guerrilha do Araguaia

Além da guerrilha urbana, existiam grupos guerrilheiros que atuavam no campo. O mais importante deles foi a Guerrilha do Araguaia, organizada pelo Partido Comunista do Brasil (PCdoB), uma dissidência do PCB surgida em 1962. Desde 1967, integrantes do partido deslocaram-se para o norte de Goiás, misturando-se à população local. Entre 1972 e 1974, destacamentos das Forças Armadas combateram os guerrilheiros do PCdoB. Além dos sete militantes oficialmente mortos, há cerca de 70 desaparecidos até hoje.

A repressão contra-atacava com violência. O cerco se fechava em torno dos guerrilheiros. Marighela foi emboscado e assassinado em São Paulo, em novembro de 1969. Lamarca, morto na Bahia, em setembro de 1971.

Os grupos armados clandestinos foram praticamente dizimados pela repressão. Muitos de seus integrantes foram torturados até a morte em delegacias, prisões e até mesmo em sítios de agentes da ditadura. Outros acabaram mortos em combate. Uma parte conseguiu fugir do país. Ao final de 1973, as organizações de esquerda haviam sido completamente derrotadas. A linha dura ganhou a guerra interna.

O "MILAGRE ECONÔMICO"

O golpe militar inaugurou uma nova fase na economia brasileira. Graças à violenta repressão e à censura, especialmente a partir de 1968, a oposição foi silenciada e os militares puderam pôr em prática o plano econômico que estava de acordo com suas concepções, de prestar contas à opinião pública.

A meta principal era combater a inflação e promover o crescimento da economia, mas não havia nenhum compromisso com a diminuição das diferenças sociais e da miséria. Delfim Netto, ministro do Planejamento entre 1967 e 1973, resumiu bem o sentido da condução econômica que então vigorava: "É preciso esperar o bolo crescer para depois dividi-lo". Só em um futuro incerto é que se cuidaria de melhorar a distribuição de renda.

Ao invés de redistribuição, o governo militar promoveu intensa concentração de renda. Um dos mecanismos utilizados à época para conter a inflação foi a redução salarial dos trabalhadores. Para manter os salários baixos, o regime militar, valendo-se de seu poder ditatorial, substituiu a negociação entre patrões e empregados pelo reajuste oficial, com base em índices estabelecidos pelo próprio governo.

Permitiu-se a entrada do capital internacional, basicamente dos Estados Unidos, por meio do incentivo à exportação e de empréstimos externos. Com isso, o país ficou inteiramente dependente das variações do mercado internacional, enquanto a **dívida externa** aumentava consideravelmente.

Até 1964 o Brasil era apenas o país do futuro. E então o futuro chegou. Cartaz de propaganda do regime militar, Assessoria Especial de Relações Públicas (Aerp).

Fonte: Elaborado com base em IGP-DI/FGV (1964-1973); IBGE, BCB-Depec.

Em 1968, tinha início o chamado **milagre econômico brasileiro**, devido aos altos índices de crescimento da economia e ao aumento da capacidade de consumo das classes médias. Esse crescimento econômico coincidiu com os anos mais tensos da ditadura. Era também uma forma de manter os dirigentes militares no poder.

O crédito ao consumidor foi consideravelmente expandido, de modo a aumentar o consumo e, assim, dinamizar a indústria nacional. Por meio do crediário, a classe média pôde comprar mercadorias que antes estavam fora do seu alcance, como carros e eletrodomésticos.

Uma verdadeira onda consumista tomou conta da classe média, que, eufórica, aceitava o regime ditatorial e fechava os olhos para a violenta repressão que se abatia sobre o país e a muitos de seus cidadãos.

Caindo no ridículo

Os censores eram em geral pessoas com pouca instrução, que temiam deixar passar alguma coisa que não devia. Por isso, proibiam tudo que soasse suspeito. Até peças clássicas do teatro grego foram banidas.

O jornalista Sérgio Porto, ácido crítico da ditadura, relatou um caso verídico: "Foi então que estreou no Teatro Municipal de São Paulo a peça clássica *Electra*, tendo comparecido ao local alguns agentes do Dops [Departamento de Ordem Política e Social] para prender Sófocles, autor da peça". Sófocles é um famoso autor grego que escreveu peças de teatro e viveu no século V a.C., na Grécia antiga.

Os agentes da polícia, que ignoravam quem fora Sófocles, dirigiram-se ao teatro para prendê-lo por considerarem que a peça era subversiva.

Outro caso famoso foi o do romance clássico *O vermelho e o negro*, escrito por um dos mais celebrados escritores franceses, Stendhal, cuja publicação também fora proibida. O livro narra as desventuras de um jovem na França do século XIX, sem nenhuma relação com o Brasil da ditadura militar. Mas o nome do livro com certeza deve ter assustado os censores, que, ignorantes, desconheciam essa obra clássica da literatura mundial.

O jornal *O Estado de S. Paulo*, como os demais meios de comunicação, era também alvo habitual da censura. No espaço das matérias proibidas, a direção decidiu que publicaria receitas culinárias e trechos de poemas da literatura luso-brasileira. *Os Lusíadas*, de Luís de Camões, podia ser lido com frequência nas suas páginas.

Capa do jornal *O Pasquim*, 17 nov. 1969.

O Pasquim foi um dos periódicos mais críticos contra a ditadura militar brasileira. Seu primeiro número foi lançado em junho de 1969. Com charges, entrevistas, artigos, reportagens e muito humor, foi o jornal símbolo de uma geração contestadora. Seu leitor padrão tinha entre 18 e 30 anos. Na reprodução da capa vemos uma forma de ironizar e driblar os censores: uma gravura de um lobo e um cordeiro tirada de um livro de história infantil. A fala do lobo lista o nome de nove integrantes da equipe do jornal. Estavam presos desde o dia 1º de novembro.

Tortura

A violência se expressava por meio de variadas técnicas de tortura. As mais usadas eram o "telefone", o "pau de arara" e o "banho chinês". A primeira consistia em aplicar um tapa no ouvido da vítima com as duas mãos em forma de concha, o que muitas vezes arrebentava seu tímpano. O "pau de arara" era o nome dado à tortura mais utilizada então. Um pau grosso era passado entre os joelhos e cotovelos flexionados do prisioneiro, que era amarrado nessa posição suspenso no ar (colocavam-se as pontas do pau em dois suportes altos) e submetido a choques elétricos. Por fim, o "banho chinês" era o nome dado a um tipo de quase afogamento. Enfiava-se a cabeça do prisioneiro em uma tina grande de água fervida ou óleo até sufocá-lo. A tortura era aplicada tanto em homens quanto em mulheres com igual violência.

Outras formas de tortura ainda mais violentas eram também utilizadas, sempre com a desculpa de obter informações do prisioneiro. A tortura servia para intimidar todos aqueles que se opunham à ditadura.

O monumento concebido pelo arquiteto Demétrio Albuquerque foi inaugurado em 1993. Trata-se do primeiro monumento erguido contra a tortura em nosso país.

Monumento Tortura Nunca Mais, Demétrio Albuquerque. Recife, Perambuco (Brasil), 2006.

OBRAS MILITARES

Rodovia Transamazônica, out. 1972.

O alto custo e a discutível utilidade das obras realizadas sob o regime militar valeram-lhes a designação de "faraônicas", em referência às monumentais pirâmides do Egito. A Transamazônica é uma rodovia que já estava semidestruída logo após a sua inauguração. A estrada foi a porta de entrada do Norte brasileiro para as madeireiras e os garimpeiros, que provocaram diversos conflitos com os povos indígenas e aceleraram o desmatamento da floresta. Outras obras estavam associadas ao projeto de desenvolvimento dos militares, de transformar o Brasil em uma potência regional. Foram os casos da usina atômica de Angra dos Reis e da usina hidrelétrica de Itaipu.

A questão indígena: do general Rondon ao general Médici

A questão indígena no Brasil, até meados do século XIX, foi basicamente um problema de mão de obra. O interesse principal era a utilização da população indígena como mão de obra escrava ou semidependente.

Do ponto de vista legal, os indígenas eram "donos" das terras que habitavam. No entanto, as alegações para tomar suas terras baseavam-se na necessidade de "civilizá-los" e no seu nomadismo. Assim, no século XIX, a política de aldeamento era na verdade uma política de redução, expropriação e extinção das terras indígenas, que levou a uma verdadeira corrida por essas terras.

O **Serviço de Proteção ao Índio** (SPI), criado em 1910 e comandado pelo general Cândido Rondon até 1930, estabelecia a tutela do Estado sobre os indígenas, considerados **relativamente incapazes**. As áreas destinadas aos diversos povos indígenas seriam definidas por negociações entre o SPI e os governantes dos estados do Brasil.

Fonte: Elaborado com base no *Atlas geográfico Melhoramentos*, 1966. p. 57.

O SPI contava com uma forte presença militar em seus quadros. A eles cabia conhecer e percorrer o interior do país e garantir suas fronteiras. A missão civilizadora, atribuída aos militares em relação aos indígenas, era semelhante à visão de "salvação da Pátria", da Proclamação da República ao Golpe de 1964.

Na década de 1950, os indígenas estavam praticamente reduzidos ao Norte e ao Centro-Oeste. Em 1961, foi criado o Parque Nacional do Xingu, primeira área indígena juridicamente reconhecida no país, cujo projeto contou com o envolvimento de Rondon, dos indigenistas Orlando, Cláudio e Leonardo Villas-Boas e do antropólogo Darcy Ribeiro.

O SPI foi extinto, em 1967, e em seu lugar criou-se a Funai (Fundação Nacional do Índio). Durante a ditadura, estimulou-se a ocupação da Amazônia, em nome da integração nacional, com incentivos fiscais a grandes pecuaristas, madeireiras e mineradoras.

Até meados dos anos 1960, as terras da Amazônia pertenciam à União e aos estados. Cerca de 87% eram matas e terras não cultivadas. Havia apenas 11% de pastos de antigos fazendeiros e menos de 2% de áreas agrícolas. As diversas populações indígenas ocupavam a maior parte do território amazônico. A situação dos povos indígenas deteriorou-se muito a partir de 1964.

Fonte: Elaborado com base em dados do Instituto Socioambiental, 2009.

Ontem hoje sempre Brasil. Cartaz de propaganda do regime militar, Assessoria Especial de Relações Públicas (Aerp). Década de 1970.

Ninguém mais segura este país. Cartaz da Semana da Pátria, Assessoria Especial de Relações Públicas (Aerp), 1970.

TÁ LIGADO

16. A conquista do mundial de futebol em 1970 foi utilizada como propaganda pelo regime militar? Justifique sua resposta.

PROPAGANDA: A ALMA DO NEGÓCIO

Enquanto torturavam e assassinavam brasileiros, os militares procuravam ganhar a opinião pública por meio de uma bem-cuidada propaganda. O governo do general Emílio Garrastazu Médici (1969-1974) investiu fortemente na criação de uma imagem positiva para a ditadura. Valendo-se do crescimento proporcionado pelo milagre econômico, o governo lançava mão do patriotismo para esconder o fato de que a situação da classe trabalhadora piorava.

Publicitários, jornalistas, sociólogos e psicólogos foram contratados para elaborar campanhas de propaganda do regime. O país era invadido por *slogans* patrióticos. A propaganda procurava equiparar o regime à nação. De modo que ser contra o governo era igual a ser contra o Brasil. O patriotismo foi levado ao extremo para legitimar a ditadura militar.

A televisão tornou-se o principal meio de comunicação, graças à expansão do crédito realizada pelo "milagre". Grande quantidade de casas tinha agora um aparelho de TV e as famílias reuniam-se todas as noites em torno dele. Foi um importante instrumento de sustentação da ditadura militar. Sem divulgar a opinião de oposicionistas, serviu como nenhum outro meio para fazer propaganda do regime autoritário.

A COPA DO MÉXICO DE 1970

De maneira surpreendente, em fevereiro de 1969, dois meses após a edição do AI-5, o jornalista João Saldanha foi escolhido como o técnico da seleção brasileira. Além da pequena experiência como treinador, Saldanha mantinha estreitas ligações com o PCB.

O técnico conseguiu classificar a seleção nas eliminatórias, mas não comandou a equipe no mundial. Foi demitido e substituído pelo ex-jogador e bicampeão mundial em 1958 e 1962, Mário Jorge Lobo Zagallo. Especula-se que, diante da pressão do presidente Médici para que convocasse o jogador Dario, do Atlético Mineiro, Saldanha teria respondido: "Ele escala o seu ministério, e eu escalo a seleção". Dario foi convocado por Zagallo. Saldanha iria ao México como comentarista esportivo.

Em 1970 a população brasileira somava cerca de 90 milhões de habitantes. A seleção encantava na Copa do Mundo do México. A camisa 7, que havia sido de Garrincha, era vestida por Jairzinho. Denominado o "Furacão da Copa", Jairzinho fez gols em todas as partidas.

Comandada por Pelé, a seleção realizou uma campanha sensacional: 4 a 1 contra a Tchecoslováquia; 3 a 2 contra a Romênia; 1 a 0 contra a Inglaterra; 4 a 2 contra o Peru; 3 a 1 contra o Uruguai. Na final, contra a Itália, uma goleada: 4 a 1. Brasil tricampeão do mundo. A taça Jules Rimet era definitivamente nossa.

Uma onda de otimismo e euforia tomou conta do Brasil. Além do sucesso nos gramados mexicanos, altas taxas de crescimento econômico faziam crer que o país se tornaria rico e desenvolvido.

A Copa do Mundo de 1970 demarcou a história do futebol. Seja pelo encanto da conquista definitiva da taça Jules Rimet, seja pelas jogadas e gols de Pelé, seja pelo ritmo de um futebol aclamado como arte. Mas também porque a Copa do México foi transmitida ao vivo pela primeira vez como espetáculo mundial, fazendo que, a partir de então, gestos, dribles, comemorações, feições e expressões de jogadores passassem a ser gravados, reproduzidos e idolatrados em escala nunca vista.

A propaganda embalou a seleção desde a sua partida para o México. A marchinha "Pra frente Brasil" era tocada nas rádios, nos programas de televisão, nos desfiles militares e nas escolas brasileiras. A vitória da seleção seria apresentada como uma vitória da ditadura.

O dia da chegada dos jogadores ao Brasil foi feriado nacional. O presidente Médici recebeu os atletas em Brasília. Além do tradicional desfile dos jogadores em carro aberto com a taça nas mãos pelas ruas, o governo patrocinou a exibição pública do troféu em diversas capitais do país. Era a pátria de chuteiras e de boina militar.

Futebol e ditadura
Vídeo

EM DESTAQUE

OBSERVE AS IMAGENS

A devastação da Amazônia

As imagens reproduzem propagandas veiculadas no Brasil durante o governo Médici (1969-1974). Observe-as e anote no seu caderno as informações que considerar importantes. Depois, responda às questões abaixo.

Propaganda de madeireira, mar. 1972.

Propaganda de automóvel, ago. 1971.

1. O que é anunciado em cada uma das propagandas?
2. Que relação cada propaganda estabelece entre o produto anunciado e a Floresta Amazônica?
3. O que essas propagandas podem revelar sobre as políticas do governo brasileiro da época em relação à Amazônia?

QUEBRA-CABEÇA

1. Releia o quadro complementar "Caindo no ridículo" (p. 249). Agora responda ao que se pede:
   a) Liste os exemplos apresentados no quadro e a relação deles com o título do quadro.
   b) Aponte como o jornal o *Estado de S. Paulo* denunciava a ação da censura em suas páginas.

2. Aponte as diferenças entre o período que se estende entre 1964 e 1968 e o período iniciado em dezembro de 1968.

3. Defina cada um dos conceitos abaixo e organize um pequeno dicionário conceitual em seu caderno:
   - linha dura
   - grupo da Sorbonne
   - Frente Ampla
   - Estado de direito
   - Lei de Segurança Nacional
   - arte engajada
   - Tropicália
   - Jovem Guarda
   - CCC
   - milagre econômico

4. Esclareça a importância da televisão no controle da opinião pública durante a ditadura.

5. Desenvolva uma pesquisa sobre a maneira como a imprensa brasileira noticiou a ditadura militar entre 1964 e 1970. Para isso, você pode pesquisar no acervo *on-line* da Biblioteca Nacional (Disponível em: <http://goo.gl/ExRkOS>. Acesso em: 27 set. 2018):
   a) Escolha um ano a ser pesquisado.
   b) Escolha a cidade do periódico.
   c) Escolha o periódico (pode ser um jornal ou revista de circulação nacional ou estadual).
   d) Escolha um tema a ser pesquisado. Sugestões: cassações, exílio, sequestro, guerrilha, Ato Institucional.
   e) Analise as manchetes, as notícias e artigos. Procure avaliar a postura crítica do jornal pesquisado.

6. Vamos construir nossos *tags*. Siga as instruções do *Pesquisando na internet*, na seção **Passo a passo** (p. 7), utilizando as palavras-chave abaixo:
   MPB **bossa nova** **Tropicalismo** **Jovem Guarda** **Canções de protesto**

LEITURA COMPLEMENTAR

Leia com atenção a letra de música a seguir e depois responda às questões propostas.

PRA NÃO DIZER QUE NÃO FALEI DAS FLORES

Geraldo Vandré, 1968

Caminhando e cantando e seguindo a canção
Somos todos iguais braços dados ou não
Nas escolas, nas ruas, campos, construções
Caminhando e cantando e seguindo a canção
Vem, vamos embora, que esperar não é saber,
Quem sabe faz a hora, não espera acontecer
Vem, vamos embora, que esperar não é saber,
Quem sabe faz a hora, não espera acontecer
Pelos campos há fome em grandes plantações
Pelas ruas marchando indecisos cordões
Ainda fazem da flor seu mais forte refrão
E acreditam nas flores vencendo o canhão [...]

Há soldados armados, amados ou não
Quase todos perdidos de armas na mão
Nos quartéis lhes ensinam uma antiga lição
De morrer pela pátria ou viver sem razão [...]
Nas escolas, nas ruas, campos, construções
Somos todos soldados, armados ou não
Caminhando e cantando e seguindo a canção
Somos todos iguais braços dados ou não
Os amores na mente, as flores no chão
A certeza na frente, a história na mão
Caminhando e cantando e seguindo a canção
Aprendendo e ensinando uma nova lição [...]

Disponível em: <http://goo.gl/8Zescf>. Acesso em: 27 set. 2018.

Essa canção ficou em segundo lugar no III Festival Internacional da Canção, mas era a preferida do público do Maracanãzinho em 29 de setembro de 1968. Depois disso teve sua execução proibida durante anos pela ditadura militar brasileira.

1. Analise a letra da música e esclareça os motivos de os militares terem censurado a música.

2. A canção é reveladora da posição de uma parte dos artistas brasileiros diante da ditadura militar. Qual era a postura desses artistas?

PONTO DE VISTA

 OBSERVE A IMAGEM

Fotografia e crítica política

Um censor da época da ditadura militar teria motivos para impedir a publicação dessa foto nos meios de comunicação? Justifique a resposta no seu caderno.

Soldado diante do Congresso Nacional, Orlando Brito. Brasília, Distrito Federal (Brasil), 1968.

PERMANÊNCIAS E RUPTURAS

• **Propaganda política**

A propaganda foi utilizada largamente pelos governos militares para criar uma imagem de desenvolvimento do país.

1. Vamos analisar como a propaganda é utilizada pelos governantes brasileiros nos dias de hoje.
   a) Faça um levantamento de campanhas publicitárias dos governos municipal, estadual e federal.
   b) Selecione uma dessas campanhas.
   c) Quais são os veículos de comunicação utilizados (rádio, televisão, cartazes, *outdoors* etc.)?
   d) Quais são as mensagens da campanha?
2. Levando em consideração que um governo democrático deve informar à população tudo o que realiza, a campanha publicitária selecionada cumpre essa função?

TRÉPLICA

Filmes

O ano em que meus pais saíram de férias
Brasil, 2006. Direção de Cao Hamburguer.
Os pais de um garoto inesperadamente o deixam com o avô para escapar à repressão da ditadura militar.

O que é isso, companheiro?
Brasil, 1997. Direção de Bruno Barreto.
História do sequestro do embaixador estadunidense por integrantes do MR-8, em 1969, na perspectiva do militante de esquerda Fernando Gabeira.

Livro

Governos militares na América Latina
COGGIOLA, Osvaldo. São Paulo: Contexto, 2001.

Sites

(Acessos em: 27 set. 2018)

<http://goo.gl/n4oEyt>
O *site* disponibiliza arquivo digitalizado de revistas ilustradas brasileiras da primeira metade do século XX, tais como *O Malho*, *Careta* e *O Cruzeiro*.

<http://goo.gl/xEMLDk>
Documentário com depoimentos de Clara Charf, ex-companheira de Carlos Marighela. Informações sobre os conflitos entre as organizações de esquerda e as forças de repressão da ditadura.

<http://goo.gl/6YSm9D>
Portal do principal grupo de defesa dos direitos dos presos políticos e familiares dos desaparecidos durante a ditadura militar.

<https://bit.ly/2N7aGJL>
O conteúdo do portal Índio Educa é todo em formato de Recurso Educacional Aberto, com licença *Creative Commons*.

4º Bimestre

CAPÍTULO 12
A democratização do Brasil

PORTAS ABERTAS

OBSERVE AS IMAGENS

1. No seu caderno, descreva a situação representada em cada uma das fotos.

2. Como ocorreu a transição da ditadura para a democracia no Brasil?

A democratização do Brasil
Vídeo

Projeto da anistia é intocável, Jorge Araújo. Praça da Sé, São Paulo, São Paulo (Brasil), 21 ago. 1979.

A manifestação pela anistia dos presos políticos e exilados reuniu cerca de 5 mil pessoas na região central da cidade.

Eleição de Tancredo Neves pelo Colégio Eleitoral. Brasília, Distrito Federal (Brasil), 15 jan. 1985.

Manifestação de mulheres por eleições diretas, Congresso Nacional. Brasília, Distrito Federal (Brasil), 1984.

Manifestantes diante do Congresso Nacional. Brasília, Distrito Federal (Brasil), 18 jun. 2013.

A CRISE DO "MILAGRE"

A euforia do milagre durou pouco. Em 1973, o aumento drástico do preço do petróleo no mercado internacional afetou a economia brasileira. A **Organização dos Países Exportadores de Petróleo (Opep)** triplicou o preço mundial do produto e o Brasil, que dependia de sua importação, foi obrigado a gastar boa parte de suas divisas na compra de petróleo. O país dependia como nunca do capital externo para financiar sua economia. A elevação dos preços dos combustíveis estimulou o aumento da inflação. A situação econômica deixava de ser um dos elementos de apoio da ditadura militar.

A partir de 1978, a economia brasileira entrava em uma séria crise. O crescimento baseado na associação com o capital internacional e no endividamento tornara o país extremamente vulnerável às oscilações do mercado externo. A inflação chegou a 40% ao ano. Em 1979, acontecia um novo aumento de preços do petróleo, por decisão da Opep. A crise econômica aprofundava-se.

Os juros internacionais subiram fortemente nos anos seguintes e, com isso, a **dívida externa** brasileira alcançava patamares preocupantes. Para pagar os credores, o governo sacrificava áreas como a indústria, o bem-estar social e a infraestrutura.

Ao final da década de 1970, o país mergulhava em uma **recessão econômica**, ou seja, uma fase de declínio acentuado de seu crescimento econômico. O desemprego e a pobreza cresciam. Aumentava também a criminalidade urbana. A crise teria efeitos na condução da política brasileira.

ABERTURA LENTA E GRADUAL

A Arena (Aliança Renovadora Nacional) vencera as eleições de 1970 e 1972 com grande folga. Em 1974, no entanto, o MDB (Movimento Democrático Brasileiro) obteve um excelente resultado: cerca de 2/5 dos deputados e 2/3 dos senadores eleitos. O caminho da oposição pelas vias políticas começava a se reabrir.

Aproveitando uma brecha oferecida pela repressão, os candidatos do MDB utilizaram o horário eleitoral gratuito para criticar o governo. Eram críticas moderadas, tímidas, mas era uma maneira de movimentar a opinião pública.

Devido a isso, após a eleição, o governo alterou as regras de utilização do horário eleitoral gratuito. Com a chamada **Lei Falcão**, de 1º de julho de 1976, eram proibidos debates e discursos ao vivo. A única propaganda permitida era a exibição da foto do candidato, enquanto um narrador lia os principais dados de seu currículo.

Na Copa da Alemanha de 1974, sem Pelé, o Brasil ficou em 4º lugar. Na semifinal, a seleção brasileira enfrentou a Holanda, a sensação da Copa, que praticava um futebol quase *hippie*, alegre e livre, no qual jogadores de cabelos rebeldes não tinham posições fixas, confundindo os adversários. O Brasil, com seu futebol triste e reprimido, perdeu por 2 a 0. Na disputa pelo terceiro lugar, a Polônia venceu por 1 a 0. Sinônimo da ditadura, por causa da propaganda, o time foi muito criticado e a casa do técnico Zagallo, no Rio de Janeiro, foi cercada por populares. A manifestação não se restringia apenas aos insucessos da seleção. O descontentamento contra o regime ressurgia com força.

O jogador Luís Pereira é expulso da partida Brasil e Holanda da Copa do Mundo de 1974.

INFLAÇÃO NO BRASIL

- 1974: 26,12
- 1975: 29,35
- 1976: 46,26
- 1977: 38,78
- 1978: 40,81
- 1979: 77,25
- 1980: 99,20
- 1981: 95,65
- 1982: 104,8

Fonte: Elaborado com base em IGP-DI/FGV (1974-1982); IBGE, BCB-Depec.

A essa altura o Brasil era governado pelo presidente Ernesto Geisel, integrante do grupo da chamada "Sorbonne". No interior desse grupo, defendia-se uma abertura política lenta e gradual, sob o controle dos militares que, em um dado momento, deveriam devolver o poder aos civis. Esse grupo sofria pressões da linha dura, que se opunha à liberalização do regime e defendia a manutenção do poder militar.

A nova conjuntura permitiu que a oposição, aos poucos, voltasse a se manifestar. Em defesa dos presos políticos e pela democracia, posicionavam-se claramente a **Arquidiocese de São Paulo,** a **Ordem dos Advogados do Brasil** (**OAB**) e a **Associação Brasileira de Imprensa** (**ABI**).

A REPRESSÃO SE INTENSIFICA

O resultado eleitoral obtido pelo MDB em 1974 e o aumento das críticas ao governo provocaram reações por parte dos setores da linha dura. Investigações, combates e prisões dos grupos guerrilheiros eram coordenados por civis e militares ligados à linha dura.

Uma nova onda de prisões dirigiu-se especialmente contra o Partido Comunista Brasileiro, que não participara da luta armada. Além do PCB, jornalistas, intelectuais, estudantes e trabalhadores que se opunham à ditadura foram alvos da repressão. Em outubro de 1975, o jornalista Vladimir Herzog foi torturado e assassinado. A versão oficial das autoridades: Herzog se suicidou por ter se conscientizado de sua situação e estar arrependido de sua militância. Uma farsa.

Em janeiro de 1976, uma nova morte comovia o país. O metalúrgico e líder sindical Manoel Fiel Filho também era torturado e assassinado por integrantes da repressão política. Grupos de defesa dos direitos humanos internacionais foram acionados. O governo brasileiro era denunciado no exterior.

Em 1977, em uma operação sem precedentes, as forças de segurança invadiram a Pontifícia Universidade Católica (PUC) de São Paulo. Os estudantes tentavam reorganizar a UNE. Mais de 700 pessoas foram presas. Laboratórios e equipamentos de pesquisa foram destruídos. Estudantes e professores foram espancados e humilhados.

Naquele ano de 1977, os estudantes tentavam retomar as ruas com suas passeatas e reorganizar suas entidades representativas. Mais uma vez, os confrontos com a polícia tornaram-se frequentes.

Uma nova geração retomava a luta política contra a ditadura militar. As palavras de ordem eram um pouco diferentes daquelas entoadas na década de 1960. "Anistia aos presos políticos", "Pelas liberdades democráticas", "Pelo fim da censura" eram mais contidas que "O povo armado derruba a ditadura". Essa nova geração não pegava em armas, mas gritava "Abaixo a ditadura!" e exigia que os exilados da geração de 1968 pudessem voltar ao país.

Vladimir Herzog, morto em uma cela do DOI-Codi (Destacamento de Operações de Informações – Centro de Operações e Defesa Interna). São Paulo, São Paulo (Brasil), 1975.

O corpo de Herzog aparece ao fundo da sala, preso por uma tira de pano a uma grade da janela. Suas pernas estão dobradas e não há altura suficiente para que o jornalista pudesse se enforcar. Calcula-se em 39 o número de pessoas que teriam se "suicidado" nos porões da ditadura brasileira. Em entrevista de 5 de fevereiro de 2012, o fotógrafo Silvaldo Leung Vieira, autor da foto, forneceu detalhes da simulação armada pelos militares.

TÁ LIGADO ❓

1. Explique o que é recessão econômica.

2. Explique a diferença política entre as palavras de ordem da geração de estudantes de 1968 e as de 1977.

O PACOTE DE ABRIL

Em abril de 1977, o governo tentava reagir ao crescimento da oposição e à possibilidade de uma nova derrota eleitoral no pleito marcado para o ano seguinte. Era também uma tentativa de conter a linha dura e dar continuidade ao projeto de abertura, sem riscos de radicalização por parte dos opositores.

O Congresso Nacional foi mais uma vez fechado. Um terço dos senadores passou a ser indicado pelo governo e o número de deputados na Câmara foi alterado para favorecer os estados onde a Arena tinha melhor desempenho eleitoral.

UM NOVO MOVIMENTO OPERÁRIO

Em 1978 realizavam-se eleições para o Congresso. As medidas do pacote de abril garantiram a vitória da Arena, mas o MDB conseguiu eleger um bom número de senadores. Contudo, o acontecimento mais marcante desse ano foi o ressurgimento do movimento operário. Pela primeira vez, desde a dura repressão das greves de Contagem e Osasco, em 1968, os operários se mobilizaram, realizando greves na região do chamado ABC de São Paulo.

Aparecia uma nova geração de líderes sindicais desvinculada do sindicalismo dócil ao governo e das heranças do período populista. Durante a ditadura militar os sindicatos continuaram funcionando. No entanto, como os aumentos de salário eram determinados pelo governo militar, os sindicatos tinham apenas funções burocráticas e recreativas.

Na década de 1970, várias categorias operárias organizaram movimentos de oposição às direções pelegas dos sindicatos e montaram comissões de fábricas independentes.

Em maio de 1978, 2500 metalúrgicos da fábrica de caminhões Saab-Scania, em São Bernardo do Campo, bateram o relógio de ponto, assumiram seus postos, cruzaram os braços, sentaram-se e recusaram-se a ligar suas máquinas. Exigiam que fossem pagas as perdas salariais de acordo com a inflação. Os cálculos do governo haviam prejudicado a classe operária.

O exemplo dos trabalhadores da Scania foi rapidamente imitado. Em dez dias trabalhadores de 90 empresas da Grande São Paulo paralisaram suas atividades, totalizando cerca de 500 mil grevistas. Depois de doze dias de greve, foi fechado um acordo pelo qual era concedido um aumento salarial, criando uma nova base de cálculo para futuros reajustes, de acordo com a inflação.

A partir de 1978, professores, bancários e operários de outros setores da produção industrial organizaram greves em todo o país. Ao mesmo tempo que se intensificava a luta por melhores salários, ampliava-se o movimento pelo fim da ditadura.

Vivia-se uma fase inédita de história brasileira. Sob a liderança desses novos sindicalistas, parte do movimento operário viria a se articular para a criação de um órgão de representação nacional, a **Central Única dos Trabalhadores (CUT)**, que seria formada em 1983.

Nas eleições para o Senado de 1978, Lula manifestou seu apoio à candidatura de Fernando Henrique Cardoso, que havia apoiado a greve dos metalúrgicos. A partir desse ano, os destinos de Lula e FHC se cruzariam diversas vezes, algumas como aliados, outras como adversários políticos.

Fernando Henrique Cardoso (à direita), candidato ao Senado pelo MDB e Lula, do Sindicato dos Metalúrgicos do ABC, em 1978.

O PLURIPARTIDARISMO

Ao final de 1978, o AI-5 era revogado. Com isso, algumas garantias individuais dos cidadãos foram restabelecidas. As pressões populares tornavam-se cada vez mais fortes e frequentes.

Em 1979, com o fim do mandato de Geisel, outro general, João Baptista Figueiredo (1979-1985), assumia a presidência com a tarefa de completar a transição democrática. Nesse mesmo ano foi aprovada a **anistia política**. Milhares de presos políticos deixaram as prisões. Centenas de exilados puderam retornar ao Brasil. Entre eles, antigas lideranças populistas, integrantes dos movimentos guerrilheiros e lendários comunistas como Luís Carlos Prestes e João Amazonas.

Ainda em 1979, o sistema partidário seria reorganizado. A Arena e o MDB eram substituídos por outros partidos, organizados com relativa liberdade. Em 1980, a Arena passou a denominar-se **Partido Democrático Social (PDS)**. A maioria dos integrantes do MDB permaneceu no partido, que passou a ser denominado **Partido do Movimento Democrático Brasileiro (PMDB)**.

Além desses, foi fundado o **Partido Trabalhista Brasileiro (PTB)**. A sigla foi objeto de disputa entre Ivete Vargas, sobrinha de Getúlio Vargas, e Leonel Brizola, ex-governador que retornara do exílio. A Justiça Eleitoral, sob o controle militar, determinou que Ivete Vargas recebesse a sigla petebista. A Brizola restou a fundação do **Partido Democrático Trabalhista (PDT)**. Por fim, sindicalistas, estudantes, integrantes da Igreja Católica, exilados e intelectuais de esquerda fundaram o **Partido dos Trabalhadores (PT)**, sob a liderança de Luiz Inácio da Silva.

Em 1982 realizaram-se eleições diretas para governadores dos estados. O PMDB venceu em São Paulo, Minas Gerais, Paraná e Goiás. O PDT, com Brizola, passou a governar o Rio de Janeiro. O PDS ainda dirigia o maior número de estados e possuía maioria parlamentar. A abertura estava controlada pelos militares.

A CAMPANHA PELAS ELEIÇÕES DIRETAS

Pelas regras eleitorais estabelecidas pela ditadura, o sucessor de Figueiredo deveria ser escolhido pelo conjunto de deputados estaduais, federais e senadores que comporiam um **Colégio Eleitoral**. Ou seja, a eleição seria **indireta**.

Desde 1984, as oposições organizaram uma série de manifestações públicas para exigir que o próximo presidente fosse eleito pela população, e não pelo Colégio Eleitoral. A campanha das **Diretas Já!**, como foi denominada, ganhou as ruas. Milhões de pessoas participaram de comícios nas principais cidades do país. Nos palanques discursavam políticos oposicionistas de vários partidos, intelectuais, artistas, personalidades públicas e até jogadores de futebol.

TÁ LIGADO

3. Explique o que foi a anistia política de 1979.
4. Defina o que era o Colégio Eleitoral.

Comício das Eleições Diretas. Belo Horizonte, Minas Gerais (Brasil), 1984.

> **TÁ LIGADO?**
>
> 5. Explique o que foi a campanha das Diretas Já!.
> 6. Descreva como se formou a Frente Liberal e a Aliança Democrática.

Apesar da intensa mobilização popular, o número de votos entre os parlamentares não foi suficiente para alterar a legislação eleitoral. A transição democrática seria mais lenta que o desejo popular.

Diante disso, uma parcela dos integrantes do PDS formou a **Frente Liberal** (que depois iria se transformar em um partido, o **PFL**) e fechou acordo com o PMDB. Juntos, formariam uma chapa única para disputar a presidência da República no Colégio Eleitoral, denominada **Aliança Democrática**. Militares da "Sorbonne" viam com bons olhos esse acordo, que manteria no poder muitos daqueles que participaram do regime desde 1964.

Tancredo Neves (1910-1985), um político de centro que gozava da confiança dos militares (havia sido primeiro-ministro na época de João Goulart), foi o escolhido para encabeçar a chapa do PMDB. Como vice-presidente, o escolhido foi José Sarney, ex-presidente do PDS e da Arena. Em janeiro de 1985, a oposição vencia no Colégio Eleitoral.

A Copa do Mundo de 1982

Em Barcelona, em 1982, a seleção do Brasil voltou a jogar um futebol bonito. O técnico Telê Santana formou uma seleção de craques: Valdir Perez, Leandro, Oscar, Luisinho, Júnior, Cerezzo, Falcão, Zico, Sócrates, Serginho e Éder. Além das vitórias, a seleção dava *show*: 2 a 1 na URSS; 4 a 1 na Escócia; 4 a 0 na Nova Zelândia; 3 a 1 na Argentina. A imprensa do mundo todo anunciava o Brasil como favorito.

Em uma partida decisiva contra a Itália, a seleção precisava apenas de um empate para passar à semifinal. Em um jogo difícil, a

Os jogadores Sócrates e Casagrande no comício pelas Diretas Já! realizado no Vale do Anhangabaú. São Paulo, São Paulo (Brasil), 16 abr. 1984.

seleção italiana venceu por 3 a 2. Estimulados pela vitória, os italianos venceriam a seleção da Alemanha Ocidental na final da Copa por 3 a 1 e se sagrariam tricampeões mundiais.

A torcida brasileira chorou, como em 1950 quando perdeu para o Uruguai. Só que, dessa vez, jogadores e torcedores vestiram-se de amarelo.

Sócrates, o capitão da seleção, era também o líder da Democracia Corinthiana e participou ativamente da campanha pelas Diretas Já!, que vestiu o Brasil quase inteiro de amarelo. Ele, como tantos outros cidadãos brasileiros, desejava o fim da ditadura militar.

O movimento pelas eleições diretas foi emocionante. Empolgou o Brasil. Mas, como a seleção de Telê, não conseguiu vencer. A primeira eleição direta depois da ditadura só ocorreria em 1989. Foi uma disputa difícil, marcada por grandes comícios em todo o país. No segundo turno, os eleitores brasileiros tiveram de decidir entre dois candidatos: Fernando Collor de Mello e Luiz Inácio Lula da Silva. Collor foi eleito presidente.

Zico chegou a trabalhar para o governo Collor. Sócrates esteve ligado a administrações do PT, partido de Lula. Democracia, afinal de contas, requer respeito pelas diferenças. E pelas opiniões contrárias.

O PERÍODO DEMOCRÁTICO

Em 14 de março de 1985, um dia antes da posse, Tancredo foi submetido a uma cirurgia. Viria a falecer no mês seguinte. Em seu lugar, assumiu a presidência o vice-presidente eleito, José Sarney. O PMDB chegava ao poder, mas por meio de um político identificado com o regime militar.

Ao fim da ditadura, o país estava mergulhado em uma crise econômica. A má distribuição de renda, as dificuldades em dinamizar a economia, a alta inflação eram os principais desafios a enfrentar.

O PLANO CRUZADO

Os diversos governos que sucederam o regime militar se empenharam em encontrar soluções para acabar com a inflação após a ditadura. Em fevereiro de 1986, era lançado um plano de estabilização econômica que ficou conhecido como **Plano Cruzado**. Os preços foram congelados. Nenhum aumento poderia ser feito sem prévia autorização do governo.

Consumidor confere preço de produto em supermercado. São Paulo, São Paulo (Brasil), 1986.

A moeda nacional, o cruzeiro, foi substituída pelo cruzado. Os salários também foram congelados e só podiam ser reajustados quando a inflação atingisse 20%. Sem aumentos de preços e de salários não haveria inflação.

O principal desafio da equipe econômica era fiscalizar os estabelecimentos comerciais do país de modo a impedir os aumentos. Para isso contou com ampla adesão da população, disposta a colaborar na fiscalização dos preços.

Em março, a taxa de inflação foi negativa, ou seja, os preços caíram. No entanto, em longo prazo, o plano não teve sucesso. Houve uma explosão de consumo. A população, depois de anos de altos preços inflacionados, passou a comprar mais. As mercadorias começaram a faltar nas prateleiras dos supermercados. A produção não conseguia atender ao aumento do consumo.

Quem quisesse comprar tinha de pagar mais do que o estipulado pela tabela oficial. Isso significava, na prática, a volta da inflação. O quadro se agravou pela queda nas exportações, comprometendo o pagamento da dívida externa. O governo foi obrigado, então, a declarar a moratória, ou seja, sua incapacidade de pagar a dívida externa.

Para evitar o fracasso do plano, era preciso implementar sua segunda fase, prevista desde o início, que consistia na liberação dos preços, sob o controle do governo, de modo a retirar o congelamento artificial sem que a inflação voltasse. Mas os interesses políticos se impuseram. Com o Plano Cruzado, o governo Sarney atingiu 92% de aprovação. Em novembro de 1986 ocorreriam eleições para governador, deputados e senadores, e o PMDB, partido que estava então no governo, pretendia beneficiar-se dessa popularidade. Para isso, o congelamento dos preços foi mantido.

O governo conclamou a população a fiscalizar os preços. Surgiram então os "fiscais do Sarney", pessoas comuns que, com a tabela dos preços oficiais em punho, iam aos supermercados verificar se não haviam ocorrido aumentos. Quando eram constatados, chamavam a fiscalização para fechar e multar o estabelecimento.

TÁ LIGADO?

7. Explique o que foi o Plano Cruzado.

| Votação no primeiro turno das eleições de 1989 ||
Candidatos	% de votos
Collor (PRN, PSC, PTR, PST)	28,5
Lula (PT, PSB, PCdoB)	16
Brizola (PDT)	15,5
Covas (PSDB)	11
Maluf (PDS)	8
Afif (PL, PDC)	4,5
Ulysses (PMDB)	4,5
Freire (PCB)	1
Aureliano (PFL)	1
Caiado (PSD, PDN)	0,6
Camargo (PTB)	0,5
Enéas (Prona)	0,5
Marronzinho (PSP)	0,3
Gontijo (PP)	0,3
Teixeira (PCN)	0,3
Lívia (PN)	0,2
Eudes (PLP)	0,2
Gabeira (PV)	0,2
Brant (PMN)	0,1
Pedreira (PPB)	0,1
Horta (PDC do B)	0,1
Corrêa (PMB)	0,01
Brancos e nulos	6,59

Fonte: Elaborado com base em dados recolhidos no TRE/SP.

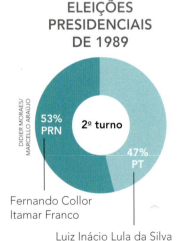

ELEIÇÕES PRESIDENCIAIS DE 1989

2º turno
53% PRN
47% PT

Fernando Collor
Itamar Franco

Luiz Inácio Lula da Silva
José Paulo Bisol

Fonte: Elaborado com base em Boletins do Tribunal Superior Eleitoral.

UMA NOVA CONSTITUIÇÃO

Em 1986 foram realizadas eleições para governadores, deputados e dois terços dos senadores, com vitória esmagadora do PMDB. O Congresso eleito tinha a incumbência de elaborar uma nova Constituição.

A Constituição mais democrática da história brasileira foi promulgada em 1988. O direito ao voto foi concedido também aos analfabetos. No período do Império, o voto era restrito àqueles que tivessem uma renda mínima. Na República, ele só era permitido aos alfabetizados e, até 1932, só aos homens. A partir de 1988 todos os cidadãos brasileiros com mais de 16 anos passaram a ter o direito de votar. A Constituição, vigente até hoje, também contém artigos que visam preservar direitos e liberdades fundamentais.

AS ELEIÇÕES DE 1989

A inflação ressurgiu depois do fracasso do Plano Cruzado. Na verdade, o país estava mergulhado em uma hiperinflação.

Com isso, a popularidade de Sarney despencou. Denúncias de corrupção e a ausência de medidas efetivas para resolver os principais problemas do país tornaram melancólico o final do primeiro governo civil após a ditadura.

Em 1989 realizavam-se as primeiras eleições diretas para presidente da República desde 1960. Vinte e dois partidos lançaram candidatos.

Pelo PMDB concorria Ulysses Guimarães, um dos mais destacados líderes da oposição durante a ditadura. O nome do PDT era Leonel Brizola. O PDS lançou Paulo Maluf, que havia iniciado sua carreira política durante a ditadura. O PFL indicou Aureliano Chaves, ex-vice-presidente durante o governo do general João Figueiredo.

Além desses antigos políticos, as eleições de 1989 traziam algumas novidades. O **Partido da Social Democracia Brasileira (PSDB)**, surgido em 1988 como uma dissidência do PMDB, concorreu com o senador Mário Covas.

O PT lançou a candidatura de Lula. Pela primeira vez na história brasileira um operário disputava as eleições à presidência de maneira independente e com chances de vitória.

Outra novidade foi a presença na disputa do **Partido Comunista Brasileiro (PCB)**, que conseguiu ser legalizado em 1985 e lançou a candidatura de Roberto Freire.

Por fim, havia Fernando Collor de Melo, governador de Alagoas, candidato do pequeno **Partido de Renovação Nacional (PRN)**, que surpreendeu com o rápido crescimento de sua candidatura nas pesquisas eleitorais. Tratava-se de um político conservador que centrou sua campanha na denúncia da corrupção e na promessa de "caçar os marajás", nome que ele dava aos funcionários públicos que pouco trabalhavam e se beneficiavam do Estado com salários altíssimos.

Com um discurso em prol da modernidade, Collor cativou a classe média com sua aparência de moço de boa família. Criticava os políticos, e assim falava a uma população cansada de promessas não cumpridas e que não mais acreditava na ação de seus dirigentes.

Lula dirigia-se aos trabalhadores, identificava-se como representante de todos os assalariados e prometia reformas profundas no país, de modo a acabar com a miséria e a injustiça social.

Collor e Lula foram os mais votados no primeiro turno. Para o segundo turno, Collor aglutinou apoios dos setores mais conservadores da sociedade. Lula conseguiu o apoio dos partidos de esquerda e de centro-esquerda: PCB, PDT, PSDB e setores do PMDB.

A campanha acirrada foi decidida em favor de Collor, que obteve 53% dos votos válidos, contra 47% obtidos por Lula.

Eleições presidenciais: carro com adesivos de vários candidatos. São Paulo, 14 nov. 1989.

O BREVE GOVERNO DE FERNANDO COLLOR

Collor, que governou de 1990 a 1992, prometera na campanha eleitoral derrubar "o tigre da inflação com um só tiro". Esse tiro assumiu a feição de mais um plano econômico, decretado em março de 1990: o **Plano Collor**.

> **TÁ LIGADO**
> 8. Explique o que foi o Plano Collor.

A ideia básica era limitar drasticamente a quantidade de dinheiro em circulação. Se a inflação é a desvalorização da moeda, limitar a sua oferta levaria à sua valorização. Para conseguir isso, o governo tomou uma medida surpreendente: o dinheiro das contas-correntes e das cadernetas de poupança acima de 50 mil cruzeiros foi bloqueado. Ou seja, a reserva financeira das pessoas foi simplesmente confiscada. Cerca de dois terços do total de moeda circulante foram recolhidos do mercado.

O governo prometeu devolver o dinheiro depois de dezoito meses, em doze parcelas mensais, com juros e correção monetária. Aparentemente, portanto, não haveria perdas. Mas não era bem assim. Primeiro porque a inflação de fevereiro de 1990 foi ignorada no cálculo da correção. Em segundo lugar, porque o governo interferia na vida das pessoas, prejudicando seus planos e projetos. Principalmente dos pequenos poupadores.

A inflação baixou momentaneamente, mas voltou a crescer meses depois. O confisco do dinheiro acabou sendo inútil. Mesmo assim, a popularidade de Collor ainda se mantinha razoável graças à propaganda.

Posse de Fernando Collor de Melo. Brasília, Distrito Federal (Brasil), 15 mar. 1990.

TÁ LIGADO?

9. Explique o que é uma CPI.
10. Explique o que é *impeachment*.
11. Explique o que foi o Plano Real.

CORRUPÇÃO E O *IMPEACHMENT*

A corrupção é um velho problema, não apenas no Brasil, mas em praticamente todos os países. No mandato de Collor a corrupção chegou a patamares inéditos. Um esquema montado em torno do presidente passou a destinar quantidades imensas do dinheiro público para contas privadas no exterior.

Para piorar a situação de Collor, seu irmão Pedro fez diversas denúncias sobre a conduta do presidente. Diante dos indícios de corrupção, a população voltou às ruas pedindo a saída do presidente. Mais uma vez, uma nova geração de estudantes, denominada "caras pintadas", tomou as ruas das principais cidades do país. Os comícios passaram a aglutinar milhares de pessoas.

Manifestação pró--*impeachment* de Fernando Collor. Parque do Ibirapuera, São Paulo, 1992.

Os congressistas, então, abriram uma **Comissão Parlamentar de Inquérito (CPI)** que aprovou um relatório responsabilizando o presidente pelo esquema de corrupção. A opinião pública, chocada, tomou conhecimento do gigantesco esquema que envolvia o presidente, ministros e empresários. Uma verdadeira quadrilha instalara-se no Palácio do Planalto.

Em seguida, foi encaminhado ao Congresso um pedido de *impeachment* de Collor, que significava a destituição legal do presidente da República.

A pressão popular foi decisiva para que o Congresso acabasse aprovando o impedimento do presidente. Votaram a favor não apenas os deputados e senadores da oposição, mas também muitos que haviam apoiado Collor, inclusive aqueles que haviam se beneficiado do esquema de corrupção, mas que temiam a reprovação popular.

Antes de ser cassado, Collor renunciou à presidência. Mesmo assim, teve seus direitos políticos cassados por oitos anos, prazo que se encerrou em dezembro de 2000.

O GOVERNO DE ITAMAR FRANCO

Afastado Collor, o vice-presidente Itamar Franco assumiu a presidência da República. Os partidos que articularam a destituição de Collor (PSDB, PMDB, PFL e PDT) montaram um governo de coalizão. A única exceção foi o PT, que se recusou a participar do novo governo.

Em maio de 1993, Itamar indicou Fernando Henrique Cardoso para o Ministério da Fazenda. A inflação mensal era medida acima de 30%. Meses depois, em fevereiro de 1994, o governo anunciou à nação mais um plano econômico, denominado **Plano Real**. A moeda brasileira foi equiparada ao dólar e teve seu nome alterado para real. No programa de estabilização da economia, previa-se a elevação da taxa de juros e a redução do déficit público, com uma política de privatizações de empresas estatais. As medidas deram certo no curto prazo. A inflação foi controlada.

Posse do presidente Itamar Franco. Brasília, Distrito Federal (Brasil), 29 dez. 1992.

O GOVERNO DE FERNANDO HENRIQUE

O sucesso do Plano Real embalou a campanha presidencial de 1994. Fernando Henrique Cardoso lançou-se candidato em uma aliança política entre o PSDB e o PFL. A vitória no primeiro turno não deixou dúvidas sobre a aceitação do Plano Real. Mais uma vez os candidatos das esquerdas, Lula, pelo PT, e Brizola, pelo PDT, não obtiveram êxito.

Os primeiros anos do governo FHC foram marcados pela estabilidade monetária e queda da inflação. Apesar do ritmo recessivo da economia, controlada e limitada pela alta dos juros, houve crescimento da renda *per capita* e, principalmente, pela primeira vez em várias décadas, uma redistribuição da renda nacional. Em um país marcado pela mais perversa desigualdade social do planeta – oitava economia do mundo e um dos últimos em distribuição de renda –, a participação nos ganhos nacionais dos 50% mais pobres aumentou 1,2%, enquanto os 20% mais ricos perderam 2,3%.

O primeiro governo FHC estabeleceu como meta uma ampla série de reformas, com o objetivo de diminuir a participação do Estado na economia. Para isso promoveu a privatização de empresas estatais nas áreas de telecomunicações, eletricidade e siderurgia.

A REELEIÇÃO DE FHC

Depois de conseguir que o Congresso aprovasse uma emenda constitucional que permitia a reeleição do presidente para um novo mandato, Fernando Henrique candidatou-se novamente, sendo reeleito em outubro de 1998. A oposição de esquerda mais uma vez lançou Lula como candidato à presidência, dessa vez tendo Brizola como vice. Pela primeira vez, os dois maiores partidos de oposição saíram unidos desde o início em uma disputa eleitoral.

Apesar do sucesso da política e do fim da inflação, os principais problemas do país continuavam. No governo de Fernando Henrique os índices de desemprego, analfabetismo, desnutrição e violência continuavam alarmantes.

Além dos baixíssimos salários, boa parte da população empregada encontrava-se na economia informal. Ou seja, não tinha carteira de trabalho assinada, o que significa que seus direitos trabalhistas não eram resguardados, como aposentadoria, férias e descanso semanal remunerado.

Em 2002, uma crise internacional iniciada nos Estados Unidos afetava duramente a economia brasileira. A inflação voltava a crescer e chegava a 8,5% ao ano. O real desvalorizava-se diante do dólar. A produção interna recuava. O Brasil caía da 8ª economia do mundo para a 12ª posição. A dívida externa aumentava e, de forma muito preocupante, diminuíam as reservas internacionais. Investidores e credores estrangeiros manifestavam seus temores com relação à economia nacional.

Essa mesma situação teria efeito nas eleições presidenciais de 2002.

Posse do presidente Fernando Henrique Cardoso. Brasília, Distrito Federal (Brasil), 1º jan. 1995.

Futebol exportação

A saída do país dos nossos melhores jogadores marcou a década de 1990. A crise financeira, o enfraquecimento dos clubes, a desorganização do futebol brasileiro e a possibilidade de grandes ganhos no exterior estimularam a venda dos atletas.

No Brasil, experimentavam-se métodos empresariais na gestão do futebol e davam-se os primeiros passos para o desenvolvimento do *marketing* esportivo e parcerias com grupos internacionais.

Em 1994, na Copa do Mundo dos Estados Unidos, a comissão técnica era dirigida por Carlos Alberto Parreira; Zagallo era supervisor. Apesar do sucesso do Plano Real e do otimismo que dominava a sociedade brasileira após o afastamento de Collor, a seleção não empolgava a torcida local. A campanha foi regular. Resultados apertados. Nenhuma goleada. Na final, contra a seleção da Itália, empate sem gols no tempo normal e na prorrogação. Pela primeira vez, uma Copa seria decidida nos pênaltis: 3 a 2 para o Brasil. Vitória com sabor de empate.

Seleção brasileira comemora o pentacampeonato de futebol. Estádio de Yokohama, Japão, 30 jun. 2002.

Para conquistar o mundial, o técnico do Brasil renunciava ao futebol-arte e ao espetáculo. Para chegar ao poder e governar, Fernando Henrique aliara-se ao PFL e a representantes das oligarquias.

Em 1998 ocorreu uma mudança mais profunda no futebol: o fim da Lei do Passe, por iniciativa de Pelé, então ministro dos Esportes. Nesse mesmo ano, na França, a seleção era derrotada na final da Copa pelos anfitriões. Com direito a olé de Zidane e seus companheiros.

Em 2002, na Copa da Coreia e do Japão, Luiz Felipe Scolari foi o treinador escolhido. A seleção venceu praticando um futebol bonito: 2 a 0 na final contra a Alemanha. Os anos de governo de Itamar e FHC, além da estabilidade do Plano Real, coincidiram com duas conquistas no principal esporte mundial. Brasil pentacampeão mundial de futebol. Com praticamente todos os atletas jogando em clubes do exterior.

O GOVERNO LULA

Nas eleições para a presidência da República realizadas em 2002, o PT saiu vitorioso. Pela primeira vez na história do Brasil, o candidato de um partido ideologicamente identificado com a esquerda chegava ao poder. Também pela primeira vez um operário era eleito presidente do Brasil. Em entrevista à época, Fernando Henrique analisou: "Lula é um símbolo. É difícil derrotar os símbolos".

No segundo turno, Lula obteve 61,3% dos votos válidos, vencendo o candidato do governo, José Serra (PSDB), que obteve 38,7%.

Durante a campanha eleitoral, o PT evitava assustar o empresariado e as classes médias do país. Um discurso menos agressivo, ao lado de uma política de alianças mais ampla, que incluía partidos e setores de centro-direita (o vice-presidente era José Alencar, do Partido Liberal) trouxe uma imagem mais conciliadora ao partido.

O presidente empossado Luiz Inácio Lula da Silva, ao lado do ex-presidente Fernando Henrique Cardoso, Brasília, Distrito Federal (Brasil), 1º jan. 2003.

A primeira equipe do governo Lula caracterizou-se pela presença de antigos representantes da esquerda brasileira. Ex-militantes da luta armada, ex-exilados, ex-opositores da ditadura militar agora tinham a incumbência de governar o Brasil. Ainda assim, os setores mais à esquerda do próprio PT foram preteridos na formação do ministério. O governo optou por uma política de composição e aproximação com outros partidos.

O governo do PT, no entanto, contrariou as expectativas de que mudaria radicalmente a política econômica adotada no governo de Fernando Henrique. Ao contrário, adotou uma política semelhante à do ex-presidente, que garantiu a estabilidade financeira. A crise econômica de 2002 foi superada no início de 2004.

PROGRAMAS SOCIAIS E O MENSALÃO

No que se refere à política social, o governo Lula implementou um amplo programa de auxílio à população carente, ampliando programas já existentes no governo de Fernando Henrique Cardoso.

O programa Bolsa Família foi instituído em 2004, pagando benefícios para famílias de baixa renda mensal. O Bolsa Família tornou-se um importante mecanismo de distribuição de renda, aumentando a capacidade de consumo de ampla parcela da população e, assim, ativando a economia de muitas localidades.

Em 2005, o governo Lula mergulhou em uma profunda crise política diante das denúncias da existência de um amplo esquema de corrupção destinado a pagar deputados e senadores em troca de apoio ao governo no Congresso. Em virtude dos indícios sobre o **Mensalão**, como o esquema ficou conhecido, um dos homens fortes do governo, o ministro-chefe da Casa Civil e líder da esquerda da década de 1960, José Dirceu, foi obrigado a pedir demissão de seu cargo. Três Comissões Parlamentares de Inquérito foram instaladas no Congresso para apurar as denúncias. Nas audiências transmitidas pela televisão, membros do governo e aliados foram interrogados por deputados e senadores.

Mesmo assim, Lula conseguiu manter um índice de popularidade que permitiu sua reeleição, em 2006, vencendo Geraldo Alckmin do PSDB, no segundo turno, com 60% dos votos válidos. O crescimento econômico brasileiro e os programas sociais pesaram mais na decisão dos eleitores que as denúncias de corrupção.

Em 2007, as reservas internacionais eram superiores aos valores da **dívida externa** brasileira. Pela primeira vez na história brasileira o país deixava de ser devedor e se tornava credor no sistema financeiro internacional.

Em 2008, o governo comemorou uma nova vitória por ocasião da divulgação do **Índice de Desenvolvimento Humano** (**IDH**) do Brasil. Em uma escala de 0 a 1, o país alcançou um (IDH) de 0,8 e ingressou pela primeira vez no grupo de países com bom desenvolvimento humano.

Graças à melhoria nas condições de vida da população mais pobre, Lula atingiu em dezembro de 2008 um índice recorde de popularidade. As pesquisas apontaram que 80% dos entrevistados consideravam seu governo bom ou ótimo.

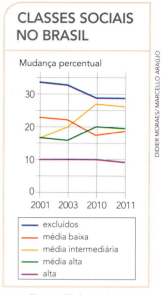

CLASSES SOCIAIS NO BRASIL

Mudança percentual

- excluídos
- média baixa
- média intermediária
- média alta
- alta

Fonte: Elaborado com base em *Folha de S.Paulo*, caderno especial, 22 jan. 2012.

Preterir
Desprezar, deixar de lado.

O impacto da grave crise mundial registrada, a partir de 2008, foi diminuído pelo crescimento do mercado interno brasileiro. Entre outros fatores, a realização de alguns dos diversos programas sociais do governo ajudou o país a superar as dificuldades externas.

Assim, em 2010, ao final de seu governo, Lula ainda possuía números muito favoráveis. A taxa anual de desemprego baixou para 6,7%. Em 2002 estava em 11%. O salário mínimo recebeu seguidos aumentos durante o seu governo, passando de 67 a cerca de 290 dólares.

O GOVERNO DE DILMA

As pesquisas de opinião apontavam que cerca de 87% da população brasileira considerava o governo de Lula ótimo ou bom, em dezembro de 2010. Esse altíssimo índice de popularidade foi decisivo para a vitória da ministra Dilma Vana Rousseff (PT) sobre José Serra (PSDB).

O Brasil elegia uma ex-guerrilheira vinculada à VPR (Vanguarda Popular Revolucionária) e uma ex-presa política que havia sido torturada durante a ditadura. É também a primeira mulher a ocupar o cargo máximo da República.

Dilma foi candidata por uma ampla coligação de dez partidos. Entre eles, o PMDB, que indicou o candidato a vice-presidente Michel Temer. No primeiro turno, Dilma obteve cerca de 47% dos votos, contra cerca de 37% de Serra e 19% de Marina Silva, ex-ministra de Lula que concorreu pelo Partido Verde (PV). No segundo turno, Dilma obteve 56% contra 44% de Serra.

Contando com maioria parlamentar, o início do governo de Dilma caracterizou-se pela manutenção da política econômica do governo de Lula. Com isso, as dificuldades decorrentes da crise mundial foram contornadas por sua equipe de ministros.

Em virtude dos problemas econômicos em países europeus como Itália e Reino Unido, o Brasil alcançou a sexta posição entre os países mais ricos do mundo em 2012.

Enquanto a situação econômica do país era positiva no início desse ano, do ponto de vista político denúncias de corrupção e tráfico de influência levaram à demissão de sete ministros. Em 2012 começou o julgamento dos réus denunciados no Supremo Tribunal Federal por participar do esquema chamado de mensalão. Com sessões televisionadas ao vivo, 25 réus foram condenados, entre eles políticos da base do governo federal e lideranças históricas do PT.

Mesmo assim, após um ano de governo, a popularidade de Dilma superava a de todos os presidentes desde 1992. Entre os entrevistados, 59% consideraram o governo de Dilma ótimo ou bom. Após um ano de governo, o índice de Collor era de 23%; Itamar alcançou 12%; FHC 41% e Lula 42%.

A presidente Dilma Rousseff e o vice-presidente Michel Temer sobem a rampa do Palácio do Planalto. Brasília, Distrito Federal (Brasil), 1º jan. 2011.

AS JORNADAS DE JUNHO

Em junho de 2013 ruas de diversas cidades brasileiras foram tomadas por uma onda de protestos. As primeiras manifestações ocorreram em São Paulo, organizadas pelo Movimento Passe Livre (MPL), contra o aumento de 20 centavos nas passagens de ônibus e metrô. Por trás dos centavos questionados pelos manifestantes, que desde junho de 2013 ocupavam cidades brasileiras, havia uma crítica de enorme abrangência social direcionada às péssimas condições dos transportes públicos, aos incentivos ao transporte individual e à falta de planejamento urbano. Mas havia mais que isso.

Manifestação contra o aumento da tarifa de ônibus na Avenida Paulista. São Paulo, São Paulo (Brasil), 11 jun. 2013.

Nos dias 13 e 14 de junho, confrontos violentos com os policiais chocaram a sociedade. De repente, o país estava em chamas. As manifestações ganharam corpo e juntaram diversas outras necessidades sociais: fim da violência policial, mais verbas para educação e saúde, combate à corrupção e fortes críticas ao sistema político praticado no país, a parlamentares, governadores e à presidenta.

Eram manifestações vinculadas a dezenas de entidades e grupos ligados à **Articulação Nacional dos Comitês Populares da Copa do Mundo** (Ancop), que também ocuparam ruas e praças nas proximidades dos estádios onde se disputavam partidas da Copa das Confederações (15-30 de junho).

Retomavam-se, com visibilidade, antigas bandeiras dos movimentos sociais, arriadas nos últimos doze anos em nome da governabilidade e das alianças políticas estabelecidas pelos governos do PT.

Em Brasília, na cerimônia de abertura do torneio de futebol, a presidenta Dilma foi vaiada, no interior do Estádio Mané Garrincha, por uma maioria de integrantes das classes médias confortavelmente instalada. Do lado de fora, a presidente era também vaiada, mas por representantes de movimentos populares que denunciavam o processo de exclusão dos setores subalternos das novas arenas esportivas.

AS ELEIÇÕES DE 2014

Em março de 2013, a avaliação positiva do governo chegava a 65%. Ao final de junho, após as manifestações, o índice despencava para 30%.

Em dezembro de 2013 chegava ao fim o julgamento dos envolvidos no Mensalão, com a condenação de 25 denunciados e a perda do mandato de três deputados federais, todos da base do governo federal e algumas lideranças históricas do PT.

A situação política agravou-se ao longo de 2014. Em março, o doleiro Alberto Youssef foi preso e revelou um novo esquema de lavagem de dinheiro que tinha origem na corrupção e no superfaturamento de obras na Petrobras, que envolvia diretores da empresa, grandes empresários e políticos ligados ao PT, PP e ao PMDB, partidos da base do governo.

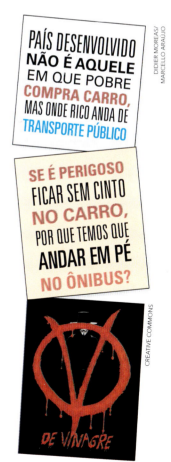

A **operação lava jato** (ou **Petrolão**) atingia, em cheio, o governo federal e indicava uma disputa apertada nas eleições presidenciais de outubro. Além de Dilma e Temer, na aliança encabeçada pelo PT e PMDB, lançaram-se o ex-governador de Pernambuco Eduardo Campos com Marina Silva como vice, pelo PSB. Pelo PSDB o candidato escolhido foi Aécio Neves, ex-governador de Minas Gerais.

Em agosto, no início da campanha, um acidente aéreo matou o candidato do PSB, logo substituído pela sua vice, Marina Silva.

Após uma dura campanha ao longo do primeiro turno, repleta de ataques pessoais e momentos de grande tensão, Dilma e Aécio obtiveram os votos necessários para a disputa em segundo turno. Essa etapa não foi menos tensa. Marina e o PSB declararam apoio a Aécio. Até o dia da eleição, em 26 de outubro, as pesquisas de opinião indicavam empate técnico, com ligeira vantagem para Dilma, o que viria a se confirmar com a apuração. Dilma obteve 51,64% dos votos válidos, enquanto Aécio recebeu 48,36%. Foi a disputa mais apertada desde 1989. O país encontrava-se dividido.

2014 e 2016: Copa do Mundo e Jogos Olímpicos

Durante os governos do PT, organizou-se uma intensa programação esportiva: Jogos Panamericanos (2007), Copa das Confederações (2013), Copa do Mundo de Futebol (2014) e Jogos Olímpicos (2016). De certo modo, a agenda esportiva articulou-se à agenda política. Os gastos públicos em arenas esportivas, por meio de financiamentos, parcerias e incentivos fiscais provocaram muitas críticas. Apesar da participação de governos estaduais e municipais de diversas siglas partidárias à realização da Copa e dos Jogos Olímpicos, a percepção de grande parte da sociedade brasileira era de que a responsabilidade pelo desperdício de dinheiro público cabia ao governo federal.

Enquanto nos campos a seleção tinha um desempenho regular (3 a 1 Croácia; 0 a 0 México; 4 a 1 Camarões; 1 a 1 Chile; 2 a 1 Colômbia), nas ruas, movimentos populares, apesar de terem o seu ímpeto diminuído, faziam-se presentes, protestando contra a Copa.

O fantasma da derrota voltou a assombrar a seleção, com a goleada de 7 a 1 aplicada pela Alemanha no Mineirão. Na disputa pelo terceiro lugar, outra derrota: 3 a 0 para a Holanda.

O desempenho brasileiro nos Jogos Olímpicos também foi decepcionante: 7 medalhas de ouro, 6 de prata, 6 de bronze e apenas o 13º lugar na competição.

Acima, cerimônia de abertura da Copa do Mundo, no estádio Luzhniki. Moscou (Rússia), 2018.
Abaixo, cerimônia de abertura dos Jogos Olímpicos do Rio de Janeiro, estádio do Maracanã, Rio de Janeiro (Brasil), 2016.

O IMPEACHMENT DE DILMA

Em 2014, a inflação voltava a subir e atingia 6,14%. Reajustes em tarifas de energia e combustíveis, realizados pelo governo federal no início de 2015, levaram a uma taxa de 4,56% até o mês de abril. O desemprego chegava a 6,4%.

A apuração do esquema de corrupção na Petrobras trouxe novas denúncias e a prisão de diversos empresários e de políticos da base do governo, no início de 2015. Com tudo isso, a popularidade de Dilma voltou a despencar. Em fevereiro, 13% consideravam seu governo ótimo ou bom. Em março, o índice cairia para 12%. Desde 1985, nenhum governo havia atingido tais índices de reprovação em seu início.

Vestidos de verde e amarelo, milhares de manifestantes tomaram as ruas em 15 de março e em 12 de abril de 2015, em diversas cidades do Brasil. As palavras de ordem dirigiam-se, sobretudo, contra Dilma e contra o PT. Alguns utilizavam broches da campanha de Aécio Neves. Havia grupos defendendo o *impeachment* da presidente. Outros clamavam por uma nova intervenção militar ou ditadura. Reeditavam-se velhas palavras de ordem contra o comunismo. Panelaços e buzinaços foram ouvidos várias vezes, sempre contra o PT e o governo federal.

Vaiado nas ruas, o governo federal era também ameaçado no Congresso Nacional. A base governista encontrava-se dividida. Grande parte do PMDB, que controlava as presidências da Câmara dos Deputados e do Senado Federal, passou a adotar uma posição de independência que, muitas vezes, os vinculava à oposição.

Com a instauração do processo de *impeachment*, em abril de 2016, o governo de Dilma começou a ruir. Enquanto os encaminhamentos parlamentares davam prosseguimento ao processo, nas ruas ocorriam manifestações constantes contra o governo federal. Em 12 de maio, Dilma foi afastada provisoriamente de suas funções. O vice-presidente Michel Temer assumiu o cargo interinamente.

Apesar de os apoiadores de Dilma também organizarem atos em sua defesa, as manifestações contrárias eram mais volumosas e contavam com ampla divulgação dos principais órgãos de imprensa do país. Em 31 de agosto de 2016, Dilma teve seu mandato cassado, em votação no plenário do Senado. Temer tornava-se, oficialmente, o presidente do Brasil.

O GOVERNO DE TEMER

Nos dois anos de governo, Temer comandou uma série de reformas, elogiadas por empresários, banqueiros, setores do agronegócio e por grande maioria da imprensa, mas duramente criticadas pelos movimentos sociais e pelos sindicatos de trabalhadores.

Os índices do governo eram preocupantes: cerca de 13 milhões de desempregados, recuperação econômica lenta e alto endividamento público. Em um contexto de intensa polarização política e frequentes denúncias de corrupção, a reprovação a Temer ultrapassou 78% em agosto de 2018, recorde negativo desde 1985. Apenas 2,7% consideravam seu governo ótimo ou bom.

Votação no primeiro turno das eleições de 2014

Candidatos	% de votos
Dilma Rousseff (PT, PMDB, PP, PDT, PCdoB, PR, PSD, PROS, PRB)	41,59
Aécio Neves (PSDB, DEM, PTB, SD, PMN, PTC, PTdoB, PTN, PEN)	33,55
Marina Silva (PSB, PPS, PRP, PSL, PPL, PHS)	21,32
Luciana Genro (PSOL)	1,55
Pastor Everaldo (PSC)	0,75
Eduardo Jorge (PV)	0,61
Levy Fidélix (PRTB)	0,42
José Maria de Almeida (PSTU)	0,09
José Maria Eymael (PSDC)	0,06
Mauro Iasi (PCB)	0,05
Rui Costa Pimenta (PCO)	0,01

Fonte: Elaborado com base em dados recolhidos no TRE/SP.

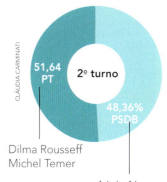

ELEIÇÕES PRESIDENCIAIS DE 2014

2º turno
51,64% PT — Dilma Rousseff / Michel Temer
48,36% PSDB — Aécio Neves / Aloysio Nunes

Fonte: Elaborado com base em Boletins do Tribunal Superior Eleitoral.

EM DESTAQUE

OBSERVE AS IMAGENS

Torcidas: política, violência e intervenção social

Torcida do Saint Pauli. Hamburgo (Alemanha), 2011.

O Saint Pauli é um clube da zona portuária de Hamburgo e já foi presidido por um homossexual que assumia publicamente sua orientação sexual. Além da paixão pelo futebol, a torcida manifesta-se contra o neonazismo, a homofobia, o machismo e o capitalismo. Nas arquibancadas, canta canções de *rock* e aplaude o time mesmo quando é derrotado. Na faixa central está escrito: "Nós nos permitimos ser contra, não proibir!".

Tragédia de Port Said. Egito, 1º fev. 2012.

O confronto entre torcedores após a partida entre as equipes do Al-Masry e o Al-Ahly, em Port Said, no Egito, resultou em 74 mortes e centenas de feridos.

Conflito entre torcedores do Liverpool e Juventus no estádio de Heysel. Bruxelas (Bélgica), 29 maio 1985.

A tragédia de Heysel, na Bélgica, deixou 39 mortos e centenas de feridos durante a final da Taça dos Campeões Europeus de 1985.

A politizada e engajada torcida do Ferroviário Atlético Clube, de Fortaleza (CE), exibe uma faixa conclamando a paz entre os torcedores de futebol.

Torcida do Ferroviário Atlético Clube de Fortaleza. Ceará, 2006.

Atletas do Corinthians entram em campo antes da final do Paulistão de 1983 com a faixa: "Ganhar ou perder, mas sempre com democracia."

Equipe do Corinthians na final do Campeonato Paulista. Estádio do Morumbi, São Paulo, São Paulo (Brasil), 1983.

O preconceito contra homossexuais é estampado na faixa empunhada por dois torcedores do Palmeiras. O protesto ocorreu diante da possibilidade da contratação de um atleta supostamente homossexual.

Faixa de torcedores do Palmeiras. Academia de Futebol da Barra Funda, São Paulo, São Paulo (Brasil), 4 jan. 2012.

As paixões despertadas pelo futebol muitas vezes acabam provocando **agressões e mortes**. Muitas vezes, no ambiente do futebol, preconceitos de diversas naturezas são expressados. Mas há também momentos em que o futebol se torna o canal de **expressão política contra a violência e os preconceitos**.

1. No seu caderno, analise e descreva detalhadamente cada uma das imagens, identificando a situação, as faixas e os símbolos de cada uma delas.
2. Escolha um tema e elabore um texto crítico a respeito das torcidas de futebol no Brasil e no mundo.
3. O antropólogo Roberto DaMatta sugeriu que o futebol no Brasil tem o papel de "dramatizar" e "encenar" determinadas questões e relações sociais. Com base nas questões tratadas acima e nos quadros sobre futebol apresentados neste capítulo, comente criticamente a perspectiva de DaMatta.

A democratização do Brasil | CaPÍTULO 12

QUEBRA-CABEÇA

1. Releia o quadro complementar "A Copa do Mundo de 1982" (p. 262) Aponte as relações entre a campanha da seleção brasileira na Copa de 1982 e a campanha pelas Diretas Já! de 1984.

2. Explique e forneça exemplos acerca da abertura política lenta e gradual vivida no Brasil a partir de 1976.

3. Aponte a participação do MDB, dos estudantes e do novo sindicalismo no processo de abertura política no Brasil.

4. Defina cada um dos conceitos abaixo e organize um pequeno dicionário conceitual em seu caderno:
   - Colégio Eleitoral
   - Diretas Já!
   - Frente Liberal
   - CPI
   - Aliança Democrática
   - *impeachment*

5. Qual era o principal objetivo dos planos econômicos adotados a partir do governo de José Sarney? Por quê?

6. Em dezembro de 2014, encerraram-se os trabalhos da Comissão Nacional da Verdade, com a entrega de um relatório final à sociedade brasileira. A esse respeito:
   a) Pesquise qual era o tema e o período examinado pelos integrantes da comissão.
   b) Pesquise acerca dos resultados obtidos pela Comissão.
   c) Pesquise as críticas apresentadas aos resultados da Comissão.
   d) Organize um debate com os colegas acerca dessas questões.

7. Vamos construir nossos *tags*. Siga as instruções do *Pesquisando na internet*, na seção **Passo a passo** (p. 7), utilizando as palavras-chave abaixo:

Anistia   **Diretas Já!**   **abertura política**   **impeachment**   **Mensalão**   **Petrolão**

LEITURA COMPLEMENTAR

Leia com atenção o texto a seguir e depois responda às questões propostas.

[DIRETAS JÁ!]

A proposta de *Diretas Já!* representava um rompimento radical com a abertura limitada que o regime vinha implantando e levaria, através da eleição de um presidente pelo voto direto, com uma Constituinte, a uma ruptura constitucional extremamente desfavorável para as forças que implantaram a ditadura no país. O regime militar não tinha nem recursos nem projetos para a crise do seu projeto de abertura, e recolhia-se, de forma acabrunhada, ao imobilismo, enquanto manifestações de massas ocupavam as ruas [...] Foi nesse clima que se organizou a transição final entre a ditadura e um regime democrático-representativo, num momento em que o governo perdia toda a iniciativa e permitia, por inércia e inaptidência, que os partidos de oposição e as ruas das grandes cidades ditassem o ritmo da abertura. A questão básica, então, residia na forma que tal transição assumiria em sua fase final, com seus riscos e consequências. O cientista político Gillermo O'Donnell distingue, nesse processo, duas formas clássicas de transição: uma, rápida, com forte ruptura com o autoritarismo vigente, denominada transição por colapso; outra, lenta e gradual, segura para as forças até então no poder, fruto de acordo entre os setores conservadores no poder e as forças moderadas na oposição. Esta seria denominada transição pactuada. O primeiro tipo ocorreu na Grécia, Argentina e Bolívia. O segundo tipo, de transição acordada ou pactuada, deu-se na Espanha, Chile e Brasil.

> TEIXEIRA DA SILVA, Francisco Carlos. Crise da ditadura militar e o processo de abertura política no Brasil, 1974-1985. In: FERREIRA, J. e DELGADO, L. (Org.). *O Brasil republicano*. Rio de Janeiro: Civilização Brasileira, 2003. v. 4. p. 273.

1. Por que a campanha das *Diretas Já!* representava um rompimento radical com o processo de abertura que estava sendo encaminhado pelo governo militar?

2. Que grupos assumiram a iniciativa do processo de abertura a partir da campanha das *Diretas Já!*?

3. Explique o que é transição por colapso e o que é transição pactuada.

4. Por que é possível afirmar que no Brasil a transição da ditadura para a democracia foi uma transição pactuada?

PONTO DE VISTA

[Censura]

Charge, Millôr Fernandes. Publicada na Revista *Veja*, maio 1974.

Em 1974, como parte do processo de abertura lenta e gradual, o governo do general Geisel suspendeu a censura à revista *Veja*. No entanto, a censura foi restabelecida depois que a revista publicou a charge de autoria do escritor Millôr Fernandes.

Observe a charge e escreva um pequeno texto explicando o que ela significa.

TRÉPLICA

Filmes

Entreatos
Brasil, 2004.
Direção de João Moreira Salles.
O dia a dia da campanha de Lula à presidência do Brasil em 2002.

Eles não usam *black-tie*
Brasil, 1981.
Direção de Leon Hirszman.
Filme sobre o movimento operário e suas reivindicações no início da década de 1980.

O Paciente - O Caso Tancredo Neves
Brasil, 2018.
Direção de Sérgio Rezende.
O filme relata o drama médico de Tancredo Neves que culminou em seu falecimento antes de tomar posse como o primeiro presidente civil após a Ditadura Militar.

Livro

A volta da democracia (1984-1992)
SILVEIRA, Marco Antônio. São Paulo: Saraiva, 1998.

Sites

(Acesso em: 27 set. 2018)
<http://goo.gl/lf1y7K>
Especial sobre os presidentes da República, de Deodoro a Dilma. Confira um painel com o perfil, as realizações, os desafios e as histórias de todos os presidentes da República.

PERMANÊNCIAS E RUPTURAS

Carta aberta à presidência

1. Selecione um momento de cada um dos cinco séculos de nossa história. Anote-os no seu caderno.
   a) Faça uma comparação entre cada um desses momentos. Utilize como critério as tensões, os problemas e as motivações do período.
   b) Aponte as permanências e rupturas entre esses momentos.
   c) Com base em seus apontamentos, identifique o problema mais importante para o país. Justifique a sua escolha.

2. Escreva uma carta destinada à Presidência da República apresentando o problema selecionado e possíveis ações que devem ser tomadas para resolver a situação.

4º Bimestre

CAPÍTULO 13
A nova ordem mundial

PORTAS ABERTAS

OBSERVE AS IMAGENS

1. No seu caderno, identifique: a data, o lugar e o que está acontecendo em cada imagem.

2. Por que os manifestantes, na foto ⑤, estão tão preocupados em recarregar os seus celulares?

3. Que diferenças do uso da tecnologia poderíamos estabelecer nas quatro imagens?

Mulheres islâmicas apoiam os protestos egípcios por democracia. Londres (Inglaterra), 12 fev. 2011.

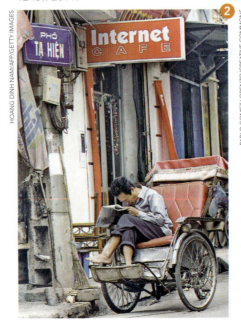

Taxista de triciclo lê jornal enquanto espera por clientes perto de um cibercafé. Hanói (Vietnã), 27 dez. 2000.

Marcha pela dignidade (Pão, trabalho, casa e dignidade). Praça de Cibeles, Madri (Espanha), 29 nov. 2014.

Primeiro cliente a comprar computador de mão em lançamento é escoltado por funcionários da loja. Tóquio (Japão), 28 maio 2010.

Manifestantes egípcios recarregam seus celulares de graça durante protesto por democracia na praça Tahrir. Cairo (Egito), 8 fev. 2011.

Crianças desmontam sucata eletrônica no lixão Agbogbloshie, em busca de materiais para venda. Acra (Gana), 2010.

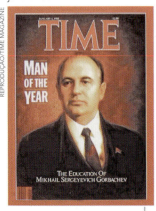

Capa da Revista *Time*, jan. 1989.

Em 1989, a prestigiada revista estadunidense *Time* elegia o líder soviético Mikhail Gorbatchev como o homem do ano.

O FIM DA GUERRA FRIA

No início dos anos 1980 a economia soviética entrava em colapso. A produção despencava e o desemprego aumentava. Havia filas enormes para comprar alimentos e outros produtos de primeira necessidade. Em meio à crise, assumiu o poder na União Soviética, em 1985, Mikhail Gorbatchev. Logo de início, o novo governo suspendeu os testes nucleares subterrâneos, surpreendendo o mundo. Era algo inédito no contexto da Guerra Fria.

Em seguida, o líder soviético implementou um conjunto de reformas conhecidas como **glasnost** e **perestroika**. *Glasnost* quer dizer "transparência": a censura deveria ser abolida para que os problemas pudessem ser discutidos livremente. *Perestroika* quer dizer "reconstrução": um plano de reestruturação do sistema econômico e social.

As pressões políticas da velha guarda comunista levaram a uma fracassada tentativa de golpe militar em 1991. Mas as reformas implementadas eram irreversíveis. A sociedade comunista estabelecida pela primeira revolução operária vitoriosa chegava ao fim.

O período da *perestroika* de Gorbatchev trouxe mudanças significativas para os países do Leste europeu. Nas repúblicas que compunham a URSS, os movimentos nacionalistas queriam a independência. Em outros países comunistas, as reformas realizadas na União Soviética serviriam de referência.

MANIFESTAÇÕES NA CHINA

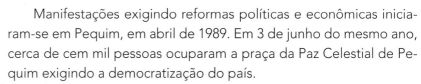

TÁ LIGADO

1. Defina *glasnost* e *perestroika*.

Manifestações exigindo reformas políticas e econômicas iniciaram-se em Pequim, em abril de 1989. Em 3 de junho do mesmo ano, cerca de cem mil pessoas ocuparam a praça da Paz Celestial de Pequim exigindo a democratização do país.

Como resposta, o governo enviou tropas militares que invadiram a praça e puseram fim à ocupação estudantil, provocando o que ficou conhecido como massacre da Praça da Paz Celestial. Centenas de manifestantes foram mortos. A praça foi tomada pelos tanques do Exército chinês.

A QUEDA DO MURO DE BERLIM

Alemães celebrando a abertura das fronteiras entre Berlim Ocidental e Oriental enquanto aguardam a derrubada do Muro de Berlim, 10 nov. 1989.

Na noite de 9 de novembro de 1989, milhares de berlinenses posicionaram-se nos dois lados do muro que dividia a cidade, desde 1961, em um lado comunista e um lado capitalista.

Era um acerto de contas com a história que dividira uma cidade (Berlim) e um país (Alemanha) de acordo com os interesses das superpotências durante a Guerra Fria. Durante a madrugada, os manifestantes não se contentavam apenas em subir sobre o muro e passar de um lado ao outro de Berlim. Com pás, marretas e picaretas, os alemães demoliam o símbolo mais concreto da Guerra Fria.

A Copa do Mundo de 1990: regionalismo e nacionalismo

A Copa do Mundo de futebol de 1990 foi disputada na Itália, cuja seleção também possuía três títulos mundiais como o Brasil, naquela altura. A seleção brasileira despediu-se da competição após ser derrotada pela Argentina, nas oitavas de final. Nas semifinais, a seleção da Argentina enfrentou a Itália, em Nápoles. Diego Armando Maradona, o principal jogador da seleção argentina, jogava na equipe do Napoli e era o seu ídolo máximo. As rivalidades regionais italianas, que opõem a região Norte à região Sul do país, e a presença de Maradona provocaram uma situação inusitada. Parte da torcida italiana presente ao Estádio San Paolo, em 3 de julho de 1990, torceu pela Argentina e vibrou com Maradona quando os portenhos venceram nos pênaltis, após empate de 1 a 1 no tempo normal e na prorrogação.

Milhares de pessoas recebem jogadores da seleção nacional de futebol alemã em comemoração ao título da Copa do Mundo. Frankfurt (Alemanha), 9 jul. 1990.

Na final, a Alemanha Ocidental devolveria a derrota sofrida diante dos argentinos na final da Copa de 1986. A conquista da Copa foi celebrada entusiasticamente pelos alemães. Tanto nas cidades da Alemanha Ocidental quanto nas cidades da Alemanha Oriental. Três meses após a conquista, em outubro de 1990, a Alemanha estaria reunificada. Mais celebrações.

A DESINTEGRAÇÃO DO BLOCO SOVIÉTICO

Como um castelo de cartas, os regimes socialistas foram derrubados um por um a partir da queda do Muro de Berlim. O esgotamento da economia, as contestações políticas cada vez mais frequentes e o desgaste das lideranças comunistas contribuíram para minar as bases do socialismo real.

Para muitos foi a vitória da **economia de mercado**. Os chamados neoliberais afirmavam que a humanidade havia encontrado sua forma ideal de organização.

Em 1989, Francis Fukuyama, professor da Universidade George-Mason (Estados Unidos), afirmaria que tal processo seria o "fim da história". A democracia liberal capitalista, escreveu Fukuyama, representava o estágio último da evolução dos regimes políticos. Ele afirmava que o liberalismo ocidental era o vencedor da disputa ideológica travada durante o século XX entre o capitalismo e o socialismo, que todas as nações seguiriam os modelos democráticos e de livre mercado e que os conflitos dariam lugar às negociações na política mundial. Uma utopia capitalista.

A NOVA ORDEM MUNDIAL

A EUROPA E PARTE DA ÁSIA – BLOCO SOCIALISTA COM REPÚBLICAS SOVIÉTICAS (1949-1989)

- União Soviética
- Países do Leste europeu
- Europa ocidental
- Bloco comunista

Fonte: Elaborado com base em BLACK, J. (Dir.). *World History Atlas.* Londres: DK Book, 2008.

Com o fim do bloco soviético, uma parte imensa do mundo que experimentou regimes socialistas se transformou em área de expansão do capitalismo, passando a receber grandes investimentos. Simultaneamente ao declínio dos regimes comunistas, dois líderes mundiais se diziam os vitoriosos na luta contra o comunismo: Ronald Reagan, presidente dos Estados Unidos, e Margaret Thatcher, primeira-ministra do Reino Unido.

Em dezembro de 1991, como resultado do processo de reformas implementado por Gorbatchev, a União Soviética deixava oficialmente de existir. Em torno da Rússia formou-se a Comunidade dos Estados Independentes (CEI), composta hoje de dez países que anteriormente faziam parte das repúblicas soviéticas.

Com o fim da Guerra Fria e a desintegração da própria União Soviética, o jogo geopolítico deixou de estar diretamente relacionado ao poderio nuclear e o aspecto econômico passou a figurar em primeiro plano. O conflito entre capitalismo e comunismo deu lugar às contradições existentes entre Hemisfério Norte, que reúne os países desenvolvidos, e Hemisfério Sul, onde está a maioria dos países subdesenvolvidos, e às tensões envolvendo o mundo islâmico.

A EUROPA E PARTE DA ÁSIA (2015) COM EX-REPÚBLICAS SOVIÉTICAS

Fonte: Elaborado com base em BLACK, J. (Dir.). *World History Atlas.* Londres: DK Book, 2008.

A NOVA OPOSIÇÃO OCIDENTE *VERSUS* ORIENTE

Durante décadas, desde o final da Segunda Guerra Mundial, as ações militares dos Estados Unidos e dos países capitalistas foram justificadas pelas ameaças representadas pelo bloco soviético e o risco do avanço do comunismo.

A partir de 1990, o militarismo ocidental elegeu um novo adversário: o mundo islâmico. De maneira semelhante ao que ocorrera durante a Guerra Fria, argumentos de dirigentes políticos dos países capitalistas e coberturas jornalísticas alarmavam a população do Ocidente ao destacar os riscos e as ameaças provenientes dos Estados islâmicos.

Saddam Hussein (direita) recebe Donald Rumsfeld (esquerda), enviado especial do presidente estadunidense Ronald Reagan. Bagdá (Iraque), dez. 1983.

Nessa campanha ideológica, a religião muçulmana e os Estados islâmicos substituíram a doutrina marxista e os antigos adversários comunistas na luta contra a cultura ocidental.

O fim da Guerra Fria provocou um reordenamento geopolítico. Da **bipolaridade** entre Estados Unidos e URSS, passava-se à existência de uma **única superpotência**, os Estados Unidos, cujos governos interferiam em diversas partes do mundo. Isso ficou evidente na **Guerra do Golfo** (1990) e em suas repercussões.

Em agosto de 1990, menos de um ano após a queda do Muro de Berlim, tropas iraquianas invadiram o Kuwait. Um mês antes, Saddam Hussein, governante do Iraque, acusara o Kuwait de praticar uma política de superextração de petróleo para fazer o preço do produto cair no mercado internacional e, consequentemente, prejudicar a economia iraquiana.

Após décadas de auxílio econômico e militar dos Estados Unidos, o governo de Saddam Hussein era considerado o inimigo a ser batido. Em janeiro de 1991, uma gigantesca coalizão internacional liderada pelos Estados Unidos empreendeu uma campanha militar. Seu objetivo era expulsar as tropas iraquianas do Kuwait. Em uma impressionante demonstração do aparato tecnológico-militar estadunidense e ocidental, a guerra durou pouco mais de um mês. Em 27 de fevereiro o exército iraquiano se rendeu. Os gastos envolvidos na campanha foram gigantescos.

Primeiro ataque da Guerra do Golfo, na cidade de Bagdá. Iraque, 17 jan. 1991.

A GUERRA DO GOLFO NA TV

Em meio à guerra, pela primeira vez na história, espectadores de televisão de todas as partes do mundo assistiram, via satélite, às incursões aliadas contra o invasor iraquiano do Kuwait. Intercalados na programação de entretenimento, foram transmitidos instantâneos de dois mil ataques aéreos estadunidenses contra alvos iraquianos.

> **TÁ LIGADO**
> 2. Explique o significado de bipolaridade geopolítica.

A Guerra do Golfo parecia uma telenovela sinistra que prometia novas emoções nos próximos capítulos, mas da qual as pessoas só teriam acesso às imagens consideradas convenientes. Embora tenha deixado um espantoso saldo de 100 mil mortos em quarenta dias de batalhas, não se transmitiu a imagem de um cadáver sequer. Situação muito diferente das transmissões da Guerra do Vietnã, cerca de trinta anos antes.

OS ATAQUES DE 11 DE SETEMBRO

Ataque às Torres Gêmeas (World Trade Center). Nova York (EUA), 11 de setembro de 2001.

As ações dos Estados Unidos na Guerra do Golfo apresentavam um novo panorama para as guerras. Se de um lado o poder militar estadunidense não se comparava ao de nenhum outro Estado, de outro, ganhava corpo uma forma diferente de conflito, não menos catastrófica: uma guerra empreendida contra populações civis por meio de ataques terroristas.

No mais famoso atentado terrorista já feito, ocorrido em 11 de setembro de 2001, militantes islâmicos desviaram quatro aviões em território estadunidense. Dois deles, carregados de combustível, foram lançados contra as torres gêmeas do World Trade Center, em Nova York. O choque provocou o desmoronamento dos edifícios e deixou milhares de mortos. Um terceiro avião chocou-se contra o Pentágono, centro de decisão militar, em Washington.

O último avião, que teria como alvo provável a Casa Branca, caiu em Pittsburgh, na Pensilvânia, causando a morte de seus 37 passageiros e sete tripulantes. No total, naquele dia, ocorreram mais de 6 mil mortes.

A destruição do World Trade Center gerou uma crise no modelo de defesa estadunidense. Homens armados com facas tomaram os aviões e causaram danos comparáveis aos piores bombardeios da Segunda Guerra Mundial.

O atentado evidenciava uma nova relação de forças bem distinta da bipolarização da Guerra Fria. Se o mundo passava a falar na globalização da economia, parecia estar em curso a globalização do terrorismo, que, aproveitando-se do alcance da informação, garantia a repercussão oferecida pela publicidade televisiva, dado o caráter "noticiável" de suas atrocidades.

O maior atentado terrorista da história dos Estados Unidos deixou suas marcas no cotidiano. As repercussões ocorreram em diversas direções.

A DOUTRINA BUSH

No período pós-atentado, segundo a maioria das sondagens, a popularidade do presidente George W. Bush estava acima dos 90%. Na chamada "guerra contra o terrorismo", Osama Bin Laden, responsabilizado pelo atentado, tornar-se-ia o inimigo público número 1. Como resposta imediata, os Estados Unidos organizaram uma nova coalizão militar e derrubaram o governo do Afeganistão, que dava proteção à organização terrorista Al Qaeda, de Osama Bin Laden.

Internamente, o governo dos Estados Unidos aumentou os mecanismos de controle e repressão. Críticos afirmaram que essa atitude teria significado o maior retrocesso nas liberdades individuais do país desde a Segunda Guerra. O Congresso aprovou uma legislação mais dura contra o terrorismo. Países da Europa fizeram o mesmo, sob protestos de grupos de defesa dos direitos humanos. A sofisticada propaganda capitalista se voltou contra os responsáveis pelo atentado. Nos cinemas, na programação da televisão, nas revistas e nos jornais assistia-se a um aumento da retórica nacionalista.

> **TÁ LIGADO?**
>
> **3.** Aponte as características do programa neoliberal implementado por Thatcher e Reagan no Reino Unido e nos EUA, respectivamente.

O "EIXO DO MAL"

A retórica da guerra contra o terrorismo ganhava uma expressão: a luta contra o chamado "eixo do mal". Essa expressão foi usada por Bush, em discurso de janeiro de 2002, para se referir especificamente a três países considerados hostis: a Coreia do Norte, o Irã e o Iraque.

Em março de 2003, sob a liderança dos Estados Unidos, a aliança autodenominada **Coalizão** invadiu e ocupou o Iraque. O governo Bush alegava que o país possuiria armas de destruição em massa (não encontradas) e que seu presidente, Saddam Hussein, teria ligações com grupos terroristas islâmicos. Em 2004, com um discurso marcado pelo combate ao terrorismo, Bush foi reeleito pelos estadunidenses.

O NEOLIBERALISMO

Margaret Thatcher foi primeira-ministra do Reino Unido durante onze anos (1979-1990) e a primeira mulher a ocupar esse cargo em um país europeu. Sua política conservadora e a maneira como controlou seu partido e enfrentou a oposição dos sindicatos trabalhistas lhe valeram o apelido de Dama de Ferro. Em seu governo promoveu um programa de privatização das empresas estatais, redução de impostos e combateu de forma radical os movimentos sindicais trabalhistas. Tornou-se assim uma espécie de madrinha do neoliberalismo.

O presidente estadunidense Ronald Reagan (1981-1990), por sua vez, adotou um programa semelhante. Tanto ele quanto Thatcher esperavam que, ao reduzir os impostos sobre os mais ricos, estes seriam incentivados a investir e, dessa forma, gerar mais empregos.

O Estado se retraiu enquanto as grandes corporações e o livre fluxo de capitais abalaram sindicatos, aumentando o desemprego, reduzindo os salários e concentrando a renda. As privatizações e megafusões entre grandes empresas mudaram o panorama mundial.

O espírito da concorrência agressiva em plena expansão garantiria o poder aos melhores

> A partir da década de 1980 a palavra "neoliberalismo" passou a ser amplamente usada pelos meios de comunicação para definir políticas econômicas estadunidenses e britânicas. Para os neoliberais, o Estado deveria interferir o mínimo possível nas atividades econômicas de seus países e deixar a iniciativa privada e o mercado atuarem livremente.

Ronald Reagan e Margaret Thatcher acenam após a chegada a Camp David. Maryland (EUA), 1984.

Sanitário *high tech*

Na foto, um funcionário de uma grande corporação japonesa demonstra o seu mais novo produto, que foi posto à venda no mercado doméstico e mundial em fevereiro de 2002: um vaso sanitário completamente eletrônico. Mesmo quando a tecnologia é aplicada a usos extravagantes, ela encontra espaço no mercado mundial.

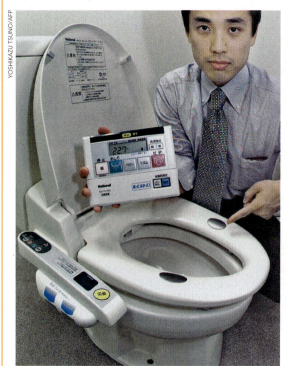

Funcionário de empresa faz demonstração de vaso sanitário completamente eletrônico. Tóquio, Japão, 2002.

"guerreiros", aos mais individualistas. Os pobres, os marginalizados eram vistos como "ineficientes". Os valores éticos, sociais ou ambientais eram postos em segundo plano. Por toda parte os governos abriam suas fronteiras ao livre jogo das forças do mercado e das finanças internacionais.

Os argumentos utilizados pelos defensores dessa política foram a difusão das ideias e informações, o avanço tecnológico, com a decorrente implantação de novas e modernas indústrias, a redução do custo das mercadorias e a ampliação das opções para os consumidores. A alta tecnologia estaria teoricamente disponível a qualquer pessoa em qualquer lugar do planeta. Isso seria uma espécie de sinônimo de progresso.

A GLOBALIZAÇÃO

Globalização pode ser definida como o processo de intensa integração internacional do ponto de vista econômico, cultural e social, impulsionado pelo desenvolvimento tecnológico, dos meios de comunicação e dos transportes desde o final do século XX.

Um automóvel de certa marca estadunidense pode conter peças fabricadas no Japão, ter sido projetado na Alemanha, montado no Brasil e vendido no Canadá. Em 1960, um cabo de telefone intercontinental conseguia transmitir 138 conversas ao mesmo tempo. Atualmente, com a invenção dos cabos de fibra óptica, esse número subiu para 1,5 milhão.

O número de usuários da internet, rede mundial de computadores, tende a duplicar a cada ano, o que faz dela o meio de comunicação que mais cresce no mundo. O maior uso dos satélites de comunicação permite que alguns canais de televisão tenham suas programações transmitidas instantaneamente para diversos países. *Chats*, redes sociais, telefonia celular, programas de comunicação com vídeo: tudo isso promove uma integração mundial sem precedentes.

Automação
Sistema que emprega processos automáticos que comandam e controlam os mecanismos para seu próprio funcionamento.

A automação em vários setores vem substituindo a mão de obra humana. Caixas automáticos tomam o lugar de funcionários encarregados de receber depósitos, descontar cheques e pagar contas. Fábricas robotizadas dispensam operários e utilizam robôs para executar uma série de tarefas. Escritórios informatizados utilizam um número cada vez menor de funcionários.

A força das grandes empresas mudou o jogo econômico e passou a rivalizar com os governos na condução da economia mundial.

O PODER DAS MEGAEMPRESAS

Protesto durante o encontro anual de líderes do G7. Quebec (Canadá), 2018.

Até o final da década de 1970, na Europa e nos Estados Unidos, os governos utilizavam a arrecadação de tributos para garantir serviços de saúde, educação, moradia, lazer e cultura. Em muitos países, havia uma forte presença do Estado na economia, de maneira a limitar a entrada de produtos estrangeiros e interferir na ação das grandes corporações empresariais e instituições financeiras. Tentando garantir a atenção do Estado aos seus interesses, os sindicatos e as associações da sociedade civil pressionavam para que recursos fossem destinados às chamadas áreas sociais. Esse tipo de Estado, que surgiu no período após a Segunda Guerra Mundial, foi denominado Estado de Bem-Estar Social (*Welfare State*).

A globalização veio mudar essa situação. A tecnologia desenvolveu-se em escala e velocidade nunca vistas. Pressões das grandes corporações e dos bancos passaram a limitar o poder dos governos e das ações políticas.

As megaempresas se estabeleceram em todas as partes do mundo. Suas sedes administrativas podem estar onde os impostos são menores. Suas unidades de produção, onde os salários são os mais baixos. Seus capitais, onde os juros são os mais altos. Seus executivos, onde a qualidade de vida é mais elevada. A lógica é a da diminuição dos custos e da ampliação dos lucros.

Para atrair essas empresas e garantir empregos, sociedade e Estado passaram a ceder às suas pressões. Se os sindicatos e a sociedade resistem, insistindo em defender salários mais justos, o cumprimento dos direitos trabalhistas, melhores condições de trabalho e medidas de preservação do meio ambiente, muitas dessas empresas procuram outro país em que as pressões sejam menores ou inexistentes. O poder das megaempresas se evidencia. Por exemplo, entre 1989 e 1993 os impostos recolhidos sobre os lucros ao redor do mundo caíram cerca de 18,6%.

O medo da redução na arrecadação de impostos fez que muitos Estados cedessem. Nesse jogo desigual, multiplicaram-se o desemprego, a marginalidade e a violência.

Muitas das empresas montadoras de automóveis, em busca de maiores vantagens, acabaram por transferir suas fábricas para países como Brasil e México, atraídas pelos baixos salários praticados.

Nas últimas décadas, os países da União Europeia se tornaram entre 50% e 70% mais ricos, mas mesmo assim eles somam mais de 20 milhões de desempregados. Na Alemanha, desde 1979, o lucro das empresas subiu cerca de 90%, mas os salários, apenas 6%. Nos Estados Unidos, o crescimento econômico enriqueceu apenas os 10% da população que estão no topo da lista dos mais ricos.

Tudo isso tem alimentado uma insatisfação cada vez maior. E crises econômicas mundiais acabariam se pronunciando fortemente em 2002-2003 e 2008-2012.

TÁ LIGADO

4. Defina globalização.
5. Defina Estado de Bem-Estar Social (*Welfare State*).

Megaeventos olímpicos

Os Jogos Olímpicos de Pequim primaram pela grandiosidade dramática, pela sofisticação visual e pela ostentação tecnológica. Elementos visíveis na cerimônia de abertura, nas arenas esportivas e na infinidade de lágrimas, sorrisos, contrações musculares, bandeiras, recordes e outros gestos minuciosamente capturados e transmitidos para milhões de telespectadores.

As imagens captadas durante os jogos na China impressionam não pelas diferenças culturais, mas pela mesmice. A globalização desfigura as características específicas das sociedades e provoca uma acumulação absurda de representações semelhantes. A vida cotidiana em Pequim, as roupas, automóveis, aparelhos eletrônicos e até mesmo as grandes redes de *fast-food* são semelhantes ao que se vê em São Paulo, Londres, Lisboa ou Nova York.

A transformação das competições esportivas em megaeventos teve início com os Jogos Olímpicos de Roma, em 1960. Pela primeira vez, os jogos eram transmitidos ao vivo para 200 milhões de espectadores europeus. Em 1970, no México, a Copa do Mundo de futebol foi transmitida ao vivo e a cores pela primeira vez.

Cem anos depois da realização dos primeiros Jogos Olímpicos da era moderna, em 1996, a cidade de Atenas foi novamente candidata a sediar as competições. Para essa data comemorativa, no entanto, a cidade escolhida foi Atlanta, nos Estados Unidos.

A cidade era a sede de uma poderosa marca de refrigerantes e de uma das maiores redes de televisão estadunidenses. Isso revelava o percurso dos jogos em um século de edições: um grande espetáculo de mídia perpassado por inúmeros interesses econômicos. Quatro anos antes, em Barcelona, o Comitê Olímpico Internacional permitira a presença de atletas profissionais em todas as modalidades. Nos Jogos de Atlanta, contavam-se centenas de países representados, milhares de atletas, milhões de telespectadores e bilhões de dólares. A ilusão do amadorismo não sobreviveu à nova ordem mundial imposta pelo fim do comunismo e o fortalecimento do neoliberalismo.

A partir de então, as cerimônias de abertura e encerramento dos Jogos e Copas transformaram-se em grandiosos espetáculos acompanhados por milhões (às vezes bilhões) de telespectadores. Estádios e arenas esportivas cada vez mais sofisticados e caros substituem as antigas praças esportivas. Em nome do espetáculo, bilhões de dólares são gastos na organização desses eventos. Indústrias de material esportivo, grandes redes de comunicação, construtoras, fábricas de cervejas, montadoras de automóveis e empresas de informática e telecomunicação pressionam os governos para que os espetáculos esportivos sejam, na verdade, espaços privilegiados para a propaganda de seus produtos e serviços.

Artistas participam da cerimônia de abertura dos Jogos Olímpicos. Pequim (China), 8 ago. 2008.

OPOSITORES DA GLOBALIZAÇÃO

Em 1999, Seattle, nos Estados Unidos, foi sede da 3ª Conferência Ministerial da OMC (Organização Mundial do Comércio). A organização é responsável pelas regras que regulam as transações comerciais entre os países-membros e outros aspectos, como os direitos de propriedade intelectual e os investimentos.

Jovem enfrenta a polícia durante protestos contra a reunião da OMC. Seattle (EUA), 30 nov. 1999.

Paralelamente ao evento, ativistas contrários à globalização realizaram várias conferências com lideranças intelectuais do mundo inteiro. Suas principais bandeiras eram: direitos sociais e trabalhistas, soberania nacional, cidadania e meio ambiente. Os protestos tomaram as ruas de Seattle e geraram confrontos com a polícia, toque de recolher, prisão de manifestantes e bombas de gás lacrimogêneo.

Dentro do centro de convenções as pessoas pareciam estar em outro planeta. Oradores liam seus discursos, como se nada estivesse acontecendo.

Os ativistas tentavam demonstrar que, apesar de a economia dos Estados Unidos viver uma fase de prosperidade, só os mais qualificados ou ricos foram beneficiados. Para os demais, os salários melhoraram pouco em vinte anos. Existiam então 40 milhões de estadunidenses sem plano de saúde e o desemprego já chegava a patamares preocupantes.

Na ocasião, a revista Time publicou um ensaio desqualificando os manifestantes, comparando-os aos ludistas. O ludismo foi um movimento de operários ingleses organizado no início do século XIX, à época da Revolução Industrial, para destruir máquinas, responsabilizadas pelo desemprego. Segundo o ensaísta, a OMC representa o progresso e os manifestantes, o atraso; a economia globalizada paga baixos salários aos trabalhadores do Terceiro Mundo, mas isso é melhor que ficar à margem do mercado.

Nos cartazes, em primeiro plano, se lê: "Lute contra a ignorância não contra os imigrantes" (esquerda); "Dinheiro faz idiotas, presidentes. Você é a evidência" (direita).

Protesto durante o Fórum Econômico Social. Genebra (Suíça), 2018.

Os ativistas de Seattle anunciavam um confronto mais amplo. Eles se diziam representantes de uma sociedade civil internacional formada por cidadãos globais. As manifestações voltariam a se repetir onde quer que cúpulas das grandes potências se realizassem, mesmo diante de aparatos policiais cada vez maiores: Praga, Nice, Quebec ou Gênova.

Em janeiro de 2001, dois eventos paralelos e ideologicamente opostos ocupavam a mídia global. Na cidade suíça de Davos, o Fórum Econômico Mundial reunia empresários, banqueiros, representantes das principais instituições mundiais e diversos governantes. A 11 mil quilômetros dali, em Porto Alegre, o primeiro Fórum Social Mundial reunia diversas entidades civis do mundo todo para discutir propostas contrárias à globalização em curso.

Participantes com faixas na Marcha do Fórum Social Mundial. Porto Alegre, Rio Grande do Sul (Brasil), 25 jan. 2001.

A ÁFRICA E OS SENHORES DA GUERRA

As vitrines reais e virtuais do mundo inteiro encontram-se abarrotadas de produtos eletrônicos. São objetos de uma intensa propaganda diária. Por trás desses produtos há mais do que simplesmente tecnologia sofisticada. Há uma história que leva ao continente africano. Uma cadeia de negócios que envolve as suas guerras e conflitos internos.

Computadores, celulares, aparelhos de DVDs, *videogames* e câmeras digitais utilizam uma liga metálica chamada popularmente de *coltran*. Por volta de 80% das reservas desse minério estão concentradas na República Democrática do Congo.

DIVERSIDADE LINGUÍSTICA

Das minas situadas no coração da África até os celulares comercializados no mundo todo, o percurso do *coltran* é marcado por guerras e mortes. Sua exploração é apontada como um dos principais combustíveis que alimentam a guerra civil no país. Mas há outros: reservas de diamantes, cobalto e cobre. Uma rede que envolve governo, grupos armados, empresas multinacionais, indústria armamentista e exploração do trabalho infantil. Um comércio que já deixou um saldo de mais de 3 milhões de mortos.

Entre todas as pedras preciosas, o diamante é considerado a "pedra rei", símbolo de poder e riqueza. E, como mineral mais resistente conhecido, o diamante tem grande importância para a indústria, utilizado para cortar, tornear, polir e furar. A África possui jazidas de diamantes em 17 dos seus 53 países. O continente é responsável pela produção de 60% das pedras consumidas no mundo, um mercado que movimenta bilhões de dólares todo ano.

LÍNGUAS OFICIAIS

Fonte dos mapas: Elaborados com base em GRESH, Alain (Dir.). *El Atlas de Le Monde diplomatique III. Un mundo al revés.* Buenos Aires: Capital Intelectual, 2009.

CONFLITOS AFRICANOS (2009)

Em Angola e Serra Leoa, o controle dos recursos naturais é disputado pelo Estado e por grupos armados. As companhias mineradoras e seus intermediários estimulam a guerra fornecendo armas e soldados. Em alguns casos apoiam governos, em outros, a guerrilha de oposição. É uma guerra econômica.

Em Angola, rica em diamantes e petróleo, o conflito envolve duas organizações armadas que disputam o poder desde a independência do país. O Movimento Para a Libertação de Angola (MPLA), atualmente no governo, controla as reservas de petróleo. A União para a Independência Total de Angola (Unita) controla o mercado de diamantes, que são vendidos e trocados por armamentos para enfrentar o governo. Mesmo com o fim dos confrontos, em 2002, a guerra deixou um rastro mortal: cerca de 10 milhões de minas terrestres ainda estão espalhadas pelo país, pondo grande parte da população em risco, e já deixaram milhares de mutilados.

Qual preço por esses diamantes? Cartaz da campanha da Anistia Internacional, 2003.

Em Serra Leoa ocorreu uma guerra civil, de 1991 a 2002. As jazidas de diamante são controladas pelo grupo armado Frente Revolucionária Unida (FRU), que conta com o apoio dos governos da Libéria e Burkina-Fasso. As armas compradas em Burkina-Fasso vêm de países do Leste europeu e chegam à Libéria, onde são trocadas por diamantes vindos de Serra Leoa. A situação deixou um saldo de 50 mil mortos e mais de 300 mil refugiados.

A PRESENÇA IMPERIALISTA CHINESA NA ÁFRICA

A China converteu-se em forte competidor por recursos naturais e mercados e é hoje a terceira maior parceira dos países africanos, atrás dos Estados Unidos e da França. O interesse da China pela África é decorrente do seu crescimento econômico e do aumento da demanda por matérias-primas.

Os interesses chineses voltam-se para a África em busca de petróleo, devido às dificuldades de acesso à produção do Oriente Médio, que é controlada em grande parte pelos Estados Unidos e países europeus. Sudão, Nigéria, Guiné-Bissau, Congo-Brazzaville e Gabão são seus principais fornecedores de petróleo.

As importações chinesas incluem também algodão do oeste africano, cobre e cobalto da República Democrática do Congo, minério de ferro e platina da Zâmbia e madeira do Gabão, Camarões e Congo-Brazzaville. Há investimentos chineses em infraestrutura, como na reconstrução de linhas de trem em Angola, e projetos de barragens no Sudão, Etiópia e Zâmbia.

Os produtos chineses chegam aos mercados de toda a África. Apenas na Etiópia, 90% dos produtos comercializados são de origem chinesa. Atualmente, cerca de 80 mil chineses trabalham e vivem na África.

A INDÚSTRIA FARMACÊUTICA

Além dos recursos naturais, há ainda o interesse pelos próprios africanos. Escravizados durante quatro séculos, agora servem de cobaias para testes de novos medicamentos realizados por grandes laboratórios farmacêuticos.

Uma das maiores tragédias da humanidade, a epidemia de aids no continente africano tem sido utilizada como oportunidade para redução de custos e relaxamento dos padrões éticos de pesquisa.

Na África subsaariana, o número de portadores do vírus HIV já ultrapassou a marca de 25 milhões. A instabilidade política e a falência econômica de muitos países têm feito da região o lugar perfeito para a realização de testes de novos medicamentos, porque o custo deles é até cinco vezes menor do que nos países desenvolvidos.

A *Gilead Laboratorie* – laboratório cujas pesquisas são financiadas pelo governo estadunidense e por instituições beneficentes ligadas à principal empresa de informática do mundo – tem realizado testes em países como Botsuana, Malaui e Gana. Com o apoio de autoridades corruptas e de parte da comunidade científica africana.

A Copa da África do Sul em 2010

O continente africano sediou uma Copa do Mundo de futebol pela primeira vez em 2010. A África do Sul, banida de competições esportivas internacionais por décadas devido ao regime do *Apartheid*, foi escolhida pela Fifa para organizar a competição. Além dos anfitriões, mais cinco seleções africanas disputaram o torneio: Argélia, Camarões, Costa do Marfim, Gana e Nigéria. Apenas o selecionado time de Gana conseguiu ultrapassar a primeira fase, chegando até as quartas de final, quando foi derrotado pelos uruguaios, na disputa de pênaltis, após empate no tempo normal e na prorrogação.

Atletas da seleção espanhola comemoram o título da Copa do Mundo empunhando o troféu e a bandeira da Catalunha. Joanesburgo (África do Sul), 11 jul. 2010.

Cinco novos estádios foram especialmente construídos para o evento e outros cinco foram reformados, atendendo às exigências da Fifa e dos patrocinadores. Muitos desses estádios, hoje, estão sem utilidade e revelam o grande desperdício de recursos públicos para atender aos interesses de grande grupos empresariais.

Na final, a seleção da Espanha venceu a seleção da Holanda por 1 a 0, na prorrogação. A Espanha tornou-se campeã mundial pela primeira vez, praticando um futebol de refinado toque de bola e tendo como base o time do Barcelona. A Holanda foi vice-campeã mundial pela terceira vez (1974, 1978, 2010).

Na comemoração, parte dos atletas desfraldou a bandeira da Catalunha, região onde há um forte sentimento separatista em relação à Espanha.

BARACK OBAMA E A CRISE DE 2008

Em seu segundo mandato, o presidente estadunidense George W. Bush viu sua popularidade cair em meio aos crescentes problemas econômicos e ao questionamento à ocupação do Iraque. Em 2008, a economia ganhava novos contornos com a ampliação de uma crise no sistema financeiro e a eleição de Barack Obama à presidência dos Estados Unidos.

Em setembro de 2008, uma onda de falências e quebras de instituições financeiras provocou a maior queda na Bolsa de Valores de Nova York desde os atentados de 11 de setembro de 2001. Buscando conter a crise, o governo dos Estados Unidos, em aparente contradição com as ideias liberais, estatizou empresas de empréstimos pessoais e hipotecas. A crise econômica abria espaço para que muitos defendessem uma maior participação do Estado na economia. As perspectivas neoliberais passaram a ser questionadas.

O presidente Barack Obama acena para partidários após seu discurso de vitória. Chicago, Illinois, 6 de nov. 2012.

Um pacote aprovado às pressas pelo Congresso dos Estados Unidos destinou 700 bilhões de dólares para socorrer o sistema financeiro. Mundo afora, governantes anunciavam pacotes semelhantes. Os países da União Europeia, por exemplo, gastaram bilhões de euros na tentativa de salvar seus próprios bancos.

Nos Estados Unidos, a crise repercutiu nas eleições presidenciais. Em novembro de 2008, acusando o governo Bush de responsável pela situação econômica e questionando a ocupação do Iraque, foi eleito Barack Obama, pelo Partido Democrata, primeiro afro-americano a se tornar presidente do país.

O governo de Obama foi marcado por grave crise financeira interna, pelos altos índices de desemprego e pela ferrenha oposição dos republicanos às tentativas de tributar os cidadãos estadunidense mais ricos.

Apesar de alterada a política externa sustentada pelos governos republicanos, em maio de 2011 era anunciada a captura e o assassinato de Osama Bin Laden. Anúncio feito como se fosse uma verdadeira conquista nacional.

Barack Obama durante sua campanha pela indicação democrata. Chicago, Illinois, (EUA), 5 fev. 2008.

10 MAIORES TAXAS DE DESEMPREGO (2009-2013)
% percentual da população
- Brasil: 6,3
- Alemanha: 6,3
- Inglaterra: 7,9
- Estados Unidos: 8,7
- Itália: 9,5
- França: 10
- Portugal: 13
- Irlanda: 13,6
- Grécia: 18,2
- Espanha: 22,2

Fonte: Elaborado com base em FMI/IBGE, 2014.

10 MAIORES ECONOMIAS DO MUNDO
PIB (produto interno bruto) em trilhões de dólares
- Rússia: $1,9
- Índia: $2,2
- Itália: $2,2
- Brasil: $2,2
- França: $2,8
- Inglaterra: $3,0
- Alemanha: $3,8
- Japão: $4,6
- China: $10,4
- Estados Unidos: $17,4

Fonte: Elaborado com base em Economist Intelligence Unit, 2014.

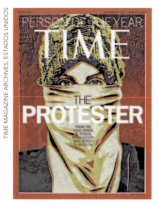

Capa da Revista *Time*, dez. 2011/jan. 2012.

A REELEIÇÃO DE OBAMA

Em novembro de 2012, Obama conseguia ser reeleito vencendo o candidato do Partido Republicano, Mitt Romney. O resultado geral das apertadas eleições, que envolveram também a renovação de um terço do Senado e de toda a Câmara dos Deputados, revelava um país dividido.

A divisão envolvia questões referentes à intervenção do Estado na economia, direitos sociais, as taxas de desemprego e o tratamento a ser destinado aos imigrantes. Apesar de dividido politicamente, o país obteve ótimos índices de crescimento econômico e conseguiu reduzir as taxas de desemprego.

A CRISE MUNDIAL

A partir de 2010 a crise financeira da Europa gerou inúmeras incertezas e o medo de uma recessão mundial. O temor maior era que algumas nações não conseguiriam arcar com suas imensas dívidas externas e provocariam um colapso no sistema financeiro mundial. As nações em crise eram chamadas de forma pejorativa de **Piigs** (acrônimo de Portugal, Itália, Irlanda, Grécia e Espanha). Em inglês tem sonoridade e escrita semelhantes a "porcos".

Na Grécia, no início de 2012, a situação era de falência econômica e rebelião popular contra o governo, contra as autoridades europeias e contra o sistema financeiro internacional.

Governantes da Alemanha, Inglaterra e França condicionavam o auxílio à Grécia à adoção de medidas impopulares de cortes nos gastos públicos. Em diversas partes da Europa a população foi às ruas para protestar. Impulsionados pelas redes sociais, os movimentos foram ganhando corpo ao longo de 2011 e 2012. Ficaram conhecidos como os "indignados".

Indignados ocupam *Wall Street*

Nos Estados Unidos, o movimento "Ocupe *Wall Street*" protestava contra a ganância empresarial e a impunidade dos responsáveis e beneficiários da crise financeira mundial. A estratégia do movimento foi manter uma ocupação constante de *Wall Street*, o setor financeiro da cidade de Nova York. Uma onda de protestos semelhantes ocorria em outras partes do mundo.

As incertezas da sociedade capitalista aumentavam o temor de um futuro sombrio. A profunda crise econômica nos Estados Unidos e na Europa e a emergência econômica dos **Brics** (Brasil, Rússia, Índia, China e África do Sul) levaram alguns estudiosos a propor uma nova denominação para as relações internacionais no século XXI: **multilateralidade**. Ou seja, no lugar da **bipolaridade** característica do período da Guerra Fria (1945-1989) e da hegemonia única dos Estados Unidos (1989-2008), chamada por alguns de **semiunipolaridade**, estaríamos presenciando o estabelecimento de novas formas de relações entre os países, fortalecidos regional e economicamente.

Acrônimo
Palavra formada pelas iniciais de uma sequência de outras palavras.

TÁ LIGADO

6. Aponte o que significa *Piigs*.
7. Aponte o que significa *Brics*.
8. Defina multilateralidade e semiunipolaridade.

GRÉCIA E ESPANHA: GIRO À ESQUERDA

Na Grécia, a grave crise econômica permitiu a vitória do **Syriza** (Coligação de Esquerda Radical), cujo líder, Alexis Tsipras, tornou-se o primeiro-ministro, no início de 2015, prometendo endurecer as negociações com a União Europeia. No entanto, para obter a maioria de parlamentares necessária para o cargo, firmou uma aliança com um pequeno partido de extrema direita.

Em maio de 2015, em Barcelona e Madri, coalizões de partidos e movimentos de esquerda (plataformas cidadãs) obtiveram significativos êxitos eleitorais com o **Barcelona em Comú** (liderado por Ada Colau, ativista dos "indignados") e com o **Ahora Madrid** (liderado pela juíza Manuela Carmena). Nos dois casos, trata-se da construção de novas agremiações de esquerda que se apresentam com programas políticos contra a globalização e o neoliberalismo, contra as práticas políticas tradicionais e pela garantia dos direitos sociais.

A ELEIÇÃO DE DONALD TRUMP

Apesar de bons índices de aprovação, cerca de 60%, o presidente Obama não conseguiu garantir a vitória de Hilary Clinton. O republicano Donald Trump, empresário e apresentador de televisão, detentor de uma das maiores fortunas dos Estados Unidos, tornou-se o 45º presidente do país.

Desde sua posse, em janeiro de 2017, o novo presidente marcou sua atuação com ações e medidas controversas. Fizeram parte de suas ações, em menos de dois anos de governo: ataques sistemáticos à imprensa, alteração no sistema tributário favorecendo empresas e setores mais ricos da sociedade, deportação e confinamento de imigrantes ilegais, discursos machistas e preconceituosos, retirada dos Estados Unidos de organismos e acordos internacionais, como o Conselho de Direitos Humanos da ONU, o acordo nuclear com Irã e o acordo ambiental de Paris, e uma política internacional repleta de ameaças a países estrangeiros.

Milhares de pessoas e militantes da plataforma 15-M (Movimento 15 de Maio), vindos de várias regiões da Espanha, em manifestação na Praça Porta do Sol. Madri (Espanha), 15 maio 2015.

EM DESTAQUE

Modernidade

Charge de Laerte publicada no jornal *Folha de S.Paulo*, 1990.

1. Que questão Laerte quis discutir com essa charge?
2. Quais problemas você enxerga ao seu redor em função desse problema? Relate algum caso em seu caderno.
3. Procure apresentar soluções para essa questão.

QUEBRA-CABEÇA

1. Releia o quadro complementar "Megaeventos olímpicos" (p. 288). Agora responda ao que se pede:
   a) Apresente uma definição para megaevento esportivo.
   b) Aponte os significados da realização dos Jogos Olímpicos de Atlanta, em 1996.

2. Defina cada um dos conceitos abaixo e organize um pequeno dicionário conceitual em seu caderno:
   - glasnost
   - perestroika
   - bipolaridade geopolítica
   - globalização
   - Estado de Bem-Estar Social
   - neoliberalismo
   - Piigs
   - Brics
   - megaevento esportivo
   - multilateralidade
   - semiunipolaridade

3. De que forma a queda do Muro de Berlim, ocorrida em 1989, afetou as relações entre o Ocidente e o Leste europeu?

4. Quais são as críticas dos manifestantes antiglobalização contra o modelo neoliberal?

5. Explique a seguinte frase do texto deste capítulo: "A Guerra do Golfo parecia uma telenovela sinistra".

6. Aponte algumas repercussões do ataque terrorista às Torres Gêmeas, em 11 de setembro de 2001.

7. Vamos construir nossos *tags*. Siga as instruções do *Pesquisando na internet*, na seção **Passo a passo** (p. 7), utilizando as palavras-chave abaixo:

   Ocupe Wall Street
   Syriza   **Ahora Madrid**
   Barcelona em Comú
   os "indignados"

LEITURA COMPLEMENTAR

Eduardo Galeano foi um dos grandes escritores contemporâneos. Em 2011, foi reconhecido por jovens espanhóis que estavam acampados por quatro meses, protestando na Praça Porta do Sol, em Madri.

Os jovens iniciaram seu movimento contra a situação econômica e os cortes orçamentários do governo espanhol. Tempos depois, a praça tornou-se um lugar de debates, intervenções culturais e propostas para a construção de um mundo menos injusto e mais democrático.

Leia com atenção um trecho da entrevista que Galeano concedeu aos jovens espanhóis. Depois responda às questões propostas.

[O ENTUSIASMO DOS JOVENS NA PRAÇA PORTA DO SOL]

Eu estava na Praça Porta do Sol e aqui encontro a mesma energia de dignidade e o mesmo entusiasmo. Esse entusiasmo é uma vitamina E, "E" de entusiamo. Que vem de uma palavra grega "ενθουσιασμός" (entusiasmós), que significa "ter os deuses dentro". E toda vez que vejo que os deuses estão dentro de uma pessoa, ou de muitas, ou de coisas, ou da natureza, das montanhas, dos rios, enfim, eu digo: isso é o que faltava

Vista geral da Praça Porta do Sol durante um protesto contra a crise econômica da Espanha e a alta taxa de desemprego. Madri (Espanha), 21 maio 2011.

para convencer-me de que viver vale a pena. Então estou muito contente de estar aqui, como estive antes na Praça Porta do Sol, porque isso é a prova de que viver vale a pena. E que viver está muito, muito além das mesquinharias da realidade política em que se ganha ou se perde… e da realidade individual também, onde só se pode ganhar ou perder na vida. E isso importa pouco em relação a esse outro mundo que te espera, esse outro mundo possível, que está na barriga deste. Este é um mundo infame, eu diria! […]

Este é um mundo ao contrário, que recompensa a seus arruinadores, ao invés de os castigar! Não há um só preso entre os banqueiros que provocaram esta crise no planeta inteiro. Nenhum preso! […]

E agora quantos jovens não votaram na Espanha? Nem sei quantos, não foram contados. Mas dentro dos dez milhões de espanhóis que não votaram deve haver muitos jovens que não votaram. E não votaram porque não acreditam nessa democracia que lhes oferecem. E não achem que não acreditam na democracia, não! Mas NESTA democracia manipulada, nesta palavra sequestrada pelos banqueiros, pelos políticos mentirosos, pelos artistas de circo que oferecem uma pirueta diferente a cada dia.

Texto transcrito pelos autores com base em: <http://goo.gl/6meyJW>. Acesso em: 28 set. 2018.

1. Esclareça por que Eduardo Galeano afirma que esse é um "mundo ao contrário".
2. Explique por que, na opinião de Galeano, os jovens não votaram nas eleições.

PONTO DE VISTA

A crítica de Banksy

 OBSERVE A IMAGEM

Tyra Banksy é um dos mais conhecidos artistas de rua da atualidade. Nascido em Bristol, em 1974, é denominado por muitos como um artista guerrilheiro que se dedica a produzir grafites, filmes e pinturas. Suas intervenções combinam a ironia com a crítica política e social.

Seus trabalhos são dispostos nas ruas e reunidos em livros e *sites* com a recomendação de que se pode utilizar e reproduzir à vontade. Um dos seus lemas: *"Copyright is for losers"* (Direitos autorais é para perdedores).

Seu filme *Exit through the Gift Shop* (Saída pela loja de presentes) concorreu ao Oscar de melhor documentário em 2011.

A imagem ao lado é uma fotografia de um de seus cartazes colado em uma caixa controladora de semáforo, em Londres, com os dizeres: "Americanos sobrecarregados de trabalho".

Pôster, Tyra Banksy. Londres (Inglaterra), 2005.

1. Identifique o sentido do pôster elaborado por Banksy.
2. Apresente duas situações históricas das últimas décadas que possam ser associadas a esse pôster.
3. Elabore um pôster crítico a respeito de algum problema social, político, econômico ou comportamental dos dias de hoje. Faça um pequeno desenho ou utilize uma colagem de imagens. Construa uma frase sintética para expressar criticamente a situação.

PERMANÊNCIAS E RUPTURAS

Ideologia

Na década de 1980, o compositor Cazuza lançou a canção "Ideologia". Leia alguns trechos com atenção.

> Meu partido é um coração partido
> E as ilusões estão todas perdidas
> Os meus sonhos foram todos vendidos
> Tão barato que eu nem acredito, ah, eu nem acredito
> Que aquele garoto que ia mudar o mundo, mudar o mundo
> Frequenta agora as festas do "Grand Monde"
> Meus heróis morreram de overdose
> Meus inimigos estão no poder
> Ideologia, eu quero uma pra viver
> [...]
> Pois aquele garoto que ia mudar o mundo, mudar o mundo
> Agora assiste a tudo em cima do muro, em cima do muro
> Meus heróis morreram de overdose
> Meus inimigos estão no poder
> Ideologia, eu quero uma pra viver
> Ideologia, pra viver

Disponível em: <http://goo.gl/z6aEJD>. Acesso em: 28 set. 2018.

O tempo foi a matéria-prima de seus estudos de história nestes últimos anos. Você pôde identificar e discutir ritmos diferenciados de transformações em diversas sociedades. Tratamos de sociedades às vezes pouco conhecidas, distantes no tempo e no espaço. Tratamos de situações de mais de dois mil ou três mil anos atrás. Mas, nestes últimos anos, muitas coisas ocorreram no Brasil e no mundo. Nesse sentido:

1. Em seu caderno, faça uma lista de acontecimentos que você destacaria, no Brasil e no mundo, nos últimos quatro anos.
2. Também em seu caderno, faça uma lista de acontecimentos da sua vida pessoal destes últimos quatro anos. Procure articular seu tempo individual, suas questões particulares a esse tempo coletivo.
3. Faça um pequeno texto apresentando o seu posicionamento político, esportivo, cultural, religioso e ideológico. Como se deu a sua participação em termos coletivos na escola, no seu bairro e na sua cidade? Algum desses acontecimentos alterou a sua forma de pensar sobre algum tema?
4. Quais são as suas expectativas em relação ao mundo de hoje? Que mudanças você imagina que possam vir a ocorrer daqui a três anos?
5. Após apresentar a seus colegas, guarde esse texto por três anos. Após este período, releia-o. Pense nas suas mudanças e permanências.

TRÉPLICA

Filmes

O senhor das armas
EUA, 2005.
Direção de Andrew Niccol.
Filme baseado na história de um dos maiores comerciantes de armas no pós-Guerra Fria, que mostra com detalhes todos os bastidores dos conflitos na África no período.

Diamante de sangue
EUA, 2006.
Direção de Edward Zwick.
Por meio da história de uma família destruída pela mineração de diamantes, o filme trata da relação entre o tráfico de diamantes e a guerra civil em Serra Leoa.

Livros

Ferida aberta: o Oriente Médio e a nova ordem mundial
BRENER, Jaime. São Paulo: Atual, 1993.

A globalização em xeque: incertezas para o século XXI
CARVALHO, Bernardo de Andrade. São Paulo: Atual, 2000.

Sites

(Acessos em: 28 set. 2018)

<http://goo.gl/to9pq1>
Coletânea de imagens, vídeos e reportagem, atualizados constantemente, sobre as mudanças no Oriente Médio a partir da Primavera Árabe.

<http://goo.gl/ogs7Zz>
Especial sobre a produção de lixo no mundo.

<http://goo.gl/Z9QHBS>
O coletivo cultural Manifesto Crespo utiliza atividades lúdicas para estimular o ensino sobre cultura afro-brasileira e africana.

Índice remissivo

A
Ação Integralista Brasileira, 115, 125
Ada Colau, 295
Adhemar de Barros, 154, 168, 240, 241, 242, 243
Adolf Hitler, 44, 49, 50, 93, 94, 128
Aécio Neves, 272, 273
Afonso XIII, 96
Al Fatah, 209, 210, 213
Alexander Dubcek, 233
Alexandre III, 26
Alexis Tsipras, 295
Alfredo Stroessner, 192
Aliados, 25, 92, 100, 101, 102, 104, 131, 136, 150, 151
Aliança Democrática, 262
Aliança Liberal, 87, 88, 89, 90, 110
Aliança Nacional Libertadora, 112, 115, 125
Amaury Kruel, 169, 240
Amílcar Cabral, 203, 213
Anastácio Somoza, 192, 193
Anatoly Karpov, 141
Andy Warhol, 222, 236
Angela Davis, 230, 236
Anita Malfatti, 82, 89
Anschluss, 97, 104
Antônio Conselheiro, 70, 71, 91
Antonio Gramsci, 51
Antônio Salazar, 203
Antônio Silvino, 68
Apartheid, 205, 206, 207, 213, 215, 292
Armando Costa, 243
arte engajada, 243, 245, 254
arte muralista, 182, 193
Arthur da Costa e Silva, 238, 240, 242
Artur Bernardes, 63, 85, 88
Artur Ernst Ewert, 113
Ary Barroso, 118, 122, 125, 127
Ataulfo Alves, 118, 127
Augusto Pinochet, 192
Augusto Tasso Fragoso, 88
Aureliano Chaves, 264
Auta de Souza, 80
Avery Brundage, 210

B
Banksy, 298
bantustão, 205, 213
Barack Obama, 195, 293
barão de Coubertin, 16, 18, 94
Bartolomeu Dias, 204
Benito Mussolini, 42, 48
Bertha Lutz, 80, 111
bipolaridade geopolítica, 283, 296
bipolarização, 133, 140, 145, 198, 284
Blitzkrieg, 98, 99, 104
Bob Fischer, 141
bôeres, 204, 213
bolcheviques, 26, 27, 28, 29, 30, 35
Boris Spassky, 141
Brics, 215, 294, 296

C
Caetano Veloso, 244
campos de concentração, 99, 100, 104, 105
Candido Portinari, 126, 183
cangaceiro, 68, 69, 73, 89, 91
Carlos Castillo Armas, 192
Carlos Lacerda, 156, 168, 240, 242
Carlos Lamarca, 247
Carlos Luz, 157, 163
Carlos Marighela (Marighela), 247, 248, 255
Carlos Saúl Menem, 188
Carlos Vergara, 222
Carmen Miranda, 118, 125, 151
Cazuza, 299
CCC, 245, 254
Celina Guimarães Vianna, 80
César Augusto Sandino, 192
Charles Chandler, 246
Charles de Gaulle, 98, 232
Charles Elbrick, 245
Chiang Kai-Shek, 135
Chico Buarque, 244, 245
CIA, 138, 139, 141, 145, 190, 221, 246
Cícero Romão Batista, 69
classe(s) social(ais), 50, 120, 269
Clemenceau, 25
Clement Attlee, 132
CLT, 120, 121, 125
coexistência pacífica, 140
Colégio Eleitoral, 242, 256, 261, 262, 276
comunismo de guerra, 29, 35
comunista, 30, 31, 44, 53, 94, 97, 112, 113, 114, 116, 120, 127, 130, 133, 135, 136, 141, 146, 153, 200, 219, 230, 233, 280, 282
contracultura *hippie*, 220, 221, 235
Convênio de Taubaté, 64, 65, 89
Cornelius Johnson, 95
coronelismo, 62
corporativismo, 119, 125, 149
corrida armamentista, 19, 137, 138, 140, 145, 218, 220
CPI, 266, 276, 308
Crack (quebra) da Bolsa (de valores) de Nova York, 40, 41, 50, 53, 86, 88
Cristina Kirchner, 177, 178
Cristóvão Colombo, 234
Custódio de Melo, 61
czarismo, 26, 27, 35

D
Dario, 252
David Ben Gurion, 192, 197, 227
David Siqueiros, 183
democracia, 43, 44, 49, 62, 91, 94, 103, 130, 146, 148, 151, 152, 153, 169, 171, 175, 187, 188, 219, 242, 243, 245, 246, 256, 259, 262, 276, 277, 278, 279, 281, 297
Democracia Corinthiana, 262, 275
Deodoro da Fonseca, 56, 57, 59, 123
descolonização, 196,198, 201, 202, 213, 215, 219
desobediência civil, 198, 199, 200, 207, 213, 228
Didi, 163
Diego Rivera, 38, 39, 46, 47, 182, 212, 213, 214
Dilma Vana Rousseff, 177, 270, 273
Dionísia Gonçalves Pinto, 80
DIP, 117, 121, 125, 126, 151
Diretas Já!, 261, 276
ditadura, 43, 46, 48, 96, 109, 110, 116, 117, 127, 150, 156, 170, 171, 187, 189, 190, 192, 194, 203, 231, 238, 240, 241, 242, 243, 244, 245, 246, 247, 248, 249, 250, 251, 252, 253, 254, 255, 256, 258, 259, 260, 261, 262, 263, 264, 269, 270, 273, 276, 277
documento(s) histórico(s), 14, 92
Dorival Caymmi, 118, 127
Dorothea Lange, 38
Douglas McArthur, 136
doutrina econômica nacionalista, 109, 125
Doutrina Truman, 133, 145
Duma, 27, 35

E
Édouard Daladier, 97
Edu Lobo, 244
Eduardo Campos, 272
Eduardo Galeano, 297
Eduardo Gomes, 85, 151
Eduardo Mondlane, 203
Eduardo Wandenkolk, 61
Edward Westernhagem, 246
Eixo, 100, 101, 102, 104, 150
ejidos, 180, 193
Emiliano Zapata, 179, 181
Emílio Garrastazu Médici (Médici), 239, 251, 252, 253
Encilhamento, 58, 61, 65, 89
Epitácio Pessoa, 63, 88, 118
Ernest Lee Jancke, 94
Ernesto (Che Guevara), 165, 191, 195
espaço vital, 45, 46, 50
Escravizado, 119, 223, 292
Estado de Bem-Estar Social (*Welfare State*), 287
Estado de direito, 241, 242, 254
Estado Novo, 80, 106, 116, 117, 118, 123, 125, 126, 150, 151, 154, 231
Estado(s), 19, 20, 22, 29, 30, 32, 33, 41, 42, 43, 44, 46, 53, 58, 64, 71, 85, 94, 96, 99, 103, 108, 115, 118, 119, 120, 121, 122, 123, 124, 127, 130, 133, 135, 138, 139, 140, 143, 146, 151, 152, 155, 166, 177, 180, 185, 186, 192, 193, 199, 201, 203, 204, 205, 207, 208, 209, 210, 211, 212, 241, 251, 264, 267, 283, 284, 285, 287, 291, 293, 294
Eurico Gaspar Dutra (Dutra), 117, 151, 153, 154, 170
Eva Perón (Evita), 186, 193, 194
Evo Morales, 177, 184

F
Falange, 96, 104
fascismo, 42, 43, 49, 50, 51, 96, 112, 115
federalismo, 59, 89
feminismo (feminista/s), 80, 111, 218, 224, 225, 235
Fernando Collor de Melo (Collor), 262, 264, 265, 266, 268, 270
Fernando Henrique Cardoso (FHC), 260, 266, 267, 268, 269, 270
Fidel Castro, 190, 191
Flávio Costa, 163
Floriano Peixoto, 57, 59, 60, 61

FMI, 143, 162, 170, 188, 293
foquismo, 191, 193
Francis Fukuyama, 281
Francisco Alves, 118, 125
Francisco Ferdinando, 19, 20
Francisco Franco, 96
Francisco Julião, 167
Francisco Madero, 179, 180
Francisco Pereira Passos, 76
Franklin Delano Roosevelt, 41, 118, 131
Frederik de Klerk, 207
Frente Ampla, 242, 254
Frente Liberal, 262, 276
Frida Kahlo, 182
Friedenreich, 189
Fulgêncio Batista, 190, 191

G

Gagliano Neto, 122
Garrincha, 154, 163, 170, 189, 252, 271
Gaspar Silveira Martins, 60
general Bernard L. Montgomery, 100
general Rondon, 251
Georg Grosz, 47
George W. Bush, 284, 293
Geraldo Vandré, 244, 247, 254
Getúlio Vargas, 87, 88, 89, 106, 107, 108, 110, 114, 115, 116, 118, 121, 123, 125, 126, 148, 154, 156, 157, 163, 164, 170, 175, 261
Giacomo Matteotti, 43
Gilberto Gil, 244
glasnost, 296
Glauber Rocha, 244
globalização, 284, 286, 287, 288, 289, 295, 296, 299
Góes Monteiro, 88
Golbery do Couto e Silva, 240
Golpe de Estado, 151, 180, 192
Graça Aranha, 83
grupo da Sorbonne, 240, 254
Guarda Nacional, 62, 78, 192, 193
guerra de trincheiras, 21, 22, 35
Guerra Fria, 128, 130, 131, 134, 136, 138, 139, 141, 144, 145, 147, 153, 157, 171, 185, 187, 191, 195, 198, 207, 212, 218, 223, 280, 282, 283, 284, 294, 299
Guilherme II, 44
Gustavo Barroso, 115

H

Hans Woelke, 95
Harry Truman, 132, 133
Helder Câmara, 242
Hélio Oiticica, 245
Herbert Hoover, 41
Herivelto Martins, 118
Hermes da Fonseca, 63, 64, 69, 85
Ho Chi Minh, 200, 201, 219
Humberto Castelo Branco, 240

I

Ilmari Salminen, 95
Iluminismo, 45
imigração europeia, 65, 118, 119
impeachment, 266, 273, 276

Imperialismo, 18, 112, 168, 199
Império, 16, 18, 19, 20, 22, 27, 45, 58, 62, 100, 135, 198, 199, 203, 211, 264
Intentona Comunista, 114, 125
internacionalismo, 20, 45, 103
Intifada, 210, 213
Isabelita Péron, 188
Isaías de Noronha, 88
Isidoro Dias Lopes, 85
Itamar Franco, 264, 266
Ivete Vargas, 261

J

Jacob Arbenz, 192
Jairzinho, 252
Jânio Quadros, 153, 164, 170, 240
Jesse Owens, 95, 104, 227
Joana Bessa, 80
João Baptista Figueiredo, 239, 261
João Batista Drummond, 89
João Café Filho, 157
João Cândido, 79
João de Deus Mena Barreto, 88
João do Vale, 243
João Goulart (Jango), 153, 156, 157, 158, 164, 165, 166, 167, 168, 169, 170, 171, 173, 175, 240, 242, 262
João Pessoa, 87, 88
João Saldanha, 252
John Carlos, 234
John Kennedy, 140, 191
John Reed, 36
Jomo Kenyatta, 202
Jonathan Swift, 105
Jorge Amado, 153
Jorge Rafael Videla, 187, 189
José Américo de Almeida, 151
José Clemente Orozco, 183
José Lourenço, 69
José Maria, 72, 73
José Sarney, 262, 263, 276
José Serra, 268, 270
Joseph Goebbels, 47
Joseph Kasavubu, 202
Jovem Guarda, 244, 245, 254
Juan Domingo Perón (Perón), 185, 186, 187, 188, 193
Juarez Távora, 85, 88
Júlio de Castilhos, 60
Júlio Prestes, 63, 87, 88
Juscelino Kubitschek, 153, 157, 158, 159, 160, 162, 163, 164, 170, 241, 242
justicialismo, 185, 193

K

Karl Marx, 20, 26, 31
KGB, 138, 139, 141, 145
kibutz, 208, 213
kulaks, 32, 33, 35
Kuomintang, 135, 145
Kurt von Schuschnigg, 97

L

Lamartine Babo, 118, 125, 127
Lasar Segall, 82

Lei da Remessa de Lucros, 155, 170
Lei de Segurança Nacional, 243, 244, 254
Leni Riefensthal, 49
Lênin, 24, 26, 27, 28, 29, 30, 31, 34, 37, 141, 146
Léon Valée, 113
Leonel Brizola, 166, 167, 168, 169, 173, 240, 261, 264
Leônidas da Silva, 123, 189
Leopoldo Galtieri, 187
Ligas Camponesas, 167, 170, 175
Lincoln Gordon, 240
linha dura, 240, 241, 242, 248, 254, 259, 260
Luís Carlos Prestes (Coluna Prestes), 85, 86, 88, 91, 112, 113, 114, 153, 240, 261
Luís de Camões, 249
Luís Viana, 71
Luise Kruger, 95
Luiz Inácio da Silva (Lula), 261, 262, 264, 265, 267, 268, 269, 270, 277
Luíza Alzira Soriano, 80
Lyndon Johnson, 240

M

macartismo, 139, 145
Mães da Praça de Maio, 187, 193, 194
Magalhães Pinto, 168, 169, 240
Mahatma Gandhi, 196, 199, 200, 213
Malcolm X, 228, 229, 235, 236
Manifesto dos Mineiros, 151, 170
Manoel dos Reis Machado (Mestre Bimba), 123, 124
Manuel Bandeira, 82
Manuela Carmena, 295
Maradona, 189, 281
maragatos, 60, 89
marechal Henrique Teixeira Lott, 157, 164
marechal Pétain, 98
Margaret Thatcher, 282, 285
Maria do Céu Fernandes, 80
Maria Gomes de Oliveira (Maria Bonita), 68, 73
Marina Silva, 270, 272, 273
Mário de Andrade, 82, 83, 89
Mário Filho, 67, 122
Mário Jorge Lobo Zagallo (Zagallo), 252, 258, 268
Mário Kozel Filho, 246
Martin Luther King, 200, 201, 227, 228, 229, 235, 237
marxismo-leninismo (marxismo), 30, 31, 35, 45, 49, 53
megaevento esportivo, 296
mencheviques, 26, 27, 28, 35
Menotti del Picchia, 82, 83
mercado externo, 109, 258
Mestre Pastinha, 124
Miguel Arraes, 167, 168, 173, 240
Miguel Costa e Prestes, 86
Miguel Reale, 115
Mikhail Gorbatchev (Gorbatchev), 141, 280, 282
milagre econômico, 248, 249, 252, 254
Milovan Djilas, 146
Mitt Romney, 294
Monteiro Lobato, 82, 155

Índice remissivo (cont.)

Movimento de Consciência Negra, 230, 231, 235
Movimento LGBT (LGBT), 225, 235
movimento queremista, 151, 152, 170
Muhammad Ali (Cassius Clay ou Muhammad Ali-Haj), 229, 236
multilateralidade, 294, 296

N
nacional-desenvolvimentismo, 158, 170
nacionalismo, 18, 19, 44, 45, 119, 125, 150, 155, 158, 159, 162, 208, 281
Nara Leão, 160, 161, 243, 244
nazismo, 38, 42, 44, 46, 47, 50, 52, 53, 115, 117
Nelson Mandela, 196, 197, 205, 206, 207, 213
Nelson Rodrigues, 226
neoliberalismo, 285, 288, 295, 296
Nereu Ramos, 157, 163
Néstor Kirchner, 188
Neville Chamberlain, 97, 105
New Deal, 41, 50, 127
Nicolau II, 27, 28
Nilton Santos, 163
Noel Rosa, 118, 125, 127
Nova Política Econômica, 31, 33, 35

O
Oduvaldo Vianna Filho, 243
OEA, 191
Olga Benário, 113, 114, 117, 127
oligarquia, 57, 58, 61, 89, 108, 110, 111
Olímpio Mourão Filho, 169, 240
OLP, 196, 209, 210, 213
Operação Barba Ruiva, 89, 100, 104
Osama Bin Laden, 284, 293
Oscar Niemeyer, 162, 176, 177
Oswald de Andrade, 82, 83, 89
Oswaldo Brandão, 163
Oswaldo Cruz, 77
Otan, 137, 145
Otto Dix, 47
Otto von Bismarck, 19

P
Pacto de Varsóvia, 137, 145, 233
Pacto Germano-Soviético, 97
países não alinhados, 137, 212, 213
Pancho Villa, 179, 180
Panteras Negras, 216, 229, 230, 234, 235
parlamentarismo, 45, 166, 170
Parlamento, 25, 26, 27, 46, 58, 103
Patrice Lumumba, 202, 213
Paul von Hindenburg, 46
Paulo Machado de Carvalho, 163
Paulo Maluf, 264
Paulo Pontes, 243
paz armada, 18, 19, 35, 130
Pedro Joaquim Chamorro, 193
Pedro Rodrigues, 163
Pelé, 163, 189, 222, 252, 258, 268
Pepe, 163
perestroika, 280, 296
peronismo, 185, 187, 188, 193
Piigs, 294, 296

Pixinguinha, 118, 125, 127
Plano Cohen, 116, 125
Plano de Ayala, 180, 193
Plano de Metas, 158, 159, 170
Plano Marshall, 134, 175
planos quinquenais, 32, 33, 35
Plínio Salgado, 115, 116
Poder Executivo, 240
Poder Legislativo, 72, 80
Poder Negro, 229, 235
política das salvações, 63, 64, 69, 89
política de apaziguamento, 94, 97, 104
política de partição, 213
política do café com leite, 64, 90
política dos governadores, 62, 63, 89
pop art, 218, 221, 222, 236
populismo, 119, 121, 125, 167, 169, 170, 185
Porfirio Díaz, 178, 179, 180, 181
porfirismo, 178, 179, 180, 193
presidencialismo, 166, 167, 170, 172
Primeira Internacional, 20, 35
Primo Levi, 104
proletariado, 26, 27, 43, 146, 223
província ultramarina, 203, 213
Prudente de Morais, 57, 59, 60, 61, 62, 63

Q
Quarta Internacional, 33, 35, 147

R
Raul Alfonsín, 188
reforma agrária, 42, 167, 170, 175, 180, 181, 182, 190, 192, 243
reformas de base, 167, 168, 170
Reichstag, 46, 50, 92
relações de gênero, 222, 223, 235
Renato Almeida, 83
República, 28, 44, 45, 46, 47, 54, 55, 56, 57, 58, 59, 60, 61, 62, 63, 65, 70, 71, 75, 77, 80, 81, 85, 87, 88, 89, 91, 96, 103, 109, 110, 111, 116, 134, 135, 136, 137, 151, 154, 164, 171, 172, 173, 175, 190, 192, 201, 202, 203, 204, 212, 213, 238, 240, 242, 243, 251, 262, 264, 266, 268, 270, 277, 290, 291
Revolução Industrial, 16, 289
revolução permanente, 31, 33, 35
Rivellino, 189
Rodolfo Ghioldi, 113
Rodrigues Alves, 63, 76, 77
Ronald de Carvalho, 83
Ronald Reagan, 141, 282, 283, 285
Ronaldinho Gaúcho, 189
Rosa Luxemburgo, 44
Rosa Parks, 227, 235
Rui Barbosa, 58, 64

S
Saddam Hussein, 283, 285
Santa Helena, 856
segregação racial, 205, 207, 213, 227
Segunda Internacional, 20, 21, 29, 35
Segunda Revolução Industrial, 178
semiunipolaridade, 294, 296
Sérgio Milliet, 82
Sérgio Porto, 249

Sílvio Caldas, 118, 125
Sílvio Pirilo, 163
sionismo, 208, 213
Siqueira Campos, 85, 86
social-democrata, 35, 46
socialismo em um só país, 31, 33, 35
Sófocles, 249
sovietes, 28, 35
Stálin, 30, 31, 32, 33, 34, 35, 97, 131, 133, 134, 140 ,141, 146
Stendhal, 249
Steve Biko, 230, 231, 235
substituição de importações, 108, 125

T
Taiguara, 244
Tancredo Neves, 166, 173, 256, 262, 277
Tarsila do Amaral, 82, 83, 84, 89
Tasso Fragoso, 88
tenentismo, 85, 88, 89, 110, 113
Terceira Internacional, 29, 35, 113
Tilly Fleischer, 95
Tina Turner, 226
Tom Jobim, 161
Tommy Smith, 234
totalitarismo, 46, 50
townships, 205, 213
Tríplice Aliança, 19, 21, 22, 35
Tríplice Entente, 19, 22, 35
Tropicália, 244, 245, 254
Trotsky, 28, 30, 31, 33, 34, 141

U
Ulysses Guimarães, 264
utopia, 281

V
Venceslau Brás, 63, 65, 88
Venustiano Carranza, 180
Vicente Feola, 163
Vicente Ferreira (Mestre Pastinha), 124
Victor Baron, 113
Victor Brecheret, 82
Victoriano Huerta, 180
vietcongue, 219, 235
Violeta Chamorro, 193
Virgulino Ferreira da Silva (Lampião), 68, 69, 73, 86, 90, 91
Vladimir Herzog, 259
Vladimir Ilitch Ulianov, 26

W
Washington Luís, 63, 87, 88, 89, 106, 107
Winston Churchill, 131, 133
Woodrow Wilson, 25, 42

Y
Yasser Arafat, 196, 209, 210, 213
Yitzhak Rabin, 210
Yoshinori Sakai, 220
Yuri A. Gagarin, 218

Z
Zé Kéti, 160, 246
Zé Pereira, 75
Zito, 163

Referências bibliográficas

ALBUQUERQUE JR., D. M. *A Invenção do Nordeste e outras artes*. Recife: FJN, Massangana; São Paulo: Cortez, 1999.

BATALHA, C. H. M. *O movimento operário na Primeira República*. Rio de Janeiro: Zahar, 2000.

BARRY, B. *Senegâmbia: o desafio de história regional*. Rio de Janeiro: Ucam/Centro de Estudos Afro-asiáticos, 2000.

BETTO, Frei. *Batismo de sangue*. São Paulo: Casa Amarela, 2000.

CALADO, C. *Tropicália: a história de uma revolução musical*. São Paulo: Editora 34, 1997.

CAMARGO, A. *O golpe silencioso*. Rio de Janeiro: Rio Fundo, 1989.

CAPELATO, M. H. *Estado Novo: novas histórias*. São Paulo: Contexto, 2001.

CAPITANI, A. B. *A rebelião dos marinheiros*. Porto Alegre: Artes e Ofícios, 1997.

CARONE, E. *O Estado Novo (1937-1945)*. Rio de Janeiro: Difel, 1977.

_____. *A Segunda República (1930-1937)*. Rio de Janeiro: Difel, 1978.

CARVALHO, J. M. *Os militares e a República*. Rio de Janeiro: Jorge Zahar, 1995.

CHAUI, M. *Raízes teológicas do populismo no Brasil: teocracia dos dominantes, messianismo dos dominados*. São Paulo: Brasiliense, 1994.

COOPER, F.; HOLT, T. C.; SCOTT, R. J. *Além da escravidão: investigações sobre raça, trabalho e cidadania em sociedades pós-emancipação*. Rio de Janeiro: Civilização Brasileira, 2005.

DAMATTA, R. *Carnavais, malandros e heróis: para uma sociologia do dilema brasileiro*. 6. ed. Rio de Janeiro: Rocco, 1997.

D'ARAÚJO, M. C. (Org.). *As instituições brasileiras da era Vargas*. Rio de Janeiro: FGV, 1999.

DAVIDSON, B. *O fardo do homem negro: os efeitos do Estado-nação em África*. Porto: Campo das Letras, 1992.

DEAECTO, M. M. *Comércio e vida urbana na cidade de São Paulo (1889-1930)*. São Paulo: Senac, 2002.

DEL PRIORI, M. D.; MELO, V. A. (Org.). *História do esporte no Brasil: do Império aos dias atuais*. São Paulo: Editora Unesp, 2009.

ELIAS, N.; DUNNING, E. *A busca da excitação*. Lisboa: Difel, 1992.

FAGE, J. D. *História da África*. Lisboa: Edições 70, 1995.

FAUSTO, B. (Org.). *História geral da civilização brasileira: Brasil republicano*. Rio de Janeiro: Bertrand Brasil, 1997.

_____. *A Revolução de 1930*. São Paulo: Brasiliense, 1987.

FERREIRA, J.; DELGADO, L. A. N. (Org.). *O Brasil republicano*. Rio de Janeiro: Civilização Brasileira, 2003.

FICO, C. *Além do golpe: versões e controvérsias sobre 1964 e a ditadura militar*. Rio de Janeiro: Record, 2004.

_____. *O golpe de 1964*. Rio de Janeiro: FGV, 2014.

FRY, P. (Org.). *Moçambique. Ensaios*. Rio de Janeiro: UFRJ, 2001.

GASPARI, É. *A ditadura encurralada*. São Paulo: Cia. das Letras, 2004.

_____. *A ditadura envergonhada*. São Paulo: Cia. das Letras, 2002.

_____. *A ditadura escancarada*. São Paulo: Cia. das Letras, 2003.

GOMES, A. C. (Org.). *O Brasil de JK*. Rio de Janeiro: Editora da Fundação Getúlio Vargas/CPDOC, 1991.

_____. *A invenção do trabalhismo*. São Paulo: Relume Dumará, 1994.

_____; PANDOLFI, D. C.; ALBERTI, V. (Coord.); FREIRE, A. et al. *A República do Brasil*. Rio de Janeiro: Nova Fronteira/CPDOC, 2002.

GONÇALVES, M. A.; HOLLANDA, H. B. *Cultura e participação nos anos 60*. São Paulo: Brasiliense, 1982.

GORENDER, J. *Combate nas trevas*. São Paulo: Ática, 1998.

GURJÃO, E. Q. *Morte e vida das oligarquias*. João Pessoa: Editora Universitária UFPB, 1994.

HARDMAN, F. F. *Nem política, nem patrão: memória operária, cultura e literatura no Brasil*. São Paulo: Unesp, 2002.

HOBSBAWM, E. J. *Era dos extremos: o breve século XX (1914-1991)*. São Paulo: Cia. das Letras, 1997.

_____. *Globalização, democracia e terrorismo*. São Paulo: Cia. das Letras, 2008.

ILIFFE, J. *Os africanos: história dum continente*. Lisboa: Terramar, 1995.

JORGE, F. *Getúlio Vargas e seu tempo*. São Paulo: T. A. Queiroz, 1994.

KI-ZERBO, J. *História da África negra*. Mira-Sintra: Europa-América, 1999. 2 v.

LEAL, V. N. *Coronelismo, enxada e voto: o município e o regime representativo no Brasil*. Rio de Janeiro: Nova Fronteira, 1997.

LENHARO, A. *Nazismo: o triunfo da vontade*. São Paulo: Ática, 1998.

LEVINE, R. M. *Pai dos pobres? O Brasil e a Era Vargas*. São Paulo: Cia. das Letras, 1998.

MACHADO NETO, A. P. *Berlim, muro da vergonha ou da paz*. Porto Alegre: L&PM, 1985.

MACHADO, P. P. *Lideranças do Contestado: a formação e atuação das chefias caboclas (1912-1916)*. Campinas: Editora da Unicamp, 2004.

MANSFIELD, P. *Nasser e a revolução egípcia*. Rio de Janeiro: Civilização Brasileira, 1967.

MEIRELLES, D. *1930: os órfãos da Revolução*. Rio de Janeiro: Record, s.d.

_____. *Noites das grandes fogueiras*. Rio de Janeiro: Record, 1995.

Referências bibliográficas (cont.)

MELLO, M. T. C. *A república consentida*. Rio de Janeiro: FGV, 2007.

MELLO, Z. H. *A era dos festivais*. São Paulo: Editora 34, 2003.

MENDONÇA, D. *Tancredo Neves. Da distenção à Nova República*. Florianópolis: Edunisc, 2004.

MOREL, E. *A Revolta da Chibata*. Rio de Janeiro: Graal, 1986.

MÜLLER, H. *Guerra sem batalha: uma vida entre duas ditaduras*. São Paulo: Estação Liberdade, 1997.

NAPOLITANO, M. *1964. História do regime militar brasileiro*. São Paulo: Contexto, 2014.

_____. *Seguindo a canção. Engajamento político e indústria cultural na MPB (1959-1969)*. São Paulo: Annablume, 2001.

NOGUEIRA, O. *A Constituinte de 1946: Getúlio sujeito oculto*. São Paulo: Martins Fontes, 2005.

NOVAES, A. (Org.). *Rede imaginária: televisão e democracia*. São Paulo: Cia. das Letras, 1991.

PANDOLFI, D. (Org.). *Repensando o Estado Novo*. Rio de Janeiro: FGV, 1999.

PEREIRA, L. A. M. *As barricadas da saúde: vacina e protesto popular no Rio de Janeiro da Primeira República*. São Paulo: Perseu Abramo, 2002.

_____. *Footballmania: uma história social do futebol no Rio de Janeiro, 1902-1938*. Rio de Janeiro: Nova Fronteira, 2000.

PRADO, M. L. C. *Democracia ilustrada: o Partido Democrático de São Paulo (1926-1934)*. São Paulo: Ática, 1986.

PRESTES, A. L. *A coluna Prestes*. São Paulo: Brasiliense, 1991.

_____. *Luiz Carlos Prestes e a Aliança Nacional Libertadora. Os caminhos da luta antifacista no Brasil*. Petrópolis: Vozes, 1998.

PROST, A.; VINCENT, G. (Org.). *História da vida privada: da Primeira Guerra aos nossos dias*. São Paulo: Cia. das Letras, 1992. v. 5.

REED, J. *Os dez dias que abalaram o mundo*. São Paulo: Edições Sociais, 1978.

REIS, D. A. *Ditadura militar, esquerdas e sociedade*. Rio de Janeiro: Jorge Zahar, 2000.

_____. *O golpe militar e a ditadura*. Bauru: Edusc, 2004.

REIS, J. C. *As identidades do Brasil 2: de Calmon a Bonfim – A favor do Brasil: direita ou esquerda?* Rio de Janeiro: FGV, 2006.

RIDENTI, M. *Mortos e desaparecidos políticos: reparação ou impunidade?* São Paulo: Humanitas, 2001.

RODRIGUES, J. *O infame comércio*. Campinas: Unicamp, 2000.

RZNIK, L. *Democracia e segurança nacional. A polícia política do pós-guerra*. Rio de Janeiro: FGV, 2004.

SANTOS, L. G. *Tempo de ensaio*. São Paulo: Cia. das Letras, 1989.

SCHWARCZ, L. M. *Retrato em branco negro: jornais, escravos e cidadãos em São Paulo no final do século XIX*. São Paulo: Cia. das Letras, 1987.

SECCO, L. F. *A Revolução dos Cravos e a crise do império colonial português*. São Paulo: Alameda, 2004.

SEVCENKO, N. (Org.). *História da vida privada no Brasil*. São Paulo: Cia. das Letras, 1998. v. 3.

_____. *A corrida para o século XXI: no loop da montanha-russa*. São Paulo: Cia. das Letras, 2001.

_____. *Literatura como missão: tensões sociais e criação cultural na Primeira República*. São Paulo: Cia. das Letras, 2003.

_____. *Machado, maxixes e marchinhas*. São Paulo: Annablume, 2004.

_____. *Orfeu estático na metrópole*. São Paulo: Cia. das Letras, 1992.

SILVA, A. D. *Independência da Guiné-Bissau e descolonização portuguesa*. Porto: Afrontamento, 1997.

SILVA, E. (Org.). *Luiz Gama, poeta e cidadão, memória da luta negra em São Paulo*. São Paulo: Prefeitura de São Paulo – Coordenadoria Especial dos Assuntos da População Negra, 2004.

SILVA, L. O. *Terras devolutas e latifúndios*. Campinas: Editora da Unicamp, 1996.

SILVA, M. A. *Contra a chibata: marinheiros brasileiros em 1910*. São Paulo: Brasiliense, 2002.

SKIDMORE, T. *Brasil: de Getúlio a Castelo*. Rio de Janeiro: Paz e Terra, 1982.

_____. *De Castelo a Tancredo*. São Paulo: Paz e Terra, 2004.

SOARES, S. A. *Controles e autonomia. As Forças Armadas e o sistema político brasileiro (1974-1999)*. São Paulo: Editora da Unesp, 2006.

THOMPSON, E. et al. *Exterminismo e Guerra Fria*. São Paulo: Brasiliense, 1985.

VENTURA, Z. *1968: o ano que não terminou*. Rio de Janeiro: Nova Fronteira, 1988.

VIEIRA, C. *João Cândido do Brasil*. São Paulo: Casa Amarela, 2003.

VILAÇA, M. V. *Coronel, coronéis: apogeu e declínio do coronelismo no Nordeste*. Rio de Janeiro: Bertrand Brasil, 2003.

VIRILIO, P. *Guerra e cinema*. São Paulo: Scritta Editorial, 1993.

_____. *Guerra pura*. São Paulo: Brasiliense, 1984.

_____; LOTRINGER, S. *Guerra pura: a militarização do cotidiano*. São Paulo: Brasiliense, 1983.

WEFFORT, F. *O populismo na política brasileira*. Rio de Janeiro: Paz e Terra, 1986.

WESCHLER, L. *Um milagre, um universo*. São Paulo: Cia. das Letras, 1990.